学問へのファーストステップ❶

政治学入門

永井史男・水島治郎・品田 裕［編著］

ミネルヴァ書房

　　　　　　　　は　し　が　き

　大学法学部の1年生向けで政治学の入門講義を始める前に受講生にアンケートをとると、「政治は遠い世界のことでよく分からない」「政治というと何か高尚で堅苦しく，とっつきが悪い」「政治学は高等学校で習った政治・経済の延長で退屈」「政治のようなドロドロしたものをそもそも学問の対象にできるのか」などといった意見や感想がしばしば聞かれる。たしかにテレビや新聞，あるいはインターネットのニュースを見ると，私たちの生活からはかけ離れた世界で政治が展開しているように思われるかもしれない。実際，かくいう編者たちも大学に入学するまで，似たようなイメージを政治に対して抱いていたことは否めない。

　しかし，これから本書を通して勉強を始めればお分かりいただけるように，実は政治はたいへん身近なものである。小学校教育の方針が急にゆとり教育から転換した，ある日突然自宅前の道路で拡幅工事が始まった，選挙権を持つのが20歳から18歳になった，病院に入院したら看護師さんは日本人ではなく日本語を流暢に操る外国人だったなど，こうした変化には大なり小なり政治が関係している。外国に行けば，女性大臣が出産に伴って産休を取ったとか，選挙権を行使するにはまず自らが有権者登録をしなければならないとか，日本とはずいぶん異なる政治も行われている。こうしてみると，私たちが日常生活の中で当たり前と思っていたことが変化したことに政治が大きな影響を与えていたり，その政治のスタイルも国によって違っていたり，身近な割に私たちの知らない謎がまだまだ多くないだろうか。

　本書は，このような編者たち自身の体験も踏まえて編まれた政治学の入門書である。編者たちが学生の頃は，政治学入門書というと政治哲学や政治思想を踏まえた難解なものが少なくなく，事例も欧米のことが取り上げられることが多かった。しかしここ20年ほど，すぐれた政治学の入門書が次々に編まれ，欧米との比較を踏まえて日本の政治を題材にするものが増えてきた。そうした中で，また新たな政治学入門書が出るなど，単に屋上屋を重ねるだけではないかと訝しがる向きがあっても無理はない。

本書が日の目を見ることになったのには，2つ理由がある。1つはしっかり書かれた教科書を作りたいということ，もう1つは政治学入門を市民教育の柱として明確に位置づけたいということである。「しっかりした教科書」とは，単に理論を紹介するだけでなく，具体的な事例を丹念に叙述するテキストを指す。具体例を入れるにはそれなりのスペースが必要である。近年教科書は薄く短くなる傾向があるようだが，本書はそのような方向とは逆向きである。また「市民教育の柱」という趣旨は，政治学を専門的に学ぶ政治学科などの学生よりも，文学，経済学，工学はじめさまざまの学問分野を学ぶみなさんにこそ，この本を読んでいただきたいという意味である。つまり，この本で政治学入門を学ぼうとしている人の大多数にとって，政治学を勉強するのは実はこれが最初で最後ではないだろうか。そして，大学を卒業した後にこそ，市民として社会に責任を持ったり，あるいは社会福祉の担い手や受け手になったりする。その時にこそ必要な政治や社会の基本的考え方を伝えておきたい，という発想である。そこで本書では，従来の入門的教科書では正面からあまり取り上げられることのない「市民社会」論や「福祉国家」論，さらには現代政治学でやや敬遠される傾向のある「民主主義」論にそれぞれ1章ずつ割いた。

　本書のなれ初めについて少し触れておこう。2012年夏頃に編集担当の田引勝二さんが編者の1人である永井の研究室に立ち寄られ，そこで政治学入門書の編集を相談されたのが最初だった。そのオファーをお断りしなかったのは，そのときたまたま1年生向けの「政治学概論」を担当し自分なりの政治学入門のイメージを持っていたからかもしれない。その後数年間隔が空いたが，田引さんの粘り強いアプローチの末，企画編集に水島と品田が加わった2016年になってから，企画実現に向けて具体的に話が動き始めた。

　本書の基本的コンセプトや各章の配置や内容については，編者3人と田引さんの4人で繰り返し綿密に検討した。神戸，大阪，京都，東京などで集まった会議も10回以上に及んだ。ミネオ君に関するアイデアが生まれたのもこうした集まりの場においてである。本書がミネルヴァ書房の「学問へのファーストステップ」の第1巻に位置づけられ，後続の巻でもミネオ君が「Short Story」で成長していくのが楽しみである。

　編者3名のツテを頼りに，これ以上望むべくもない執筆陣をお迎えできたことはたいへん幸運であった。提出いただいた原稿にも編者3名がすべて目を通

し，内容はもとより表現についても細かく目配りした。このように注文の多い編者たちに，分担執筆者の先生方は辛抱強く付き合っていただいた。本書の分担執筆者はいずれも各分野で第一線の研究を続けておられ，大学行政や学会でも重要な職責を担われている方々ばかりである。多忙を極めるなか，貴重な原稿を寄せられたことに対し，ここで改めて御礼申し上げたい。

最後に，編集の田引さんは強く押すことも引くこともない絶妙な距離感を保ちながら，本書の基本的構想の提示から刊行まで一貫して担当された。写真の1枚についてまで細かく注文する編者たちに付き合っていただき，心より御礼申し上げる。

2019年3月

編 者 一 同

政治学入門

目　　次

はしがき

序　章　政治学を学びませんか……………………永井史男・水島治郎・品田裕…1
　　　「最初で」「最後に」学ぶ教科書　　身近な事例から
　　　グローバルな視野の重要性　　方法論的個人主義と政治学
　　　日本における政治学の潮流　　民主主義をめぐって　　本書の構成

第Ⅰ部　政治は身近なところから

第1章　政治を知ろう──メディアと政治………………………遠藤晶久…13
　1　マスメディアはなぜ必要？──メディアの役割………………………15
　2　マスメディアは中立？──産業としてのメディア……………………16
　　　テレビの中立性　　新聞各紙の立場　　産業としてのメディアと中立性
　　　メディアを危険視する心理
　3　マスメディアは影響力がある？──強力効果と限定効果の間………21
　　　強力効果仮説　　限定効果仮説　　テレビの普及と認知への効果
　4　変わるテレビニュース……………………………………………………25
　5　メディア環境の変化──ポスト・トゥルースの時代に………………26
　　　世代とメディア接触　　インターネットの普及とメディアの影響
　　　炎上とフェイク・ニュース

　コラム1　ワンフレーズ・ポリティクス……………………………………24

第2章　選挙に行こう──18歳選挙権…………………………品田　裕…34
　1　投票参加…………………………………………………………………35
　　　どんな人が投票に行くのか　　投票には行くべきか
　　　人はなぜ投票に行くのか　　若者と投票参加
　2　選挙のしくみ……………………………………………………………41
　　　投票の仕組み　　選挙制度──当選議席数の決め方　　選挙制度の課題
　3　投票行動──人は少ない情報の下でどのように投票してきたのか…47

　　　　人か党か，政党か政策か，業績か期待か
　　　　情報の少ない時代の投票行動——ヨーロッパ
　　　　情報の少ない時代の投票行動——アメリカ
　　　　情報の少ない時代の投票行動——日本

　4　投票行動——人は情報を用いてどのように投票するのか………………………53
　　　　無党派層とその投票行動　　情報化時代の合理的投票行動
　　　　現実的な合理的投票　　政治の世界の地図——イデオロギーと価値観

　コラム2　ドント式とサンラグ式 ……………………………………………………45

第3章　政治家の生活を覗いてみよう ………………………… 堤　英敬…62
　　　　——政治家と有権者，政治家と政党

　1　政治家のすがた………………………………………………………………………63
　2　政治家と選挙…………………………………………………………………………66
　　　　誰が政治家になるのか　　どのようにして候補者になるのか
　　　　「候補者中心」の選挙
　　　　「政党中心」の選挙への移行と「候補者中心」の選挙の残存
　3　政治家と政党…………………………………………………………………………73
　　　　党議拘束の必要性　　派閥の優位　　党リーダーの指導力の向上
　4　政党間の関係…………………………………………………………………………79
　　　　日本の政党システムの変遷　　日本の政党システムの政策的な対立軸
　　　　政党システムと選挙制度

　コラム3　政党助成制度 ………………………………………………………………86

第Ⅱ部　政治はみんなで決めるもの？

第4章　議会を知ろう——なぜ「会派」が必要なのか ……………… 増山幹高…91

　1　国会の不思議…………………………………………………………………………92
　　　　「牛歩」と「恥を知れ！」　　会議録と審議映像　　議事進行係
　　　　議院運営　　質問通告　　強行採決

2 国会の1年……………………………………………………………101
   　　予算審議　　可処分時間　　法案審議　　日程闘争
  3 国会の制度……………………………………………………………105
   　　議院内閣制　　二院制　　二大政党　　「ねじれ」国会　　参議院
   　　権力の融合・分散

 コラム4　会　派……………………………………………………………96

第5章　政策を考えてみよう………………………………… 竹中佳彦…116
 ── 政策過程・執政制度・政官関係

  1 政策過程と政策決定の方法………………………………………118
   　　政策　　政策対立　　政策過程　　インクリメンタリズムとゴミ箱モデル
  2 政治家と官僚………………………………………………………123
   　　政治と行政　　政治家の目的と政治家にとっての政党
   　　官僚および府省の目的　　官僚制
  3 執政制度……………………………………………………………127
   　　本人―代理人モデル　　委任と説明責任　　議院内閣制　　大統領制
   　　半大統領制　　リーダーシップ
  4 政策形成をめぐる日本の政官関係………………………………134
   　　官僚優位論　　族議員──政党優位論　　「官邸主導」

 コラム5　自民党の党議決定………………………………………………137

第6章　デモクラシーを考えてみよう……………………… 田村哲樹…143
 ──「みんな」で決める複数のやり方

  1 なぜデモクラシーが大切なのか…………………………………144
  2 自由に意見を伝える──集団理論………………………………146
   　　「自由に意見を伝える」方式で決める
   　　デモクラシーの理論としての集団理論　　問題点
  3 「関係者」を集める…………………………………………………150
   　　──コーポラティズムとステークホルダー・デモクラシー
   　　「関係者を集める」方式で決める
   　　政治学における理論──(1)コーポラティズム論

政治学における理論——(2)ステークホルダー・デモクラシー論　問題点

 4 代表を決める——代表制の再検討 …………………………………… 154
　　　「代表を決める」方式で決める
　　　「代表を決める」ことがなぜ望ましいのか
　　　代表は代表できているのか　代表制の再検討

 5 みんなで話し合う——熟議民主主義 ……………………………… 160
　　　「みんなで話し合う」方式で決める　政治学における理論——熟議民主主義
　　　批判と応答

 6 やっぱり1人で決めた方がよい？ ………………………………… 163
　　　——デモクラシーの「魅力のなさ」と必要性
　　　「1人で決める」方式
　　　デモクラシーへの懐疑とさまざまな「1人で決める」方式
　　　「1人で決める」でよいか——本当に「1人で決める」ことができるのか

　コラム6　デモクラシーは「関係ない」？ ………………………… 167

第Ⅲ部　「まち」と地域で支え合う政治

第7章　社会の現場を知ろう——市民社会の意義 ……… 坂本治也…173

 1 政府への不満と市民社会への期待 ………………………………… 174
　　　市民社会とは何か　政府への不満
　　　財政事情の悪化，新自由主義　市民社会への期待

 2 市民社会の3つの機能 ……………………………………………… 180
　　　サービス供給機能　アドボカシー機能　市民育成機能
　　　市民社会の逆機能

 3 市民社会組織はなぜ形成されるのか ……………………………… 187
　　　合理的な個人と集合行為問題　強制，監視と制裁，選択的誘因
　　　政治的起業家と外部からの支援

 4 日本の市民社会の特徴と今後の課題 ……………………………… 193
　　　日本にはどれくらいの数の団体が存在しているのか　市民社会の国際比較
　　　市民社会の時系列比較　二重構造の市民社会　残された今後の課題

コラム7　市民社会組織とファンドレイジング …………………………… 192

第8章　市役所と地方議会に行ってみよう ………………… 山崎幹根 … 204
　　　　　――地方自治の理念と現実

1　二元代表制という地方自治のしくみ ………………………………… 205
　　住民自治と団体自治
　　国政と地方自治――首相と首長との違いはどこにあるのか
　　首長の権限――集中と分散のバランスをどのようにとるか
　　首長と地方議会との関係――機関対立主義の理念と現実
　　地方政治の現実――低投票率，多選，無投票当選の増加，地方議会への批判
　　地方政治を活性化させるための試み　　市民の二元代表制に対する理解を

2　市民参加による地方自治の可能性 …………………………………… 218
　　市民参加の意義と課題　　実効性のある市民参加への試みへ

3　住民投票の意義と課題 ………………………………………………… 224
　　多様な住民投票　　住民投票の課題　　代表民主制との関係をどう考えるか

コラム8　地方分権改革 ……………………………………………………… 207

第9章　支え合う仕組みを考えよう ……………………………… 水島治郎 … 233
　　　　　――福祉国家とその変容

1　福祉国家とその三類型 ………………………………………………… 234
　　福祉国家とは何か　　福祉レジーム論――福祉国家の三類型
　　社会民主主義レジーム　　自由主義レジーム　　保守主義レジーム
　　日本の位置づけ――民間企業と経済政策　　東アジアの福祉国家

2　グローバリゼーションと福祉国家の変容 …………………………… 242
　　改革圧力を受ける福祉国家　　グローバリゼーションと福祉国家
　　福祉国家解体論　　福祉国家優位論　　福祉国家持続論
　　福祉レジームとその変容　　日本の福祉国家の変容

3　福祉国家のゆくえ――社会的包摂と地域社会 ……………………… 249
　　ワークフェア改革　　社会的排除と社会的包摂
　　「居住の福祉」を目指して――住宅を通じた生活保障
　　地域における「共生保障」の可能性　　グローバル化するケアの担い手

コラム9　一世紀を経ても残る「労働者宮殿」……………………………254

第IV部　世界と関わり合う政治

第10章　国家の仕組みと運営を考えてみよう……………永井史男…263
　　　　──政治体制とガバナンス

　1　多様な「民主主義」……………………………………………………265
　　　民主主義の優等生タイで起きた軍事クーデタ
　　　民主主義を守るための軍事クーデタ？　「タイ式民主主義」

　2　多様な政治体制…………………………………………………………269
　　　「少数者の支配」と「多数者の支配」　政治体制の三類型　民主主義指標
　　　民主主義の規定要因と民主化

　3　東南アジア諸国の政治体制……………………………………………278
　　　東南アジア5カ国の政治体制の変遷　政治体制と国際関係

　4　ガバナンス………………………………………………………………284
　　　ガバナンスとは何か　ガバメントとガバナンス　ガバナンスと政治体制

　コラム10　比較の方法……………………………………………………272

第11章　海外と関わろう……………………………………岡本次郎…292
　　　　──グローバル化する政治と経済の相互作用

　1　グローバル化する経済…………………………………………………293
　　　国際経済の現状　「グローバル化」と「国際化」
　　　経済グローバル化と国家との緊張関係

　2　無政府状態の中での国際経済秩序……………………………………299
　　　国際経済活動はできるだけ自由に行えた方がよいか
　　　国際経済活動への国家の介入　公共財としての経済秩序
　　　リアリズム　リベラリズム

　3　戦後国際経済秩序の形成と変容………………………………………309
　　　ブレトン・ウッズ体制　国際経済秩序の動揺　ポスト冷戦

　4　新しい問題群……………………………………………………………315

　　　　資本の移動　　ヒトの移動　　労働力移動の要因
　　　　地域統合と自由貿易協定の拡散

　コラム 11　グローバリズムと格差問題……………………………………297

第12章　海外に出よう——安全保障の問題と国際協力…………栗栖薫子…324

　1　国家の安全保障，国際安全保障……………………………………325
　　　　国内社会と国際社会の違い　　勢力均衡　　集団安全保障

　2　新しい戦争——21世紀の安全保障を考えてみよう………………329
　　　　「新しい戦争」の特徴　　国内紛争はなぜ発生するのだろうか
　　　　グローバルな構造と国内紛争　　国家政治・経済の特徴と武力紛争
　　　　紛争当事者レベルでの説明

　3　国内紛争への対応——国連 PKO と平和構築を中心に……………336
　　　　国連平和維持活動　　国内紛争への対応としての平和構築
　　　　国際的介入と現地アクターの役割

　4　人間の安全保障——難民，国内避難民をめぐる状況………………343
　　　　人間の安全保障とは　　難民と国内避難民
　　　　難民の受け入れと社会の安全保障

　5　テロを引き起こす要因と対テロ対策…………………………………346
　　　　テロ組織の特徴　　テロの諸要因　　テロ対策

　コラム 12　武力紛争とジェンダー……………………………………340

人名索引　　353
事項索引　　355

写真提供：時事通信フォト（34頁，91頁，233頁，263頁），朝日新聞社／時事通信フォト
　　（204頁，292頁）
撮影協力：オフェル・フェルドマン（1頁上），川井圭司（1頁下），吉井あきら（62頁），
　　ココット（173頁）（敬称略）

xii

序 章
政治学を学びませんか

―― Short Story ――

　ミネオ君は大学に入学したばかりの1年生。関東で育ちましたが、関西の歴史あるK市の大学に合格し、大学の近くで下宿生活を始めたところです。大学生活は高校までの生活と大きく違います。授業は選択科目が多く、授業ごとに教室を移動することや、席は自由に座ってよいことなど、慣れないこともたくさんあります。一人暮らしも自由でいいのですが、寝過ごしても誰も起こしてくれません。

　さて授業が始まった最初の週、ミネオ君は科目一覧の中に「政治学入門」を見つけ、出てみようと思いました。教室に行ってみると、200人ぐらいの教室でちょうど授業が始まるところでした。どうやら担当の先生が、この授業で使う教科書『政治学入門』について説明し、そして先生の考える「政治」とは何か、について話しているようです。幸いこの授業は、大学に入って間もない、政治学を初めて学ぶ1年生を念頭に置いて進めてくれるということです。ミネオ君は耳を傾けてみました。

本書は，高等学校を卒業し大学に入学したばかりの新入生が，「政治学」を初めて学ぶにあたって最初に紐解くことを念頭に置いて編まれた教科書です。

　2015年6月，選挙権年齢を従来までの20歳から18歳に引き下げる「改正公職選挙法」が参議院本会議で可決され，成立しました。2016年7月には参議院選挙が実施され，満18歳・19歳の有権者が日本史上初めて選挙権を行使しました。このように本書は，選挙権年齢引き下げを背景に，有権者となった新入生が実際の政治をどのように捉えればよいのか，手引きとなることを意図した政治学の入門書です。

「最初で」「最後に」学ぶ教科書

　政治学のすぐれた入門書はすでに何冊も存在しています。そうした数ある教科書の中で，本書は次のような2つの特徴を持っています。

　1つは，本書は政治学を体系的に学ぶのが「最初で」ある方々を念頭に置いています。「最初で」とは，「政治学」という学問体系を学ぶのが初めてという意味です。日本の高等学校では，現在「現代社会」「倫理」「政治・経済」の「公民科」科目が教えられています。それらの科目内容と大学で学ぶ「政治学」の内容とは，重複する部分は少なくありません。「現代社会」は今後「公共」という科目に置き換えられるようですが，やはり「政治学」と内容的に重なり合う部分は少なくないでしょう。

　たしかに高等学校でも，政治学の基本的な概念や重要な原則を学びます。しかし，現実の政治がどのように動いているのかを理論的に説明するものでは必ずしもありません。また，政治は常に変化を伴うものですが，その変化がなぜ起きるのか，またどのような方向に変化するのかまで見通すことはあまりなかったと思います。こうした変化は，個人の意思や利益・価値，政治行動を条件づける法律や制度などと密接に関係しながら，日々起きています。本書は，高等学校で「公民科」科目を十分に学ばなかった方も含め，政治学をより理論的・体系的に学ぶことを意図して企画・編集されています。

　また「最後に」とは，「政治学」関連科目を大学で受けるのはこれが「最初で最後に」なる公算の高い，自然科学系や人文科学系の大学生，あるいは社会科学系でも法学，経済学，社会学を学ぶ学生を念頭に置いていることを意味します。当たり前ですが，政治学入門書は「初めて」政治学を勉強する学生を念

頭に置いているので，初歩的な内容を含みます。しかし，その後政治学を学ぶ可能性の高い社会科学系の学生を除けば，他の学生はおそらくこれが大学で政治学を学ぶ「最後の」機会になるでしょう。そこで本書は，これが政治学を大学で学ぶ最後の機会かもしれないことを想定して，せめてこれだけの内容は学んでほしいという執筆者の希望を反映した内容になっています。

身近な事例から

以上のような2つの特徴を打ち出すため，本書はこれまでの政治学入門書にはないユニークな試みをしています。それは，各章の最初に「Short Story」という短い挿話を置き，架空の大学生が入学後に「政治」を経験していく様子を描いています。これらの「Short Story」は，大学に入ったばかりの新入生が，4年間に大学という場を通じて，どのような「政治」と向き合うことになるのかを想定して書かれています。そのため，本書は身近なところから理解できるような章建てにしています。

この「Short Story」は，各章を通して読んだ時にも，1つのストーリーとして読めるように工夫されています。読者の皆さんは，この「Short Story」を読むだけでも，これから大学生活を過ごす中で，どのような政治的出来事に出逢うのか想像できるでしょう。これらを読むだけでも，本書で扱う中身を理解することができます。

本書の執筆者たちも，かつては皆さんと同じ大学生でした。将来「政治学」を研究したいと考えて大学に入学した人もいれば，そうではない人たちもいます。いずれにせよ，大学入学から卒業まで，「政治」について考える機会や素材と出会うことは今後必ずあるでしょう。それらの具体的な素材を各章の冒頭に提供することで，政治学的な思考に慣れていってほしいと思います。

また本書では，できるだけ豊富で具体的な事例を本文で取り上げるようにしました。高等学校までに学んだ「公民科」科目では，重要な概念や原則を学ばれたかもしれません。しかし，それがどのような文脈で問題になるのかまでは，深く学ぶ機会はあまりなかったのではないでしょうか。高校での日々の勉強やクラブ活動に忙しく，社会の動きに注意を払ってこなかったり，そもそも関心さえあまり芽生えなかったかもしれません。そうした方々でも政治学に関心を持っていただけるよう，身近な事例をできるだけ取り上げるように心がけまし

た。

　社会で起きる事柄は実に複雑です。また，それがどのような経過を経て「政治的問題」になるのかも，時代によって異なります。そのような時代背景と照らし合わせて初めて，「政治」はよく理解できます。たとえば，フランス革命が起きた200年以上も前の時代，基本的人権は男性のみを念頭に置いたもので，20世紀初頭の普通選挙権でさえ同様でした。しかし，現在ではジェンダー（性差）の視点がたいへん重要です。OECD（Organization for Economic Cooperation and Development，経済協力開発機構）諸国の多くが，女性議員を一定比率まで増やす仕組みを採用しています。このように，「政治」は時代によって強く拘束されます。

　もちろん本書ですべての重要な「政治的問題」をカバーすることは不可能ですが，「政治」をどのように捉えるのか，その作法や癖のようなものは摑んでいただけるのではないかと思います。

グローバルな視野の重要性

　現代社会は「グローバル社会」と言われます。衛星放送やインターネットの急速な発展で，外国の出来事も即座に日本に伝えられるようになりました。本書を手にする皆さんの中にも，オリンピックやサッカーのワールドカップの試合を生中継で見たことがある方は少なくないでしょう。中東や北アフリカ地域から生命の危険を顧みず，粗末なボートで地中海を渡ってヨーロッパに辿り着いた難民の様子や，世界各地で頻発するテロリズムによる爆破事件の生々しい傷跡を映像で見られた方もいるでしょう。外国で発生した感染症が渡り鳥や人を介して日本に伝播したり，日本に輸入された食品に国内では使用が禁止されている残留農薬が見つかって禁輸措置が取られ，国際問題に発展することもあります（その逆に，日本から輸出した食品が同じ措置を受けることももちろんありえます）。少子高齢化が進む日本では，近い将来の看護師や介護福祉士の不足を念頭に置いて，フィリピンやインドネシア，ベトナムから日本語能力の高い候補者を受け入れるようになっています。

　このように現代はグローバルな繋がりが無視できない時代ですし，グローバルな動きが地域社会（ローカル）に直接影響を及ぼす時代です。交通手段の多様化と低価格化を受けて，今後も人々が船や飛行機を使って国境を越えること

はますます盛んになるでしょう。

　ところが,「政治」の仕組みは国によってさまざまです。日本のような民主主義体制（より厳密には自由民主主義体制ですが）を採っている国は北米・中南米諸国やヨーロッパ諸国, オセアニア諸国, 韓国・インド・インドネシア・フィリピンなどのアジア諸国にも見られます。しかし, 中国（中華人民共和国）やベトナムのように社会主義体制を採用している国々, 独裁体制を維持している国々, さらにはイスラム教の原理に則ったスルタン制を維持している国々など, 実にさまざまです。将来皆さんは, このように日本とは異なる政治体制を敷く国に仕事や留学, あるいは旅行で訪問される機会があるかもしれません。

　本書は日本で学ぶ日本人の大学1年生を念頭に置いた書物ですので, 日本の話を中心的な題材として編まれています。しかし, 現代社会がグローバル社会であることも踏まえ, 本書では他の民主主義諸国との比較や, 民主主義体制を採らない国々にもできるだけ言及するようにしました。外国の政治と比較することで, 日本の政治をよりよく理解し, 政治学の考え方を摑んでいただけると期待しています。

方法論的個人主義と政治学

　本書は政治学の入門書ですので, 今後より深く学んでいけるように, その研究動向を意識したものになっています。実際, 最新の研究動向を踏まえることは政治学の入門書を編む際にも, 大いに意味があるでしょう。学問研究はそれがなされる時代や場所から大きな影響を受けるので, 研究動向を意識したうえでそれを相対化しておくことは, たいへん重要な知的営みです。

　本書は, 以下で指摘する政治学の2つの研究動向から大きな影響を受けています。

　1つは, 近年の政治学入門書の多くが「方法論的」個人主義に基づく「合理的」個人を前提に政治現象を説明するのに対して, 本書はそのような分析視座を共有しつつも, 個人の行動が合理性のみによっては説明がつかない場合も視野に収めている点です。政治的営みを個人の「合理的」行動から説明しようとするのは「方法論的」個人主義の典型例です。あるいは, 社会や階級, 利益団体といったグループを自明の前提として1つの単位で捉えるのではなく, あくまで個人の集合体として理解しようとする立場です。

近年の日本の政治学においても,「方法論的」個人主義に基づきアメリカなどで発展した政治学の影響を強く受けて,さまざまな理論的構築がなされています。政治においては利益や価値の実現をめぐって合意や協力,対立などの現象が生じますが,「方法論的」個人主義の考え方を導入することで説明できたことは少なくありません。本書の中でも,新制度論,合理的選択理論,集合行為論などが紹介されていますが,いずれも「方法論的」個人主義に基づく理論体系です。たしかに政治学も社会科学の一分野ですので,一般的な原理に基づいて政治的現象を普遍的に説明しようとする志向性は当然のことです。
　しかし,政治は異なる文化的背景や社会的背景をもつ人たちの間で営まれるものである以上,「方法論的」個人主義の視点から抜け落ちてしまう要因が,場合によってたいへん重要になることも少なくありません。「方法論的」個人主義では十分に説明のつかない政治的現象もあるでしょう。場合によっては,合理性では説明できない情念や感情といった「非合理な」要因に着目した方が,よほど説明がつく政治現象もあるかもしれません。そこで本書は,「方法論的」個人主義からは捨象されてしまう側面や,合理性によっては必ずしもうまく説明できないような事例も,取り上げていきたいと思います。

日本における政治学の潮流
　もう1つは,理論と実証のバランスに対する目配りです。
　政治学は,今から約2000年以上前のギリシャの都市国家の時代にまでその成立を遡ることができる古い学問の1つです。プラトン（Plato, 前427-前347）やアリストテレス（Aristotle, 前384-前322）が活躍した時代で,2人は『国家』や『政治学』という政治学の古典をそれぞれ著しました。その後,16世紀から18世紀にかけて近代国家が西欧に出現した頃に,政治学の古典が相次いで執筆されました。イタリアのマキャベリ（Niccolo Machiavelli, 1469-1527）が書いた『君主論』,イギリスのホッブズ（Thomas Hobbes, 1588-1679）が書いた『リヴァイアサン』,フランスのモンテスキュー（Charles-Louis de Montesquieu, 1689-1755）が書いた『法の精神』などです。さらに19世紀から20世紀にかけて欧米諸国が他の地域に先駆けて産業化や民主化を遂げると,新たな政治学の古典が書かれました。たとえばフランスのトクヴィル（Alexis de Tocqueville, 1805-59）が書いた『アメリカにおける民主主義』,イギリスのミル（John S. Mill, 1806-

73）が書いた『自由論』『代議政体論』，ドイツのウェーバー（Max Weber, 1864-1920）が書いた『支配の社会学』『職業としての政治』などです。執筆者が大学生の頃は，こうした西欧諸国の政治理論を勉強することはたいへん重要でした。今でも，その重要性が消滅したわけではありません。

　しかし，一昔前の日本の政治学は，そうした欧米で発展した政治理論を紹介・消化することが主たる目的となったり，欧米で発達した政治理論を日本の政治の説明にそのまま適用したりすることが少なくありませんでした。やや単純化すれば，欧米の物差しで日本の実態をそのまま測るようなことをしていました。しかし，この研究分析手法にはいくつか問題があります。1つは，日本政治の実態を十分に検討することなく，欧米で発達した理論から説明しようとしたこと，もう1つは，欧米の政治を理想的モデルとして，日本政治が遅れているという暗黙の前提で議論していたことです。日本の政治は欧米先進国のそれに比べて遅れているがゆえに，そもそも研究対象として値しないという風潮さえ見受けられました。

　しかし，日本が第2次世界大戦後の痛手から復興し，1960年代の高度経済成長や1970年代の2回の石油危機を経て，1980年代には主要先進国の1国としての安定的な地位を固めると，日本政治それ自体をきちんとした研究対象に据える研究者が増えました。それとともに，日本政治の実態を踏まえた理論的見地から，外国の研究者も理解できるような概念で，日本の政治を研究する新世代の研究者が増えました。ここで彼らが重視した方法が，仮説検証型の研究です。自然科学の分野では仮説と実験が重要ですが，政治学のような社会科学でも，問いと仮説を立て，適切な理論を説明し，実証を行うという研究の作法が重要になりました。

　本書の執筆者は，ちょうど日本の政治学が大きく変わり始めた後で，大学で政治学や国際関係論を修めた人たちが中心です。本書もまた，こうした理論と実証の態度を大切にしたいと思います。

民主主義をめぐって
　本書は政治学の入門書ですので，読者の皆さんが本書で政治学を一通り学ばれた後は，有権者として日本の政治により自覚的に参画することを願っています。

この執筆者の願いの前提には，民主主義体制（厳密には自由民主主義体制）に対する一定の信頼があります。民主主義は日本に住む私たちにとってはあまりにも当たり前のことなので，そのありがたさになかなか気づかないかもしれません。強いてたとえれば，それは空気のようなものかもしれません。私たちは普段の生活の中で，空気の存在を意識することはほとんどありません。しかし，それがなければ私たちは生きていけません。民主主義にはそれに似たようなところがあります。もし自由に意見が言えなくなったり，重要な決定が限られた一部の人たちによってのみ下されたとすれば，そのような社会はとても息苦しいものになるでしょう。このように考えれば，民主主義はそれ自体が望ましい価値であり，それを実現する制度を整えた民主主義体制は，それ自体として肯定されるべきものだと言えるでしょう。

　ところが，この民主主義という概念ほど扱いづらく，人によって意味が異なるものもありません。たとえば日本の国会では，与野党間で論議を呼ぶ法案が与党の強行採決で採択されることが時々あります。与党は民主主義のルールに従って多数決で決定したと主張する一方，野党は非民主主義的なやり方だと批判します。時には議会外に市民が集まり，反民主主義的であるとして国会の議決に反対を唱えることもあります。ルールに従って国会が運営されていても，民主主義の評価が真二つに分かれるのです。

　そこで本書では，民主主義という重要な政治思想について1章を割いて取り上げます。近年の政治学入門書では，民主主義や自由主義などの政治思想上のテーマは敬遠される傾向があるようですが，本書は民主主義の多様性を読者に理解してもらうことが重要だと考えています。

　実際の政治への参画の仕方は人それぞれでしょう。本書は，読者の皆さんが積極的に政治に参加すべきと勧めているわけではありません。読者の皆さんの中には，将来，職業的政治家を志しておられる方もいるかもしれませんが，多くの方はそうではないと思います。しかし本書を紐解く方のほぼすべてが，有権者として選挙の際に投票に行かれたり，特定の政治家を支援されたり，あるいは町内会やマンション管理組合などの所属集団でなんらかの決定を下されたりする機会があるでしょう。そうした場面において，本書で学んだことが役立つことがあるとすれば，これほど嬉しいことはありません。

本書の構成

最後に，本書の構成について簡単に触れておきましょう。

本書は序章を除いて全12章，4部構成からなっています。「第Ⅰ部　政治は身近なところから」では，政治を身近なところで感じてもらうため，政治を知るメディアやツール，選挙における投票行動，政治家の生活について焦点を合わせます。続く「第Ⅱ部　政治はみんなで決めるもの？」では，やや遠いところで「政治」がどのように決められているのかを，議会や政策過程を通して考えます。第1章から第5章は，先に述べた「方法論的」個人主義で議論されることが多くなっています。また，第6章では，それまでの具体的な話から一度立ち止まって，民主主義について考えてみます。この章はまた，第Ⅳ部第10章の内容ともパラレルになっています。

「第Ⅲ部　『まち』と地域で支え合う政治」では，再び身近な政治に立ち戻りますが，「方法論的」個人主義では議論しづらい，市民社会論や地方自治，福祉国家など，目線を地域や社会に移して政治を考えたいと思います。むしろ第Ⅲ部は，支え合い，自治，協働といった「人と人との繋がり」に重点を置くものとなります。

そして，最後の「第Ⅳ部　世界と関わり合う政治」では，これまでの議論が一国内で完結していたのに対して，視野をグローバルに広げています。政治学の分野で言えば，比較政治学や国際政治学に属する分野です。第10章では，民主主義体制以外の政治体制にも目配りしつつ，民主主義体制にもさまざまな類型があることを検討します。第11章と第12章では，世界政府がないという意味ではアナーキーな国際社会においても，一定の秩序があることが国際政治経済と安全保障の両面から議論されます。とくに国際政治においては，主たるアクターは国家だと見なされています。

各章にはコラムが1つずつ設けられています。本文では十分に論じられなかったことを補足的に議論したり，本文中での議論をさらに深めるために使われていることもあります。

それでは，これから一緒に政治学を学んでいきましょう。

（永井史男，水島治郎，品田裕）

第Ⅰ部

政治は身近なところから

第1章
政治を知ろう
―― メディアと政治 ――

― Short Story ―

　ミネオ君が新生活を始めるにあたり，買い揃えたものがいくつもあります。その1つがテレビです。実家にはテレビは1台しかなかったのですが，これからは自由に観ることができます。また，「政治学入門」の授業では，日々のニュースと絡めながら政治の話が出てくるので，その授業についていくためにも，テレビのニュースは観ておこうと思いました。

　ただそこで気づいたのは，ニュース以外にも，ワイドショーや情報番組など，政治に関わる報道が意外に多いことです。たとえば注目を浴びる知事がいると，リポーターが逐一その行動を追って，ストーリー仕立てで報道することもあります。それなりに面白い番組になっています。

　ただしばらく経つとミネオ君は，どの局も同じような政治家を，同じような調子で報道しているように思えてきました。そこでミネオ君は，新聞はどう書いているのだろうかと思い，新聞を読んでみることにしました。大学の図書館なども使いながら新聞をいくつか読んでみると，新聞によって書き方がだいぶ違っていることに気づきます。また，新聞には解説記事も多く，物事の背景や事情を知るうえで役に立つことが分かりました。政治学入門のレポートに使えそうな記事もあります。

　とはいえ，速報性という点では，インターネットが強いことも事実です。テレビでよく見かけた大臣が不祥事で辞任したことを最初に知ったのは，ネットのニュースサイトでした。また，何か事件が起きた時の人々の反応も，ネット上ですぐ見ることができます。SNSを使えば，議論を始めることもできます。

　テレビ，新聞，インターネット。いろいろなメディアを使うことで，大学生になったミネオ君の世界が広がっていくようです。

第Ⅰ部　政治は身近なところから

　政治について知ろうと思った時，みなさんはどのような行動をとるだろうか。国会や地方議会（都道府県議会や市区町村議会）に行って国会議員や地方議員が何をしているかを自分で直接見学することは，授業やバイトもある日々の中で，なかなか難しい（議会の傍聴をすること自体は難しくないので，調べてみることを勧める）。いくら国会に行くことができたとしても，そこで行われている意思決定やその前提となる交渉を私たちが目にするのはたいへん難しいことである。さらに言えば，世界中の政治のことを直接観察することは不可能と言える。つまり，私たちが政治や社会問題について知るためには，必然的にメディアによって提供された情報に触れなければならない。私たちは，メディアというフィルターを通じて政治について知ったり，考えたりするのである。

　ここでいうメディアとは，現実や出来事についての情報をその場にいない人たちに伝達・媒介する主体を指す。新聞や雑誌，テレビ，ラジオなどのマスメディアが代表的な例である。インターネットの普及によって様相は変わりつつあるとはいえ，みなさんが得る情報の多くは新聞社やテレビ局が提供している。

　メディア（とりわけ，テレビ）の影響について学ぶ時に必ず紹介される有名なエピソードがある。アメリカ大統領選挙の時期に，候補者同士が意見を戦わせる選挙討論をニュースで見たことがあるだろうか。司会役を挟んで，両候補が直接議論をする姿には迫力があり，選挙の趨勢に大きな影響を与えるため，大いに盛り上がる。このような候補者同士の討論が初めてテレビ中継されたのは1960年のアメリカ大統領選挙の時であり，民主党のケネディ（John F. Kennedy, 1917-63）候補と共和党のニクソン（Richard Nixon, 1913-94）候補が討論に臨んだ。当時はテレビが完全に普及する前だったので，ラジオでこの討論を聞いた人も多かった。興味深いことに，どちらの候補がこの選挙討論において優勢であったかという印象は，ラジオ聴取者とテレビ視聴者の間で大きく異なっていた。ラジオ聴取者は理路整然と話すニクソンが優勢であったと評価したのに対し，テレビ視聴者は若くエネルギッシュなケネディの方が優勢であったと評価したのである。ニクソンは年上であっただけでなく病み上がりでもあり，顔面蒼白で汗が滴り落ちながらの討論であった（その結果もあり，この選挙ではケネディが当選した）。この選挙討論の映像は，ジョン・F・ケネディ図書館（JFK Library）によって YouTube で公開されているので，ぜひ見てほしい（https://www.youtube.com/watch?v=gbrcRKqLSRw）。

このエピソードは，選挙討論という同一の「現実」であっても，それが私たちに届けられる形式によって，その「現実」の捉えられ方が異なってしまう，ということを示している。私たちは政治についての情報を主にメディアから受け取っているが，その情報は「現実」そのものではなく，あくまで「メディアを媒介した現実」である。したがって，政治について考える時，あるいは何か知ろうとする時，メディアやニュースの特性についても知っておくことは重要である。この章では，政治学を学ぶ最初の一歩として，私たちが見ている「政治」がメディアからの情報によってどのように切り取られているかについて考えていきたい。

1　マスメディアはなぜ必要？——メディアの役割

まずは，ニュースを報じるマスメディアについてその役割と実態を考えていこう。現代社会においてマスメディアに期待される役割とは何だろうか。国会，政党，政治家，官庁は自ら情報を発表しているので，それを人々が自分自身で収集すれば済むのではないかと思うかもしれない。とりわけ，インターネットの普及した現代においては，一般有権者もそのような情報にアクセスすることが容易になった。国会での過去の答弁や官庁の議事録などもインターネットで簡単に入手できる。

しかし，私たちがいちいち政治について調べることは忙しい毎日の中で現実的ではない。そのかわりにマスメディアが政治について日々，情報をまとめて提供してくれることで私たちは政治や社会の動きを追うことができる。さらに，マスメディアはこのような「情報伝達装置」としての役割だけでなく，権力の監視という役割も果たしている。情報発信を国会や政党，政治家，官庁にすべて委ねたとしても，それぞれの政治アクターは自分たちに都合の悪いことを隠して発表しない可能性がある。そうすると，一般の有権者は制限された情報で政治について判断したり，ときには選挙での投票先を決めたりすることになる。

権力の監視という役割のために，マスメディアは，専門知識を有し，訓練を受けた取材記者を抱えている。記者たちの日常的な活動によって，さまざまな政治アクターの行動を監視し，できるだけ客観的な報道を通して，問題があればそれを明らかにしていくということが期待されている。これは，一般の有権

者ができるだけ正確で公平な情報を得たうえで政治的な意見を形成し，投票先を考えるための基礎的な条件とも言える。

　このような権力監視機能をもとに他の権力に対峙することから，マスメディアは第四の権力とも呼ばれる。この表現は，立法・行政・司法の三権に対して，それを監視するという機能を果たすマスメディアが，それと同時に，それ自身も大きな権力を有しているということも意味している。現代社会で起きている数多くの出来事について，その一つ一つすべてをマスメディアが報じるわけではない。マスメディアは「ニュースバリュー」（ニュースの価値）に従って，どの情報を報じ，どの情報を報じないかを決定する。このような情報のゲートキーパー（門番）としての役割は，何をもってニュースバリューとするか，どのような基準で取捨選択するかという点で議論の的になる。情報の取捨選択は，一般の有権者が何を知るか（何を知らないままにするか）を決めるため，マスメディア自体の力も政治過程においては無視することができなくなるのである。

2　マスメディアは中立？──産業としてのメディア

　日本のマスメディアは，中立的であるという期待のもと，できるだけ記者の主観を排除し，事実を積み上げ，多角的に報じる「客観報道」を原則としている。しかし，最近では，インターネット上で「マスゴミ」という表現で揶揄されるなど，マスメディアは中立性を欠き「偏向」していると危ぶむ人たちも見られる。マスメディアが中立的か偏向しているかを論じるためには，「何が中立的か」について判断基準を作成しなくてはならないが，そのことは決して簡単なことではない。ここでは，メディアの中立性をめぐる問題について，私たちが知っておくべきいくつかのことについて紹介したい。

テレビの中立性

　そもそもテレビと新聞では期待されている中立性は異なっている。テレビについては，電波という公共財を用いているため，放送法によって中立が求められている。放送法第4条における放送番組の編集についての「政治的に公平であること」という規定がその根拠である。

　テレビの政治的中立性についてはマスメディアと政治家の間で綱引きが行わ

れてきた。メディアの中立性が問われた最大の出来事としては1993年衆議院議員選挙におけるテレビ報道がある（椿事件）。1993年衆院選の焦点は、選挙制度改革の是非であったが、選挙前にいくつかの新党が登場したこともあり、当時、単独で政権を担当していた自由民主党（以下、自民党と略）は過半数を失った。自民党以外の8つの政党・会派が細川護熙を首班とする内閣を組織するに至って1955年体制が崩壊したとされる歴史的な選挙と言える（第3章第4節も参照）。この選挙の直後、椿貞良・テレビ朝日報道局長（当時）は、ある会合で「反自民の連立政権を成立させる手助けになるような報道をしようではないか。指示ではないが、そういう考え方を話した」などと発言したことが問題になった。報道の公平性を損なうこの発言に批判が相次ぎ、椿局長は更迭され、国会で証人喚問を受けた。さらには、テレビ朝日の放送免許取り消しの検討まで言及された。選挙の際に、政党がテレビ局に報道の公平性について申し入れをするなど、テレビ報道の中立性をめぐっては、この時ばかりでなく常に緊張関係が存在している。

新聞各紙の立場

　それでは、新聞はどうか。電波のような限られた公共の資源を利用して商売が成り立つテレビ局とは異なり、新聞は製紙会社より紙を購入して印字し出版するものであり、法律によって中立性が求められるものではない。一般的な記事については客観報道を原則としているものの、新聞各社には社論というものがあり、その時々の主要争点に対してそれぞれの見解を表明する。

　たとえば、憲法改正という争点について取り上げてみよう。憲法改正は、日本の政治的対立の基礎をなす争点の1つである。それぞれの政党は憲法に対して基本的な意見を保持しており、それが政党対立につながっているのである。一般的に、「保守的」や「右」と呼ばれる立場の政党は憲法改正を目指し、「革新的」「リベラル」「左」と呼ばれる立場の政党は護憲を掲げ、憲法改正を望まない。

　憲法が施行されてから70周年の憲法記念日（2017年5月3日）に、各社は憲法についての社説を掲載した。下記はそのタイトルである。

　朝日新聞「憲法70年　この歴史への自負を失うまい」

読売新聞「憲法施行70年　自公維で３年後の改正目指せ」
毎日新聞「施行から70年の日本国憲法　前を向いて理念を生かす」
産経新聞「憲法施行70年　戦後最大の危機に備えよ　９条改正で国民を守り抜け」
日本経済新聞「身近なところから憲法を考えよう」

　上に挙げた社説の見出しを見て、それぞれの新聞の立場の違いが分かるだろうか。読売新聞と産経新聞は社説の見出しに「３年後の改正」や「９条改正」とあるように、憲法改正に賛成し、積極的な立場である。それに対して、朝日新聞と毎日新聞は憲法改正を積極的に推進するというよりも、「歴史への自負」や「理念」を強調して現在の憲法を高く評価するようなタイトルになっている。日本経済新聞は経済記事を中心とした新聞であり、記事の中にも「護憲か改憲かだけが憲法論議ではない。まずは身近なところから憲法が果たす役割を考えたい」とある通り、憲法改正についてははっきりとした立場を示していない。
　別の指標からも同様の傾向は見て取れる。Twitter のフォロー関係から政治的対立（イデオロギー）の位置を算定した三輪（2017）は、東京新聞（東京を中心としたブロック紙）が左の極、産経新聞が右の極に位置しており、真ん中から左側に毎日新聞と朝日新聞、右に読売新聞が位置していると論じている。
　各社はこのようにそれぞれの立場を有しているものの、もちろん各紙は客観報道を原則としているので、１つ１つの記事については主観を排除するような形で構成されている。日々のニュースではそれほど立場の違いを感じないかもしれないが、どのニュースを取り上げるか、あるいは、どのニュースをどのくらいの長さで取り上げるか、どの面で取り上げるか、などについては各紙の立場が反映されることがある。この事実を知っていると記事の微妙なニュアンスも分かるかもしれない。社会には異なる意見を持つ人たちが多く存在するように、新聞にも多様な立場があり、そのことを知ったうえで読むリテラシーが必要とされる。

産業としてのメディアと中立性
　現代社会においてさまざまな役割を期待されているマスメディアだが、それを構成する新聞社やテレビ局、出版社などは公的な機関ではなく、ほとんどの

場合に私企業によって担われている。メディアの公共的な立場とは別に、マスメディアには「産業」としての側面もあり、マスメディアやそれが発する情報の特性を理解するためには、そのことも考える必要がある。

　産業構造上、新聞社は売り上げが、テレビ局は番組の視聴率（広告収入に依存しているため、多くの人に見てもらう必要がある）が重要となる。そのため、大手であるほど、そもそも極端な立場は取りにくい。先ほどの「左」「右」という政治的対立軸について再び考えよう。有権者は「極端に左」から「極端に右」までの間でさまざまな意見を有しているが、一般的に、政策対立軸上の真ん中の意見の人々の人数が一番多く、両極になるほど少なくなるように分布していると考えられている。その時に、できるだけ多くの読者や視聴者を獲得しようと考えるのであれば、できるだけ真ん中の方に位置したほうがいいことになる。なぜなら、そこをターゲットにしたほうがより多くの読者・視聴者を獲得できる可能性が高まるためである。もしも、左や右に偏りすぎてしまうと、ターゲットとなりうる読者・視聴者は少なくなってしまう。もちろん経営規模によってはニッチ（隙間）を狙って極端な立場を取ることもありえるが（上で見た東京新聞や産経新聞は読売・朝日・毎日の各新聞から比べると販売数は少ない）、大手メディアであるほど経営戦略としても中立でいることには合理的な意味がある。

　それでは、視聴率と経営が直接的に関係ないNHK（日本放送協会）についてはどうだろうか。広告収入に依存した民間放送とは異なり、NHKはイギリスのBBC（British Broadcasting Corporation：英国放送協会）をモデルにした公共放送という形態をとり、視聴者から直接徴収する受信料を財源として運営されている。視聴者は放送法によってNHKとの契約を義務付けられている。他方で、NHKの予算は国会の承認が必要であり、また、経営委員会委員の任命には国会による同意が必要とされる。クラウス（2006）によれば、NHKが官僚からの情報に依存する政治報道スタイルを確立したのは、国会での影響力を背景とした自民党からの政治的介入を避けるためであったとされる。

メディアを危険視する心理

　中立性について考えるとき、マスメディアの特性だけでなく、私たち自身の心理的な特性に対しても注意を向ける必要がある。社会には、「メディアは自

分たちに都合よく情報操作をして危険である」と考えている人たちがいる。このような考えの背後には2つの心理的なメカニズムがある。

　1つは，敵対的メディア認知と呼ばれるものである。敵対的メディア認知とは，メディア報道に接した時に，その情報が自分の信じる立場とは敵対的であると認知する傾向のことをいう。この例として，1982年にレバノンで起きたパレスチナ難民虐殺事件のニュースを用いた実験研究がある。この事件は，レバノン内戦にイスラエルが介入し発生したもので，アラブとイスラエルの対立という構図として捉えられていた。この事件について，まったく同じニュースを親アラブの人たちと親イスラエルの人たちに見せたところ，親アラブの人たちはそのニュースをイスラエル寄りだと判断し，親イスラエルの人たちはそのニュースをアラブ寄りだと判断した。すなわち，メディアが報じるものについて同じものを見ても，自分と敵対する立場に偏っていると認知してしまう傾向が存在するのである。

　その理由としては，メディアが報じたものについて，自分の意見と合うものについてはそれほど印象に残らないものの，自分の意見と異なることについては鋭く認知してしまうということが挙げられる。同じニュースを見ていても，自分にとってネガティブな情報の方が強く印象に残るために，中立なメディアであっても「偏った」報道をしていると感じられる。また，そもそも個々人の考える「公平で客観的な報道」の理想像はその個々人にとって都合の良い内容であることも考えられる。

　実際，日本でもこの傾向は見てとれる。安野（2016）によれば，原子力発電所の今後について尋ねた世論調査において，原子力発電所について「現状維持」派の人たちは，マスメディアの論調を「廃止」派に近いと認知している。反対に，「廃止」派の人たちは，マスメディアの論調を「現状維持」派に近いと考えている。

　もう1つのメカニズムは，第三者効果と呼ばれるものである。第三者効果とは，マスメディアの影響力を過大評価する傾向のことをいう。自分が報道を鵜呑みにしないのであれば，自分以外の人（第三者）も鵜呑みにしないだろうと考え，メディアの影響力を低く見積もるというのが論理的なように思われるが，第三者効果が想定するのはそれとは異なるメカニズムである。つまり，自分はマスメディアの報道を鵜呑みにしないし，影響はされないと考える一方で，他

の人たちはその報道を鵜呑みにしてしまうだろうと憂慮する傾向のことをいう。つまり，メディアの報道について必要以上に危険視してしまうことを意味する。

敵対的メディア認知という心理的メカニズムに第三者効果という心理的メカニズムが合わさって，「メディアは自分たちに都合よく情報操作をして危険である」という考えが生まれやすいのである。

3 マスメディアは影響力がある？——強力効果と限定効果の間

マスメディアの影響力については多くの人が期待したり，憂慮したりしてきた。ここでは，メディア環境の変化とともに発展してきたさまざまな研究を紹介する。

強力効果仮説

「自分は鵜呑みにしないけど，他の人はマスメディアに影響されてしまう」という心理的特性を第三者効果として紹介した。しかし，自分ではそのように考えていたとしても，本当に，自分は「鵜呑み」にせずにメディアに影響されないのだろうか。前節でも触れたように，マスメディアと政治の緊張関係は，政治の側がマスメディアの影響力を怖れていることを示唆している。「マスメディアには影響力がある」と一言でいっても，どのような影響があるのだろうか。

マスメディアが人々にどのような影響を及ぼしているかについての研究は，メディア環境の変化とともに発展してきた。私たちが単純に考えるような，「強力な影響力を持つメディア」というイメージは古く1930年代から存在する。印刷メディアが支配的で，印刷した雑誌や新聞，本を物理的に運ばなければならなかったようなメディア環境から，ラジオのように電波によって広範囲に一斉に同じ情報が行き渡るメディアが登場したことによって，強力効果仮説が唱えられるようになった。マスメディアの主張を人々はそのまま受け入れしまうという「即効理論」という素朴な考え方であった。この説は，メディアの情報に触れた人々には即効薬のようにすぐにその影響が表れ，意見から何から左右されるという意味で即効理論と呼ばれるのである。みなさんも漠然とそのように考えているかもしれない。

第Ⅰ部　政治は身近なところから

限定効果仮説

　しかし，この考え方は1940年代には否定される。アメリカのコロンビア大学の研究者たちは，オハイオ州エリー郡において初めて科学的な学術世論調査を実施する。エリー調査と呼ばれるこの調査によって，メディアの影響力は想定よりも強くないということが明らかにされていく。第1に，マスメディアの情報は，「マスメディア－個人」というように人々に直接届いているのではなく，その間に，その分野に詳しい知人（これをオピニオンリーダーと呼んだ）が挟まっているという実態が明らかになった。「マスメディア－オピニオンリーダー－個人」というようにメディアの情報は間接的に届いているのである。このことを情報の二段階の流れモデルという。つまり，個人は「即効」的に影響を受けていないことになる。

　第2に，大統領選挙におけるメディア接触と投票行動の関係を分析したところ，メディア接触によって自分の投票意向（誰に投票するか）を変更した人は少数しかいないことが分かった。民主党の候補に投票しようという考えから共和党候補へ投票する考えに変わるような「改変効果」こそが強力効果仮説が想定するものだが，そのような効果は調査によって否定された。その代わりに明らかになったのは，もともと投票しようと思っていた候補者に対する投票意向が強化される「補強効果」であった。このことがなぜ起きているかと言えば，人々は自分の意見と異なる情報を快く思わないため（認知的不協和と呼ぶ），そのような情報に接触したがらず，自分の意見をサポートするような情報や情報源に接触する傾向があるためである。このようなプロセスを選択的接触という。このようにマスメディアの影響力については限定効果論が主流となっていった。

テレビの普及と認知への効果

　しかし，テレビの登場によってこの研究潮流も変わる。それまでの研究の焦点は，メディア接触によって個々人の意見が変化するか否かという意見変容にあった。それに対し，この後の研究は，メディア接触によって，社会や政治についての認識がどのように変わるのかという「認知」の側面に対する影響力に焦点を当てている。大きく分けて，3つの種類の効果が指摘されている。

　第1に，議題設定（アジェンダ・セッティング）効果である。これはメディアの報道量によって，人々が重要だと考える政策争点の順位が変わるというもの

である。現実社会において問題になっている政策争点は多数ある。国会では多くの委員会に分かれて議論をしているし、行政も多くの省庁に分かれてそれぞれの課題に対応している。たとえば、年金制度や財政再建、外交問題は常に存在し、議論されている。それ以外にも、スキャンダルも含めて、その時々に議論されている争点というのもある。この時、多くの争点の中で有権者が何を重要と考えるかについてはメディアの影響が大きいといわれ、メディアによる報道量の多い争点ほど重要な争点であると認知されやすい。

　たとえば、2001年の首相就任時から小泉純一郎首相（在任2001～06年）は郵政改革を強力に推し進めていたが、2005年衆院選の時ほど重要な争点と認識されたことはなかった。この選挙では、党議拘束を破って郵政改革法案に反対票を投じた自民党議員たちに対して、小泉首相と自民党は選挙での公認をせずに（つまり、自民党の候補者として認めず）、それに対抗する候補者を立てていった。当時、このような対抗候補者が「刺客」と呼ばれて話題になり、郵政改革法案とともに集中的に報道がなされたことが、人々の間でこの問題が重要だと認識されることに結び付いたと考えられる。

　メディアが影響を与えているのは、重要度についての認識だけではない。人々が政治家や政治リーダーを評価する時に、報道量の多い争点についての評価に基づいて人物評価を行う傾向がある。これをプライミング効果という。たとえば、福祉政策の報道量が少なく外交問題について報道量が多ければ、有権者は福祉政策ではなく外交問題の手腕への評価に基づいて首相のことを評価する。2012年衆院選の世論調査データを分析した谷口（2015）は、原発問題を多く報じていた朝日新聞の読者は、原発問題を考慮に入れて投票先を決定する傾向が高いということを明らかにした。日本においてもプライミング効果が存在することが示唆されている。

　さらに、ある争点について考えるための思考の枠組み（フレーム）自体もマスメディアから影響を受ける。これをフレーミング効果という。代表例として貧困問題を取り上げよう。テレビでの貧困問題特集が、ある特定の個人に着目して、その人の生活を中心に報じているのを見たことがあるかもしれない。このような報道のフレームを、エピソード型フレームと呼ぶ。他方で、貧困を社会問題の表れとしてそれを取り巻く制度や環境を報じるようなものをテーマ型フレームと呼ぶ。このような異なるフレームによる報道は、その問題を考える

第Ⅰ部　政治は身近なところから

> ### コラム1　ワンフレーズ・ポリティクス
>
> 　マスメディアの影響力を前にして，政治家や政党が「報道される被写体」という立場にただ単に甘んじているわけではない。むしろ，支持率や得票率の向上のためにメディアを積極的に利用しようという動きも出てきた。メディアを活用した代表的な政治家と言えば，小泉純一郎元首相が挙げられる。スポーツ新聞やバラエティ番組など，それまでの首相にとって一般的ではなかったメディアを通じて小泉元首相は積極的にメディアでの露出を図った。さらに，インタビューでは「構造改革なくして成長なし」など短いフレーズを繰り返して用いたが，これは，テレビニュースでできるだけ編集されないようなキャッチーで短い言葉を用いることでメッセージを明確に国民に届けることを意図していた。分かりやすい言葉は，必ずしも政策の実像をすべて反映するわけではないが，このようなメディア戦略とそれによって獲得した高い支持率を背景に政策を推し進めていく姿は，「ワンフレーズ・ポリティクス」や「劇場型政治」と呼ばれた。

時に視聴者が依拠するフレームに影響を与える。エピソード型フレームに接した視聴者は，テーマ型フレームに接した視聴者に比べて，貧困を個人の問題に帰責して考える傾向がある。

　また，個々人の認知に関わる3つの効果の他に，個々人の意見が世論として形成されていく過程でもマスメディアはその役割を果たしている。人々はマスメディアや自分の周囲にいる人たちを通じて得た情報から，ある争点について賛否のどちらが多いかを推測する。その時，自分が少数派だと分かると孤立を恐れて自分の意見の表明をためらうようになる。そうするとさらに多数派の意見が大きいように感じられて，さらに少数派の声が小さくなり，多数派の意見が支配的になるというメカニズムである。これを沈黙の螺旋理論という。

　以上をまとめると，強力効果仮説が想定するような，人々の意見を無条件に変えるほどの影響力はマスメディアにはないが，限定効果仮説が想定するような，微小な影響力しか見られないわけでもないといえる。少なくとも社会問題についての認識の仕方という観点からみれば，何を重視し，何を基に内閣や政党を評価し，どのように考えるかという点でマスメディアは人々に影響を与えている。このことを総称して，中効果仮説ともいう。

4 変わるテレビニュース

　テレビが普及しきると，次に起こったのはニュース報道スタイルの変化である。かつてのニュース番組は，ニュースを淡々と読み上げるスタイルでキャスターやアナウンサーのコメントもほとんどなかった。現在でも，番組と番組の間に挟まれる5分間のニュースでは同様のスタイルが見られる。淡々と日々の出来事を報告するような報道スタイルをストレートニュースという。かつては，30分や1時間のニュース番組でも，多少の特集ニュースが加わることがあっても，そこにキャスターの論評が加わることは多くはなかった。このような伝統的なスタイルの番組はハードニュースと分類される。

　日本における報道スタイルの転換点は，テレビ朝日系列で1985年から開始された「ニュースステーション」（午後10時台）の登場であった（現在の「報道ステーション」はその後継番組）。メインキャスターに，元 TBS アナウンサーで音楽番組やバラエティ番組の司会をしていた久米宏が起用されたこのニュース番組では，キャスターやコメンテーターの軽妙な掛け合いを挟みながら，硬軟を織り交ぜて分かりやすさを追求したスタイルが目指され，実際に高視聴率を記録した。このスタイルが人気を博したことによって，各局がこのスタイルを真似し，NHK もそのスタイルを取り入れ，現在はこのようなニュースが主流のスタイルになっている。

　政治や時事問題を娯楽として消費していくようなスタイルを「ソフトニュース」という。典型的なのはアメリカのオプラ・ウィンフィリー・ショーやザ・デイリー・ショー・ウィズ・ジョン・スチュアートなどで，トークショー形式で番組ホストが政治を風刺するスタイルをとる。エンターテイメントとして政治ニュースを消費するが，必ずしも日本のニュース番組のようにさまざまなニュースをカバーするわけではない。

　その点からいうと，ニュースステーション以降の日本のニュース番組をソフトニュースと呼ぶのは正確なところではないだろう。谷口（2008）は，ニュースステーションの登場とそのスタイルの普及を「報道番組のソフト化」と呼んでおり，同時に，ワイドショーなどの娯楽番組が政治的な事柄を取り上げるようになったことで「娯楽番組の政治化」も進行していると指摘している。芸能

人のニュースが中心のワイドショーも，視聴率が取れる限りにおいては，時事問題や政治家のスキャンダルなどについて詳しく取り上げるのである。

このような政治ニュースの取り扱い方の変化は，人々の政治に対する考え方にも影響を与えているが，それには正と負の両面があると議論されている。正の側面としては，ソフトニュースのような娯楽的要素を取り入れたニュース番組によって，それまで政治に関心がなかったような人々が政治に関心を持つようになるという効果が挙げられる。ワイドショーなどで取り上げるニュースはニュース番組よりも詳しいこともあり，時にセンセーショナルに人々の興味を引くように報じるので，より多くの人が政治に関心を持ち，知識が高まるという見方がある。ただし，このようなソフトニュースによる知識獲得の効果は限定的だという見方もある。インターネット利用の普及と相俟って，ニュース番組とワイドニュースは一日途切れなく放送されているため，もともと政治に関心のある人たちはいくらでも情報を獲得することができるが，政治に関心のない人はそのような情報に接しないため，むしろ知識の格差が広がっている可能性がある。

さらに，ソフトニュース的なニュース番組は政治をシニカルに描き，政治家や政党を欲深いアクターのように映してしまうため，政治を忌避する意識や政治家・政党不信を生むことも指摘されている。ソフトニュース，あるいは「報道番組のソフト化」の政治的帰結については研究が進んでいるところである。

5　メディア環境の変化——ポスト・トゥルースの時代に

みなさんは普段，どのような形で社会での出来事や政治についての情報を知るだろうか。筆者の学生時代には新聞やテレビを中心として政治情報を得ていた。朝夕に配達される新聞をパラパラと読んだり，家族と食卓を囲んでニュース番組を見ていたのである。しかし，現在の学生に聞くと，このようなニュース接触をしている人が主流とは言えなくなってきているように思える。その代わりに，みなさんの中では，スマートフォンでニュースを読んでいる人が多いのではないだろうか。ニュースアプリを開いて自分の関心のあるニュースを拾い読みしている，あるいは，TwitterやFacebook，LINEなどのSNS（ソーシャル・ネットワーキング・サービス）を通じて断片的にニュースに接触している

第1章 政治を知ろう

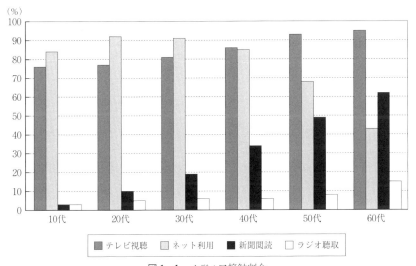

図1-1 メディア接触割合
出所：総務省情報通信政策研究所「平成27年情報通信メディアの利用時間と情報行動に関する調査」。

かもしれない。そもそも普段からニュースを目にしないという人もいるだろう（いつの時代でもそういう人はいたはずである）。

前節で見てきたように，メディアの影響力の研究は，情報環境の変化に対応して発展してきた。新聞やテレビが情報接触の中心ではなくなりつつある（少なくともその接触頻度が下がっている）現代において，人々はメディアからどのような影響を受けるのだろうか。最後の節では，現在の情報環境について概観したうえで，その変化がどのような影響を与えるかを考えていく。

世代とメディア接触

現代社会において人々のメディア接触方法は年齢によって大きく異なっている。図1-1は，テレビ，インターネット，新聞，ラジオそれぞれに日常的に接触している人の年代別の割合である（平日利用：総務省，2016）。かつて主たるニュース接触手段であった新聞閲読については，年齢が下がるほどその接触割合が大幅に下がっている。60代でおよそ60％であるのに対し，20代では10％，10代では数％に過ぎない。次に，テレビ視聴についても，新聞閲読ほど急激ではないものの，年齢が下がっていくほど接触割合は下がっていく。60代では

第Ⅰ部　政治は身近なところから

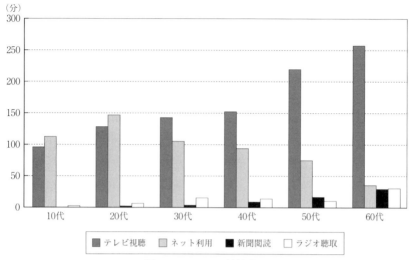

図1-2　メディア接触時間

出所：総務省情報通信政策研究所「平成27年情報通信メディアの利用時間と情報行動に関する調査」。

90％を超える人がテレビを見ているが，10代・20代では70％台と下がる。新聞・テレビに代わって増加しているのはインターネットの利用である。60代でも40％はインターネット利用をしているが，10代から30代までの層では，テレビ視聴よりもインターネット利用の割合の方が高くなっており，最も普及した情報接触手段となっている。

さらに，平日の平均接触時間（縦軸の単位は分）を表した図1-2を見てみよう。こちらを見てみると，高齢層ほどテレビを長く視聴していること，20代以下ではテレビよりもインターネット利用の接触時間が長いことが分かる。また，すべての手段の接触時間を足し合わせると，60代はメディア接触の時間が長く，それに対して若者ほどメディア接触時間は短いということが分かる。

上記は，ジャンルを限らずにどのようなメディアに接触をしているかについての調査結果であったが，政治に関する情報に限った調査も見てみよう。2017年に実施された読売早大共同世論調査によれば，「政治についての情報をどこから手に入れているか」という質問に対して最も多い回答は民放テレビで70％，次いで，新聞（60％），NHK（59％）であった（複数回答）。これに対し，インターネットを通じた情報接触手段であるポータルサイトは36％，ニュースサイ

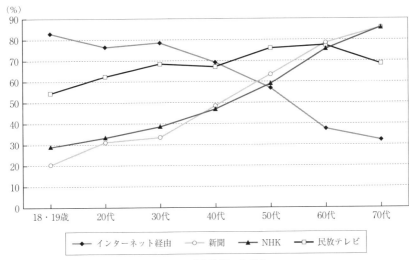

図1-3 政治情報の入手先

出所：読売早大共同世論調査（2017年）。

トは23％，SNSは17％，オピニオンサイトは12％となっている。1つ1つの手段を比べれば，まだ伝統的なメディアに及ばないかもしれないが，上記のインターネットを通じた4つの情報接触手段のうち，いずれか1つでも回答した人を集計すると全体の56％にも及び，新聞・NHKと遜色のないレベルになる。

さらに，年代別に政治情報入手先を見てみると，インターネット経由で情報を入手する割合は年齢が若い人ほど高いことが分かる（図1-3）。18歳から40代までは，インターネットで政治情報に接触する割合が最も高く，次いで民放テレビとなる。しかし，50代から上の世代では，インターネットは政治情報入手先としてはNHK，新聞と比べても低くなり，最下位となる。70代以上のほとんどはNHKと新聞から政治情報を得ている。

このようにメディア接触や政治情報の入手先のパターンは伝統的なメディアから，インターネットという新しい技術を通じたものに徐々に変わっている。さらに言えば，インターネットについては利用の増加だけでなく，その形態も変化している。パソコンによるインターネット接触が中心の時代に比べて，スマートフォンの普及によって私たちのインターネットに接触する時間が飛躍的に増えることは容易に想像できる。このように，私たちを囲むメディア環境は

急速に変化をしているが，その変化はすべての人に同様に波及しているのではなく，世代によって異なっているのである。

インターネットの普及とメディアの影響

それでは，このような変化は人々の政治についての考えや知識に影響を与えるだろうか。まだ多くの研究がなされているわけではなく，「場合による」というのが暫定的な結論である。日本のインターネット・ポータルサイトにおいて圧倒的なシェアを誇っているのは Yahoo! である。「今朝，Yahoo! ニュースに載っていたんだけど」という会話はよく聞くが，Yahoo! ニュースは各社の記事を集めて整理して配信しているポータルサイトなので，もともとの記事は各新聞社やテレビ局（動画クリップがついている場合もある）によるものであることが多い。つまり，新聞の閲読自体は減っているものの，インターネットでニュースを見る場合，ニュースの内容自体は紙の新聞やテレビ放送と変わらないことになる。ということは，インターネットによる情報接触はこれまでのメディア接触と同じと考えればよいのだろうか。

情報の内容ではなく，どのような情報に接触しやすいかという観点から見ると，新聞やテレビとインターネットでは，情報接触のパターンが異なっていることが指摘されている。新聞やテレビであれば，自分の見たいものだけを見ているつもりでも，その過程でさまざまな情報が目に飛び込んでくる。新聞の社会面に目をすべらせることで，読みたかった芸能人の結婚の記事の隣にある政治家のスキャンダルの記事にも目が行くだろうし，ニュース番組で野球の試合結果を待つ間に国際ニュースを知るかもしれない。

このように，偶発的・副産物的に学習することは，人々の政治的な知識の向上に貢献している。稲増・三浦（2016）はインターネット上のさまざまなサービスについて，偶発的・副産物的学習が生じているかを検討し，ポータルサイトや新聞社のサイト，2ちゃんねる（現・5ちゃんねる）のまとめサイトではこのようなプロセスが生じているものの，ニュースアプリや Twitter の利用は政治的知識の差を拡大してしまうということを示している。つまり，ニュースアプリであれば，自分の関心のあるニュースを探して読むが，それ以外には目もくれないという情報接触パターンになりがちである。そうなると，自分の関心事については詳しくなるが，自分の関心のないことについてはあまり知らな

いという結果になりえる。

　ニュースアプリだけでなくSNSなども含めて，自分の好みの情報だけを取りに行くようなインターネット利用のスタイルは，限界効果仮説のところで紹介した選択的接触と共通している。たとえば，保守的な志向を持つ有権者が，自分とは反対の意見（リベラルな意見）についてはできるだけ接しないようにして，自分と同じ保守的な意見ばかりに接触していくと，その人が接触する情報は同じ保守的志向のものばかりになり，さらに保守的志向が強化されていく。同様に，リベラル側でも同じ事象は起こりうる。とりわけSNSでは，自分に都合の良い情報ばかりが流れる環境を作ることが容易になる。そのようにして，人々が分断され，その中で意見が先鋭化していくことを集団極化という。

炎上とフェイク・ニュース
　さらに，インターネットの普及による情報環境の変化として重要なのは，マスメディアが情報の発信能力を独占し，人々は情報の受け手でしかなかった状況から，一般の人々も情報の発信者になれるという現状への変化である。TwitterやFacebookなどのSNS，Yahoo!ニュースなどへのコメントなどではさまざまな議論がなされており，新聞やテレビとは重なりつつも異なった言論空間が形成されている。多くの有益な議論がなされている反面，情報発信が容易になったことにより生じる現象もある。

　1つは，「炎上」と呼ばれる現象である。なんらかの言動・行動に対しインターネット上で批判が殺到し，Twitterや5ちゃんねる（旧2ちゃんねる）では「炎上」騒ぎが起きることがある。非常に多くの人がその騒ぎに参加しているように感じられるかもしれないが，このような炎上参加者というのは，ネット参加者のわずかの人たちであるということもこれまでの調査で明らかにされている（田中・山口，2016）。1年以内にTwitterで炎上に参加した人たちは，インターネット利用者のうち0.5％程度で，さらにその多くは一度感想をつぶやく程度であった。3回以上書き込みをした人は炎上参加者の3.3％に過ぎない。

　もう1つの現象は，フェイク（嘘）・ニュースという現象である。とりわけ2016年のアメリカ大統領選挙で注目を浴びた。この選挙では，元国務長官で政治的な経験が豊富なクリントン（Hillary R. Clinton）候補の当選が有力視される状況で，政治経験のない実業家のトランプ（Donald Trump）候補が当選した。

その際にトランプ候補が用いたのは，Twitter などの SNS を用いて，過激な言動を繰り返すという手法であった。その中には必ずしも真実ではないことも含まれており，さらには，大手メディアの報道については嘘と決めつけ，フェイク・ニュースであるという主張を繰り返してきた。真実でないことでも強引に主張することで，それを信じこませるような状況から，ポスト・トゥルース（真実）という言葉が話題になった。

　日々の生活の中で政治について知っていくためには，メディアというフィルターを通して情報を得る必要がある。これから本書を通じて政治学を学んでいくわけだが，各章で述べられていることが現実の政治において実際にどのように展開されているかを理解するためにも，まずは私たちが手にする「情報」について，その特性を知る必要がある。すでに論じたように，マスメディアはそれ自体，産業として成立するためにさまざまな特性があり，また，私たちに少なからぬ影響を与えている。
　さらに，フェイク・ニュースやポスト・トゥルースという言葉が飛び交う現代において変化しているのは，技術的な進展やメディア接触方法だけではない。ニュースに対しての見方やそれに対峙する私たちの姿勢についても変わらざるをえなくなっている。マスメディアが情報発信を独占してきたことに不満を持つ人たちやニュースの信憑性に疑問を持つ人たちが多く現れ，マスメディアには厳しい目が向けられている。他方で，インターネット上で発信される情報すべてが真実というわけでは必ずしもない。それぞれの人にとって都合の良い事実だけが提示されていることもある。これに対抗する既存マスメディアの戦略は，ファクト・チェック（fact check），つまり事実（ファクト）を点検（チェック）してそれを報道する，ということである。私たち個々人はインターネット上の情報について取捨選択する時，まず，その記事が誰によって書かれたかを考えることで，その情報の価値を値踏みすることができる。その際には，本章で紹介してきたような，それぞれのメディアの特性について把握しておくことが足がかりになる。

第1章　政治を知ろう

> 参考文献

稲増一憲・三浦麻子「「自由」なメディアの陥穽——有権者の選好に基づくもうひとつの選択的接触」『社会心理学研究』31（3），2016年。
総務省『平成28年度情報通信白書』2016年〈http://www.soumu.go.jp/johotsusintokei/whitepaper/ja/h28/pdf/　最終アクセス2017年8月13日〉。
田中辰雄・山口真一『ネット炎上の研究』勁草書房，2016年。
谷口将紀「日本における変わるメディア，変わる政治——選挙・政策・政党」サミュエル・ポプキン，蒲島郁夫，谷口将紀編『メディアが変える政治（政治空間の変容と政策革新5）』東京大学出版会，2008年。
三輪洋文「Twitter データによる日本の政治家・言論人・政党・メディアのイデオロギー位置の推定」『選挙研究』33（1），2017年。
安野智子「今日的な世論形成過程の検証」『放送メディア研究』13，2016年。

> さらに読み進めたい人のために

蒲島郁夫・竹下俊郎・芹川洋一『メディアと政治［改訂版］』有斐閣，2010年。
　＊メディアと政治の関係を政治学者とジャーナリストが共同で解き明かした定番の教科書。本章では扱わなかった政治取材やニュース制作などについても紹介しており，制作側の実際についても知ることができる。
クラウス，エリス（村松岐夫監訳，後藤潤平訳）『NHK vs 日本政治』東洋経済新報社，2006年。
　＊戦後日本の民主主義体制の正統性がどのように確立されたかをメディアの側面から論じた一冊。NHK のニュース報道の特徴，その報道スタイルに到達した経緯を政治との関係から明らかにしている。
谷口将紀『政治とメディア（シリーズ日本の政治10）』東京大学出版会，2015年。
　＊最新の研究動向も含めて政治とメディアについて包括的に論じた一冊。アメリカにおける研究成果を紹介しながら，それに対応する形で日本のメディアについても実証的に検討している。
谷藤悦史・大石裕編訳『リーディングス政治コミュニケーション』一藝社，2002年。
　＊マスメディアの効果に関する古典的な論文が翻訳された論文集。1940年代から1980年代までの限定効果仮説から中効果仮説へという研究の流れを大まかに把握するのに最適である。

（遠藤晶久）

第2章
選挙に行こう
——18歳選挙権——

― Short Story ―

　ミネオ君は大学に入学してしばらくすると，選挙がもうすぐ行われることに気づきました。今回は，参議院選挙です。しかも18歳のミネオ君は，そこで初めて選挙で投票することができるのです。K市に転入手続きを済ませていたので，今の住まいで投票できます。K市に住む従兄のミネルさんは，「僕が18歳の時には選挙権はなかったぞ」と羨ましそうです。

　まもなく送られてきた投票所の入場券を見ると，近くの小学校が投票所に指定されています。選挙運動期間が始まると，町を選挙カーが走り，駅前では候補者が懸命の訴えをしています。自分の投票先を決めるのだと思うと，うるさいと思っていた選挙運動も，違った視点から見えてきます。候補者個人を選ぶ選挙区では，何人かの候補者が出馬していますが，選挙公報を読み，街頭演説を聴いたミネオ君は，投票先の候補をまずは2人に絞りました。しかしそのA候補とB候補の2人は甲乙つけがたく，どうしようか迷っています。ただ，ニュースを見ていると，A候補が優勢ということです。それを知ったミネオ君は，「それなら投票しても票が無駄にならないから，A候補に投票したらいいんじゃないか」と思いました。ただ，SNSで知った情報によると，B候補が懸命に追い上げているということです。「B候補も頑張っているようだし，応援のために一票入れようかな」という気もしてきます。

　最後まで迷いながら，投票日，ミネオ君は投票所の小学校に向かいました。結局ミネオ君は，誰に入れたのでしょうか。それは「秘密」です。投票の秘密は，憲法で保障された重要な権利なのですから。

第2章 選挙に行こう

　みなさんは，割と自由にものを言っても大丈夫な世界で暮らしていると言えるだろう。他の人（つまり社会）に向かって何かを呟いたり発信したりしている人も多いに違いない。普段は自分の行った場所やおいしかったもの，好きな音楽や映画について語ることが多いだろうが，時には，ニュースの感想を口にすることがあるかもしれない。なかには政治に関係することもある。どこかの国の大統領の行状や来年からの奨学金制度の拡充とか。思いがもっと強くなれば，呟くだけでなく，デモをしたり陳情したり行動に移す。政府の力で○○を撤廃してほしいとか，××を規制してほしいとか。このように政治の世界に自分の意見を届けることを政治参加という。政治参加のうち，最も簡単で，よく用いられている方法が投票である。選挙に行って自分の考えを伝えてこそ，あなたの意見は初めて尊重される可能性が出てくる。

　しかし，選挙に行くといっても少しハードルが高いのも事実だ。年に1回ぐらいのことで毎日のことではないから，慣れないうちは，どうやってよいものか戸惑ってしまうことも少なくない。慣れてきても，誰を選べばよいのか，自分の入れた票に意味はあったのか，そもそも他の人はどうしているのだろう。分からないことは多い。

　本章は，投票に行くことに慣れていない人に慣れてもらうことも念頭に置きながら，どんな人が投票に行くのかをまず検討し，次に，選挙の仕組みがどうなっているのか議論する。その後で，人々がどうやって投票先を選ぶのかを考えてみたい。選挙が普及して約100年（測り方によるのだが），選択の仕方も変わったに違いない。この間，社会の方も変わった。産業革命の前の時代から，今やSociety 5.0の時代である。今と昔では情報量が決定的に違う。この点を意識しながら，いろいろな選び方を，その背景にある考え方も含め，見てみよう。

1　投票参加

どんな人が投票に行くのか

　今の日本では18歳になれば投票する権利が認められる。「18歳になったら選挙に行こう」という呼びかけもよく耳にする。しかし，実際に18歳になった人が全部，あるいは大人たちがみんな選挙に行くのかというと，そんなことはない。衆参両議院の選挙でも投票率は50％台で，地方選挙になれば，もっと低く

なる。つまり、選挙に行く人は、多くても2人に1人を少し上回る程度である。そうするとなぜ投票に行く人と行かない人が生まれるのかという疑問がわく。ただ、その点を考える前に、選挙に行く人に一定のパターンがあるかどうかを見てみたい。

投票する人には一定の傾向があることは以前から知られている。最も顕著な傾向は年齢に関するもので、一般的に加齢とともに投票率は上がる。これは、どの国でも、いつの時代でも、どのレベルの選挙でも安定した傾向である。20歳代が最も低く、今の日本であれば、70歳頃をピークに年を取るにつれて投票する人は増え、人生の最晩年で少し下がる。折れ線グラフにすれば、ちょうどひらがなの「へ」の字を左右反転させたような形になる。他にも地方在住者は都市部の居住者よりもよく投票する傾向にあるし、何かの団体に加入している人は、団体にまったく入っていない人よりも投票率が高いことが知られている。

心理的には、支持政党がある人は政党支持なし層よりも投票し、考えてみれば当たり前のことではあるが、政治的に満足している人は政治に不満を持っている人より選挙に行く。その他にも、投票によく行く人には、政治的関心や投票義務感の点で特徴が見られる。

このように一定の傾向があるということは、投票を促進するような要因が何かあることを示唆している。たとえば、団体に加入している人はそれだけ社会的に付き合いが多い可能性が高いわけだが、社会的な付き合いの広さが投票の要因になっているのかもしれない。あるいは、支持政党があるということは、それだけその政党やその候補者に愛着をもっているはずで、そのような心理的な繋がりがキーなのかもしれない。

なぜ人は投票するのかという点を議論する前に、選挙に行くことの意味を考えてみたい。「18歳になったら選挙に行こう」と言われても、なぜ、そうした方が良いのか、考えてみるのも悪くない。

投票には行くべきか

みなさんは投票に行こうと思うだろうか。たぶん、この本を読んでいるということは、同世代の中では割と関心が強い方と言えると思う。同世代の中では比較的に投票に行く方なのかもしれない。しかし、同時に「棄権するのも本人の意思」とか「行くように強制されるのは嫌」と感じるかもしれない。このこ

とについて，ここで答えを出そうとは思わない。しかし，選挙があまりコストをかけずに社会を良い方向に持っていくことができる偉大な発明である（かもしれない）ことを強調したい。

たとえば，政治に多くの人が不満を持っている状況を考えてみよう。選挙がある時とない時では，どのような違いが生じるだろうか。

選挙のない世の中は考えにくいかもしれないが，たとえば，昔の日本，正確には「テレビドラマの時代劇などに代表される戯画化された江戸時代」であれば，どうだったろう。実際の江戸時代にも，今日の投票に近いものが部分的には採用されていたので，そんなことはないのだが（正確なことは日本史を勉強しましょう），代官とかが越後屋（たとえばである）と結託して，圧政を敷いていたとしよう。人々はまず我慢をする。ドラマでは，暴れん坊将軍や天下の副将軍，あるいは名奉行様が活躍するが，全国をカバーするには手が足りない。なので，ただ我慢するしかないとすると，不満はだんだんと大きくなり，ある日とうとう一揆や直訴が起きる。流血や暴動などの騒動は，いったん起きると行方はなかなか分からない。激しい主張のぶつかり合いには穏当な「落としどころ」などない。いつ起こりいつ終息するのか予測し制御することは，不確実なことが多いので難しい。

しかし民主主義の下で自由で公正な選挙が行われればどうだろうか。人々は，選挙の当日に投票所に行って少し手を動かせば，統治者は変わりうる。流血や暴動は少ない。選挙戦はルールに則って競われ，決まった日のだいたいいつもの時刻に結果が分かる。そして選出されたリーダーが「落としどころ」を話し合う。選挙のプロセスがうまく運べば（第10章で見られるような権威主義体制など，世界の多くの国ではまだ必ずしもそうはならないのだが），予測可能性が高まり，人々の納得が得られやすくなる。このように社会的なコストをあまり伴わず，しかも劇的に政治状況を変えられる選挙は，人類の大発明ではないだろうか。であれば，この発明を廃れさせない方がよいのではないだろうか。廃れさせないためには，なるべく多くの人が選挙を利用した方がよい。

あるいは，別の視点も考えられる。1980年代には，選挙をきちっとやっていない国が世界にはまだ多かった。これらの国々では，民生や教育にかけるよりも軍事や治安に大きな予算が割かれていた。権力を維持するためには，力で押さえつける必要があったからだと考えられる。他方，この時期でも選挙をやっ

ていた国々では、反対に民生や教育の予算が多かった。再選には人々の支持が必要であり、人々の歓心を買う政策を行う必要があったからと推測される。選挙はみんなの役に立つ。

さらに言うと、選挙は個人にとって成長のチャンスにもなりうる。選挙はだいたい1～2年に1度はあるが、その時に、国や地域の将来が大きく決まる。その機会に参加していなければ、知らないうちに税金が上がったり、供与型の奨学金が貸与型になったり、市民夏祭りがなくなったり、敬老パスが廃止されたりするかもしれない。参加していても、そういうことはありうるのだから、参加していなければ、なおさら、そんな話は聞いていないぞという状況が増えるだろう。逆に、候補者や政党の考え方や政策に注意深く耳を傾ければ、政治に対する知識や関心が増し、投票という選択を適切に行うことができる。結果的に騙されてしまうこともあるだろうが、経験を重ねることで、判断力が身についていく。そして個人の積極的な参加は、社会全体にとっても、パットナム（Robert D. Putnam）の言うソーシャル・キャピタル（社会関係資本）の育成に資するはずである（第7章第2節参照）。

人はなぜ投票に行くのか

選挙に行く傾向の強い人は、あまり選挙に行かないという人と比べ、どのような特徴があるのだろうか。そもそも、なぜ選挙に行くのか。この点については古くから研究があり、それらをまとめて、三宅一郎はかつて次の3つの説として紹介したことがある。社会動員仮説、投票動機仮説、合理的選択仮説である。

社会動員仮説は、候補者の集票活動、つまり働きかけの強さで投票参加の程度が左右されるとする。その一例として、かつて石川真澄が指摘した「亥年現象」が挙げられる。干支の亥年は、4年に一度の統一地方選挙と3年に一度の参議院選挙が重なる（3と4の最小公倍数で12年に一度）のだが、石川は、春の地方議会選挙で疲れ切った地方議員が夏の参議院選挙で頑張りきれなくて参議院の投票率が下がるという。私たちは人との関係の中で生きているわけで、投票を働きかけられると人は投票に行くという考え方をその背景に見ることができる。

投票動機仮説は、投票の動機が強い人ほど投票に行く確率が上がるという考

え方である。動機としては，ある候補の当選とか特定の政策の実現といった個々の選挙ごとに作用する特殊な事情を別とすると，各有権者が心の中にもつ，政治への関心や信頼，投票に対する義務感など，あるいは政党への支持の強さなどが考えられる。これらの要因は，かつて蒲島郁夫が「政治関与」として取り上げたもので，長い時間をかけて心の中で形成されていく。

　合理的選択仮説は，投票に行って得することがあれば，そして，その得が大きいほど人は投票に行き，逆に損をするなら（そしてその損が大きいほど）棄権するという見方である。この仮説は経済学と同じ考え方に立つ。詳しくは，もう一度，後に述べるが，ダウンズ（Anthony Downs, 1930-）が説いた学説を発展させたライカー（William H. Riker）とオードシュク（Peter C. Ordeshook）は，二大政党が政権に就いた時に自分にもたらしてくれる予想利益の差（差が小さければ投票に行かない）と自分の1票がもつ影響力（大きいほど投票に行く）を掛け合わせたものが重要とした。投票に行くことによって得られる利益は，さらにそこから投票に行くことによって発生するコストを引く一方，投票に行くことによって得られる満足感を足すことによって得られ，その大きさ（正負）が投票に行くかどうかを説明するとした。

　考えてみれば，この3つの仮説は人の行動全般にあてはまりそうである。たとえば，大学の2限の講義も終盤となれば，今日の昼食を何にするかを考えている人も多いのではないだろうか。今日はカレーを食べようと思っていても，教室の出口であった友人に誘われればラーメン屋に行くという経験はないだろうか（食事の内容は適宜，自分の好みに変えてください）。これは，外部の人間からの働きかけで行動を変えたことになる。より多くの人の行動をある方向に変えれば，社会動員仮説である。運悪く友人にも会わず1人で昼食を取ることになったとして，このような機会を平均すれば，あなたは好みのものをより多く摂っているはずである。がっつりしたものが好きな人はカツ丼や唐揚げ定食をよく食べているはずで，あっさりしたものが好きな人は，サラダを多く食べているのではないか（食事の内容は適宜，自分の好みに変えてください）。他の要因が作用しない，あるいは平均的に相殺される時，人の行動は内面の選好に従うと考えれば，心理的動機仮説である。そして，食事の好みもまた，その多くは人生の早い時期に固まる。とはいえ，月末になれば，財布の中身を考えざるをえない場合も多い。そのような時には，今日はパンかおにぎりで済ませよう，あ

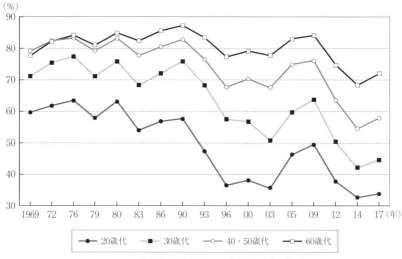

図 2-1　衆議院議員選挙　年齢別投票率の推移

るいはコスパ重視で乗り切ろうという場面もよくあるに違いない。コストは少なく，ベネフィットは多くというように，人は経済的な利害得失で行動する。この立場に立てば，合理的選択仮説があてはまる。あなたやあなたの近くで投票に行く人がいれば，その理由はどのように説明できるだろうか。

若者と投票参加

若者は選挙に行かない。よく耳にする批判である。しかし，これにはいくつかの意味が重なっている。上述の通り，若者は，他の年齢層の人と比べ，常に投票率が低い。これは，いつでもどこでもあてはまる。つまり，人生の早い段階から選挙に行く人は少なく，加齢とともに増える。みなさんの間で投票に行かないという人が多ければ，そのいくぶんかは，このライフサイクル効果によるものである。

ただ，今日の問題はそれだけではない。たとえば，1976年総選挙の20歳代投票率は63.5%であったが，2017年には33.9%に低下している。同じ年齢層とは思えないぐらいの低下ぶりである。図 2-1 の通り，とくに1990年代に投票率は全ての年齢層で低下した。衆議院の選挙制度改革（現在の小選挙区比例代表並立制の導入）や政界再編があった時期で，有権者の多くが混乱をしたのであろ

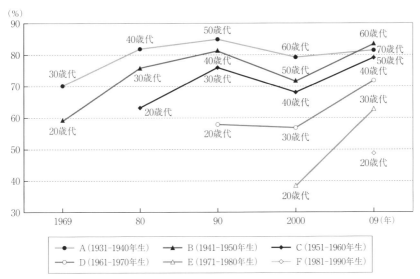

図2-2　年齢集団ごとの投票率推移（衆院選）

注：1969年および2009年は年齢集団の構成が若干異なる。

う，他の年齢層でも軒並み低下している。

　しかし，その時の若年層の落ち込み方は中高年層と比べて激しく，その後の回復ぶりもよくない。90年代以降に20歳になった世代は，みなデビュー時の投票率がたいへん低い。図2-2は年齢集団（世代）ごとに投票率の推移を追ったものであるが，この図の通り，現代の若年層は，加齢によってその後，投票参加をするようになるものの，出発点が低いぶん，先の世代のレベルに達することができない。社会全体の投票参加を確保するためには，18歳の時の投票率を一定の水準に保つことが重要である。主権者教育が重視される所以である。

2　選挙のしくみ

投票の仕組み

　日本では，投票は原則，日曜日の7時から20時の間に行われる。投票所はあらかじめ定められている。家の近くの公民館や小学校であることが多い。場所は選挙管理委員会から届くお知らせ（ハガキ）に記してある（もちろんネットで

調べることもできる)。投票所には，それを持っていくとよい。なくしたら手ぶらでも全然かまわない。投票所に行くと，受付の人に名前を言ってハガキを渡し，確認が済むと投票用紙を渡される。後は投票ブースに行って，置いてある鉛筆で意中の候補者や政党（比例代表選挙の場合）の名前を書いて，投票箱に入れるだけである。選挙によっては，複数の投票をしないといけないが，その場合，この手順を繰り返すことになる。当日投票できない人のためには期日前投票がある。市役所や役場など決められた場所で選挙期日の前に，当日と同じように投票できる。当日に投票するのが原則なのだが，有権者からみれば，投票できる日が増えたとも考えられる。実際，期日前投票を利用する人は多い。

　このように書くと，日本中，同じやり方で選挙をしている，それどころか世界の他の国ともたいした違いはないと思うかもしれない。しかし，世界には事前には投票できない国や複数日にまたがって投票する国がある。また日本のように自分で候補者や政党の名前を自分で書く（自書式という）のは珍しく，普通は，政党や候補者の名前が印刷してある紙に印を入れる方式（記号式という）である。そのため日本の投票用紙は非常にコンパクトである（ついでに言うと，どんなに折っても投票箱の中で開くようになっている）。選挙に関して言うと日本の常識は必ずしも世界の常識ではない。日本国内でも，市町村によって，共通の投票所があったり，投票所の閉まる時間が異なったり，本人確認の仕方が微妙に異なったりする。一部の地方選挙では，記号式が導入されている。自分の所の選挙の投票の場所や方法を他の国や自治体と比べてみてはどうだろうか。

　世界には，投票することが義務になっている国がある。棄権すると罰金を払わされたり，拘束されたりする恐れがあるのである。日本では，そのようなことはない，つまり棄権する自由もある。他方，投票したいのに，やむを得ず投票できない人を少しでも減らす仕組みが用意されている。寝たきりの人，病院に入っている人，仕事で住所を離れている人は不在者投票ができる。皆さんの中でも住民票を実家に残している人はこれに該当する可能性がある，つまり帰省しなくても投票できるかもしれない。外国にいる人は，一定の要件を満たせば，在外投票ができる。他にも，洋上にいる船員，南極観測隊員，国際平和協力隊やPKOで出動している自衛隊員が投票できる制度もある。投票権の行使を実質的に保障するというのが世界の趨勢である。日本でも1997年に投票時間が延長され（終わりの時間が18時から20時になった），2000年に在外選挙制度，

2003年に期日前投票制度が創設されたのも、この流れの一環と考えることができる。この動きは、まだまだ続く。スマホやタブレットから投票できる日も遠くないかもしれない。投票はどんどん便利になっていくに違いない。

選挙制度――当選議席数の決め方

　選挙にはルールがある。投票に関するものは既に紹介した。これ以外にも重要なものがある。どうやって当選者を決めるのかという点である。日本の衆議院総選挙では、選挙区から1名の議員を選出する。その選挙区から選ぶ議員の数（＝定数）が1名と最小なので、これを小選挙区という。逆に2名以上は大選挙区である。そうはいっても、3人とかだと多い気がしないためか、1993年まで衆議院総選挙で採用していた3〜5人区を日本では「中」選挙区と呼んでいた。現行制度に話を戻すと、当選者は票の多い人である。多い順に選ぶので、選び方としては多数代表制という。同時に、今の衆議院総選挙では、ブロックごとに政党を選んで投票をしている。こちらは、各党の得票に応じて議席を比例配分するので、比例代表制である。日本のように、小選挙区の多数代表制と比例代表制を両方独立に用いる制度のことを並立制（正確には小選挙区比例代表並立制）という。日本の衆議院では1994年以降採用しているが、同じ頃から世界でも採用する国々が出てきている。これに対し、ドイツやニュージーランドのように、基本的に比例代表制をとっていて、一部の当選者を決めるためだけに小選挙区を用いる国もあり、こちらは併用制という。

　多数代表制を採っている国には、イギリスやアメリカ、カナダ、インドなどがある。国政レベルでは通常、小選挙区で行われる。当選の要件は、基本的に相対的に最も多くの票を取ることである。これらの国々の選挙制度は小選挙区相対多数代表制と呼ばれる。これに対し、過半数の支持を得ることを求めている国もあり、こちらを絶対多数代表制という。フランスやオーストラリアである。小選挙区多数代表制では、得票の多い候補がその選挙区の議席を独占する。50％少しの票があれば議席を独り占めできる。これが全国レベルで集計されれば、与野党で相殺しあうとはいえ、勝った側は得票よりもずっと多い割合で議席を確保することが多い。つまり強力な与党が生まれやすく、安定した政治が行われやすい。有権者から見ても、与党がきちんと統治をしたか評価しやすい。他方、与党に議席が過剰に与えられているということは、それだけ、どこかで

43

議席に結び付かずに無駄になっている票（死票）が非常に多いということになる。民意を反映させるべきという観点からは批判が生じる可能性が高い。また他にも，小選挙区を用いるので当選のハードルが上がり新人が参入しにくくなったり，細かく線引きをするので党派など一部のグループに有利になるような恣意的な線引き（ゲリマンダー）が行われたりする可能性があるなど，弊害が指摘されている。さらに相対多数代表制では，コンドルセのパラドクスという深刻な理論的問題がある。ABC 3 人の有権者が 3 つの選択肢（a・b・c）から1つを採用しようとする時，それぞれの選択肢をAさんがa→b→c，Bさんがb→c→a，Cさんがc→a→bの順に好むとすると，1回戦をA vs B（決勝はその勝者とC）とするか，B vs Cとするか，C vs Aとするかで答えが違ってくる。決定が順番に依存してしまっているのだ。言い換えると決定が循環に陥ってできない。

　世界には比例代表制を採用している国も多い。比例代表制は1920年代のヨーロッパで普及し，世界に広まった。その背後には，第1次世界大戦後の民族自決の考え方やこの頃に拡大した選挙権（普通選挙制度の導入）が影響していると言われている。比例代表制といっても，実際にはいくつかの方法がある。日本では衆参ともにドント式を採用しているが，世界にはサンラグ式やヘアー式と呼ばれる方法を用いている国々も多くある。ここではやり方やメカニズムなどについてはこれ以上説明をしないが，一般に，ドント式はどちらかと言うと大政党に有利とされているのに対し，サンラグ式などは中小政党に優しいとされる（コラム2）。比例代表は票と議席を比例させることが目的であるが，このように複数のやり方が存在しているのは，まず票と議席が比例している状態とはどんなものかということについて複数の定義があり，それに従って設計された方法も複数あるためである。ここに現実的な配慮が加わるので，そのバリエーションは非常に多く考えられる。さらに言うと，票を集計したり，あるいは議席を配分したりするレベル（県や州単位か，全国一区か）や配分を何段階でするのか，あるいは，誰を当選させるかに関して政党が決めるのか，有権者に決めさせるのかなどの観点からもカスタマイズできるので，一口に比例代表制といっても，その方法は無数にある。どんな比例代表制にするのか，これもまたその国の有権者の選好次第である。

コラム2　ドント式とサンラグ式

　議席を得票数に比例して配分する方法は複数ある。日本でも用いられているドント式は，各党の得票数を，1，2，3…という正の整数で順に割っていき，その商の大きい順に定数までを当選とする。なぜ割るのかと言うと，1議席当たりの重みを計算するためである。次の1議席は，その議席を得た場合の重みが最も大きくなる政党に与えるべきと考えるのである。沢山ある商品（議席）を複数のバイヤー（政党）が手持ちのお金（票）でなるべく多く買おうとしている競りと同じである。

　他方，ニュージーランドなどで用いられているサンラグ式は，1，3，5…という奇数の数列を用いる。この数列の意味は，2で割って小数にすると分かりやすい（0.5，1.5，2.5…）。やはり議席の重みを計算しているのだが，「新たに商品を1個購入する際は，価格の半分を支払えれば入手できる」という特殊なルールの競りになっている。半額でよいのなら，お金（票）が少なくても商品（議席）を得られるから，サンラグ式の方がドント式よりも中小政党に優しい。このように数列の幅などを変えれば，選挙の結果も変わりうる。みなさんもいろいろな数列を考えてみてはどうだろう。

選挙制度の課題

　日本の選挙制度について，衆議院が小選挙区相対多数代表制と比例代表制の組み合わせ（並立制）であることは既に説明した。総選挙で投票に行くときは，小選挙区で人の名前，比例区で政党の名前を書けばよい。では，参議院はどうか。こちらもほぼ同じである。選挙区では人の名前を書けばよい。違うのは，都市部などの都道府県では定数が複数（2～6人）であることである。比例区では，衆議院のように政党の名前で投票できるが，候補者の個人名を書いてもよい。個人に投じられた票は，その候補が属する党の得票として比例配分され，その党の中で票を多く得た順に当選者が決まる。

　政党に投票するのと候補者個人に投票するのは何が違うのだろうか。政党への投票は，その政党への支持や信頼，あるいは，その政党の政策への支持を意味する。他方，候補者への投票，とくに参議院やかつての衆議院の中選挙区制のように，同じ党から出馬している複数の候補から1人を選ぶ場合には，出身の地元が同じとか，個人的に知名度が高いなど，政策以外の要素が意味を持つことがある。同じ党なので政策的に大差がなければ，他のことで差違化が図ら

れるからである。しばしば，地元への利益誘導をアピールしたり，個人の人気獲得・維持のためにお金をかけて行われる支持者獲得競争につながったりする可能性がある。実際，中選挙区制が衆議院総選挙で用いられていた頃，とくに1980年代から90年代にかけては地元利益指向や個人後援会が流行し，お金がかかりすぎるとして，政治改革の1つの大きな理由となったという経緯がある。

　現在の日本でも，なお中選挙区制と同じような個人投票が可能な選挙がある。地方議会の選挙である。都道府県議会や政令指定都市では文字通りの中選挙区が多く用いられている（一部は小選挙区である）。それ以外の市町村では，そのほとんどが10名以上を1つの大型選挙区から一度に選ぶ。時に定数が50近い超大選挙区まである。日本の地方議会選挙は，同じ制度の下でユニバーサルに行われている印象があるかもしれないが，実際には，その定数は1から50まで非常に多くのバリエーションがある。これらの地方議会選挙には，実はさまざまな問題がある。過疎地帯の多くでは議員のなり手が不足し，無投票当選が蔓延して競争が形骸化する一方，都市部ではごくわずかな票で当選できてしまう問題点が指摘されている。これらの点は国政での政党間の競争が地方レベルに根付くことを阻害する要因になり得る。さらに地方議会選挙の低投票率は今や全国的な問題である。選挙制度を変えれば，これらの問題は解決できるのだろうか。あなたの街の身近な議会で政策を話し合うためには，どのように議員を選ぶべきか，これからの時代を生きる若い有権者は考えてみる必要がある。

　現代日本の選挙が抱えるもう1つの大きな問題は「1票の格差」である。憲法上，すべての国民は平等であるから，その代表である議員1人当たりの国民の数は，どの選挙区から選ばれようとも同じでなければならない。基本的権利の問題であるから，この問題は疎かにできない。しかも，日本では戦後一貫して，人口バランスが都市部にどんどん偏っていく傾向があり，途中で微修正しても追いつかない。近年でも時に衆議院で約2倍，参議院では約3倍の格差が生じ，毎回のように違憲かどうか司法の場で争われている。国会の議席は，選挙区選出分は各都道府県の人口に比例して割り振られるから，これはある種の比例代表制の応用問題である。他方，ただでさえ社会経済的にハンディのある地方から選出される議員が減っていくことには不安も残る。しかも，地方から都会へ移っていく人口バランスの傾向が今後も変わらない限り，今の枠組みは早晩いずれ行き詰る。未来の有権者が視野に入れておくべきもう1つの課題で

ある。

3 投票行動——人は少ない情報の下でどのように投票してきたのか

人か党か，政党か政策か，業績か期待か

　ミネオ君は選挙に行くことにした。投票の仕方もだいたい分かった。しかし，実際に投票しようとすると困ってしまった。投票する相手をどうやって選べばよいのだろう。普通に考えれば，考え方や意見の最も近い候補や政党を選ぶのが良さそうだ。とはいえ，これもそう簡単ではない。まず，自分の意見がはっきりしていなくてはいけない。次に，複数の政党や候補の意見を分かっていないと，どの党や候補が自分に近いのか，分からない。さらに言うと，気になる政策が2つ以上ある時，たとえば，景気対策はA党が良いと思うが，安全保障政策はB党がベストだなというような場合，A党とB党，どちらを選べば良いのだろう。そうなると，景気と安全保障のどちらの方が自分にとって重要か，重みづけをする必要が出てくる。さらに言うと，仮に政権に就いた場合に，きちんと有言実行してくれるのはどちらだろう。ひょっとして，自分に近くても口先だけの候補より，ちょっと違っていても確実にやってくれる人の方が良いかもしれない。

　このように考えると，何とも面倒くさいなあと感じる人も多いのではないだろうか。あるいは，毎日忙しくて，そこまで考えていられないと思う人もいるだろう。情報の収集とその利活用の作業が，とても面倒だったり，忙しくてできなかったり，そもそも難しすぎてよく分からないからである。他方，上のように，次から次に新しい要素を加えるのは，自分に近い人を「正しく」選ぶためだ。正しい選択をするためには，より多くの情報が必要だが，そのためには時間と能力と多少の忍耐力，つまりコストが求められる。現代の情報社会に生きる私たちは，情報から得られる利益とコストに，どのような折り合いをつけているのだろうか。

　少し視点を変えると，情報過多はいかにも現代的な現象と言えるのではないだろうか。たとえば，選挙が普及してもう約100年になるが，100年前の情報収集の手段は口コミと新聞だけだったから，情報はそもそも少なかったはずである。その時代に人々はどうやって判断していたのだろう。幸い，投票行動の研

究は，古くから蓄積があるので，まず，それを覗けば，情報が少ない時代の判断の基準や方法が分かるだろう。

　他方，その後の100年間，人々を取り巻く情報環境は飛躍的に拡大した。ラジオ，続いてテレビが普及し，より簡単に多くの人に情報が届くようになった。さらにネットの登場で，今日，情報は溢れているといってよい。このような社会の変化は，投票の基準にも変化をもたらしたはずである。

　以下では，まず情報の少なかった時代の投票の仕方を検討し，ついで，それが情報化の進展とともに，どう変化したか。さらには，情報の多い現代では，どのような折り合いの付け方がありうるのか，見ていくことにしたい。

情報の少ない時代の投票行動——ヨーロッパ

　1970年代頃までの西ヨーロッパは，国の中にいくつかの大きな下位集団があった。言い換えれば，社会全体が大きく列柱状に分断されていた。これらの社会集団は，同じ階級（職業）や宗教や言語の人々から構成されており，学校も就職も結婚も子育ても余暇や娯楽もほぼそのグループの中で完結していた。あらゆる利害を共にする運命共同体である。この集団の利益を代表するために政党ができ，選挙となれば，みな自分たちを代表するその政党に投票することになる。社会集団と政党は1対1で対応していたから，その国の政党の数は，その国の主要な社会集団の数とほぼ同じになる。

　なぜ，こんな大きな社会集団に分かれたかと言うと，近世以来，ヨーロッパは，市民革命や産業革命といった大きな革命を，未遂のものも含め，経験してきたからだという考え方がある。革命は勝者と敗者を作り出す。それまで支配的だった層とそうでない層を短時間のうちに入れ替えようとするから，両者の間に厳しい対立が生じ，深い溝（社会的亀裂）ができる。やがて対立が緩和しても，溝は埋まらないまま残る。こうなると溝のこちら側は一蓮托生の仲間であり，向こう側とは利害を異にする。自分たちを政治的に守るためには，自分たちのための政党が必要になる。

　個々の有権者の立場に立つと，どの家に生まれ育つかが決定的である。当時は，親と全然違う職業に就くこと（社会的移動）も地理的に遠くへ引越しすることも少なく，限られたいつもの人たちと生活をしており，マスコミもまだそれほど発達していない。流れてくる情報は多くなく，それも家庭や職場や教会

で，自分と同じ集団のリーダー格の人から聞かされる。新聞などマスコミがあったとしても，自分たちの集団の利害を代弁するものしか読んだりしない。情報が不十分だと適切な判断を行うことは難しいが，その前に社会集団の影響力が強いので，自ら情報を集め判断を下さないといけないという事態が生じにくい。情報は，判断のためというよりは，確認と安心，そして自分たちの集団の結束強化のためのものだった。このような社会では，投票先は，よほどのことがない限り，自動的に決まる。自分の所属する社会集団のために働く政党である。このような投票行動を社会集団モデルと呼ぶ。

　ヨーロッパでは比較的このような社会が長く続いたが，1970年代以降，徐々に様相が変わっていく。それまで世界大戦があっても変わらなかったぐらい固定的だった社会と政治のありよう（それゆえ凍結構造と呼ばれた）も，高度成長を経て社会が豊かになると，だんだん緩んでくる。具体的には，高等教育を受ける人が増え，様変わりした産業構造の下で親とは異なる職業に就いたり，地理的にも遠く離れた環境に移動したりすることが多くなる。テレビから流れる情報量は多く，コストをかけずに，自分の住んでいるところとは違う世界を知ることができる。人々は自由に動き回る。氷が溶けて徐々に水になっていくイメージである（なので解凍）。情報が増え，人々がそれを認識する力を身につけると，情報は新しい世界を1人で生きていくための判断材料となっていく。

情報の少ない時代の投票行動――アメリカ

　もう1つの民主主義の典型例であるアメリカでは，どうだったろうか。アメリカの社会も政治も，そのありようはヨーロッパと異なる。社会については，世界中から常に人々が移り住んできたから，民族も言語も宗教も実に多様で，細分化されている。アメリカの社会を人種のモザイクと評する言葉もあるが，まさに破片の集まりである。他方，政治的には，昔から2つの大きな党派が対立してきた。政党数はヨーロッパよりもずっと少なく，社会の集団ははるかに多い。アメリカでは1つの政党の傘の下に多くの社会集団が集まる。アメリカでは政治をどう理解するかに関しては，社会集団ではなく，直接，政党に依拠せざるを得ない。同じ政党の下に集まる人は仲間であり，社会集団を越えて，政治的利害を共有する。いわば，同じチームの一員である。

　チームの一員なので，政治に関しては，その政党と行動を共にする。つまり

一心同体である。この一心同体という感覚を政党帰属意識と呼ぶ。政党帰属意識は，以前のアメリカでは多くの人が持っていたとされる。この政党帰属意識は，10歳代前半に家庭で親から伝達され（初期社会化），大人になってからは同じような考えの人と時間を過ごす中で強化され（後期社会化），その結果，一度身につくと長らく続くとされる。長い間には，途中で大統領や主要議員といった党の顔や政策綱領も変わるが，それでも政党帰属意識は変わらない。この感覚は，今の日本に住んでいると理解が難しいが，プロ野球などのファン心理に比較的近いという人も少なくない（最近の若い人にはそれももはや分からないかもしれない。その場合は，身近な中高年の人に聞いてください）。気が付くといつの間にか応援する党派（球団）が決まっていて，それは親と同じで，確かに子供のころ，一緒に集会（球場）に行ったことがあったりする。途中でリーダー（監督）や政策（戦術）が変わっても，何か失敗をしでかしても，応援を止めることはない。

　有権者の投票という観点からすると，通常は，自らの帰属政党に投票する。特段の事情があれば，一時的に投票先を変えることもあるが，その事情がなくなれば元の投票先に復帰する。いわば選挙は，自分がチームの一員であることを確認し宣言する機会である。このような当時のアメリカの投票行動を，政党帰属意識モデルという。そこでは，情報はそもそもあまり必要でない。当時のアメリカでも，ヨーロッパと同様，流通する情報量はそれほど多くなく，それを理解するスキルもそれほど必要とされなかった。情報は，やはり安心と結束強化のためにあった。そのためには，自分の聞きたいことを身近なリーダー（たとえば父親や友人）から聞くだけで，とくに政策について考えなくても十分だった。自分の支持する政党に付いて行けばよかった。

　しかし，アメリカも1960年代半ば以降，激動の嵐に見舞われる。人種差別撤廃を目指す公民権運動，ベトナム戦争反対運動，大学紛争，再選をめぐり当時のニクソン大統領が関わったとされる一大スキャンダルであるウォーターゲート事件と，それまで考えてもみなかった問題が噴出し，政党帰属意識とは別に国論が二分されるようになる。有権者も政治家もそれぞれの問題に自ら意見を持たざるを得なくなると，自分で考えて行動することが多くなる。政治不信の高まりとあいまって，もはや政党というチームに依拠することが難しくなる。この頃，アメリカでもテレビなどのマスコミが発達し，高等教育を受けた人が

多くなる。情報量は増え，これを使いこなすスキルを人々が身につけたのである。アメリカにおいても徐々に情報を基に自ら考えて選択する人が増えていくことになる。

情報の少ない時代の投票行動——日本

　日本ではどうであっただろうか。日本にはヨーロッパのような国を分断する社会集団はなかった。明治維新や産業革命はあったが，その影響で社会的亀裂が深く刻まれるということはなかった。1960年頃の労使二大勢力の対決は非常に激しいものだったが，その後，中産階級と労働者階級といったふうに，階級が構造化されることもなかった。むしろ，その後，日本では巨大で多様な中間層が社会の大部分を占めるようになった。同じ頃に起こった高度経済成長の影響で，急速に人々が豊かになったからである。社会学者の今田高俊の議論によると，みんなある程度豊かになったが，内実を見ると，それぞれに持っているものが少しずつ違うという状態が生じる。社会集団ごとに団結できるのは同じ状態の人と固まっているからこそである。隣を見ても状況が違えば一緒に闘えない。そうなると，人々はバラバラに身近な利益を確保することを目指す。

　当時，日本では衆議院総選挙でいわゆる中選挙区制を採用していた。この制度では，1つの選挙区から3～5人の議員が選出される。過半数を狙うような大政党からは複数の候補者が擁立される。ところが，有権者は1人の候補者しか選べない。これでは，政治的な考え方だけでは投票の決め手にならない。同じような意見の候補者が複数いるので，最後はどうしても人物で判断することになるからである（第1章・第3章も参照）。この「人」の要素が，戦後に民主主義を始めた当時，日本にとっては重要であった。もちろん，当時から政策で選ぶべきという意見もあり，「党」か「人」かという問題はちょっとした論点だったから，早くから明るい選挙推進協会の社会調査でも調べられており，それによると1960年代末まで「人」の要素が上回っていた。その後も，「党」を重視するという回答の方がやや多いものの，90年代まで拮抗した状態が続いた。

　人物を基準に投票するといっても，単純に人となりだけで選べるものではない。第一，本当の性格など，ちょっとやそっとでは分からないではないか。そこで，政治家の側も各候補者が票を集める個人集票組織を作っていた（第3章参照）。とくに初期に重要だったのは，地域，そして職業などに基づいて組織

される団体だった。地域や業界のために働いてくれる候補者を地域や団体が推薦し，その地域あるいは団体に所属する有権者は特段の事情がない限り，推薦された候補者に投票するというやり方である。この方法だと，個々の有権者は多くの情報を必要としない。身近なリーダーから誰に投票すべきかさえ聞けば十分である。当時の日本は，同じ頃のヨーロッパやアメリカと同じかそれ以上に情報量が少なく，それを読み解くスキルも普及していなかった。

　この方法が機能するためには，条件がある。それは，第1に地域や団体と候補者の関係が近く，その地域や団体のために当該候補が働くことが明らかであることであり，第2にその地域や団体の人間関係が濃厚であることである。普段の人間関係が濃ければ，選挙時の推薦に従う人も多いが，希薄であればいくら推薦があっても誰も従わないであろう。都市化などで社会の流動化が進んだ所ほど早くからこの方式は廃れ，一方，非都市部では長く残ることになる。第1の条件に関して言うと，政治家のもたらす利益とその地域や団体が投じる票の交換がしっかり機能すればするほど強固になる（ついでに言うと，候補者と地域や団体の距離が近い地方議会選挙での方がこの方式は有効である）。この状況では，個々の有権者にとっては身近なリーダーからの推薦が重要な決め手である。政治家の側から見れば，地域や団体（のリーダー）との関係こそが重要であり，個々の有権者まで直接に把握する必要がない。間接的な関係に留まるので，このような票の集め方を間接集票という。ちなみに，後に多くの地域や団体で結束力が減じたので，これも第3章で触れるように，各候補は後援会を組織し有権者を直接囲い込もうとするようになる（直接集票）。

　上述の通り，戦後の日本では，政党政治になったのだから政党を重視すべきだという考え方も根強く，1955年以降に自民党と社会党という与野党が安定（55年体制という）してからは，徐々に政党を中心に考える有権者が確実に増えてきた。しかし，アメリカ流の政党帰属意識が定着するには日本の政党は歴史が浅く，他方，急速に変化した日本の社会ではアメリカと同じような家庭での社会化を想定するのは難しかった。政党を中心に政治を理解するが，アメリカほど自然に心の中で育まれた関係ではないという意味で，この頃から「政党支持」という言葉が用いられた。

　この「政党支持」という概念は，日本では，ある人の政治的行動や意見を説明するのに最も有力な要因とされた。たとえば，投票所から出てきた人の投票

先をあてるゲームを考えた時，1つだけヒントになる情報を聞いてよいとすると，その人の支持政党を聞くのが最も確実だっただろう。とはいえ，同時にその支持強度は弱く，移ろいやすいという特徴があった。政党支持なしと支持ありとの間を無自覚に行き来する「散発的支持者」が他国と比べて多い。これは社会化，とくに家庭での初期社会化が十分ではなかったからと考えられる。親から子へと伝達しようにも親の方にもまだ十分な政党支持がなければ伝えようがない。さらに若い時に親と離れて暮らし，親と異なる職業につく人が多かったという事情もある。政党とのつながりが心の絆というほどには強くならなかったのである。すると，どうしても政党を評価する際の基準が業績や能力中心になる。その政治家が仲間や友達であるかというより，何ができたかで判断するからである。心の絆でつながった仲間であれば，一度や二度の失敗は許し，むしろ励ますだろうが，何ができたか，とくに自分たちにどんな利益をもたらすのかという観点からもっぱら政治家を評価するようになった。

4　投票行動——人は情報を用いてどのように投票するのか

無党派層とその投票行動

　これまで見てきたのは，情報が十分でなかった時代の投票の仕方である。ヨーロッパ，アメリカ，日本とそれぞれに事情は違うが，共通しているのは，ある時代まで，政党や候補者，あるいは，その背後にある社会集団と有権者の間に濃密で固定的な関係があったことだ。しかし，そのような関係は，少しずつ薄く小さくなっていく。どこの国でも1970年前後から様子が変わってくる。高度経済成長の恩恵がかなり社会に行き渡った時代である。テレビを中心にマスコミから流される情報量は増え，分かりやすくなる一方，高等教育の普及で情報を読み解くスキルを多くの人が身につけた。個々の有権者が判断するのに十分な材料と能力をもったのである。高等教育を受け，親と異なる職業に就き，都市部に住むということは，古いしがらみから自由になったことを意味する。同じ頃，新しい脱近代的な価値観（後述する）が浸透する一方，大統領や首相も巻き込む巨大なスキャンダルが起こり，人々の間で政治不信が高まった。こうなると，自由になった人々は既存の政党から離れていく。

　既存の政党で満足できない人々はどこへいくのか。どの政党も受け皿になり

えず，その結果，どの党も支持しない無党派層が誕生する。これ以降，現在に至るまで，新しい職業，都市への移住，高学歴化，情報量の増大などの潮流は変わっていない。無党派が注目されるようになった1970年の20歳は2020年には70歳である。もはやすべての世代に無党派層は存在しうる。21世紀になって以降，日本でも無党派層は有権者の中で事実上の第1党の地位を争っているとされる。現代では，無党派層の動向がきわめて重要（そして，たぶん読者のみなさん自身の多くがそう）であることは間違いがない。では，無党派の人たちはどのように投票をしているのだろうか，そもそも投票に行っているのか。あるいは，一口に無党派といっても，さまざまな人が含まれているのではないだろうか。

　無党派をタイプ分けすることを考えた時，参考になるのが，三宅一郎の「認知的政党支持の四類型」の議論である。これは，有権者の政党に対するさまざまな態度を分析した結果，「政治関与」と「政治不信」の2つの軸で規定される2×2の4つの類型に日本の有権者をタイプ分けできるというものである。「政治関与」が多く（つまり政治に関心があり関わっていこうとする），「政治不信」が少ない人は熱心な政党支持者である。熱心であれば，その政党への忠誠心が高まり，政党帰属意識のようになっているかもしれない。選挙の際の開票特番でテレビの向こう側，つまり選挙事務所にいるタイプである。次に「政治関与」が多く「政治不信」も多い人は，冷静に判断しようとする合理的なタイプである。政治に関心はあるが，政治家や政党を信頼しきっているわけでもないから，自分で考えて判断する。開票特番をザッピングしながらも結局長く見ている人が該当する。「政治関与」が少なく，つまり政治にあまり関心がなく，「政治不信」が大きい人は，おそらく普通は投票に行かない。このグループはとくに都市部の若者に多く，現代的な無関心層である。開票特番があること自体，知らない，あるいは見ようとしない。その時間帯には遊びに行くか，YouTube を見ていたりする。最後に，「政治関与」が多く「政治不信」が少ないという人は，投票に行くこと自体は抵抗がない（むしろ行く方がよいと思う）が，どこに投票してよいか自分では分からない。誰か勧誘したり依頼したりすれば，お任せで従うタイプである。開票特番が家のテレビでついていてもその横で用事をしている。こうやって見てみると，熱心な支持者（三宅のいう忠誠派，ここでは熱心型と呼んでおこう）以外，冷静に判断しようとする人（同じく冷静型）も，現代的な無関心層（同じく無関心型）も，他人にお任せの人たち（同じく委

任型）も，みんな潜在的な無党派である。この分析は，政党を強く支持する人以外の無党派になりうる人を3つに分類する。

　三宅自身は，1980年代にこの議論を提唱し，1970年代以降の日本を分析したが，著者の分析では，少なくとも21世紀に入って最初の約10年はなお当てはまる（今でもそうかもしれない）。では，潜在的な無党派層の3つの類型は，どんな投票行動をするのか。第1に，冷静型は合理的な投票者である。情報を集め，それに基づき，最善の選択をしようとする。その投票の仕方は節を改め，詳細に検討しよう。第2に無関心型は，上述の通り，あまり投票に行かない。しかし，この層は，若者が多く，流通する情報のトレンドをよく分かっている。時に，選挙そのものや選挙での論点が，政治の枠を越え，他の社会や芸能や経済に関することと並んでも注目されるような際には，素早く反応し，投票にも行く。近年では，「郵政解散」や「小泉劇場」で注目された2005年や久方ぶりの政権交代で盛り上がった2009年の総選挙は，突出して投票率が高い。とくに都市部での上がり方が大きく，この層が投票に行ったと推測される。第3に委任型であるが，この層は他人からの働きかけ次第である。働きかけをするのは，原則，熱心型である。

　このように考えてみると，情報を活用し，自ら考える可能性があるのは，もっぱら冷静型と無関心型である。読者のみなさんの多くもこのどちらかではないか。では，この2つのタイプは，日々の忙しい生活の中で，どのように情報を判断し，選択を行うのか，見ていきたい（なお，これは仮説にすぎないが，三宅の議論した頃よりも有権者全体が冷静型の方向に移行しているのではないかと筆者は考えている。その意味では，熱心型や委任型であっても，以前より合理的な投票する方向にあると考えてよいのではないか）。

情報化時代の合理的投票行動

　人々は利害損失を考慮して合理的に投票するという考え方は以前からあったが，これを1957年に『民主主義の経済理論』という著書にまとめたのがダウンズである。投票をはじめ，さまざまな政治的な行動は合理性で説明できるという合理的選択理論は，その後，隆盛を誇る。経済学者であったダウンズは，市場で企業や消費者が合理的にふるまうように，民主主義の下で政党や有権者がやはり合理的に行動するのではないかと考えた。ここでは，政党は最も多く票

を得て政権に就くことを目的とし，有権者は最も大きな利得を自分にもたらす政党を選ぶ。投票に関していえば，消費者が最も得するような商品を供給する企業を購入先として選ぶように，有権者は最も得する政策を打ち出している政党を投票先に選ぶ。たとえば，一番シンプルな状況として二大政党制を考えてみよう。有権者は，A党が政権に就いた場合の利益とB党が政権に就いた場合の利益を比較して，前者が大きければA党に，後者の方が大きければB党に投票し，もし両者が同じであれば，投票に行くだけコストがかかるから棄権することになる。

　この考え方の下では，政党も有権者も実に自由である。政党は次の選挙で最も多く票を得ることが目的であるから，そのためには躊躇なく主張も変える。有権者も自分の利益を極大化する行動を毎回選ぶ。そこでは，生まれついた社会集団や心の中で育んできた政党帰属意識によって行動や考え方が制約されることはない。そして自由に判断するためには，判断材料となる情報とそれを読み解くスキルが必要になる。情報化の進んだ現在にふさわしい投票行動のモデルといえよう。

　上で見た議論では，決まった政党の政策を有権者が自由に選んでいたが，逆に有権者の選好を固定して考えると，政党は最も得票を大きくする最適な政策位置を探し，そこに落ち着くと考えられる。このような考え方は空間理論といい，経済学の空間立地論を応用したものである。夏に長い海岸線に若者が一様に寝そべっている。そこに来たアイスクリーム屋さんはどこで店を開くべきだろう（正解は真ん中），2軒目のアイスクリーム屋さんは？（正解は1件目のすぐ隣）というよく知られた問題である。ダウンズはアイスクリーム屋を政党，アイスを買う若者を有権者，お金を票，海岸線をイデオロギー空間に置き換えたのである。ただし，有権者のイデオロギー（ここでは有権者の右派―左派といった政策的な好みと考えてください）位置は，海岸線の若者と違って，真ん中に偏るだろう（中道の人が多くて，極端な意見の人は少ない）。このような分布の場合でも，政党はやはり真ん中に位置するのが最も合理的であり，2党目もそのすぐ横に位置するのが正解である。つまり，有権者が真ん中に集まっている場合，二大政党は中央に収斂するのが合理的である。1950年代や90年代から21世紀にかけてのイギリスで保守党と労働党という二大政党の政策が似ていたことも頷ける。しかし，有権者が右と左で分裂していたら，こうはならない。政党も離

れた位置で対峙するのがよい。近年のアメリカの民主党と共和党の対立を考えると示唆的ではないか。

　有権者の合理性は，政策選好に関してのみ見られるわけではない。時には選挙のルールを前提に，最も合理的な行動をとることがある。たとえば，小選挙区で2人の有力候補が鎬を削っている時，もはや当選の見込みがほぼない第3位候補の支持者のことを考えてみよう。どうせ自分の意見は国会に反映されることなく無駄に終わるのであれば，2人の有力候補のうち，まだましな方を勝たせて，少しでもましな政策を実現してもらう方が良いと考えるのが合理的である。であれば，投票先を自分の一番支持する候補から，当選見込みのある次善の候補に切り替えた方がよい。このような投票の仕方を戦略投票という。戦略投票は，当選のハードルが高い小選挙区制でよく見られ，票が議席に結び付きやすい（無駄になりにくい）比例代表制では少ない。これもまた，もう1つの合理的な投票の仕方である。

現実的な合理的投票

　ダウンズは，個々の有権者の投票行動を予測しようとした。しかし，必ずしも予測の精度は高くなかった（なにせ政党帰属意識モデルや社会集団モデル全盛期である）。予測の精度を上げるためには，考慮していなかった他の要素も含めて考えるのがよい。上述のライカーとオードシュクの考え方も同じ延長線上にある。二大政党の効用（の差）に加え，自分の票が結果に与える影響や投票にかかるコストなどを考慮に加えているからである。予測に投入する要因を増やせば，予測の精度は上がる。

　他方，現実のわれわれの生活を顧みると，はたしてどれだけ計算ができているのかという疑問もありうる。上述の通り，われわれは結構，毎日忙しく，時に的確な判断を下すことができるほど物事を知らない。精密機械のような情報処理はできないのではないか。現実的な，つまりもう少し大雑把な方法で，ある程度，合理的に意思決定していると考えられないか。

　たとえば，「Aに投票」「Bに投票」「棄権」という3つの選択肢がもたらす結果を考えてみよう。精密機械のように考えるのであれば，起こりうる全事態について，それぞれの利得を計算し，（各事態が起こる確率で重みづけした上で）全部足しあわせ，各選択肢のもたらす利得を比べ，予測利益が最大のものを選

ぶという手順になる。これに対し，最悪の事態を最もましな状態に抑えるという観点で考えるのであれば，各選択肢のとりうる最大損失だけを想定し，その中で最小のもの1つを選び取ることになる。こちらの方が一度に考えないといけない要素が断然，少ない（ミニマックス・リグレット・モデル）。

　あるいは，ダウンズの考え方では，これからの任期（最大4年間）について，与野党それぞれの政策が，全分野にわたって，どのような影響を与えるかを見積もらなければならないが，業績投票（あるいは経済投票）という見方に立てば，直近の与党の統治実績，とくに経済パフォーマンスだけで判断することになる。未来を予測するより既に起こった過去の実績を評価する方が簡単だし，与党だけなら考えるのは半分でよいし（野党のことは考慮しなくてよい），経済分野だけなら検討すべき分野も少ない上に日々の生活で何となく実感がある。これなら生身の人間でも対応できそうである。

　別の視角から考えてみよう。通常，政党を評価する際には，自分の意見と各党の主張の間の距離を測り，一番近いものを選ぶと考えられる（近接モデル）。しかし，各党の立場といってもごく一部しか分からないという人も非常に多い。距離が分からなければ判断のしようがない。しかし，距離は分からなくても，自分と同じサイドか，反対側かぐらいは分かるということも多い。曖昧なことを言われるとどちらのサイドかもよく分からないが，はっきりと言ってくれれば自分と同じ側にいることがよく分かるし，信頼も置ける。つまり，自分と同じ側に立ち，最も立場が明確な党を選べば間違いないという考え方もできる。これを方向性モデルという。

　以上の考え方はどれも実際に人々がやっていそうな情報処理の方法として興味深い仮説であるが，同時にさまざまな批判点や課題も抱えており，ただちにどれかが投票行動の多くを説明するものではない。とはいえ，われわれ生身の人間が情報の収集，検討，判断にかけられる時間も労力も決して大きくないから，判断に至る過程で何らかのショートカットを可能にする工夫があればありがたい。たとえば，頭の中にあらかじめ政治の世界を理解するガイドラインがあればどうだろうか。主要な政策が互いに関連づけられた頭の中の地図に自分や主要政党が配置されていれば，毎回の意思決定に際し，膨大な情報を一から検討する必要もなく，新しい情報だけを確認すればよい。次に取り上げるイデオロギーと価値観には，そのような働きがある。

政治の世界の地図——イデオロギーと価値観

　ここでいうイデオロギーとは，個々の争点に関する態度や考え方を互いに関連づけるもの，いわば信念の体系である。しばしば，ある問題（Xとしよう）に関しA党の考え方を推す人は他の問題（YやZ）についてもA党と同じ意見であるが，Xに関しB党を支持する人は，YやZについてもB党の政策を望むという状態が生じる。前者の人たちの選好は個々の争点に関しA党の方針と結び付けられ，他方，後者はB党と関連付けられている。言い換えると，1つ1つの争点についての態度や意見をまとめる潜在的な因子が背景にあると考えられる。投票行動で用いられるとすれば，この背景にある信念体系としてのイデオロギーである。日本では，長年，「保守」vs「革新」というイデオロギー対立で政治が語られてきた（第5章第1節参照）。保守イデオロギーは，伝統的な日本のあり方を守り，安全保障的にはアメリカと同盟し，自由な経済活動を行うことを求め，他方，革新イデオロギーは，逆に伝統に縛られることなく，対外的には非武装中立を目指し，経済的には再配分を重視する傾向があった。世界的には，ヨーロッパでよく用いられる「右派」vs「左派」，アメリカの「コンサバティブ」vs「リベラル」のイデオロギー対立とほぼ重なる。

　有権者の間でイデオロギーが成熟し普及するには時間がかかる。日本では，1960年代後半になってようやく浸透したと考えられる。保守イデオロギーは自民党，革新イデオロギーは当時の社会党などと結び付いていた。70年代に入り，イデオロギーが浸透すると，より多くの政策課題について，より多くの人が保守−革新（保革）の対立として政治を理解するようになった。しかし，普及すればするほど，多様な使われ方がされるようになり，共通理解が薄まる一方，保革対立の枠組みから自由でありたいと反発する人も増える。やがて90年代に入ると，それまでのイデオロギー対立には収まりきらない問題が続出し，従来の保革対立はだんだんと用いられなくなる。今日，保革対立といった言葉は死語とは言わないものの，あまり用いられることはない。もはや政治を理解するショートカットとしての意味は非常に限定的である。

　イデオロギーを用いることができない場合，人はその代わりに価値観を通じて政治を理解することがある。価値観は，本来，政治だけでなく，社会や人生に関し正しいことは何かを示すものである。この価値対立が社会を分断し，政党が各勢力を代表する時には，価値観はイデオロギーに代わる影響力を持つこ

とがある。日本でも，過去には急速な変化で新旧の価値観が対立した。一般的にどの国でも価値観は，伝統的価値観から，近代的価値観，さらに脱近代的価値観へと移行する。日本ではイデオロギーが未成熟だった1950年代に伝統から近代への価値変動があり，伝統的価値観を持つ人が自民党，近代的価値観の人が社会党に投票する傾向があった（ちなみに，近代から脱近代への価値変動は1970年頃で，新しい脱近代的価値観を持つ世代では党派対立から逃れ，無党派となる人が現れた）。

　今日，イデオロギーや価値観は，政治に関する情報処理のショートカットの役割を果たさなくなっている。しかし，逆に言えば，条件が揃えば，過去にそうだったように機能する可能性がある。今日の社会では，新しいイデオロギーや価値観は発生しているだろうか。とくに若い世代の間で，情報化時代に適応した新しい価値観が生まれ，また政治に影響を与えることはあるのだろうか。注意深いが観察が必要である。

　本章を読んで，みなさんは次に選挙がある時には投票に行こうと思っただろうか。逆にたいへん面倒に感じて行く気が削がれたかもしれない。しかし，本章で言いたかったことは，選挙はそれほど難しくないということに尽きる。今日，投票へのアクセスはどんどん簡単になり，選挙に行くコストは下がっている。夢のような話だが，存外近いうちに，皆さんの携帯電話から投票できるようになるかもしれない。正解を選ぶにしても，既に検討したように，まあまあ良い選択肢を，言葉は悪いが楽に選ぶ方法は昔からある。第一，投票する人はたくさんいるので，あなたが失敗したとしても，その影響は非常に少ないから，心配する必要はない。次回は一度，選挙に行って，どんな選び方が良いか考えてみませんか。

> 参考文献

今田高俊『社会階層と政治（現代政治学叢書7）』東京大学出版会，1989年。
蒲島郁夫『政治参加（現代政治学叢書6）』東京大学出版会，1988年。
蒲島郁夫・竹中佳彦『イデオロギー（現代政治学叢書8）』東京大学出版会，2012年。
川人貞史・吉野孝・平野浩・加藤淳子『現代の政党と選挙［新版］』有斐閣，2011年。
ダウンズ，アンソニー（古田精司監訳）『民主主義の経済理論』成文堂，1980年。

三宅一郎『政党支持の分析』創文社，1985年。
山田真裕・飯田健編著『投票行動研究のフロンティア』おうふう，2009年。

(さらに読み進めたい人のために)

飯田健・松林哲也・大村華子『政治行動論』有斐閣，2015年。
　＊3人の気鋭の政治学者が，情報化が進み合理的に行動することが多くなった現代の有権者の立場に立って，選挙や投票行動を多くのデータに基づいて分かりやすく解説している。本章読了後，選挙や政治意識に関心を持った人は，まずこの本から読んでみてはどうだろうか。
三宅一郎『投票行動（現代政治学叢書5）』東京大学出版会，1989年。
　＊出版は古いが，それまでの投票行動研究を集大成した名著。著者は，日本の投票行動・政治意識研究の第一人者。一見，難解との声も聞くが，1つ1つの記述が互いに関連づいていると同時に深い奥行きを持っており，何度読み返しても発見がある。上記の参考文献とともに挑戦してほしい。
山岸俊男『信頼の構造——こころと社会の進化ゲーム』東京大学出版会，1998年。
　＊著者は社会心理学者で，この著作は，社会に流通する情報が人々の付き合い方，つまり社会のあり方に影響を与えることを実証的に明らかにした。オープンな情報が多くあって，初めて不特定多数の人を相手に合理的な判断を自由にできるという主張は，本章でも見たような合理的選択理論に基づく社会のあり方を考えさせる。
山田真裕『政治参加と民主政治（シリーズ日本の政治4）』東京大学出版会，2016年。
　＊投票参加を含む政治参加について丁寧にさまざまな角度から検討した好著。政治参加を規定する要因を最新の研究成果に至るまで解説するとともに，日本人の政治参加の特徴や政治参加がもたらす効果などを幅広く解説している。本章前半の投票参加に関心を持った人には是非お奨めしたい。

（品田　裕）

第3章
政治家の生活を覗いてみよう
—— 政治家と有権者，政治家と政党 ——

Short Story

　選挙が終わってしばらくした頃，ミネオ君は大学の友人から，30代の親戚が国会議員に当選したという話を聞きました。政治学の授業を受けて政治家の生活に興味を持っていたミネオ君は，その友人と一緒にある日，こちらの地元に戻ってきていた山科議員を訪ね，一日行動を共にすることで話が決まりました。

　「明日は，6時半に来てくれってさ」。前日に友人から連絡をもらったミネオ君は，最初は「6時半」を夕方6時半かと思いましたが，朝だというのでびっくりしました。

　朝，事務所に集合したミネオ君たちは，これから駅頭で政策を訴える山科議員の準備を手伝いました。朝の通勤時間帯は駅頭演説です。ミネオ君たちは政策ビラを配りましたが，受け取ってくれる人はほんのわずかなので，少しがっかりです。でも時々立ち止まったり，質問してくれる人もいて，山科議員も丁寧に答えていました。

　日中は予定が目白押しです。関係団体から話を聞いたり，地域の問題の陳情を受けたり。その合間に山科議員は，国会での質問の準備のために資料に目を通し，分からないことはメールで知り合いに尋ねたり，インターネットで調べたりします。午後は山科議員の属する政党の政策研修会。この地域の国会議員と地方議員が集まります。最近発表された党の政策の基本方針を議論したり，目下重要な政策課題について討論したり，来年に迫る地方議会選挙への対策も話し合われていました。「以前と比べると，若い議員や女性の議員も増えているよ」と山科議員。

　夜は料亭で政財界の大物たちと密談…かと思っていたのですが，「そんなことはほとんどないね」とのこと。その日は娘さんの誕生日ということで，山科議員は夜7時にはケーキを買って自宅に帰っていきました。意外と地味な生活なのですね。

　何だか遠いと思っていた政治の世界を，身近に感じることのできた1日でした。

第33章　政治家の生活を覗いてみよう

　おそらく多くの人にとって，政治家は自分たちが住んでいる世界とは別の世界にいる存在なのではないだろうか。ミネオ君のように，政治家の活動をじっくり見たことがあるという人はそれほど多くはないだろう。また，「政治家」という言葉は，本音と建前を使い分けながら巧みに駆け引きをする人という意味で使われることもあるように，どこか信用ならない人というイメージを持っている人も多いかもしれない。

　しかし，政治家は社会のルールである法律を決定したり，政府が活動するための予算を決定したりと，私たちが住んでいる世の中のあり方を（すべてではないが，しかしその重要な部分を）最終的に決める人たちである。また，国の仕事を行う政府の中枢部分は，（政党を単位として）政治家によって構成されている。このような政治家を，選挙を通じて選んでいるのは私たち国民自身だから，好きか嫌いかは別として，私たちは政治家がどのような人たちなのかをよく知っておく必要があるだろう。また，現代の代議制民主主義においては，政治家は政党というチームを組んで活動するのが一般的だから，政党がいかなる組織であるのかも理解しておかなくてはならない。ここからは，政治家と，政治家が所属するチームとしての政党について学んでいくことにしよう。

1　政治家のすがた

　議論の取りかかりとして，ある政治家Aさんを紹介しよう。Aさんは自民党に所属する衆議院議員で，今までに3回当選している。政治家の世界で言えば若手から中堅に差し掛かった政治家である。Aさんが初めて選挙に立候補したのは31歳の時であった。それまで新聞記者をしていたAさんは，以前に赴任していた地域の自民党関係者から，次の衆議院議員選挙に出ないかと声をかけられる。Aさんは政治家を志望していたわけではなかったが，教育などを通じた「人づくり」に関心を持っていたこともあって，立候補を決意する。ちなみに，Aさんがこうした問題に関心を持つようになった原点は，大学生の時のアルバイトの経験にあった。Aさんは学生時代，塾の講師をしていたが，それまで「落ちこぼれて」いたような生徒が急速に伸びていく姿を目の当たりにしたことで，教育の重要性に気づかされたのだという。

　こうして，政治家への道にチャレンジすることになったAさんであったが，

2003年にあった初めての選挙では落選の憂き目に遭う。立候補を決めてから選挙が行われるまでの期間が短かったこともあって，選挙区の有権者に広くＡさんのことを知ってもらうことができなかったのが主な敗因であった。次の選挙での再チャレンジを期したＡさんは，選挙区の有権者に自分を知ってもらうために，自民党関係者の伝手を辿って選挙区における人脈を広げたり，地域のお祭りなど人が集まる場所に積極的に出向いたりしていった。また，新聞記者時代に知遇を得た議員の政策秘書に就き，政治の世界を学んでいく。

　落選から約２年後の2005年夏，突然，Ａさんにとって２度目の選挙の機会が訪れる。当時の小泉純一郎首相が成立を目指していた郵政民営化法案が参議院で否決され，それに伴って衆議院が解散されたためである。この選挙では自民党に強い追い風が吹いたこともあって，Ａさんは初めての当選を果たす。当選後，Ａさんはいよいよ活動の舞台を国会へと移すことになった。国会では，財政金融委員会や安全保障委員会などの委員を務めたほか，自民党の国会対策委員や青年局次長といった役職に就いている。もっとも，新人議員にいきなり重要な仕事が任されるようなことはなく，こうした場における活動を通じて，Ａさんは議員としての経験を積み重ねていった。

　2009年夏に行われた３度目の選挙は，自民党への非常に強い逆風が吹く中で迎えることになった。この選挙で自民党は大敗して民主党への政権交代が起こり，Ａさんも議席を守ることができなかった。こうしてＡさんは再度，浪人生活を送ることになる。しかし，2012年の冬，４度目の選挙を迎えた時には，自民党には追い風が吹いていた。というのは，自民党から政権を奪取した民主党が混乱を来し，マニフェスト（政権公約）を実行できなかったとして国民の支持を失っていたためである。Ａさんも自身の選挙区で大勝し，再び国政の世界に戻ることになった。

　２期目に入ったＡさんには，新人だった頃に比べて責任のより大きい仕事が与えられるようになる。まず，国会では，衆議院の外務委員会や安全保障委員会の理事を務めることになった。国会の各委員会の理事は，委員会での審議の進め方などについて会派（政党）間の協議を行う役割を担っており，与党にとっては政府が提出した法案を迅速に成立させるうえで責任の重い役職である。また，自民党内でも，党の政策審議機関である政務調査会の下に置かれた厚生労働部会の副部会長に就任している。そして，２度目の当選を果たしてから約

2年後には、外務大臣政務官（外務大臣や外務副大臣を補佐する役職）に任命され、政府の一員に加わることになった。

2014年に3回目の当選を果たした後も、Aさんは引き続き外務大臣政務官を務め、政務官退任後は、衆議院の予算委員会や議院運営委員会といったとくに重要度の高い委員会の理事に就いた。また、3期目には、Aさん自身の問題意識を実際の政策に反映させる機会が訪れる。Aさんが「人づくり」に関心を抱いていたことは先に触れたとおりだが、生まれ育った家庭の経済状況などによって十分な教育を受けることができず、結果として成人後、経済的に困窮する危険性が高まってしまうことをAさんは問題だと考えていた。そこで、子供の貧困対策を推進するための法案を作成して、自民党の同僚議員や与党の公明党からの賛成を取りつけ、公明党の議員とともに法案を国会に提出する。この時は他党の議員からも同じような趣旨の法案が提出されていたことから、Aさんも含む各党の議員の間で法案の内容の調整が行われ、それを踏まえた新たな法案が作られることになった。こうして作られた法案は、衆議院と参議院の厚生労働委員会、本会議での審議を経て、成立へと至っている。

この法案に携わった後、Aさんは外務副大臣に任命される。外務副大臣は外務省のナンバー2であり、外国へ出張して、日本政府の代表としてさまざまな国際会議に出席したり、各国の政府関係者や議員、有識者と会談したりする機会が多い。Aさんも月によっては、半分以上の日を海外で過ごしたという。また、日本を訪れた各国の要人との会談や日本に駐在している外国の大使との情報交換、日本で開催される国際会議や国際交流イベントなどへの出席といった仕事もある。くわえて、国会に議員としてではなく政府の一員として出席し、与野党の議員からの質問に答弁を行うことも外務副大臣の大切な仕事である。こうした仕事をこなすために（外務省は他の省庁とやや異なる面もあるが）政府の役職に就くと、連日、官僚と打ち合わせを行い、官僚から政策や現状についての説明を受けたり、官僚に指示を与えたりする時間が長くなる。とは言え、副大臣も国会議員だから、時間の許す限り国会に出席しなくてはならないし、自民党の会議にも出席しなくてはならない。さまざまな人や団体からの面会の要請もひっきりなしに来るし、新聞社やテレビ局の記者からの取材にも対応しなくてはならない。さらに、同僚の議員が開催するパーティーに出席するなどの議員同士の付き合いも欠かせない。週末になれば、自身の選挙区で開かれるお

祭りなどのイベントに参加したり，選挙区で支援をしてくれている人たちに議員活動の報告をしたりする予定が入ってくる。このように，副大臣であっても地道な活動は欠かせないのである。

2　政治家と選挙

　前節ではAさんという1人の国会議員を取り上げて，政治家としてのキャリアを重ねていく過程を見てきたが，ここからはAさんの経験も手がかりにしながら，政治家（以下では，基本的に国会議員を扱っていく）について一般的に考えていくことにしよう。

　そもそも政治家とは，どのような人たちなのだろうか。それぞれの政治家が実際に政治家を目指すようになったきっかけはさまざまだろうが，政治家は一般に次のような3つの目標を持っていると考えられている。1つ目は政策に関する目標である。政治の世界では，世の中に存在する問題を解決するための手段である政策を決めているわけだから，それに携わる政治家は，より良い政策の実現を目指していると考えられる。2つ目は，より重要なポストに就くという目標である。ある政治家が強く実現を願っている政策があったとしても，一介のヒラ議員がそれを実現させることは難しい。また，大臣などの役職に就けば，給与などの待遇も良くなるし，社会的な名声も高まることになる。3つ目は，選挙での当選である。政治家がより良い政策を実現したい，より高いポストを手に入れたいと考えたとしても，選挙で有権者から選ばれない限り実現することはできない。かつて，自民党の大物政治家であった大野伴睦が言ったように，「サルは木から落ちてもサルだが，政治家は選挙で落ちてしまえばただの人に過ぎない」のである。こうして考えると，政治家にとってまず重要なことは，選挙で当選することだと言えよう。そこで以下では，政治家にとっての選挙について考察していくことにする。

誰が政治家になるのか

　政治家という仕事は他の多くの仕事と違って，大学や高校を卒業した後，すぐに始められる仕事というわけではない。Aさんが8年間新聞記者を務めた後，政治の道へ進んだように，なんらかの職業や社会に関わる活動で経験を積んだ

表 3-1　政党別の衆議院議員（2014年衆院選当選者）の経歴　(%)

	地方議員	首長	国会議員秘書	官僚	弁護士・医師	マスコミ	世襲議員
自民党 (290)	29.7	3.4	33.1	14.8	8.3	4.1	25.2
民主党 (73)	27.4	5.5	19.2	16.4	9.6	8.2	12.3
維新の党 (41)	41.5	4.9	31.7	14.6	7.3	7.3	7.3
公明党 (35)	14.3	0.0	5.7	11.4	17.1	2.9	2.9
共産党 (21)	19.0	0.0	9.5	0.0	0.0	0.0	0.0
全体 (475)	28.2	3.4	27.6	14.5	8.6	4.6	18.9

注：（　）内は各党の議員数を表している。なお、1人の議員が複数の経歴を有している場合は、それぞれをカウントした。また、世襲議員は両親のいずれか（義理の両親も含む）が国会議員であった者を指す。
出所：『朝日新聞』に掲載された経歴に基づいて筆者作成。

後、そのキャリアをスタートさせることが一般的である。では、実際には、どのような経験を積んだ人たちが政治の世界に入ってきているのだろうか。

表3-1は、2014年総選挙で当選した衆議院議員の経歴を、政党別に集計したものである。全体で見ると、衆議院議員のおよそ3割が地方議員を経験していること、また3％と少数ではあるが、都道府県知事や市町村長といった地方自治体の首長を務めていたことが分かる。これは、あらかじめ地方で政治家としての経験を積んできた人たちが、国政へと進出していることを表している。また、衆議院議員の経歴として地方議員と同じくらい多く見られるのが国会議員の秘書である。国会議員の選挙運動を切り盛りし、議員の政策的な活動をサポートし、さまざまな団体や一般の有権者からの陳情や相談を処理することで政治についてのノウハウを身につけた人たちが、政治家になっていると言える。また、中央省庁の官僚も政治家の有力なリクルート源となっている。官僚は特定の政策分野におけるエキスパートであり、政策に関する知識が豊富で、国会議員も含め所属する省庁が管轄する分野における人脈も太い点に特長がある。また、絶対数としてそれほど多いわけではないが、弁護士や医師といった専門職やAさんのようなマスコミでの仕事に就いていた人たちも、他の職種と比べれば、政治家になっている人が多い。こうした人たちも官僚と同様、それぞれの分野において専門的な能力が優れていると見ることができよう。くわえて、日本の政治家についてよく知られているのが、親族に政治家がいる議員（世襲

議員と呼ばれる）の多さである。世襲議員の範囲を狭く捉え，父親や母親，義理の両親が国会議員であった人に限ってみても，2014年衆院選の当選者のうちおよそ2割が世襲議員であった。とくに自民党では，約4分の1が世襲議員に該当する。

どのようにして候補者になるのか

こうした国会議員の経歴は，どのようなことを意味しているのだろうか。順を追って考えてみよう。政治家になりたければ，まず，選挙に立候補しなくてはならない。被選挙権年齢（衆議院選挙は25歳，参議院選挙は30歳）に達した日本国民であれば，供託金を払う必要はあるが，原則として誰でも立候補することができる。しかし，たとえば，普通のサラリーマンが政治の道を志して国政選挙に立候補したとしても，自分の力だけで当選するのは非常に難しいだろう。多くの有権者から投票してもらうためには，自分の政治家としての資質や実現を目指す政策を知ってもらわなくてはならないし，そのためには，それなりの人手や資金が必要になるからである。

こうした時，選挙に当選するために必要な「資源」を提供してくれるのが政党である。ある政党が公認する候補者には政党から活動資金が提供されるし，党員たちが選挙運動を手伝ってくれる。何より，候補者がどのような人か分からなくても，好ましいと思う政党が公認している候補者だから，という理由で投票してくれる有権者からの票が期待できる。つまり，よほど知名度があったり，豊富な資金を持っていたりするのでない限り，政党の公認候補となることで，どの政党にも属さない時より当選の可能性は高まることになる。そのため，国政選挙の場合，候補者はいずれかの政党の公認を受けて立候補するのが一般的である。もっとも，誰でも特定の政党の公認候補になれるというわけではない。辞書的に言えば，政党は「共通の政治的主義・主張をもつ者によって組織され，一定の政治的利益や政策の実現のために活動し，政権獲得をめざす集団」（デジタル大辞泉）である。したがって，政党の公認候補は，その政党のメンバーと「共通の政治的主義・主張をもつ者」でなくてはならないし，その党の「政治的利益や政策の実現」や「政権獲得」に貢献できる人物でなくてはならない。政党にとって，公認候補者を選ぶことは，選挙結果や選挙後の党の命運を左右する非常に重要な仕事なのである。

では，政党の公認候補はどのようにして決められるのだろうか。これは政党によって異なり，党の内部から候補者を選ぶ政党と，党の内外を問わずに人材を求める政党とがある。前者にあてはまるのが公明党や共産党である。表3－1に示したように，国会議員には地方議員や議員秘書などの経験者が多いが，公明党や共産党の衆議院議員でここに挙げた6つのいずれかの経歴を持つ人は，それぞれ48％，29％とそれほど多いわけではない。では，公明党や共産党の国会議員がどのような経歴を持っているのかというと，党の職員や党と関係の深い団体の役員などを経て国政の道へと進んだ人が多い。つまり，公明党や共産党では，党内部での活動を通じて政治的な能力を身につけた人が候補者に選ばれているのである。言い方を変えれば，党が候補者を育てているとも言えるだろう。

　これに対して，自民党やかつての民主党などの場合，候補者は広く党の内外から集められてきた。これらの政党では基本的に，党所属の国会議員や地方支部の幹部らが自分の党から立候補させたい人をスカウトしたり，公認を受けたいと党関係者に売り込んできた人たちの中から選抜することで，候補者が選ばれてきた。こうした選び方をする場合，政党が候補者を育てているわけではないから，引退した議員の子供や地方議員，国会議員の秘書，中央省庁の官僚，さらにはマスコミ関係者などのように，既に政治家としての資質があることが分かるような人物が候補者に選ばれやすい。逆に言えば，こうした政党の公認候補になりたい人は，あらかじめなんらかの形で政治家としての資質を培っていなくてはならない。また，スカウトされるにせよ，自分を売り込むにせよ，候補者選定に関わる党の有力者たちとコネクションがある人でなければ，その政党の公認候補になること，さらに言えば，そもそも候補者選定の俎上に上ることすら難しいと言える。

　しかし，このように候補者を選んでいると，党との接点はないが，その党から立候補したいと考えている優秀な人材を捉えられないという事態が起こりうる。また，党の有力者だけで閉鎖的に候補者を決めているという批判も招きかねない。実際，自民党は2000年代のはじめに，こうした問題に直面することになった。そこで自民党は，党から立候補したい人を広く募り，書類審査や面接などを通じて候補者として相応しい人を選ぶ，公募方式での選考を行うようになっていった（浅野 2006）。近年では，自民党の候補者選考は原則として公募

で行われており，引退する国会議員の息子や娘でも，自民党公認で立候補したければ公募に応募して合格しなくてはならない（ただ，こうしたケースで不合格になることはまずなく，公募は形式的なものに過ぎないとの批判もある）。もっとも，いち早く公募による候補者選考を活用していたのは，自民党ではなく民主党であった。また，日本維新の会など2000年代以降に結成された新しい政党でも，公募方式のような広く門戸を開いた候補者選定が行われている。ただし，これらの政党が公募方式を採用した背景は，自民党の場合とはやや異なっている。自前で候補者を育てたり発掘したりできるほど党の組織が十分に整っていなかったこれらの政党では，候補者となりうる人材を党外に頼らざるをえなかったのである。

「候補者中心」の選挙

　政党の公認候補になったら，選挙で当選するための選挙運動を行わなくてはならない。候補者は有権者に投票してもらうために，どのような活動を行い，何をアピールするのだろうか。また，そのための活動は誰が行うのだろうか。

　これについても，やはり政党によって違いがある。公明党や共産党の候補者は，基本的に所属する政党が選挙運動を取り仕切ってくれる。それに対して，自民党などの候補者は，党本部から資金や選挙のノウハウが提供され，選挙区の政党組織が選挙運動を手伝ってはくれるが，候補者自身による「個人戦」が基本となる。こうした候補者を中心とした選挙は，1990年代半ば頃までの時期にとくに顕著であった。最近は様相がいくらか変わってきてはいるが，それでも当時の選挙戦の特徴は現在の選挙に引き継がれている部分が少なくないから，簡単に個人戦が激しかった時代の選挙の戦い方を振り返ってみよう。

　そもそも個人戦が激しかった背景には，かつての衆議院選挙では，中選挙区制という1選挙区から3〜5人を選出する選挙制度が採用されていたことがある（第2章第2節参照）。中選挙区制の下では，1つの選挙区に同じ政党から複数人が立候補することになるが，有権者は1人の候補者にしか投票できなかったから，同じ政党に所属している候補者同士であっても，お互いに有権者の票を奪い合うことになる（「同士討ち」と呼ばれる）。こうした状況に置かれた候補者が同じ政党に所属するライバルに打ち勝つには，党に頼らず候補者自身で票を集めたり，資金やスタッフを確保したりしなくてはならなかった。

とくに重視されたのが、安定した支持基盤を確保することである。日本では自分への投票を訴える選挙運動ができる期間が短いこともあって、自分に投票してくれる可能性のある有権者を日頃から繋ぎ止めておく必要があった。そのための組織が、候補者の個人後援会である。後援会は、ある政治家の主義主張に共感した人たちが集まって結成された応援団というよりは、政治家自身が、親戚関係や小中高校時代の同窓生、地域の繋がり、それまで就いていた仕事上の知り合いなどの人脈を通じて広げていく組織であった。このようにして作られた組織であったから、後援会は政治的な組織というだけでなく、親睦団体とでも言えるような性格も持ち合わせていた。後援会の主である政治家は後援会員を繋ぎ止めておくために、たとえばゴルフ大会を開催したり、観劇に出掛けたり、温泉旅行を企画したりと、さまざまなレクリエーションを提供していた。もちろん、その費用は政治家自身が負担していたから、後援会を維持するためには多額の資金が必要であった（石川・広瀬 1989）。

　くわえて重視されていたのが、自治会など地域の団体や地元企業、その他さまざまな団体との繋がりを作ることであった。こうした団体から支持を取り付けることで、そのメンバーからのまとまった票が期待できるからである。もっとも、さまざまな団体から支持してもらうには、それなりの実績を示さなくてはならなかった。そこで、自民党の議員たちは、選挙区のある地域のインフラを整備するための公共事業をどれだけ持ってこられたか、地場産業の保護や発展にどれだけ貢献したかを競い合った。また、選挙区の有権者のプライベートな相談事を処理することも、選挙区における実績に含まれていた。かつては、進学の世話や就職の斡旋、さらには交通違反のもみ消しなども、政治家の仕事だと考えられていたのである。

「政党中心」の選挙への移行と「候補者中心」の選挙の残存

　1980年代の終わり頃から、こうした中選挙区制の下での選挙のあり方に対して、金がかかりすぎる、政策による競争ではなく有権者へのサービス合戦になっているとの批判が強まり、1994年に小選挙区比例代表並立制が導入されることになった。1選挙区から1人だけが選ばれる小選挙区制の下では、各政党はそれぞれの選挙区に1人しか候補者を立てないことになる。その結果、候補者たちが同じ党の別の候補に勝つための活動を行う必要はなくなり、各候補者

は所属する政党をその選挙区で代表する存在という性格が強まった。こうして，最近の選挙は，中選挙区制期のような候補者が主役となった選挙から，政党の重要性が高い選挙へと変化してきたと考えられている。

　ここで，Aさんの選挙における「成績」を振り返ってみよう。Aさんは，2005年の「郵政選挙」では当時の小泉純一郎首相の人気を背景とした自民党への追い風に乗って初当選を果たしたが，2009年の「政権選択選挙」では自民党への逆風を受けて落選の憂き目に遭い，2012年の総選挙では，当時の民主党政権への批判票の受け皿となって，再び国政の世界に戻ることになった。Aさんの選挙区は関東地方の都市部にあり，選挙ごとに投票する政党を変える浮動層が多いためにこうした風の影響を受けやすいという面はあるが，所属政党に追い風が吹くか逆風が吹くかによって，個々の政治家が当選できるか落選してしまうかが大きく左右されるようになってきている。中選挙区制の時代には，強力な支持基盤を築いている議員は，たとえ所属政党に逆風が吹いたとしても盤石であった。それに対して最近の選挙では，有力政治家と呼ばれる人たちであっても，所属する党に逆風が吹けば落選してしまうことは珍しくなくなっている。また，所属する政党に対する評判が自分自身の当落を左右することになるから，自分独自の実績となるような活動だけではなく，党全体の評判を高める活動が重要になる。Aさんの言葉を借りれば，「党として結果を出すことが，最大の選挙運動になる」のである。

　しかしながら，候補者を中心とした個人戦という日本の選挙の特徴は，根強く残っていることも確かである。再びAさんの例に戻ろう。Aさんは初めての選挙で落選してしまったが，敗因の1つとして，Aさんは大学進学のために上京するまで四国で生まれ育ったため，立候補した関東地方の選挙区での人脈が限られていたことが挙げられる。最近の選挙でも，Aさんのように出身地ではない地域の選挙区から立候補する例はそれほど多くなく，血縁や地縁，同窓生のネットワークがある出身地の選挙区から立候補するのが一般的である。やはり，選挙区と繋がりがある候補者の方が有利である傾向は，今日でも残っているのである。

　また，今でも国会議員にとって日頃の選挙区での活動の重要性は失われていない。Aさんもそうであるように，国会議員は金曜日の晩には国会のある永田町から選挙区に戻り，週末は選挙区の有権者との繋がりを保つための活動に精

を出すのが一般的である。国政報告会などを開いて国会での活動の様子を選挙区の有権者に知らせたり，さまざまな団体や支援者からの要望を聞いたり，相談を受けたりする機会を持つ。また，お祭りなど地域のイベントへの参加は欠かせないし，冠婚葬祭に出席する機会も多い。国会に出席しなくてはならないので，議員は週が明けたら国会のある永田町に戻らなくてはならないが（金曜日に選挙区に帰り，月曜日または火曜日に永田町に来るので「金帰月来」「金帰火来」と言われる），週末だけ，また議員1人だけで選挙区の有権者への対応をこなすことはできないから，選挙区に常設の事務所を置き，秘書を雇って対応してもらうことになる。政党によっても異なるが，自民党の議員の場合，平均すれば（国会にいる秘書を別として）4～5人の秘書を選挙区の事務所に置いている。もちろん，選挙区には政党の支部も置かれてはいるが，実質的には議員の個人事務所と一体化している場合が多いのが実態である。

　このように，政党の重要性が高まっている最近の選挙でも，選挙を勝ち抜いて政治家になるには政治家自身がかなりの負担をしなくてはならない。ただ，個人戦が残存していることには，それなりに理由があるとも考えられる。中選挙区制にせよ小選挙区制にせよ，有権者が候補者の名前を書いて投票する選挙制度の下では，候補者が選挙区の有権者から高く評価されていれば，選挙で有利になることに違いはない。また，風によって選挙結果が左右されるからこそ，所属する党への逆風が吹いている選挙でも生き残れるような，安定した支持基盤を確保しておきたいと政治家たちは考えるだろう。いずれにしても，政治家が選挙で当選するためには有権者に票を投じてもらう必要があり，そのためには有権者の要望に応えていかなくてはならない。その意味では，日本では小選挙区制が導入されてもなお，政治家と直接繋がることを大事に考える有権者が多いのだと言えるだろう。

3　政治家と政党

　選挙で当選することで，政治家は自分が望ましいと考える政策を実現したり，より責任のある立場に就いたりする資格を得ることになるが，多くの議員は政党に所属してさまざまな政策活動を行い，政党に所属することで役職を与えられている。Aさんの例を振り返ってみると，子供の貧困対策を推進する法案を

作った時，まず自民党や公明党から法案への賛成をとりつけ，その後，国会に提出するという順番をとっていた。また，Aさんが就いていた副大臣という役職は，内閣を構成する与党である自民党や公明党の議員が任命されるものであり，普通は自民党や公明党以外の政党に所属している議員がこうした役職に就くことはない。なぜ，議員は国会の中で政党というチームを組んで活動するのだろうか。議員は政党の中で，どの程度，自由に活動できるものなのだろうか。ここからは，国会における政治家と政党の関係を考えてみよう。

党議拘束の必要性

そもそも，議員はなぜ国会の中で政党に所属するのだろうか。端的に言えば，より効率的に自分が望ましいと考える政策を実現できるから，ということになるだろう。ある議員が新しい法案を作り，その成立を目指す時，他の議員に一人ひとり法案の内容を説明して賛同者を増やしていくのは大変である。それに対して，まず考え方の近い議員のグループ（これが政党にあたる）に提案し，そのグループから承認が得られたら，グループのメンバーは法案に賛成してくれるということになれば，効率的に法案への賛同者を増やすことができる。また，1人の議員ができることは限られているが，基本的な考え方が近い議員が集まり，政策作りを分担すれば，効率的に望ましい政策を実現していくことが可能になる。政策を決定し，実行していく重要な役職に誰が就くかという点についても，同じような考え方を持っている議員たちの中から能力の高い議員がそうした役職に就くことにすれば，多くの議員が満足できる政策が実現することになるだろう。

政党に所属する議員たちは，ある法案に賛成するか反対するかといった，国会内で意思決定をする場面において同一歩調をとることが一般的である。しかし，たとえ基本的な主義主張は共有していたとしても，議員によってそれなりに考え方に違いがあるような政党の場合，各法案への賛否が自然と一致するとは限らない。そうした時には，「党議拘束」という形で党所属の議員が同じ行動をとることを強制するのが一般的である。そのため，ある政党が党として法案に賛成することを決めていたのに，その党の議員が反対票を投じると，「造反」だと騒がれることになる。

しかし，いくら同じ政党に所属しているとは言え，党として法案に賛成する

第3章 政治家の生活を覗いてみよう

表 3-2 2 つの法案が可決・否決された時の各議員の利益

		法案1が成立	法案2が成立	両法案が可決	両法案が否決
X党	大都市圏の議員（5人）	−1	3	2	0
	過疎化した地域の議員（5人）	3	−1	2	0
	それ以外の地域の議員（41人）	3	3	6	0
	その他の議員（49人）	−2	−2	−4	0
	全議員の利益の合計	35	35	70	0

ことを決めたら，所属議員全員が賛成しなくてはならないというのは理不尽に思えるかもしれない。ただ，政党が国会内で同一歩調をとることには，それなりの理由がある。例を挙げて考えてみよう。100人の議員で構成される議会があり，X党所属議員はそのうち51人と過半数を占めていたとしよう。今，国会では地域活性化に関する2つの法案が審議されていて，ほとんどのX党議員は，両方の法案を地方に活力をもたらす非常に望ましい法案だと考えている一方で，X党以外の議員はバラマキだとして両方の法案に反対しているとする。ただし，2つの法案のうち1つ（法案1）は，大都市圏の選挙区から選ばれているX党の議員5人にとって望ましいものではなく，もう1つの法案（法案2）は過疎化の進んだ選挙区選出のX党議員5人に不利益をもたらすとする。そして，各法案が可決・否決された時の各議員の利益は，現状維持の場合を0として，表3-2のように表すことができるとしよう。

こうした時，X党の各議員が自分の考えに従ってそれぞれの法案に賛否の投票を行うと，法案1も法案2も，X党の議員でこれらの法案に反対している人（5人）と，X党以外の全議員（49人）が反対するから，反対多数（100人中54人）で否決されることになる。この結果は，どちらかの法案に反対していた人も含め，X党の議員にとって望ましい結果と言えるだろうか。答えは「否」であろう。もし，X党の議員全員が両方の法案に賛成していれば，両方の法案が可決され，（議員によって得られる利益には差があっても）X党の議員全員が現状より良い結果を得ることになったはずである。また，両法案が可決されれば，全議員の利益の合計も現状を上回ることになる。各議員が選挙区の有権者を代表していることを考えれば，この結果は，国全体では有権者に利益をもたらすことを意味すると理解できる。したがって，X党の議員は全員が同じ行動をとるこ

75

とを約束し、両法案に賛成するというのが、X党の議員全体にとって、また国全体にとって良い選択ということになる。

しかし、大都市圏の選挙区選出の議員や過疎化の進んだ選挙区選出の議員にとっては、自分たちが賛成する法案のみが可決され、反対する法案は否決されるという結果がベストである。そのため、こうした議員たちは他のX党議員との約束を裏切りたいという誘惑にかられるであろう。こうした裏切りを防ぐために、X党の議員たちは、法案への採決で全員が同一歩調をとることを強制するような仕組みを党内に作ることになるのである。こうして考えると、党議拘束は、党全体の利益を確保するために、議員の間に多少の考え方の違いがあっても、相互に協力しあうことを確実にするための仕組みだと理解できるだろう。

派閥の優位

このように、ある党の議員全員の考えが完全に一致しているのでない限り、党全体の利益を促進していくためには、議員全員が同一歩調をとるという約束を守らせる必要がある。そして、党全体の利益となるような方針を定め、所属議員から反発があったとしても、その実現のために議員たちをまとめていく役割は、一般に党のリーダーや幹部が担うことになる。しかし、個々の議員は自分が望ましいと考える政策だけを実現したいわけだから、議員たちがリーダーの掲げる方針にいつでも進んで従うとは限らない。そもそも、何が党全体の利益なのかについて、党内で考え方が分かれることがあっても不思議ではないし、自分がリーダーになって、自分が党全体の利益だと考える方針を推し進めたいという議員もいるだろう。このような議員たちを抑え、党のリーダーや幹部が指導力を発揮できるか否かは、両者の力関係に左右されることになる。

では、日本の政党の場合、一般の議員たちと党のリーダーや幹部の力関係はどのようになっているのだろうか。自民党を例に見てみよう。1990年代前半までの自民党では、党首である総裁の力はかなり制約を受けていたと考えられている。総裁の力をとりわけ制約していたのは、自民党内の議員集団である派閥であった。派閥はもともと、総裁の座を狙う有力議員（領袖）の下に、彼らを支持する議員（陣笠議員）が集まってできた組織で、自民党の議員のほとんどがいずれかの派閥に所属し、メンバーたちは固い結束を誇っていた。1955年の結党以来、自民党には5～8程度の派閥が存在し、とくに1960年代から70年代

にかけて，総裁の座をめぐる非常に激しい派閥抗争が繰り広げられた。また，総裁が決まった後も「ノーサイド」ということにはならず，総裁を支持する主流派派閥と支持しない非主流派派閥の間には常に緊張関係が存在していた。このように，自民党は一枚岩ではなく，派閥の連合体という性格を持っていたのである。

派閥抗争は1980年代に入ると落ち着いていくが，派閥は徐々に，本来，首相・総裁の権限であるはずの人事（役職配分）を実質的に支配するようになっていった。かつての自民党には，派閥の規模に応じてどの派閥に何人の大臣を割り振るかを決める慣行や（派閥均衡人事），派閥が大臣など主要な役職の候補者を推薦し，首相・総裁はそれを尊重する慣行があった。自民党が派閥の連合体という性格を持っている以上，総裁が特定の派閥を優遇したり，派閥の意向を無視した党運営をすれば，それに不満を持った派閥から政権運営に協力してもらえなくなり，自分を総裁の地位から引きずり下ろそうとする動きへと繋がりかねない。そのため，総裁は派閥のバランスやその意向に配慮した人事を行わざるをえなかったのである（川人 1996）。

派閥抗争に対しては批判も強く，自民党内にも派閥解消を求める動きは存在したが，1990年代まで派閥の影響力が衰えることはなかった。派閥は，陣笠議員たちが総裁選で領袖を支持する代わりに，領袖は陣笠議員に対して政治資金の提供や役職の斡旋，選挙での支援などを行うという交換関係で成り立っていたが，これらは，前節で見たような選挙での当選やより高いポストへの昇進といった議員の目標を達成するうえで不可欠のものである。組織を掌握するうえで，リーダーはアメとムチを使い分けることができなくてはならないが，かつての自民党ではアメ，つまり一般の議員が望むものを提供していたのは，党のリーダーではなく派閥だったのである。

党リーダーの指導力の向上

自民党におけるリーダーと一般議員の力関係は1990年代半ば頃から変化し，リーダーが指導力を発揮しやすくなったと見られている。これは，党のリーダーが一般議員を従わせることのできる手段を手に入れたためだと言える。とりわけ，選挙制度が中選挙区制から小選挙区比例代表並立制へと変更され，党の公認候補となることの重要性が高まったことが，公認候補を最終的に決定す

る権限を持つリーダーの影響力を強めることに繋がったと考えられている。

　少し丁寧に説明しよう。中選挙区制の下では当選に必要な得票率がそれほど高くなかったから（定数5の場合，選挙区で約17%の得票があれば必ず当選できた），自民党の公認候補となることができずに無所属で立候補した人であっても，自民党公認候補のうちの誰かを上回る票を獲得して当選することは，（公認漏れしても，派閥からの支援を受けられたこともあって）決して珍しいことではなかった。これに対し，小選挙区制では各党が1人しか候補者を公認しないから，公認候補だけが資金やスタッフといった党からの組織的な支援を受けたり，政党の名前を使ったりすることができる。こうしたなかで，党の公認を得られなかった人が無所属で立候補したとしても，（小選挙区制になって当選ラインが上がったこともあって）公認候補を上回るだけの票を集めることは容易ではない。つまり，リーダーに異議を申し立てて公認候補になれなかった場合，中選挙区制の時代にはそれなりに当選するチャンスがあったのに対し，小選挙区制の下ではかなり不利な戦いを強いられることになるのである。2005年の「郵政選挙」において，小泉純一郎自民党総裁が，郵政民営化法案に反対した「造反」議員たちを公認せずに別の候補者を公認して「刺客」として送り込み，自民党を大勝に導いて郵政民営化実現への流れを作ったことは，リーダーの公認権の重要性が高まったことを印象づけた（竹中 2006）。

　また，前節で見たように，選挙結果が「風」に左右されるようになったことも，選挙で党の「顔」となるリーダーの影響力を強めることに一役買っている。たとえ一般議員たちがリーダーに対して不満を抱いていたとしても，リーダーの人気が高ければ，それは個々の議員が当選できる可能性を高めることになるから，リーダーに抵抗することは得策ではない。また，議員自身の選挙での命運がリーダーの人気に左右されるようになったことで，自民党の議員たちが党のリーダーに求める資質が変化し，総裁選出における派閥の重要性は低下することになった。もし，自分が所属する派閥の領袖に有権者からの人気がないのであれば，他派閥に所属していたとしても，より人気の高い議員にリーダーになってもらった方が好都合だからである。今日でも自民党の多くの議員は派閥に属しているが，かつてのような結束力はなく，総裁選における影響力も低下している。結果として，自民党のリーダーである総裁が以前のように派閥の顔色を窺いながら人事を決める必要はなくなったのである。

もっとも，リーダーの指導力が無条件で強まったというわけでもない。党のリーダーが選挙の顔になったということは，党のリーダーに対する有権者からの支持が低い場合，一般議員にとって，自分が当選できる可能性は下がるということになる。その場合，一般議員たちは有権者からの支持が高い新たなリーダーを求めるだろう。実際，低い支持率に喘いでいた小泉後の自民党の首相たちや民主党政権期の首相たちに対しては，党内からリーダーの交代を求める声が上がることになった。結局のところ，リーダーが党をまとめられるか否かは，政権を担当している与党であれば，有権者の支持を得られるような政策を実現できるか，野党であれば，政権や与党を的確に批判して，次の政権に相応しいという信頼感を植え付けられるかにかかっていると言えるだろう。

4　政党間の関係

　前節までは1つの独立した組織としての政党について見てきたが，政党はさまざまな場面で他の政党と競争したり，協力したりしている。第2節で見たように，多くの候補者は政党に所属し，他の政党の候補者と議席を争う。当選した議員は，衆議院選挙後，最初に召集される国会で投票によって首相を選ぶが，その際，各政党の議員はまとまって自分の所属する党の党首に投票するのが一般的である。首相は自党の議員を中心に大臣を指名して内閣を構成し，党首が首相になった政党は，その後の国会で基本的に首相，内閣をサポートする立場をとる。他方，首相を出せなかった政党は，野党として首相や内閣の活動を批判する役割を担う。このように，各政党は選挙や国会において競争を展開しているが，他方で，お互いに協力することも珍しくない。首相を選ぶ際，複数の政党が共同で同じ人を首相に推すこともある（こうした行動は普通，単独で過半数の議席を占める政党がない場合に行われる）。このような場合，首相を推した複数の政党から大臣が選出され，連立政権が形成されるのが一般的である。また，選挙においても，ある政党が候補者を立てた選挙区では他の政党は候補者を立てず，お互いの候補者を応援するという協力が行われることもある。

　こうした選挙や政権の形成，議会における政策決定といった場面で繰り広げられる政党同士の競争と協力が一定のパターンを形作っている時，それは政党システムと呼ばれる。政党システムは，おもに政党の数や政党が競争したり協

力したりする対立軸，政党間の考え方の違いの大きさなどから特徴づけられるが，どのような政党システムが形成されているかによって，その国の政党政治のあり方は大きく異なってくることになる。代表的な政党システムとしては二大政党制，多党制，一党優位制などがあるが，二大政党制の国では，2つの政党が政権をめぐって常に競合することになるだろうし，反対に多党制の国では，連立政権の形成や政策決定の場面で政党間の協力が不可欠となる。また，一党優位制の国では，優位政党の存在を前提にした政治の仕組みが形成されていくことになるだろう。では，日本の政党システムはどのように捉えることができるだろうか。

日本の政党システムの変遷

戦後，日本の政党システムは何度か大きな変化を遂げてきており，現在の政党システムはいわば3期目にあたる。ここでは，ごく簡単に戦後日本の政党システムの移り変わりを確認しておこう（図3-1参照）。第2次世界大戦の終戦後，戦前からの一定の連続性を保ちつつ，数多くの新政党が結成していった。そうした政党は離合集散を繰り返しながら，1955年の総選挙の後に「保守」の立場を代表する自由民主党と，「革新」の立場を代表する日本社会党へとまとまっていく（保守，革新については後ほど触れる）。この自民党と社会党の対決を基軸とした政党システムは，両党が結成された年にちなんで1955年体制と呼ばれている。

1955年体制の成立までが日本の政党システムの第1期にあたるとすれば，第2期は1955年体制が続いていた時期にあたる。1955年体制成立の直後，衆議院の議席のほとんどは自民，社会両党によって占められており，二大政党とまでは呼べなくとも「1 1/2 政党制」という状態にあった。しかし，社会党の党勢が伸び悩み，自民党が一貫して政権を維持し続けたことで，1955年体制は自民党の一党優位制へと変貌していった。これと同時に，野党の多党化も進んだ。1960年代には，社会党から分裂した民社党や宗教団体を基盤とする公明党といった「中道」政党が国政に参入し，社会党より革新的な共産党が勢力を伸ばした。対する自民党も，政権は守り続けたものの，1960年代から70年代にかけて長期低落傾向に悩まされ，1970年代半ばには自民党と野党勢力の勢力が拮抗する「与野党伯仲」という状態が生じることになった。もっとも，1980年代に

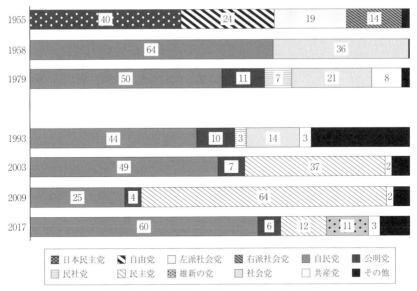

図 3-1 日本における政党システムの変遷（%）
注：数値は，それぞれの年の衆院選における各党の議席率を表している。

入ると「保守回帰」が起こって自民党の党勢は回復し，自民党の一党優位は盤石なものとなる。

しかし，1993年に選挙制度改革を中心とした政治改革への対応をめぐって分裂した自民党は，その年の衆院選で過半数の議席を獲得できず，結党から38年目にして初めて政権を失う。この時期に新たに結成された3つの新党や社会党，公明党，民社党などで構成された連立政権が成立し，1955年体制は終焉を迎えた。しかし，この非自民勢力による連立政権は1年も保たず，自民党は社会党などと組んで政権に復帰することになる。1990年代半ばから2000年代の初めにかけては，政党の離合集散が繰り返され，自民党とともに政権を構成する政党の組み合わせも頻繁に変わっていった。また，その過程で，1955年体制期には野党第1党の地位にあった社会党（1996年に社会民主党に改称）は，ごく小規模な政党へと衰退していく。

こうした「政界再編」を経て，2003年頃にようやく第3期の政党システムの輪郭が固まることになった。離合集散を繰り返していた非自民勢力は，公明党を除いて，2003年にはそのほとんどが民主党へと合流する。また，自民党と公

明党による連立政権が定着し，自民党・公明党の連合と民主党が政権をめぐって競争を展開する（そして，政権交代の現実性がそれなりに存在する），二大政党制の要素が強い政党システムが登場した。2009年衆院選に大勝した民主党が政権に就いたことで，二大政党制への移行は完成したかに思われたが，政権運営に失敗した民主党は2012年衆院選で大幅に議席を減少させ，さらに日本維新の会をはじめとする第三極の台頭を許す。2017年衆院選ではついに（民主党の後継政党である）民進党が分裂し，二大政党制という性格はひとまず失われることになった。

日本の政党システムの政策的な対立軸

では，今日の日本の政党は政策的に何をめぐって対立したり，協力したりしているのだろうか（第5章参照）。ここでは，各政党の議員の平均的な政策的立場を見ることで，政党間にどのような対立軸があるのかを探ってみよう。もちろん，前節で見たように党のリーダーと一般議員の政策的な志向が異なる場合もありうるが，おおよその傾向を摑むことは可能だろう。ここでは，国家や政府のあり方を特徴づける重要性の高い争点として，安全保障に関する問題と福祉など政府が提供するサービスに関する問題に注目していく。

図3-2は，「日本の防衛力はもっと強化すべきだ」という意見と「社会福祉など政府のサービスが悪くなっても，お金のかからない小さな政府の方が良い」という意見に対する，2014年衆院選時点における各党議員の平均的な考え方を示している。なお，2016年に維新の党の一部の議員が民主党に合流して民進党が結成されたこと，別の維新の党の議員たちが日本維新の会を立ち上げていること，民進党は2017年衆院選の前に希望の党（後の国民民主党）へ合流した人たちと，立憲民主党に参加した人たちへと分裂したことに注意してもらいたい。

各党の議員の防衛力強化に対する平均的な立場を見ると，自民党はほとんどの議員が賛成しているほか，維新の党も自民党ほどではないが，賛成の立場をとる議員が多い。これに対して，共産党の議員は全員が強く反対し，民主党や公明党の議員は（民主党の場合，賛否が割れていたが）平均的に見れば中道的な立場となっている。このように，防衛力の強化をはじめとした安全保障の問題においては，各政党の間に一定の立場の違いを見ることができる。

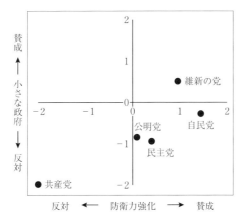

図3-2 主要な争点における各党衆議院議員の
平均的な立場（2014年総選挙時点）

注：数値は，2が「賛成」，1が「どちらかと言えば
賛成」，0が「どちらとも言えない」，−1が「ど
ちらかと言えば反対」，−2が「反対」とした時の，
各党議員の平均値を表す。
出所：東京大学谷口研究室・朝日新聞共同政治家調
査（2014年総選挙）より筆者作成。

　ところで，安全保障の問題は，1955年体制において政党間の対立関係を規定していた「保守」-「革新」というイデオロギー的な対立軸と深く関連している。保守と革新の対立は，もともと日本国憲法（特に戦争放棄を謳った第9条）に象徴される戦後の民主化された体制を見直すべきか，それとも維持・発展させるべきか，日米安全保障条約を基軸としてアメリカとの関係を強めるべきか，それともアメリカとは距離を置くべきか，といった論点をめぐって形成されたもので，いずれも前者が「保守」の，後者が「革新」の立場となる（蒲島・竹中 2012）。1955年体制期には，「保守」の立場に立つ自民党が自衛軍備の整備を主張する一方，「革新」を代表する社会党は非武装中立を唱えてきた。しかし，こうした対立軸は，戦後すぐの時期に東西冷戦が激化する中で形成され，東西冷戦期に定着したものであったから，東西冷戦の終結によって，その重要性は大幅に低下することになった。先に見たように今日，防衛力強化に明確に否定的な立場を取っているのは共産党だけで，民主党や公明党は（少なくとも議員の平均的な立場から見る限り）反対の立場をとっているわけではない。その意味では，安全保障の問題では，共産党を除く各党の間に現行の安全保障体制

に対する一定の共通了解があり，そのうえで政党間の違いが存在しているのだと理解できよう。

　ただ，1955年体制期ほどではないにせよ，今日でも安全保障のあり方をめぐる対立軸の重要性は失われていない。2017年衆院選を前に民進党が分裂した時，安全保障の問題に関して「保守」寄りの立場を取っていた議員は希望の党に合流し，「革新」寄りの立場を取っていた議員たちは（希望の党から「排除」されたこともあって）立憲民主党に参加した。この問題は，前身となる民主党結成から数えれば，約20年存続してきた民進党という政党を分裂させるだけの力を持っているのである。

　さて，もう1つの，小さな政府か大きな政府かという政府の規模をめぐる争点は，福祉など政府が提供するサービスをどう考えるかという問題である（第9章参照）。この争点は，ヨーロッパを中心に多くの国々において，政党間の基本的な政策的対立軸となってきた。これは，多くのヨーロッパの国々では労働者階級と資本家階級の対立が政党システムの出発点となっていて，福祉などの政府によるサービスが両者の利害と強く関わっていることを反映している。

　この争点に対する日本の各政党の考え方を確認してみると，維新の党が小さな政府を志向し，福祉などのサービスを否定的に捉えている一方，共産党は明確に大きな政府を志向していることが分かる。また，民主党や公明党も小さな政府には否定的で，自民党もこれらの政党よりは小さな政府寄りではあるものの，小さな政府に肯定的というわけではない。2000年代初めから半ばにかけて，当時の小泉純一郎首相の下，自民党は小さな政府路線を推し進めたが，他方で，格差拡大も問題視されるようになっていった。そうした背景がありながらも，今日，維新の党を除いて小さな政府を肯定的に捉えている政党はない。政府の規模の問題は，（一定の違いは存在するものの）政党間の政策的な違いを決定的に特徴づける争点とはなっていないようである。

政党システムと選挙制度

　ところで，その国でどのような政党システムが形成されるかは，選挙制度によるところも大きい。日本も例外ではなく，1994年に選挙制度が中選挙区制から小選挙区比例代表並立制に変わっていなければ，先に見た二大政党制に近い政党システムは登場していなかった可能性が高い。

選挙制度が政党システムに与える影響としては，小選挙区制は二大政党制の，比例代表制は多党制の形成を促進するというデュヴェルジェの法則が，（重要な例外はあるが）世界中の国々で広く当てはまることが知られている（デュヴェルジェ 1970）。小選挙区制では各選挙区で1人だけしか当選できないから，個々の選挙区でトップの票を得ることが難しい小政党は当選者を出すことができず，議会から排除されていくことになる。また，小選挙区制が小政党に不利な制度であることを有権者が学ぶと，小政党の候補者を最も望ましいと考えている有権者は，自分の1票を無駄にしないために，ベストだと考える小政党の候補者より当選の可能性が高い候補者の中から，誰に投票するかを決めるだろう。こうした投票の仕方は，戦略投票と呼ばれる。もちろん，小選挙区で議席を得ることが難しい小政党も生き残りを図るであろうが，その場合，他党と合併してより規模の大きい政党になるのが近道となる。こうして，小政党はいっそう淘汰されていき，最終的には2党だけが生き残ることになる。これに対して比例代表制の場合，小選挙区制の下では議席を得るのが難しいような小政党であっても，得票に比例して議席が配分されるから，小政党が議会から淘汰されてしまうことはない。

　では，小選挙区比例代表並立制の導入は，日本の政党システムにどのような影響を及ぼしたのだろうか。この制度では，おおむね小選挙区制で6割の，比例代表制で4割の議員が選ばれるから，小選挙区制の方がウェイトが大きくなっている。また，もともと日本の選挙では，政党というより候補者を選ぶという意味合いが強かったことや，小選挙区で落選して比例代表区で復活当選した議員を格下と見る風潮もあって，有権者も政党・政治家も比例代表制より小選挙区制を重視する傾向が強かった。そのため，政党システムに対しても小選挙区制からの影響の方が強く現れることになった。試行錯誤を重ねつつも，2003年までに自民党と公明党の連合に対峙する勢力が（共産党を除いて）民主党へと結集し，自民党・公明党と民主党で9割近い議席を占めるようになったことは，政党や政治家，そして有権者が，大政党に有利な小選挙区制に適応した結果だと考えられる。

　しかし，選挙制度が変更されてから2003年までの時期や，自民党が政権に復帰した2012年以降の時期の政党システムを二大政党制と見なすことは難しく，多党制と見なすのが自然であろう。これは，選ばれる議員の数は相対的に少な

第Ⅰ部　政治は身近なところから

コラム3　政党助成制度

　日本では1994年に，国が政党に助成を行う制度が導入された。2018年においては，国民1人につき250円，総額で約318億円が，一定の基準を満たす政党に議員数や得票率に応じて交付されている。この制度は，多額の政治献金をした団体によって政党の活動が歪められるのを避けること目的として導入されたが，近年では各党とも政党助成金への依存を強め，2016年の自民党や民進党の党本部収入のうち，それぞれ72%，88%を政党助成金が占めている。

　政党助成制度は，第3節で見た選挙制度改革とともに，派閥に対する党のリーダーや幹部の力を強める一因となったと考えられている。政治資金規正の強化によって派閥による資金集めと陣笠議員への配分が難しくなった一方で，政党助成制度によって党本部が多額の政治資金を手にすることになったためである。

　また，第4節で見たように，1990年代半ばから日本では多くの新党が登場してきたが，政党助成制度が議員の離党と新党の結成を容易にしている面もある。政党助成金は，5人以上の国会議員が所属していれば受け取ることができる。そのため，比較的少数の仲間さえ集められれば，それまで所属していた政党を離脱しても政治資金の心配をする必要がなくなったのである。

いとは言え，並立制において比例代表制が無視できないウェイトを占めていることを反映していると考えられる。二大政党への不満が高まれば，有権者は小選挙区では二大政党のいずれかに投票しても，比例代表区では積極的に二大政党以外の党に投票し，多くの政党が一定の議席を獲得することが可能である。実際，自民党や民主党以外の政党はその議席の多くを比例代表制で得ていた。

　2017年衆院選を前に，二大政党の一翼であった（民主党の後継政党である）民進党が分裂したこともあり，ひとまず自民党・公明党連合と民進党が対峙する政党システムは終焉を迎えることになった。今後，さらなる新党が登場するかもしれないし，政党の離合集散があるかもしれないが，そうした動きは選挙制度を睨みつつ進んでいくと考えられる。将来，日本でどのような政党システムが形成されていくか，さまざまな可能性がありうるが，いずれにしても，それは小選挙区比例代表並立制という選挙制度の持つ特性を反映したものとなるだろう。

今日，政治家や政党に対する信頼は，必ずしも高いとは言えないのが実情である。政治家が週末ごとに選挙区に帰って冠婚葬祭に出る暇があったら，政策の勉強をしてほしいと思うかもしれない。また，ある政策をめぐって政党内で考え方が割れ，激しい党内抗争が繰り広げられていたら，多くの人はそれを見苦しいと思うだろう。他方で，リーダーが推進する政策に対して党内からまったく異論が上がらなければ，それは不自然だと感じられるかもしれない。あるいは，政党間にあまり政策的な違いを見出すことができないという人も，少なくないだろう。しかし，本章で見てきたように，良いか悪いかは別として，こうしたことが起こるのにはそれなりに理由があるのである。

　選挙を通じて私たち有権者に選ばれた人だけが政治家になり，さまざまな政策の決定に関わることができる代議制民主主義の下では，結局のところ，どのような政治家が選ばれ，どのような政治が行われるかは，私たち有権者の選択に左右される。私たちが冷静に政治家や政党の行動や主張を見極められるだけの力を持ち合わせていれば，代議制民主主義をより良く機能させることに繋がるであろう。

参考文献

浅野正彦『市民社会における制度改革――選挙制度と候補者リクルート』慶應義塾大学出版会，2006年。

石川真澄・広瀬道貞『自民党――長期支配の構造』岩波書店，1989年。

川人貞史「シニオリティ・ルールと派閥――自民党における役職人事の変化」『レヴァイアサン』臨時増刊号，1996年。

蒲島郁夫・竹中佳彦『イデオロギー（現代政治学叢書8）』東京大学出版会，2012年。

佐藤誠三郎・松崎哲久『自民党政権』中央公論社，1986年。

サルトーリ，ジョヴァンニ（岡沢憲芙・川野秀之訳）『現代政党学――政党システム論の分析枠組み［普及版］』早稲田大学出版部，2009年。

パーネビアンコ，アンジェロ（村上信一郎訳）『政党――組織と権力』ミネルヴァ書房，2005年。

建林正彦『議員行動の政治経済学――自民党支配の制度分析』有斐閣，2004年。

竹中治堅『首相支配――日本政治の変貌』中央公論新社（中公新書），2006年。

デュヴェルジェ，モーリス（岡野加穂留訳）『政党社会学――現代政党の組織と活動』潮出版社，1970年。

第 I 部　政治は身近なところから

◯さらに読み進めたい人のために◯

待鳥聡史『政党システムと政党組織（シリーズ日本の政治6）』東京大学出版会，2015年。
　＊政党システムや政党組織に関する研究動向を掴むことができる文献。政党システムや政党組織の形成を説明する際に，歴史的・社会的要因を重視するマクロ分析と，政治家や有権者の誘因構造から出発するミクロ分析の双方に目配りがされている。

中北浩爾『自民党——「一強」の実像』中央公論新社（中公新書），2017年。
　＊豊富な数量的データや自民党議員・関係者らへのインタビューに基づいて，派閥，総裁選挙とポスト配分，政策決定プロセス，国政選挙，友好団体，地方組織と個人後援会，そして理念といった多角的な視点から，自民党を包括的に分析している。

上神貴佳・堤英敬編著『民主党の組織と政策——結党から政権交代まで』東洋経済新報社，2011年。
　＊2000年代に二大政党の一翼を担うまでに成長した民主党の代表選や役職配分，地方組織，有権者との関係，マニフェストを，自民党長期政権の下で政治的資源に事欠いていた点に注目しながら分析し，その組織的，政策的特徴を析出している。

林芳正・津村啓介『国会議員の仕事——職業としての政治』中央公論新社（中公新書），2011年。
　＊自民党と民主党（当時）の中堅議員が，国会議員になるまでの過程や国会議員としての仕事ついて語った文献。自民党の林は世襲議員で，民主党の津村はサラリーマン家庭の出身と来歴は異なるが，政治家自身が政治家という仕事をどのように見ているのかが分かる。

[謝辞] 本章の執筆にあたっては，薗浦健太郎衆議院議員ならびに薗浦氏の事務所スタッフから多大なご協力をいただきました。ここに記して謝意を表します。

（堤　英敬）

第Ⅱ部

政治はみんなで決めるもの？

第4章
議会を知ろう
―― なぜ「会派」が必要なのか ――

― Short Story ―

　いまどきの国会議員らしく，山科議員は日々の活動をブログや SNS で活発に発信しています。ミネオ君が一日行動をともにした翌日，ふと山科議員のブログを見ると，議員が朝から国会の委員会審議に出席する予定と書いてあります。そこでミネオ君は，国会の委員会ではどんなことを議論しているのだろうと調べてみました。すると，国会の検索システムを使えば議員の質問や大臣の答弁を含め，委員会の議論がほとんどすべて出てくることが分かりました。次の選挙で投票先を選ぶ時には，こういった国会での活動も見たうえで判断できるな，とも思います。

　ただ議員がきちんと活動をブログなどで発信するといっても，正直に思ったことをすべて書けるわけではありません。昨日も山科議員は，議員活動をするうえでの苦しい胸の内を明かしてくれました。法案への賛否は，最終的には党の方針に従うことになっているため，自分の信念を貫けるわけではありません。また，政治には妥協がつきものですから，政党間のやり取りの間に法案の内容が薄まり，何のためにやってきたのだろうと思うこともあるということです。ただ，その思いをブログや SNS でありのまま発信することは難しい。「それなら無所属の方がいいんじゃないですか」と思わず言ってしまったミネオ君ですが，無所属議員にもいろいろ不利な点があり，どちらが良いとは言えないと山科議員は言います。今，山科議員は同じ党やほかの党の若手議員たちと一緒に，若者の政治参加を促す法案の議員立法を計画しているそうです。若い議員たちが議会に新しい風を入れてくれるといいですね。

本章では，国会の仕組みや議員の活動を理解するため，その基本となる「会派」がなぜ重要であり，必要であるのかを考える。まず国会の3つの不思議，議事進行係，質問通告，強行採決を取り上げ，国会運営が会派間の事前協議に基づいていることを例示する。次に，国会運営の日々の積み重ねが予算の成立を確実にしようとする国会の日常的な慣行，規則，制度を定着させてきており，そうした国会の1年を概観することによって，なぜ与野党対立の焦点が日程をめぐるものとなり，野党が審議の遅延や妨害に躍起となるのかを明らかにする。最後に，国会における与野党関係が議院内閣制や二院制という議会制度と，選挙制度改革による政党政治の変化に条件づけられていることを解説し，日本における議会政治の論点を整理しておく。

1　国会の不思議

「牛歩」と「恥を知れ！」

2017年の第193回国会では「テロ等準備罪」を新設する改正組織犯罪処罰法が成立した。参議院では法務委員会の審査経過が本会議に「中間報告」され，6月15日に本会議で記名投票により採決されたが，自由党と社民党の議員ら7名は投票を遅らせる「牛歩」で抵抗した。制限時間ぎりぎりに自由党の山本太郎は「恥を知れ！」と絶叫して票を投じ，その後に票を投じた社民党の福島瑞穂ら3名の投票は無効とされた。会議録は以下の通りである。

○議長（伊達忠一君）　速やかに投票願います。――どうぞ速やかに投票願います。――このままでは投票時間を制限せざるを得ません。速やかに投票願います。――投票時間を制限いたします。ただいま行われております投票につきましては，自後二分間に制限いたします。時間が参りましたら投票箱を閉鎖いたしますので，速やかに投票をお願いいたします。――一分が経過いたしました。――間もなく制限時間となります。――時間です。投票箱を締め切ります。制限，制限……〔投票箱閉鎖〕

山本太郎の絶叫も3名の投票が無効になったのも，会議録を読むだけでは分からない。国会事務局は審議映像をインターネットで配信しており，こうした

採決の状況を確認することができる。ただし，衆議院は2010年以降の映像を公開しているが，参議院の運用では公開を1年に限っており，残念ながら1年を経過すると視聴できなくなる。いずれにせよ，投票時の絶叫だけでなく，たとえば，委員会の採決で「強行採決」とプラカードを持って委員長席に駆け寄ったりするのも，院内の秩序を乱したとして懲罰の対象となろうが，そうしないのは与党による武士の情けか，ことを荒立てて議会運営に支障を来たすのを避けるためであろう。衆参両院で与党が多数を占める限り，多数決で物事を決める議会である以上，立法に関する野党議員の遅延行為は無駄でしかない。ちなみに，民進党，共産党，自由党，社民党の野党4党は衆議院で内閣不信任案も提出し，その採決は深夜に行われた。不信任案は反対多数により粛々と否決されたが，衆議院職員の残業手当約1070万円を要したとされる。

会議録と審議映像

普通の生活を送る人々にとって，国会で何が議論されているかはどうでもいいことであろう。政治や行政とは，体調が悪くて医者に診てもらったり，訴いがあって弁護士に相談しなくてはいけなくなったりするのと同じように，日常生活とは無縁であり，むしろその方が望ましいとも言える。したがって，国会で議論されていることを知ろうとするのは，何か問題を意識したり，日常的でない何かによって関心を持ったがためであろう。そうでない人々に議会を知ろうと勧めるのは余計なお世話かもしれない。

憲法は国会に会議の記録を保存し，公表・頒布することを求めている。国会図書館の国会会議録検索システム（http://kokkai.ndl.go.jp/）では，第1回国会以降の全ての会議録にインターネットでアクセスし，テキスト検索をすることもできる。ただし，国会の会議録は，比較的に発言を忠実に記録しているが，発言者が「,」や「。」と口にするわけではなく，「えー」「そのー」といった「ケバ」を取り除き，書き言葉としての整文が行われている。

わざわざ会議録を見てみようとするのは，よほどの関心がある場合であろう。テレビやラジオによる国会中継もあるが，NHKでも首相の演説や党首討論，予算委員会を対象とするのがせいぜいである。また，多くの人は国会中継が始まったらチャンネルを変えるであろう。民放が国会を中継するのは，何か揉めていたり，審議が難航している時である。冒頭で触れたように，衆参両院事務

第Ⅱ部　政治はみんなで決めるもの？

図4-1　議事進行係

出所：http://gclip1.grips.ac.jp/video/video/6098?t=21m58s
(国会審議映像検索システム　http://gclip1.grips.ac.jp/video は，審議映像と発言内容を音声認識によって関連づけ，発言に対応する映像の時間情報から動画の部分再生を可能にするものであり，キーワード検索により該当する発言部分のピンポイント視聴ができる)

局は審議映像をインターネットで提供し，ライブストリーミングやライブラリに保存された動画を視聴することができる。

　衆議院　http://www.shugiintv.go.jp/index.php

　参議院　http://www.webtv.sangiin.go.jp/webtv/index.php

　ただし，実際には，ライブストリーミングでの首相の演説や党首討論が見られてはいるものの，保存動画の視聴がさほどなされているわけではない。

議事進行係

　国会で繰り広げられていることのほとんどは一般の人々に見向きもされないものである。それらには国会に特有で，一般的な感覚からすると奇妙なことも少なくない。たとえば，衆議院には「議事進行係」という議員がいる。本会議の議場で「ギチョーーー」と叫ぶ議員である。図4-1は，2017年4月4日の本会議において，議事進行係の笹川博義による動議の瞬間を審議映像から取り出したものである。画面にも議事進行係と書かれており，マイクもマイクスタンドも準備してあることが分かる。画像の下に会議録に記載された発言を示しているが，政治資金適正化委員会の委員指名手続きを省略する動議をしている。

　政治資金適正化委員会といった行政機関の特別機関では，国会が委員を直接人選指名することが法律で定められている。しかし，通常は議長に委員指名を

委任するために議事進行係が動議を提出するという方法に拠る。こうした動議のスタイルは，帝国議会に始まる慣習であり，議長が動議を認識できるようにするため大声で語尾を長く発するようになったらしい。ただし，今ではマイクを使っているのでその必要もなさそうであるが，議会運営の慣習として定着し，通路の特定の場所にマイクスタンドを用意し，映像には議事進行係とまで示すようになっている。ちなみに，最初の「ギチョーーー」は議長に認められる前の発言であり，会議録には残らない。議事進行係から動議が提出された場合，「○○君」という議長が発言者を指名し，その後の発言から会議録に残ることになる。

議事進行係は国会の正式な役職ではないが，国会の常任委員会の１つである議院運営委員会の与党委員が就く。議事進行係の動議自体は議院運営委員会における事前申し合わせを逸脱することはほとんどなく，議長が「○○君の動議にご異議ございませんか」と異議なし採決を求める慣例的な行為である（参議院でも以前に議事進行係がいたが，今はいない）。

議院運営

国会は言論の府と言われることがある。ただし，国会が国民の代表による議論を通じて，国家の最高意思を決定するという政治制度であるとしても，それを実現するにあたって議員が実際に丁々発止と議論を闘わせる必要はない。国会は学生の弁論大会でもテレビの討論番組でもない。むしろ，国会は，株主総会のように機関決定を行う場であり，最高唯一の立法機関として手続き上の不備は許されない。したがって，国会の立法は入念な段取りに則って行われていると考えるほうが自然なことであろう。

国会の本会議における議事を整理し，秩序を保持する権限は議長にある。実際には，議長は議事日程を決めるにあたって，先に触れた議院運営委員会の決定に従う。したがって，議事運営は議院運営委員会を通じた政党間交渉に実質的に委ねられている。国会における政党は届け出た「会派」を制度的な単位として活動し，議院運営委員会は会派議員数に比例して配分された25名の委員から構成される（コラム４）。議院運営委員会は国会の会期中に日常的に開かれ，議事に関する問題を処理する。また，各政党には国会対策委員会と呼ばれる組織があり，議院運営委員会を表舞台とすれば，国会運営の裏舞台で政党間交渉

> ## コラム4　会　派
>
> 　会派の制度的，規則上の位置づけは国，地域，時代によって異なる。いかなる議会にも議長は必要だが，各会派から副議長が選ばれ，副議長が複数いるという国も少なくない。日本の国会では，議長を最大会派，副議長を第二会派から選出するのが慣例である。また，地方議会では，議長を各会派で順繰りに出すということもある。国会議事堂内には各会派の議席比率に応じた占有スペースがあり，大会派であると，国会対策委員会事務局とか，代議士会といった使い分けがなされている。以前には，第○○控室と会派名に示すことで分派した議員集団を区別したこともある。
> 　会派の位置づけが制度的である典型がドイツであろう。ドイツ連邦議会では，連邦議事堂の四隅に各会派の会議場があり，会派運営を担う事務局職員も連邦議会や行政機関の職員と同等の公務員であり，これらの組織を転々とする。これに対して，流動的な会派の代表とも言えるのが，イタリアであり，憲法の理念から議員を一切制約しないという姿勢が強く，会派移動が驚くほどに自由である。たとえば，イタリア議会の会議録は，日本ではヤジや不規則発言のようなものまで可能な限り記録しようとするが，1頁目が議員の会派移動記録で占められるということもある。これらは「会派」の一端に過ぎないが，会派の機能，役割が政治的な環境だけでなく，歴史的な経緯や社会の文化・慣行にも依存していることを示唆している。

を担っている。

　そもそも議員が選出されて議会を開くとなっても，どこに座るかですら問題となりうる。議員各々は選挙で議席を得ているのだから平等に扱われるべきであり，前の方とか後ろの方とか，右側，左側，通路に近いかどうか，個人の要望というものがあるかもしれない。これが教室の座席ならば，背の高さや視力に応じるという解決策もあろう。出席者も疎らな大学の大教室ならば，学生の好きにさせることもできる。ただし，それが人気の映画やコンサートの場合，映画館や会場の席が事前に指定されていないとすると，どんなことが起きるかは想像に難くない。野球の試合で外野の自由席に夜通しで観客が並ぶといったニュースが報道されるように，解決策は早い者勝ちとなる。

　議会制度の歴史とは，こうした議員個々が等しく権利主張できることをいかに制約するのかということをめぐって展開してきたとも言える。コックス（Gary Cox）らは，これを飛行機が勝手に離着陸する空港と管制塔が離着陸を

管理する空港に譬えている（Cox and McCubbins 2011）。議員は皆発言したいだろうが，それを認めていては収拾がつかない。したがって，発言が許可制になったり，発言できる場所といった手続きや規則が整えられてくる。誰が発言を許可するのかが問題となるのも当然の展開であり，その答えは議事を司る議長の位置づけ，究極的には議長をいかに選出するのかという問題に帰着する。たとえば，議長を議会の多数派から出すなり，中立派から出すといった慣行が定着し，規則となっていくのである。

　ちなみに，国会では，議院規則により，議席は毎会期の初めに議長が決める。ただし，衆議院では総選挙後に国会が召集されると，議長・副議長を選出することになり，まず議員がどこに座るかが問題となる。通常は仮議席が指定済みであり，国会法により仮議長（事務総長）が司会役を務めて議長・副議長が選出される。続いて選出された議長が議事を司り，おおむね会派に従って事務的に指定された仮議席通りに議席が確定される。このように議席が会派ごとにまとまっているからこそ，起立採決といった方法でも多数か否かが識別できるのである。

　日常的な国会運営は会派という制度に依拠している。本会議の議事は事前の議院運営委員会の決定に従っており，議事進行係による動議も予期せぬことが起きているわけではない。国会では会派の構成要件として，議員2名以上による会派届けを課している。議員は会派に所属しなくてはいけないわけではないが，会派に属さないならば，会派による拘束を受けない一方，委員会所属や発言機会において不利益を被ることは覚悟しなくてはいけない。

質問通告
　会派による事前のお膳立てが国会では当たり前であるが，これにより一般的な感覚からすると不思議に思わざるをえないことも生じる。議事進行係はその1つであるが，もう2つ紹介しておこう。議員の「質問通告」という手続きがある。たとえば，図4-2は，2016年2月5日の衆議院予算委員会において，安倍晋三首相が答弁に立っている瞬間を審議映像から取り出している。図4-1同様，画像の下に会議録に記載された発言を示しているが，質問の通告がなかったので答弁を控えるとしている。これは首相に限ったことではなく，答弁の際の決まり文句の1つである。

図 4-2　質問通告
出所：http://gclip1.grips.ac.jp/video/video/4707?t=3h11m11s

　国会の議論が学生の弁論大会ではないとしても，自由に議論が行われるべきだという観点からは，質問する内容を答弁する側に伝えておくというのも奇妙である。事前に訊かれていないから答弁しないと当然の如く答えるのもさらに不可解である。前々日の正午までを原則とするという申し合わせがあるが，守られていないのが実際である。なぜ質問を通告するほうが良いかというと，国会に固有のことかもしれないが，野党議員の質問が予算委員会といっても予算に対するものではなく，政権運営全般に関わる政府の対応や姿勢を問うこと，時にはスキャンダルや疑惑に焦点が置かれ，詳細な事実関係の確認といったことに向けられ，事前の準備をしておいてもらわないと，具体的なことは調べてお答えしますという答弁となりかねず，そうなると野党の追及も空振りになってしまうからである。また，通常の法案審議においても，野党は代替的な政策を提案するというより，政府法案の問題や矛盾を指摘し，大臣など政府関係者から言質を取ることに血道を上げるため，事前に質問を通告しておかないと目的を果たせないことになる。

　党首討論という制度を国会審議活性化の一環として1999年に導入し，国会開会中は毎週水曜午後に行うと決まっているが，その週に首相が他の委員会で出席が求められると党首討論は行われず，実際には国会会期中に1度か2度行われるに過ぎなくなっている。これも会派間の合意によるものだが，こうした与野党の党首が政策論争を繰り広げる制度が活用されないのも，野党が政権の受け皿となろうとするより，政府批判に終始し，政府答弁を引き出す質疑に専念

することに多くを負っている。

　国会で定着してきた議論の仕方は行政機関の国会対応にも影響を及ぼしている。野党の質疑が大臣の答弁の矛盾を突くことに焦点を置くため，法案の所管省庁の担当者らは想定問答を念入りに作成し，委員会当日の早朝から，国会内にある事務局の第一別館と呼ばれる建物の一角の各省控え室などで大臣らが答弁を支障なくできるよう説明を行っている。また，質問の事前通告申し合わせがあるにもかかわらず，前日の夜になって質問がようやく出てくることもある。省庁の担当者が徹夜で準備に追われ，霞ヶ関不夜城とも言われる。女性の幹部公務員登用が進むなか，こうした答弁作成の問題も指摘され，フレックスタイム制が導入されるなど改善もみられるが，問題の本質は事前通告を守るかどうかではなく，大臣ら政府関係者が答弁に窮し，迂闊な答弁をさせることをねらいとして野党の質疑がなされることにある。言い換えると，国会の議論が与野党の政策的な立場を鮮明にすることに焦点が置かれない限り，省庁の担当者が答弁準備に追われ，国会会期中に追加資料の請求などのために待機したり，省庁の担当者が議員会館で議員に質問取りに回るといった状態は変わらないであろう。省庁の担当者が議員の質問を準備するという本末転倒なこともあったようである。

強行採決

　もう1つの国会の不思議は，先にも触れた「強行採決」である。図4-3・4-4は2016年11月4日の衆議院環太平洋パートナーシップ協定等に関する特別委員会（TPP特別委員会）における採決の瞬間を審議映像から取り出している。法案に反対する野党議員は委員長席に殺到しており，図4-3が示すように，会議録にも（聴取不能）とあるように，委員長の発言が判別できないほどに議場は騒然としたものであった。野党からすると，採決が強行されたということになるが，野党議員は「強行採決反対！」と書いたプラカードを持っている。つまり，急に法案が採決されたわけではなく，法案が採決されることは事前に皆承知のうえで，こうしたプラカードを用意し，また自然発生的に委員長席に殺到したのではなく，委員長が採決の手続きを開始したら，どうするかは打ち合わせ済みなのである。

　図4-4は別のカメラからの映像であるが，プラカードは裏しか写っていな

第Ⅱ部　政治はみんなで決めるもの？

図4-3　強行採決①
出所：http://gclip1.grips.ac.jp/video/video/5529?t=3h13m11s

図4-4　強行採決②
出所：http://gclip1.grips.ac.jp/video/video/5529?t=3h13m31s

い。なぜ野党議員は一方だけにプラカードを向けるのか。これは国会で定着した手続き上の慣行を野党が対外的なアピールに利用することを象徴するものである。つまり，この特別委員会は第一委員会室という予算委員会が開かれる委員会室で行われており，NHKや民放のカメラが図4-3のような方向からのみ撮影しているのである。ちなみに，予算委員会で質問に立つ議員はパネルを使うことがあるが，その際も追及している目の前の首相や大臣に対してではなく，カメラの方にパネルは向けられている。いずれにせよ，プラカードを準備したり，委員長席に駆け寄っている野党議員は本当に法案採決を阻止しようとしているのでもなければ，委員会室にいる政府関係や与党議員に対して抗議の意を表しているのでもない。むしろ，法案審議を拒否して遅延や抵抗を尽くし

た挙句，なお審議が徹底されていないと主張し，与党が法案採決を強行していると対外的にアピールすることに利用しているのである。こうした野党による演出が可能となるのも国会運営に関する会派間の事前協議があるからこそであり，立法としての勝敗を左右しないとわかっているという意味において，負け試合の9回裏に対戦相手がルール違反をしていると審判に訴えているようなものである。

2　国会の1年

予算審議

　国会に関してニュースで報道されたり，耳目を集めたりすることは，実際には立法という意味では非日常的なことであり，立法全体からすると一部に過ぎない。少なくとも衆参両院で同じ政治勢力が過半数を占める限り，大部分の重要なことは日常的なルーティンとして処理されている。政府の予算が単年度主義であることから，国会も財政年度を基本として，4月1日の予算執行を確実にすべく年間のスケジュールが決まっている。

　国会には常会，臨時会，特別会の3つがある。国会の常会は憲法によって毎年1回召集されると定められており，国会法により毎年1月に召集されている（1991年の国会法改正までは12月召集とされ，年末から年明けまでを「自然休会」としていた）。常会では，予算や予算関連の重要法案が審議され，国会法で会期は150日間と定められている。ちなみに，臨時会は，内閣が必要に応じて召集することができ，また衆参いずれかの議院の総議員4分の1以上から要求があった場合には召集されねばならない（ただし，召集の期限の定めはない）。また特別会は衆議院の解散による衆議院議員の総選挙後に召集される。

　憲法の規定から，国会が召集されると，会期の冒頭に首相が一般国務および外交についての報告を行うものとされ，それに対する与野党の質疑が数日間にわたって続く（代表質問）。常会においては，次年度の予算を審議するため予算委員会が開かれ，予算審議が他の法案審議に優先されて行われる。憲法により，内閣は毎年の予算を作成し，予算案は衆議院に先に提出されねばならない。慣例により，予算委員会では，まず全閣僚が出席する基本的質疑が2日ほど行われ，一般質疑が2週間ほど続き，首相も出席する集中審議も行われる。国会法

により，公聴会の開催が求められており，各会派の推薦する公述人の公述に対して質疑が行われる。また，各省ごとに8つの分科会で予算が審議される（参議院では分科会ではなく，委員会での委嘱審査が行われる）。最後に再び全閣僚出席の締め括り質疑（総括質疑）が行われ，各会派が予算に対する賛否を表明する討論が行われ，採決に付される。本会議でも各会派による討論を経て，記名投票が行われる。こうした一連の予算審議には通常3～4週間を要することになる。

憲法は，予算について，参議院が衆議院の議決と異なる議決をし，かつ両院協議会においても調停案が得られない場合，あるいは参議院が衆議院の議決を受領後30日以内に議決をしない場合，衆議院の議決が国会の議決となるとしている。したがって，参議院がどんなに抵抗しようと，衆議院が予算案を遅くとも3月2日に可決し，参議院に送付すれば，4月1日に新年度予算を執行することが可能となる。つまり，たとえ衆議院の予算委員会審議に4週間を充て，それに先立つ首相の施政方針演説と代表質問に1週間を確保するとしても，常会の開会は1月下旬，20日頃で十分ということであり，実際，本予算審議に先立って，前年度の補正予算審議の必要がない場合，常会は例年1月20日頃に召集されている。

可処分時間

会期の延長回数は常会で1回という制限があるが，延長期間に制限はなく，また臨時会の召集によって国会を1年中開会しておくことは理論上可能である。ただし，週末や連休，夏の期間にサミットなどの国際会議があることを考慮すると，国会は秋から年末に開会される臨時会を含めても年間200日ほど開かれているに過ぎない。また慣例や規則により，本会議は，衆議院においては火木金，参議院においては月水金の定例日に開催される（ただし，議長が緊急を要すると認める場合，定例日以外にも本会議を開くことは可能である）。さらに，委員会も1週間に2ないし3日の定例日が定められており，会期末や緊急の場合には定例日以外にも開かれているが，国会の実質的な稼働日数は100日ほどになっている。衆議院に続いて参議院も予算を審議し，会期150日の常会の前半は予算審議に費やされる。その間に他の委員会では関係閣僚が出席することが難しく，審議に入れないのが実情であり，このように国会の「可処分時間」が限ら

れるのも野党が委員会審議において大臣らに質疑することを中心に考えるがためである。

予算審議が終わり、連休明けくらいから各委員会での審議が本格化してくるが、すでに常会150日の会期末は6月半ばに迫ってきている。国会における時間的制約をいっそう厳しくしているのが、「会期不継続の原則」である。これは国会の活動を会期中に限り、会期中に議決に至らなかった案件は後会に継続しないと国会法が定めるものである。つまり、国会の議決は各議院の本会議の議決に拠り、院としての活動は会期を単位とされ、会期末までに採決に至らない法案は廃案となることを意味する。ただし、委員会は会期中か否かにかかわらず存在するものとされ、議院の議決により、委員会は付託された案件を国会閉会中も審査することができ、閉会中に審査する案件は後会に継続することになる。したがって、提出された法案を廃案にしないためには、少なくとも委員会に付託し、会期末には閉会中審査を議院で議決する必要がある。

法案審議

議案を発議する権利は両院の議員のみにある。ただし、委員会も所管事項について法案を提出することができ、形式的に委員長が法案を提出する。また、憲法は首相が内閣を代表して法案を提出するものと定めており、国会で審議される法案の大部分は行政機関が立案している。ちなみに、アメリカ連邦議会では、憲法によって法案を提出できるのは議員に限られ、日本風に言うと、議員立法しかあり得ない。実際には、議員の提出する法案の大多数が審議すらされない一方、成立した法律の大部分は大統領の政策を実施するためのものである。アメリカでは議員立法が盛んだ、国会でも議員立法を推進すべきだという議論は後を絶たないが、立法が行政機関由来であるという意味において日米両国に実質的な差がないことは留意されるべきである。

さて、国会に法案が提出されると、所管の委員会に付託される。ただし、緊急を要するものは、議院の議決により委員会の審査を省略することができ、委員長提出法案については、委員による議論はすでに尽くされていることから、委員会審査を省略して本会議の議題とされる。また、委員会審査を経たうえで本会議における議決を求めるのが通常であるが、委員会審査の前や途中において、本会議で法案の趣旨説明が求められることもある。具体的には、議院運営

委員会が必要と認めた場合，本会議において法案の趣旨説明が行われ，それに対して質疑も行われる。

委員会においては，提出者（内閣提出法案の場合，所管国務大臣）から法案の趣旨説明が行われ，委員による質疑が続き，必要に応じて，参考人からの意見聴取，小委員会や関連委員会との連合審査会が開かれる。予算関連法案や「重要法案」と呼ばれるものには，利害関係者や学識経験者を招く公聴会を開くこともある。法案に対する賛否が分かれる場合，各会派を代表する委員が「討論」を行ったうえで法案が採決される。

委員会審査が終了すると，法案は本会議に付される。具体的には，法案を審査した委員会の委員長が法案の内容と委員会審査の経過および結果を報告書にまとめ，議長に提出する。これにより，法案は本会議の議事に記載され，委員長報告の後，本会議において表決に付される。表決には，異議の有無を確認する異議なしか，賛否の分かれる場合の起立投票や記名投票があり，表決の前に質疑や討論が行われることもある（記名投票は出席議員の5分の1以上の求めに応じて行われる）。

日程闘争

委員会は付託された法案を本会議に付す必要はない。しかし，委員会が法案を議院に付すことを要しないと決しても，7日以内に20名以上の議員による要求がある場合，その法案は本会議で審議される。したがって，野党が法案の成立を阻もうとしても，出来ることはとにかく委員会審査を終了させないことに限られる。ただし，野党が法案を委員会において店晒しにすることを目論んでも，与党が法案の成立を期す場合には2つの方策が制度的に保証されている。

1つ目は，前節でも紹介した「強行採決」である。委員会の理事会において審議日程を決め，委員会では与党委員が動議によって法案を議題に載せ，質疑を打ち切って採決に持ちこむ。これを可能にするには，委員会の議事進行権を掌握する必要があり，与党委員長であることが重要となる。2つ目は，本章の冒頭で触れたように，議院の議決によって「中間報告」を求め，店晒しになっている法案を委員会より救い出し，議院による審議を経て成立させるものである。中間報告とは，委員会審査中の案件について審査経過を議院に報告させる手続きであり，中間報告の行われた案件について，議院は緊急を要すると認め

る時,委員会審査に期限を設け,あるいは議院において審議することができる。

いずれの場合にせよ,こうした非日常的な手続きが採られると,野党やメディアもこぞって与党による異例の強権発動や横暴と批判する。しかし,野党の審議引き延ばしや物理的な抵抗によって法案審査が膠着状態に陥ったのであり,それは立法の中身では太刀打ちできない野党が手続き的な瑕疵を対外的にアピールするという国会対策上の戦略を採るがためであることを認識しておかなくてはいけない。野党は与野党の政策機軸を明確にし,政権の受け皿として有権者に訴えるという戦略を選択できるにもかかわらず,むしろ国会運営に関する会派間の日程闘争を通じて遅延戦術を採用し続けているのである。非日常的な国会運営の責任が与党にのみあるわけではない。

ちなみに,フィリバスター(filibuster)とは,海賊を意味するオランダ語に由来し,反乱や革命の煽動家を意味したのが,アメリカ連邦議会上院で演説を長時間続け,審議を遅延させる行為を指すように転じたものである。上院規則に拠れば,本会議における議員の演説には制限がない。映画「スミス都へ行く」では純朴な新人議員が延々と演説するが,個人の良心と権限に重きを置くアメリカ議会の古き良き伝統とも言える。しかし,それはたった1人の反対で上院が意思決定できないことを意味し,実際には特別多数による討論終結決議(cloture)が制度化され,もはや演説すると宣言するだけで審議が止まるよう簡略化もされており,長演説は過去のこととなっている。

3 国会の制度

議院内閣制

憲法は,国会を国権の最高機関,唯一の立法機関とし,衆参の二院で構成するとしている。首相の指名は両院の議決に基づくが,両院の首相指名が異なった場合,衆議院の指名が国会の指名となる。首相の指名選挙は通常は記名投票で行われる。ちなみに,イギリスでも国王が首相を任命するが,議会による首相指名の手続きはない。また,イタリアのように,組閣案が議会に諮られて,多数で信任されるまで決議が繰り返される国もある。

たとえば安倍晋三首相は,2012年12月16日の総選挙で自民党が圧勝し,現行憲法下で初めて再就任している。総選挙後に召集された特別国会では,衆議院

の首相指名で投票総数478のうち328票が安倍に投じられた。一方，参議院では，投票総数234のうち107票が安倍に投じられ，過半数を獲得することができなかった。衆参両院とも首相指名には過半数による投票が求められており，参議院では87票を得た民主党の海江田万里との上位2名による決選投票が行われた。ただし，決選投票でも安倍に投票したのは1回目と同じ107名であり，安倍が首相に指名されたのは，海江田を指名できるとわかっていながら，安倍を支持するわけでもなく，白票を投じた30名の参議院議員がいたからであった。

しかし，安倍が指名されてもよかったなら，なぜ30名の参議院議員は安倍に投票しなかったのか。安倍に投票しないとしても，なぜ最初から白票を投じるか，棄権しなかったのか。憲法には，衆参両院の首相指名が異なり，両院協議会で意見が一致しない場合，また衆議院が指名して10日以内に参議院が首相を指名しない場合，衆議院の指名が国会の指名となるとある。つまり，参議院がいかなる判断をしようとも，そもそも衆議院のみで首相が指名でき，参議院が結果を制度的に左右することはないのである。

さらに，首相であり続けるか否かは衆議院の信任にのみ依存する。憲法は，衆議院が内閣不信任案を可決ないしは信任案を否決した場合，内閣は10日以内に衆議院を解散し，総選挙を実施するか，総辞職することを求めている。参議院には内閣の信任を問う権限はなく，憲法も内閣が行政権の行使にあたって国会に対して連帯して責任を負うと定めるだけであるが，参議院は問責決議という法的拘束力のない国会決議で内閣の責任を問うことがある。

衆議院の内閣不信任が合議体としての内閣を対象とするのに対して，問責決議は首相など公職者個人を対象とする。これまでに参議院が首相に対する問責決議を可決したことは4回あり（閣僚等を含むと11回となる），いずれの場合も参議院の過半数を野党が占めていた。野党が問責決議を理由に法案審議を拒否すると，問責を受けた首相や閣僚が出席する会議を開くことが事実上困難となり，そうした国会審議の停滞は政権にとって痛手になる可能性がある。

二院制

衆議院は内閣との信任関係から解散される一方，参議院は議員の任期が6年であり，3年ごとの定期的な選挙で議員の半数が改選され，衆議院議員が最長4年の任期で総取替えとなるのに比較して，参議院には院としての継続性が求

められる。衆議院は，戦後の長きにわたり定数3～5を主とする，いわゆる中選挙区制で議員を選出し，1996年以降，小選挙区と11地域ブロックごとの比例代表制で議員を選出している。

これに対して，参議院議員は全国区と都道府県選挙区から選出され，衆議院と比較して地理的に広い利益を代表するという特徴がある。都道府県選挙区は人口に応じて1～6を定数とし，全国区は1983年から比例代表制を導入し，2001年から非拘束名簿方式を採用し，政党名による投票に加えて，候補者個人名による投票を可能にしている。こうした選挙制度の違いもあり，参議院では比較的大規模な利益集団を支持母体とする候補や全国的に知名度の高い候補が選出され，資金的にも政党や派閥に依存することが比較的に少ないとされる。

憲法は首相の指名や予算や条約に関して衆議院の優越を認めているが，通常の立法に関して両院の議決の一致を求めている。法案は両院で可決した時に法律となる。後議院が先議院と異なる議決をした場合，後議院は法案を先議院に回付し，先議院が同意すれば法律となる。あるいは，両院協議会の出席委員3分の2以上の多数による調停案を各議院が承認するという方法もある。ただし，憲法により，衆議院の議決と異なる議決を参議院がした場合，衆議院が出席議員3分の2以上の多数で再議決すれば衆議院案が法律となる。また衆議院の議決を受領後60日以内に参議院が議決を行わない場合，憲法は参議院による法案の否決とみなし，衆議院が再議決することを認めている。

したがって，通常の法案の場合，内閣提出であれ，議員提出であれ，参議院による店晒しは会期末での法案の廃案を意味する。これを回避するには，両院協議会による調停か衆議院による再議決が必要であり，両院から各10名選出された議員で構成される両院協議会が調停案を得るには3分の2の多数を要することを考慮すると，衆議院での3分の2の多数による再議決を目指すしかなく，参議院が否決したものとみなすことができるまでの審議期間2カ月を確保する必要がある。

つまり，法案の成否は衆参両院において多数に支持されることに依存し，与党が衆参で多数を占める限り，通常の立法は法案が提出された段階において勝負はすでについており，国会で繰り広げられることは消化試合に過ぎない。しかし，実際には，そうでない特殊な状態が生じ，2007年の参議院選挙において自民党が大敗してから2013年の参議院選挙で復活するまで，その6年間におい

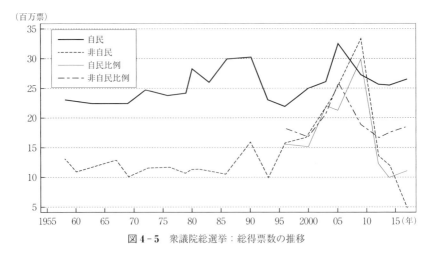

図 4-5　衆議院総選挙：総得票数の推移

て非日常的な国会運営の試行錯誤が繰り返された。

二大政党

　図 4-5 は1958年以降の衆議院総選挙における自民党と非自民第 1 党の全国での総得票数を示している（非自民第 1 党は1990年代までが日本社会党であり，その後に新進党，民主党，日本維新の会，立憲民主党と変遷する）。図 4-5 から明らかなように，少なくとも1990年の総選挙まで自民党に単独で対抗し得る政党は存在しなかった。また，1990年代前半の自民党分裂と長期政権終焉に際して，自民党の全国的党勢は長期政権の始まった頃の2000万票強の水準に戻り，その後に自民党と非自民第 1 党の党勢の差が徐々に狭まり始める。選挙制度改革によって小選挙区制が導入されて 3 回目となる2003年の総選挙では，両勢力の総得票数の差が初めて500万票を下回り，比例代表制でほぼ拮抗するようになる。

　2000年代半ばには，民主党は全国で2000万票を獲得する政党に成長し，初めて非自民第 1 党が自民党に対峙する状況が生じたのである。さらに，2005年，2009年の総選挙では，投票率が2003年以前の 3 回の総選挙と比べると10％ほど高く（2005年：67.51％，2009年：69.28％），そうした1000万票に相当する有権者の投票が両党のいずれに上乗せされるかで選挙結果が一方の圧勝に帰することになった。

第4章 議会を知ろう

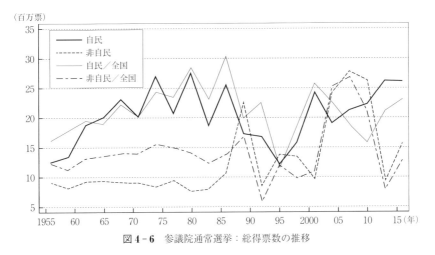

図4-6 参議院通常選挙：総得票数の推移

　図4-6は1950年代後半以降の参議院通常選挙における自民党と非自民第1党の全国での総得票数を示している。衆議院より早く二大政党が拮抗するが，非自民第1党が全国的に2000万票を獲得する勢力となるのは，1989年を例外とすれば，衆議院と同様に2000年代半ばになってからである。具体的には，1989年の参院選で自民党は消費税やスキャンダルが響いて惨敗するが，全国的党勢としては1500万票水準にあり，女性委員長に率いられた社会党が異例の躍進を遂げたのであった。参議院において非自民第1党が全国2000万票水準の勢力までに成長するのは2004年の参院選においてであり，民主党が二大政党の一翼として自民党を凌駕するに至る。

「ねじれ」国会
　図4-7は2000年の衆議院総選挙以降について，衆参の「ねじれ」状況を浮き彫りにするため，国政選挙が実施された際の衆参両院における与党の議席比率から50％を減じたものを示している。衆議院では与党は常に過半数の議席を占め，2005年の衆院選以降は3分の2を超える圧倒的な多数を維持しているが，2007年の参院選で自民党が惨敗し，与党が参議院における過半数を維持できないという状況が続く。
　2007年の参院選では，閣僚の政治資金問題や失言，年金の記録漏れ問題が自

第Ⅱ部　政治はみんなで決めるもの？

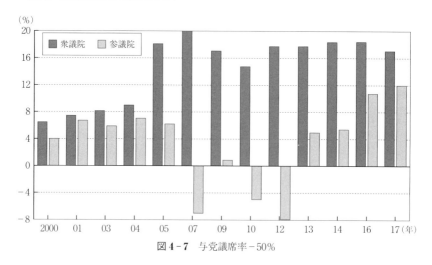

図4-7　与党議席率-50%

民党に逆風となり，民主党が初めて第1党に躍進し，議会運営の要となる議長，議院運営委員長を占めるようになった。国会は第1党がそれぞれ異なる衆参「ねじれ」状況に陥り，衆議院で連立与党が3分の2を超える多数を占めながら，参議院で過半数を割り，野党が第1党になるという史上初めての状況となった。

　2009年の総選挙によって民主党政権が誕生し，参議院で過半数をかろうじて押さえていたが，2010年の参院選において民主党が過半数を失うという逆の「ねじれ」国会となった。具体的には，自民党は1人区で勝利し，退潮傾向に歯止めをかけたものの，参議院の第1党となるまでには党勢を回復できなかった。民主党は衆議院では圧倒的な勢力でありながら，参議院で過半数を占めることができなかったが，野党自民党も参議院を制するには至らないという新たな衆参「ねじれ」状況となった。

　2012年の総選挙は自民党の圧勝であったが，図4-5にも明らかなように，全国の総得票数という意味では大敗を喫した2009年の水準を下回り，自民党の党勢が回復したわけではなかった。民主党の惨敗は自民党以上に民主党が票を失ったためであり，民主党が選挙区で失った2000万票とは，投票率低下による1000万票と第三極に流れた1000万票であった。

　2013年の参院選は自民党が改選定数の過半数を超える圧勝となり，ねじれ国

会はようやく解決した。民主党は東京で初めて議席を得られず，獲得議席が結党以来最少となる惨敗を喫し，2012年の総選挙からの凋落傾向に歯止めをかけることができなかった。自民党と公明党の与党で非改選議席を合わせると，参議院の過半数を確保することになり，「ねじれ」国会が6年ぶりに解消し，衆参両院に安定的な多数与党の存在する状態となった。

　2014年の総選挙においても，非自民側は自公連立政権に対する政権の受け皿を提示することはなかった。自民党の党勢は比例代表制で100万票の増加はあったものの，選挙区では凋落傾向が続き，史上最低の投票率（52.66％）が物語るように，選挙に対する関心は低く，明確な選択肢もないまま自公政権の存続が消極的に支持された。また，2016年の参院選では，自民党は非改選議席と合わせて参議院の半数の121議席を占めることになり，野党の改憲勢力も合わせると，参議院の3分の2の多数に迫る状態となっている。2017年の総選挙でも同様の傾向が続き，民主党は分裂し，非自民第一党となった立憲民主党でさえ全国総得票数は500万票を下回った。

　参議院
　2005年から5回の総選挙は，いずれも二大政治勢力の一方の圧勝に終わり，浮動票による「ぶれ」を如実に反映している。2012年には非自民勢力が崩壊し，小選挙区制における二大政治勢力への収斂は少なくとも短期的には破綻することになった。参議院は，制度的な継続性により緩衝材としての機能を期待されるが，いったん拮抗する二大勢力が衆参の多数を分かち持つと，内閣と信任関係がないながらも立法権を衆議院と共有していることから，大統領制のような権力分立の関係にある内閣と参議院の政治体制としての権力分散度が増幅され，政権運営に支障を来たすまでに至る。

　参議院は第二院としての存在意義を誇示するため，衆議院の党派的な拘束に対して独自路線を貫こうとする傾向もあり，参議院は衆議院と同じことを繰り返すだけだという批判は根強く，なんらかの独自性を発揮すべきであるとする議論は絶えない（福元 2007，竹中 2010）。しかし，憲法は立法権を二院で共有させ，両院が一致して初めて立法権が行使されることを求めており，衆参両院で議決が異なることを期待しているわけではない。

　実際には，参議院の与党基盤が脆弱であると，参議院は衆議院の足かせとも

なり，とくに1989年に自民党が参議院の多数を失って以降，参議院と内閣の乖離は立法の障害となってきている。1994年の政治改革法案や2005年の郵政民営化法案のように，与党の一部の反対により参議院で法案が否決されることもあった。2007年の参議院選挙では，衆参「ねじれ」状況となり，2001年のアメリカ同時多発テロ事件を受けて成立したテロ対策特別措置法が期限切れとなったり，ガソリン税の暫定税率が延長できなくなったように，両院の不一致が政権運営に支障を来すようになった。衆議院で3分の2の多数が存在する場合，衆議院の再議決という解決が図られるが，2008年の日銀総裁同意人事のように，両院が意思を一致させず，国会が意思決定を回避するという事態も生じている。

また，2008年に参議院は福田康夫首相に対する問責決議を可決している。首相に対する問責決議が可決されたのは戦前の貴族院では田中義一首相に対するものがあるが，戦後では初めてであった。ただし，この問責決議は野党としての国会戦術的なものにとどまり，政府に無視された挙句，結果的には問責決議の効力がないことを確認するに終わった。衆議院の内閣不信任が憲法で総辞職か衆議院の解散を規定しているのとは異なり，参議院の問責決議には問責したことの結果責任が伴わない。問責決議に法的拘束力がないのは明白であるが，議席を奪われる可能性のない決議に政治的な影響力もない。参議院で与党が過半数を占めない場合，野党が問責決議をする可能性は常にあるが，野党が単に国会運営上の抵抗戦術として問責決議を利用するならば，長期的には参議院の決議自体が軽んじられ，参議院の権威は損なわれていく。

権力の融合・分散

日本の議院内閣制は，内閣と衆議院に信任関係を求め，政権運営の責任所在を衆議院においてのみ明確にする。憲法は内閣に衆議院の信任を得ることを求める一方，首相に衆議院の解散権を与えるが，二院制を採用し，立法権を衆議院と参議院で共有させながら，内閣と参議院には信任関係がないため，権力分立による抑制と均衡が求められている。

伝統的な国会研究は，会期制，委員会制，二院制，全会一致的な議会運営といった特徴に着目し，そうした制度が野党に影響力を行使させる分権的なものであり，国会の機能として与野党間の審議や交渉を重視してきた（Mochizuki 1982，岩井 1988，福元 2000）。ただし，与野党協調がどの程度尊重され，権力が

どの程度分権的であるのかについて見解は分かれている。たとえば，内閣の国会に対する関与を排除し，政府に対する国会の優越という「国会中心主義」が憲法的な特徴として強調され（川人 2005），委員会や参議院の自律性を比較的に認めつつ，国会における立法と権力分立は独自な与党主導の議事運営を定着させてきたともされる（増山 2003）。

中選挙区制において，保守系議員は選挙で激しく競合しながらも，自民党として政権の獲得・維持を目指す一方，野党は自民党に代わる政権の受け皿となることなく，労働組合や宗教団体との組織的連携を重視する選挙戦略を採ってきた。与党としての自民党内部の利益誘導問題は1950年代の一連の立法権限に関する国会法改正とともに，自民党における行政機関による法案提出前の合意調達を制度化させていく（福元 2000，川人 2005）。会期制による時間的制約も与党が議事運営権を掌握し，与党の事前審査が立法権と行政権を融合させ，法案の生殺与奪を左右する関門となることを促す一方，野党が与党に対する批判的な姿勢を対外的にアピールすることに専念する立法過程を制度化させてきた（増山 2003）。

衆議院における小選挙区制の導入は選挙区での二大勢力による競争を促進したが，2005年以降の総選挙は二大勢力の一方が圧勝する「ぶれ」が大きく，小選挙区で落選しても比例代表で復活当選できる重複立候補により，複数の現職が選挙区で凌ぎを削ることになった。選挙ごとの「ぶれ」によって現職が落選する不安定さ，党内に選挙区当選と復活当選が混在する不安定さももたらしている。

自民党一党優位政権が終焉し，連立政権時代に入るとともに，選挙制度改革が実施され，二大政党化は着実に進展した。2009年の総選挙は，政権の選択肢として有権者が野党である民主党を支持し，総選挙で勝利した野党が政権を獲るという意味で日本の政治史上画期的な選挙であった。しかし，民主党による未熟な政権運営は民意の離反を招き，政権交代への失望は既成政党への不信となり，非自民勢力の分裂を促していく。

与党が衆参両院を制し，政権の議会基盤を確固たるものとすると，小選挙区制における一党優位は中選挙区制時代と質的に異なるものとなる可能性もある。小選挙区制の制度的帰結として，選挙が有権者にとって政権選択の機会となれ

ば，候補者の個人的資質は自ずと有権者にとって重要な判断基準でなくなっていく。

短期間とはいえ政権交代を通じて，多くの非自民党議員も与党を経験しており，審議遅延や抵抗戦術で政権批判を対外的に訴えようとする不毛さを理解したはずであろう。議員個人がスタンドプレーに走るのではなく，会派を単位として制度的機能を果たすのが国会である。与党が一致団結して政権を維持し，野党が分裂することなく，政権に対する受け皿を国民に示せるかに日本政治の将来がかかっている。

参考文献

岩井奉信『立法過程（現代政治学叢書12）』東京大学出版会，1988年。
川人貞史『日本の国会制度と政党政治』東京大学出版会，2005年。
竹中治堅『参議院とは何か 1947〜2010』中央公論新社（中公叢書），2010年。
福元健太郎『日本の国会政治——全政府立法の分析』東京大学出版会，2000年。
福元健太郎『立法の制度と過程』木鐸社，2007年。
増山幹高『議会制度と日本政治——議事運営の計量政治学』木鐸社，2003年。
Cox, Gary, and Mathew McCubbins, "Managing Plenary Time in Democratic Legislatures: The U. S. Congress in Comparative Context," in *Oxford Handbook of the American Congress*, eds. Eric Schickler and Frances Lee, 451-472, Oxford: Oxford University Press, 2011.
Mochizuki, Mike, "Managing and Influencing the Japanese Legislative Process: The Role of the Parties and the National Diet," Doctoral Dissertation, Harvard University, 1982.

さらに読み進めたい人のために

飯尾潤『日本の統治構造——官僚内閣制から議院内閣制へ』中央公論新社（中公新書），2007年。
　＊日本の議院内閣制を政府・与党二元制と省庁割拠制という観点から捉え，日本の統治構造を検証している。
待鳥聡史『代議制民主主義——「民意」と「政治家」を問い直す』中央公論新社（中公新書），2015年。
　＊有権者が選挙を通じて政治家を選び，政治家が政策決定を行う仕組みを代議制民主

主義と捉え，議会，大統領制，議院内閣制を民意と政治家の緊張関係から検討している。

川人貞史『議院内閣制（シリーズ日本の政治1）』東京大学出版会，2015年。
　＊各国の議院内閣制と比較して，日本の政治制度を相対化し，日本の議院内閣制の比較制度論を理論・実証の両面から展開している。

増山幹高『立法と権力分立（シリーズ日本の政治7）』東京大学出版会，2015年。
　＊立法を集合行為のジレンマに対処する権力行為と捉え，立法を通じて民主主義的な権力行使がいかになされるのかを権力の融合と分散の観点から解説している。

（増山幹高）

第5章
政策を考えてみよう
──政策過程・執政制度・政官関係──

― Short Story ―

　山科議員の事務所である日，議員や友人たちとおしゃべりをしている際，「政治にはリーダーシップが必要だよね」という話が出ました。ちょうど山科議員がアメリカに出張で出かけ，向こうの政治家と議論して帰ってきたばかりだったことを思い出し，ミネオ君は議員に聞いてみました。「アメリカのような大統領制だったら，大統領の権限が強いから，大統領がリーダーシップを発揮し，改革をどんどん進めることができるのではないですか」。

　しかし山科議員は，「それは何とも言えないね」と予想外の答え。たしかに大統領には，日本の首相にはないさまざまな強い権限はあるが，だからといってリーダーシップを発揮できるかどうかは分からない，というのです。「アメリカの大統領は，法案を作って議会に提出することはできないし，議会に入ることもほとんどない。自分が思いついた改革案があったとしても，それを実現できるかどうかは分からない。結局は議会次第だね」。とくに野党が議会で多数を占める場合には，議会と大統領が対立することも多く，政策の実現が困難を極めることも多いそうです。

　日本では，法案のほとんどは内閣が提出する法案であり，またその多くが与党に支持されて可決されていますが，それと比べるとアメリカでは，大統領は法案を自分でいじることができないため，リーダーシップの発揮は簡単ではない，というのです。

　ミネオ君には意外な話でしたが，言われてみると確かにそうだとも思います。与党にしっかり守られた首相の方が，心置きなく政権を運営できる，ということでしょうか。

　ただ帰宅してテレビをつけると，アメリカの大統領の演説の様子が映っていました。よく通る声で，時折ジョークを交えながら堂々と演説する様子を見ると，山科議員の話は別として，やはりそこにリーダーらしさをミネオ君が感じたのも，確かな事実です。

彩さんは，九州のある都市の高校3年生。彼女には心配事があった。数日前の夜，東京の大学に進学して1人暮らしをしている兄への仕送りで家計が大変だと，両親がこそこそ話しているのを聞いてしまったのだ。

　そのような時，突然，衆議院が解散された。選挙戦の最中，A党の候補者が，演説で，高等教育を含む教育無償化の実現を訴えていた。彩さんには選挙権がある。「よし，今度の選挙はA党に入れよう」――。

　大学の授業料無償化がなされれば，彩さんには利益（interest）となる。利益は，その人が行動を起こす源泉となりうる。市民（有権者）は，自分の利益を増してくれる政策が実施されることを要求し，自分の利益に反する政策が実施されることを嫌う。したがって国政選挙や地方選挙で，自分の望ましい政策を実現してくれると期待する政党や候補者に投票し，請願・陳情，デモ・集会，署名などの投票以外の政治参加を行うこともある。

　ただし市民にとっては，政策の実施それ自体ではなく，政策の実施を通じて自分の利益が増大した（あるいは維持された）という満足感を得られることが重要である。この満足感のことを効用（utility）という。効用を得るために必要な時間，労力，お金などはコスト（cost）である。人間は，特定の目的を達成するために，最小のコストで最大の便益を得ようとする利己的な存在である。自己の効用を最大化するように行動することは合理的であり，このような選択を行うことを合理的選択（rational choice）という（序章参照）。

　合理的選択論は，個人の合理性を前提とする考え方で，経済学で発展し，政治学に取り入れられた。これにより，政治という集合行為が，市民や政治家などのアクター（行為主体）の相互作用の総体として捉えられるようになった。マクロ（巨視的）な政治現象をミクロ（微視的）なアクターの行動で説明する合理的選択論は，政治学の科学化に貢献した。

　もっとも，人間は感情によっても行動するように，すでに経済学でも，個人の合理性という仮定が現実的ではないという批判はなされている。その批判は正しいが，合理的選択の考え方は，人間の本性の一面を突いており，仮説やモデルの構築になお一定の有用性を持っていると思われる。そこで，本章は，合理的選択論や，人間の合理的行動を前提にしてその行動を制約するものとして制度を捉える合理的選択制度論と言われる考え方に基づき，政策過程，執政制度，政官関係について論じていくことにする。

第Ⅱ部　政治はみんなで決めるもの？

1　政策過程と政策決定の方法

　日本や世界にはたくさんの課題がある。それらに対して適切な政策がとられれば，多くの人々の効用は高まる。はたして政策とはどのようなものであり，どのように決定されていくのだろうか。

政　策
　政策（policy）とは，いろいろな定義があるが，ある目標を有し，その目標を達成するための計画を示したものである。本章で政策という場合には，公共的な問題の解決を目指す公共政策（public policy）を指す。公共政策の立案・実施は，国や地方自治体といった行政によって担われてきたが，今日では，市民やNPO（民間非営利組織）・NGO（非政府組織），地縁団体（町内会・自治会），民間企業などが，政策の形成や実施に参画するようになってきている。

　なぜ政策が必要なのだろうか。たとえばある地域で，1人暮らしのお年寄りが増えているため，町内会で話し合い，輪番で声かけや買い物の代行などをすることにし，その結果，お年寄りが喜ぶことになったとしよう。政策とは，新しい価値をもたらし，それがあることによって，それがなかった時よりもよい状態に改めるためのものである。自分たちのコミュニティをよくしようと自ら考えて議論し，物事を決めて実施することは，自治であっても，政策の決定・実施と考えることができる。

　地震や台風などで被災し，住む場所を失ったり，生活に困窮したりする人々が多数いた場合，市民の相互扶助や慈善だけで救済することはできない。そのため国や地方自治体の関与が必要になる。市民は，国や自治体の行うべき政策の詳細を自ら策定することはできないので，それを国や自治体に委任することになる。国や自治体は，すでに存在する政策の枠組みを利用し，また必要に応じて新たな政策を立案して対応することになる。

　政策は，政策―施策（program）―事業（project）という3つの階層からなるピラミッド型の体系となっており，それぞれが目的―手段の関係にある。奨学金政策を例にとって見てみよう。文部科学省の使命は，「教育，科学技術・学術，文化，スポーツの振興を未来への先行投資と位置付け，これを通じ，

『教育・文化立国』と『科学技術創造立国』を実現する」ことである。文科省は，使命に基づき，「生涯学習社会の実現」「確かな学力の向上，豊かな心と健やかな体の育成と信頼される学校づくり」「義務教育の機会均等と水準の維持向上」「個性が輝く高等教育の振興」「私学の振興」などを政策として掲げており，「奨学金制度による意欲・能力のある個人への支援の推進」も政策の目標としている。この政策に基づく施策に「意欲・能力のある学生に対する奨学金事業の推進」があり，それを実現するために無利子貸与型奨学金，有利子奨学金，給付型奨学金などの事業が展開されている。

　政策は，(1)目標だけでなく，(2)対象者，(3)供給する公共財・公共サービスの内容，(4)公共財・公共サービスの供給手段，(5)財源，(6)計画期間なども決めなければならない。2017年度から導入された給付型奨学金事業の場合，対象者は，進学を断念せざるを得なくなるかもしれない，年収の低い世帯としている。ただし財源には限りがあるため，給付規模は，非課税世帯からの進学者1学年約6万人のうちの3分の1とし，給付額も，自宅から国公立大学に通う学生の場合には月2万円などとなっている。奨学金事業の提供は，税金で文科省が直接行うわけではなく，独立行政法人日本学生支援機構に担わせている。

　政策対立

　すべての人を満足させる政策もあるが，政策を実施すれば，利益を得る人がいる一方，不利益を被る人もおり，利害を異にする市民の間に対立を引き起こすこともある。たとえば政府が，ある生産物の輸入自由化のため，関税の引き下げを検討したとしよう。国内の生産者団体は，外国から安い生産物が入ってくると，これまでの保護政策によって得られていた利益を失う。そこで生産者団体は，所管官庁に働きかけ，関税引き下げを阻止した。この場合，生産者団体は圧力団体であり，生産者団体の働きかけは圧力活動である。生産者団体の圧力活動は，生産物を安く買いたいという消費者の利益を損なうことになる。

　政策の目標は，アクターの価値観・イデオロギーや問題認識・状況把握によって変わるので，政治対立を生みやすい（第3章第4節参照）。政党や政治家は，政策の目標を方向づける価値観・イデオロギーが異なる場合，互いに対立することが少なくない。

　日本では，憲法第9条で戦争の放棄・戦力の不保持・交戦権の否認が規定さ

れているため、自衛隊や日米安全保障条約に反対する人が多くいた。このため防衛力強化や日米安保体制強化などの安全保障政策の争点（issue）は、1950年代から90年代まで、自由民主党という保守政党と、日本社会党や日本共産党などの革新政党との間の政策対立軸（保革イデオロギー対立軸）となった。安全保障政策で保守的な立場をとる人は、憲法改正問題や教育政策など、ほかの政策領域でも保守的な立場で一貫する傾向があり、その逆も言えた。有権者は、選挙で、自己の保革イデオロギーに近い政党に投票すればよかった。

　社会保障政策をめぐっては、政府の経済介入によって所得格差を是正し、「高福祉・高負担」の実現を求める「大きな政府」論に対して、政府は、市場への経済介入を減らし、市場原理による自由競争によって経済成長を目指すべきだとする「小さな政府」論が主張される。ヨーロッパの「左―右」、アメリカの「リベラル―保守」のイデオロギー対立軸では、左やリベラルは「大きな政府」、右や保守は「小さな政府」を志向する。ヨーロッパでもイデオロギー対立が収斂する国があるが、アメリカではイデオロギー分極化が見られる。高齢化率（65歳以上の人口が全体に占める割合）が21%を超えた超高齢社会の日本でも、社会保障給付費（年金・医療・介護等）が増加しており、「小さな政府」という言葉を理解する市民は多くないとはいえ、この政策対立が存在していると考えられる。

政策過程

　政策は、どのような過程を経て決定され、実施されていくのだろうか。政策が決定され、実施されていく過程を政策過程（policy process）という。政策過程には、(1)議題設定（agenda setting）、(2)政策形成（政策立案）、(3)政策決定、(4)政策執行（政策実施）、(5)政策評価といった段階があり、循環するものと捉えられている。以下、(1)から(5)に沿って見てみよう。

　現状と望ましい状態との間にギャップがあると、それを問題視する人たちが現れる。それは、一市民かもしれないし、圧力団体や政治家かもしれない。そういう声が上がると、関心のなかった人たちも問題視するようになっていき、問題が争点化する。それを取り上げて解決しようとするかどうかは政府の判断による。政府がその問題を取り上げずに静観する場合もある（非決定）。しかし政府が取り上げることにした場合、問題は政策課題として(1)議題設定された

ことになる。マスメディアが大きく報じることによって、政府が取り上げざるをえなくなるという場合もある（第1章第3節参照）。

　政策課題が設定されると、その課題を解決するための複数の政策案が提起され、一つの政策案が選択されていく。(2)政策形成は、政策課題について政府の対応を具体化する段階である。また(3)政策決定は、立案された政策案を審議・決定する段階である。政策が形成・決定される過程は、広い意味で政策決定過程といわれ、政治家、官僚、圧力団体など、さまざまなアクターが活動する。

　(4)政策執行は、決定された政策を実施に移す段階であり、それを担うのは主として官僚制や地方自治体であるが、業界団体、企業、NPO・NGO、地縁団体などが参画することもある。政策は、実施されなければ意味がない。だが同じような政策課題に対して同じ政策を実施したとしても、必ずしも同じ成果を生み出すとは限らない。そもそも政策は、市民に、政府の意図や計画を提示して納得させることによって、市民の行動を統制しようとするものである。しかし市民一人ひとりにも意図があり、その行動の総体を予測することは大変難しい。

　(5)政策評価は、実施された政策が目標を達成したかどうかを評価する段階である。政策評価（地方自治体では行政評価という言葉が使われる）は官僚制や地方自治体によって行われるが、政策が成果を上げているかどうかは、市民や政治家、マスメディアによっても判断される。期待された成果が得られなければ、再度、課題として設定される。また十分に成果を上げていたり、逆に時代遅れで必要性が失われたりしていると評価されれば、政策は終了させられる。かつて公共事業はいったん始まったら止まらないと言われたが、2000年代になって、社会状況の変化を理由に廃止される例も増えている。

インクリメンタリズムとゴミ箱モデル

　政策決定は、設定された課題について、政策の複数の選択肢を探し、それぞれの選択肢がいかなる結果をもたらすかを予測したうえで、最善のもの——最適のもの——を選択する、と考えられているかもしれない。これは、最適化原理に基づく合理的な政策決定である。

　最小のコストで最大の便益が得られる最適な政策を採用できれば望ましい。しかし実際には、あらゆる選択肢を探し出し、それらについて完全な知識を持

つことは不可能であるし，将来のことは予測困難である。アメリカの経営学者サイモン（Herbert A. Simon, 1916-2001）は，人間は限定的合理性しか持たないと指摘する。そこで，差し当たって満足できる要求水準を設定し，その水準を達成できる選択肢を1つずつ順番に取り上げて検討し，満足できる結果が得られそうな選択肢が現れたら，それを採用し，新たな選択肢の探索を止める。また時間的な制約がある場合には，要求水準を下げ，満足できないとして消し去っていた選択肢を復活させて採用することもある。これは，満足化原理に基づく政策決定である。

　アメリカの政治学者リンドブロム（Charles E. Lindblom, 1917-2018）によれば，現実の政策決定では，異なる考えを持つ人たちが共存しうる条件を探し出すことが必要となるが，妥協や譲歩によって探し出した結果が最適のものであるとは限らない。そこで現在採用されている政策を1つの案とし，現状に多少の修正を加えたものをもう1つの代替案とみなして，その結果を比較検討することで政策決定を行うことがある。とくに予算編成では，このような決定がなされることが多い。これをインクリメンタリズム（漸変主義，増分主義）という。

　合理的な政策決定だけでなく，インクリメンタリズムも，現実の政策決定とは異なるとするのが，コーエン（Michael Cohen），マーチ（James March），オルセン（Johan Olsen）のゴミ箱（garbage can）モデルである。彼らによれば，組織とは，組織化された無秩序である。人々は自らの選好を明確に定義することはできず，選好を曖昧にしたままにしておく方が他者との対立を生じないので，組織自体は，選好に基づいて行動するというよりは，行動を通じて選好を発見するものである。また組織化された無秩序では，構成員は，自分の仕事が組織全体のなかでどのような意味を持っているのかについてよく理解していない。さらに構成員は，問題によって，意思決定に加わったり，加わらなかったりするが，ある重要な会議に誰が招かれ，誰が参加するかは結果を大きく左右する。

　こうした組織のなかで，選択の機会が現れるたびに，能力や影響力の異なるさまざまな参加者が関わり，いろいろな問題がそこに持ち込まれ，いろいろな解決案が考えられることになる。この選択の機会がゴミ箱であるとされる。ゴミ箱のなかで，問題，解決案，参加者とその資源というゴミがどのように混ぜ合わさっているか，そのゴミがどのように処理されるかによって，政策決定の内容は変わる。ゴミ箱のなかの問題は，別のゴミ箱に移されることもあれば，

解決案が見つからないとして無視されることもある。このように選択の機会に，問題，解決案，参加者の特定の組み合わせから，問題解決が可能な時にだけ，人々は問題の解決に取り組むというのである。

2 政治家と官僚

国の政策過程で大きな役割を果たすのが，政治家と官僚である。政治家と官僚は何を追求しているのだろうか。

政治と行政

政治家は政策を決定し，官僚は政策を執行する。政府の権力をめぐる政治家の活動を「政治」，公的サービスや公的規制を行う官僚の活動を「行政」としておこう。

日本では，有権者が，選挙によって衆参両院の国会議員を選び，そのなかから内閣総理大臣（首相）が指名される。国務大臣（閣僚）は，首相によって任命され，憲法の規定で半数以上は国会議員でなければならない。実際には大臣のほとんどは国会議員で，民間から登用されることは少ない。

大臣には通常，分担管理する行政事務がある。大臣が分担管理する行政事務を司る役所が，東京・霞ヶ関にある中央官庁（府省，府省庁）である。中央官庁で働く役人は，国家公務員採用試験の合格者から採用される。国家公務員総合職試験に合格して採用された人たちがいわゆる「キャリア組」と呼ばれる幹部候補である。キャリア組は，係員から係長，課長補佐，室長，課長，部長，局長，審議官，事務次官へと昇進する可能性がある。これに対して国家公務員一般職試験に合格して採用された人たちがいわゆる「ノンキャリア組」で，課長級になれるのは少数である。「官僚」は，国家公務員一般を指すこともあるが，中央官庁の課長級以上を指すことが多い。

中央官庁は行政機関であるが，そこで働く役人を指揮監督する大臣，副大臣，大臣政務官の「政務三役」は政治家である。そういう意味では，政治と行政は明確に区別できない。また官僚は，政策執行だけではなく，政策形成にも大きな役割を果たしており，この意味でも政治と行政を線引きすることは難しい。

中央官庁のポスト（役職）は，上位にいくほど数が少ない。すべての課長が

部長やそれ以上に昇進できるわけではなく、定年前の勧奨退職がある。新しい事務次官が生まれたら、その同期入省者は、それ以前にすべて退職しているのが慣例である。高級官僚が、退官後、職務と密接な関係がある特殊法人や公益法人、独立行政法人、民間企業などに再就職する、いわゆる「天下り」が起こるのはそのためである。これを受け入れる側には、官庁との強いパイプができることへの期待がある。

「天下り」は、元官僚が特殊法人や企業などを渡り歩いて報酬と退職金を受け取ること、また官庁と特殊法人や企業などとの癒着をもたらし、行政の公平性・公正性を歪めかねないことから、マスメディアなどによって強く批判されてきた。以前は、離職後2年間は、離職前の5年間に在籍していた官庁と密接な関係のある民間企業への「天下り」には人事院の承認が必要だったが、2008年にその原則が撤廃され、その代わりに府省による再就職の斡旋の禁止や在職中の利害関係企業などへの求職活動の規制などが導入されている。

政治家の目的と政治家にとっての政党

アメリカの政治経済学者ダウンズの仮定によれば、政治家が選挙に立候補するのは、市民の福利厚生を増大させるためではなく、政権を担当することによって自己の所得、名声、および権力を高めるためである。それゆえ彼ら・彼女らにとっての目的は、次の選挙で当選（再選）を果たすことである。政党は、そのような政権担当という共通の目的を持った人々の連合体である。したがって政党の目的は、政権を担当できるよう、市民からできるだけ多くの票を集めることとなる。そのために政党が利用するのが、政策案をまとめた公約である。

政治家の目的は、再選以外に、政策実現や出世もあるとされる（第3章第2節参照）。有権者の要求を政策として実現させることは再選に結び付く。出世をすれば、地元の有権者にアピールすることができるし、利益誘導もできるかもしれないので、再選に有利である。また政府や政党の要職に就くこと自体、所得、名声、および権力を高めることになる。

このように政治家は、再選や政策実現、出世を目的として合理的に行動する。政党は、そのような政治家の集合として政権担当を目的とする一方、個々の政治家に対して集合財（だれでも利用することができ、同時に多くの人が利用できる財）を提供する役割を果たしている。政治家、とくに選挙基盤の弱い政治家は、

再選を果たすための支援や資金を得られることから，政党に所属するインセンティブがある。また政党に所属すれば，多数の力を頼みに，有権者の望む政策を実現したり，有権者の望まない政策を阻止したりすることができる。政党のポストが政党によって提供されるのは当然のことだが，政府のポストも，政党が政権を担当することによって配分されるし，国会のポストも政党によって配分される。

官僚および府省の目的

一人ひとりの官僚の行動の動機は，ダウンズによれば，(1)権力，(2)収入，(3)威信，(4)便宜，(5)安定という利己的なものから，(6)組織に対する忠誠，(7)特定の施策の信奉，(8)仕事の熟練に対する自負心，(9)公共の利益への奉仕まで，さまざまである。個々の官僚の収入や権限などは，自己の出世によって増大するが，所属する府省やその部署である局や課の予算や権限が増すことによっても増大すると考えられるので，官僚の集合としての府省やその部署は，それぞれの組織の予算や権限の増大を目指すと考えることができる。

もっとも，収入よりも権力や威信，特定の施策の信奉，仕事の熟練に対する自負心などを重視し，所属する府省や部署の予算を削減することを追求することもあるだろう。行政改革が求められているなかでは，組織の規模の縮小も厭わないかもしれない。予算や権限の増大が見込めない環境では，非難回避や組織防衛が目的になることがあるだろう。

官僚と政治家との大きな違いは，政治家が，絶えず選挙を意識し，短期的に物事を考えがちなのに対して，身分が安定している官僚は，長期的に物事を考えることができる点である。かつて「官僚一流，政治家三流」と言われたように，官僚は，政治家よりも，国家全体の利益を考えていると評された時代もあった。もちろんある政策課題をめぐって，官僚の意向と政治家の意向とが対立した場合には，民主政治で正統性のある政治家の意向が通る。ただ，政治家が関心を持たない事案であれば，官僚は，自らの意図通りの法案をつくれる余地が大きい。

官僚は，決定された政策を執行する役割を担っている。政策は法律の形で決定されることが多いが，法律で細部まで定めることはできない。行政上の取り扱いの統一のために，上級官庁から下級官庁に対し，法令の解釈や運用基準，

行政執行の方針などについて訓令・通達が発せられるが、そのような訓令・通達が、国民に事実上の制約を与えることがある。他方、地方自治体に執行を委任し、条例制定の裁量を広く与えることも少なくない。

官僚制

近代の官僚制（bureaucracy）は、職務が専門的に分化され、組織の活動が部署間の分業によって行われている。その職務は、法規によって執行する権限が与えられ、文書によって遂行されている。また近代の官僚制は、採用が世襲や情実ではなく、専門能力の有無によって行われ、採用された職員はその地位を保障され、昇進していく。

官僚制は、階統制（hierarchy）と呼ばれるピラミッド型の構造によってトップの命令を末端にまで行き渡らせることができ、上意下達に効率的である。軍隊や企業、政党、労働組合など、規模の大きい組織はいずれも「官僚制化」する傾向がある。しかし規則や公平性を重視するあまり、規則にないことは行わず、前例踏襲となり、融通の利かない画一的な対応を行う面もある。また業務遂行のための文書を記録・保管する文書主義は、業務の客観性・公正性を保証するために合理的である半面、文書の記録・保管が自己目的化し、形式主義や繁文縟礼となる。さらに分業は、「縦割り行政」と呼ばれるようにセクショナリズム（割拠主義）や責任回避、事なかれ主義を生むことがある。

日本の官僚制や企業の意思決定として稟議制がある。稟議制は、末端の者が起案した稟議書を上位者へ順次回議して印鑑を求め、決裁者に至る決定方式で、「はんこ行政」とも言われる。関係者が集まって討議するわけではなく、下位者が起案したものが長い時間をかけて上位者に達し、決裁権をもつトップがそれを追認するため、非能率、無責任、形式主義などと批判される。実際には、稟議書によらない意思決定もあれば、稟議書作成以前に意思決定がなされていることもあり、稟議制が実質的な意味を持たないことがある。

日本では、試験に合格して国家公務員や地方公務員となる。公務員の採用は、能力・経験・実績等に基づいて行うという考え方を資格任用制（merit system）という。これに対して政党政治が行政を支配すべきであるという考え方から、官職を、選挙によって勝利した政党の戦利品（spoils）とみなし、政権交代によって高級官僚が大規模に入れ替わるのを猟官制（spoils system）という。猟

官制は，官僚制を民主的に統制するためのものであったが，情実人事によって，専門性を欠く人物が登用されたり，官僚が党派的になって政治腐敗が起こりやすくなったり，前政権との継続性が失われたりするなどの問題が生じた。そこで政党政治と行政活動を分業させたのが資格任用制である。アメリカでも，資格任用制は導入されているが，政治任用の官職が多い。資格任用制では，中立的たるべき官僚制は，政権交代したら政権政党の意向に従わなければならないが，政権の意向をより反映させるため，高級官僚を政治任用にすべきだという議論は日本でもしばしば現れる。

3 執政制度

　前節では政治家と官僚について見てきたが，民主政治で行政部（行政府）のトップリーダーである首相や大統領を執政長官と総称できる。この執政長官をどのように選出し，立法部（立法府）や国民とどのような関係に置くかを規定するルールが執政制度である。執政という用語が使われる理由は，政治家による決定を執行する行政と明確に区別するためである。以下，執政制度を見ていくことにしよう。

本人―代理人モデル

　政治家と官僚に市民を加えた三者の関係を見るには，経済学で発展してきた本人―代理人（principal-agent）モデルを使うと理解しやすい。この三者の関係は，政治家が市民の代理人として政治を行い，官僚は政治家の代理人として政策をつくると考えられるからである。そこで，まず本人―代理人モデルについて説明することにしよう。

　ある経済主体（本人）が，代理人を定めて，自分のためにサービスを提供してもらうという契約を締結する。たとえば株主と経営者，雇用主と被雇用者，会社の上司と部下，依頼人と弁護士，患者と医者などが，本人と代理人の関係である。

　本人も，代理人も，自己の利益を増進させることを目的としている。両者の利害は必ずしも一致しない（利害の不一致）。また両者の持つ情報も非対称である（情報の非対称性）。たとえば弁護士は，依頼人よりも法律の専門的知識に優

れているし，医者も，患者より多くの医学的知識を持っている。したがって代理人は，本人の無知につけ込んで，自己の利益を優先し，本人の利益を減殺させるような行動をとるかもしれない（エージェンシー・スラック，エージェンシー・ロス）。

　それを防ぐため，本人は，代理人の行動を監視しなくてはならない。本人が監視をしなければ，このようなコスト（エージェンシー・コスト）はかからないが，それでは代理人が本人の利益に反した行動をとる危険性がある。そこで，代理人に約束を実行させるよう，成果を上げた場合に報酬を与えることを契約に入れたり，代理人の行動を抑制するための制度をつくったりする。株主が経営者の行動を抑制するため，取締役会や会計監査などの制度が形成されたのは後者の例である。

委任と説明責任

　一般の市民と政治家との関係も，市民を本人，政治家を代理人と考えることができる。政治社会が大規模化した現代，すべての市民が意思決定に参画する直接民主政を行うことは困難である。そこで市民は，職業政治家に委任して政策を決定してもらい，自分たちの効用を高めてもらおうとしている。それを政治家に約束させるための制度が選挙制度である。政治家は，市民に成果を上げていないと判断された場合，落選することになる。ただし政治家が成果を上げたかどうかは評価しにくく，選挙が十分に機能しないこともある。また後援会は，個々の政治家に対して市民が契約を履行させるための組織と考えられる。

　政治家は，立法機関の一員とはいえ，政策を自ら法案化するのは時間と労力を要するので，官僚に法案化を委任する。問題は，政治家が官僚を完全に監視し，統制できているかどうかである。官僚は，政治家よりも多くの専門的知識と情報を持っている（情報の非対称性）。そのうえ法案化したものが実際に成果を上げるかどうかは不分明である。所管の大臣は，官僚が指示に従わない場合に免職・降格・異動させることができるが，実際に官僚の人事に口を挟むことはほとんどない。こうしたことから，官僚は，自分たちにとって都合のよい政策を実施したり，予算を過大に要求したりすることもありうる。

　以上の委任の関係は，市民→政治家→官僚と１本の線で表すことができる。→の左側は委任者，右側は受任者である。受任者は，委任者の期待に応えてい

第5章 政策を考えてみよう

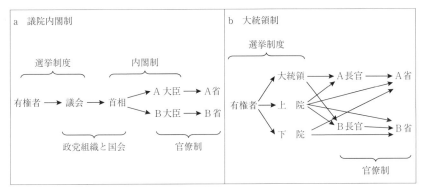

図 5-1 委任と説明責任
出所：Strøm（2000）：269 の図1に加筆した。

ると説明できる責任（accountability）を負う。したがってこれは，委任と説明責任の関係を示してもいる。

　執政制度は，(1)誰によって選ばれるかと，(2)議会によって解任されるかどうかによって分類され，議会によって選ばれ，議会によって解任されることがあるのが議院内閣制，国民によって選ばれ，議会によって解任されることがないのが大統領制である。委任と説明責任の関係は，議院内閣制と大統領制の違いによって，図 5-1 のように捉えることができる。

　委任と説明責任の関係は，議院内閣制の場合，有権者→議会→首相→大臣→府省と直線の連鎖である。これに対して大統領制の場合，まず有権者→大統領と有権者→上院あるいは下院に分かれている。また各省の長官は，大統領によって任命されるが，上院の助言と承認が不可欠であり，大統領と上院という複数の本人に対する代理人となっている。さらに各省は，議会によって，設立・改廃され，内部組織や行政手続きを規定されることになっており，大統領と議会という複数の本人が存在する。代理人に委任する本人が複数いる場合，代理人は誰の意見に従えばよいのかが不明確になり，代理人の勝手な行動が起こる可能性がある。

　議院内閣制では，所属する政党が政権を握れば，与党政治家にとって首相は望ましい政策を代わりに実現してくれる存在だということになる。首相は，与党政治家に対して政策を実現させる責任を負っている。与党政治家の期待に応えられなければ，その地位が危うくなる。

大臣・長官という閣僚は，執政長官にとって，その代わりに政策を実現してくれる存在である。閣僚は，執政長官に対して責任を負っている。閣僚が執政長官に従順な場合は，執政長官がつねに監視しなくても，執政長官の意思を実現しようとするであろう。しかし閣僚が執政長官と対立的な関係にある場合には，執政長官の意思に反する行動をとることもあるかもしれない。

議院内閣制

　ヨーロッパでは中世に身分制議会があったが，議会政治が発展してくると，議会の多数派から首相が選ばれるようになる。首相および大臣からなる合議体が内閣である。前述したように日本では，大臣の過半数は国会議員でなければならない。また日本の法案の多くは内閣提出法案であり，首相や大臣は，答弁や説明を求められた時には国会に出席しなければならない。ただし議院内閣制を採用している国のなかにも大臣と議員の兼職を禁止しているところはあるし，日本ほど国会への首相の出席が多い国はあまりない。

　内閣は，議会に責任を負い，議会の信任を失えば存立の根拠を失う。このように議会（議院）から内閣を選び出す仕組みを議院内閣制（parliamentary government, parliamentary cabinet system）という。通常，議会の信任は，一院制の議会か，二院制（両院制）の下院から得るが，イタリアのように上下両院から得る必要があるところもある。議会が内閣を信任しなければ，内閣は，不信任を受けた責任をとって総辞職するか，不信任を決議した議会そのものを解散し，選挙で国民の信を問い，新しい議会から信任を得るか，いずれかしか道はない。

　国家の権力行使の範囲を異なる機関に分割し，相互に監視させ合うことで権力の濫用を防ぐという考えを権力分立といい，三権分立や連邦制，二院制などがその例である。日本では，衆議院が内閣を不信任にできる権能を，内閣が衆議院を解散する権能を相互に持ち合い，それによって権力の抑制と均衡が図られているという説明がなされることがある。しかし首相が解散権を自由に行使できるのは，先進民主主義諸国では日本，カナダ，デンマーク，ギリシャに限られ，イギリスでさえ，2011年の固定任期議会法により，首相が，庶民院（下院）を，その同意なしに解散できない。

　日本国憲法の施行（1947年5月3日）から2019年1月まで，衆議院が解散されたのは24回である。その間，内閣不信任決議が成立したのは4回しかない。不

信任の数が解散の数より圧倒的に少ないのは、議院内閣制が、議会の多数派に内閣を組織させるものだからである。内閣は、議会の多数派と同じ党派に属するので、内閣不信任決議はそもそも成立しない。自民党一党優位体制下の1980年と1993年に不信任決議が成立したのは、多数派が多数派でなくなったからである。

議院内閣制下の議会に期待されている役割は、内閣の作成した法案を多数の力でスムーズに成立させることである。行政部と立法部は、分立しているのではなく、融合している。野党が内閣を厳しく監視し、批判するので、議会に内閣を牽制する機能がないわけではないが、野党は少数派であるかぎり、採決をすれば必ず負ける。議会には、立法化のために行政府から独立した能力を発揮する変換議会（transformative legislatures）と、独立した立法能力は低く、政治勢力の舞台と化している場裡議会（legislative arena）という2つの類型がある。前者の典型はアメリカの連邦議会である。議院内閣制下の議会は後者が多く、野党は、次の選挙に向けて、政府を批判し、自分たちの方が政策も手腕も優れていることを国民にアピールするために議会での審議を利用しているのである。

大統領制

アメリカの大統領制（presidential government, presidential system）では、行政部の最高責任者を、連邦議会ではなく、国民が直接、選出する（厳密には、有権者から選ばれた大統領選挙人が大統領を選ぶ間接選挙になっているが、有権者は、大統領選挙人よりも大統領候補・副大統領候補の組み合わせを念頭に置いて投票している）。大統領は、国民に対して責任を負い、連邦議会とは無関係である。大統領は、連邦議会を招集したり、解散したりすることはできないし、連邦議会が、大統領を不信任決議で辞職させることもできない。アメリカの大統領制に見られる権力分立とは、立法部と行政部との分離である。

大統領は、法案や予算案を連邦議会に提出することはできず、教書（presidential message）を連邦議会に送って法律の制定を勧告できるだけである。もっとも、大統領は、与党議員を通して法案を提出し、また法案成立のためにさまざまな影響力を行使している（詳しくは第4章第2節参照）。大統領は、好ましくない法案や予算案を、理由を付して連邦議会に送り返すことができる。これは拒否権の行使と呼ばれているが、上下両院が、拒否された法案を再び出席

議員の3分の2以上の多数で可決すれば法案は成立する。ただ，上下両院で3分の2以上の多数で可決するということは政治的にはかなり困難である。

行政部の各省長官は，大統領によって任命され，大統領に対して責任を負う。また各省長官は，議員との兼職や，（証人喚問の場合を除いて）連邦議会への出席は禁止されている。

大統領と連邦議会の多数派の党派が異なる分割政府（divided government）となった場合，法案や予算案を提出できない大統領は，与党議員だけでなく，連邦議会多数派の野党議員の一部も説得していかなければならないので，政策を実現していくにはかなりの困難が伴う。連邦議会では，他党議員の提出した法案に賛成，または自党議員の提出した法案に反対する交差投票（cross-voting）がよく行われる。大統領は連邦議会を解散することができないので，党派を超えて自身に賛成してくれる議員が増えることに期待するしかない。

植民地支配から脱して独立したラテンアメリカやアジア，アフリカには大統領制を採用する国が多い。そのなかには独裁化したり，軍事クーデタで民主体制が崩壊したりした例もある（第10章参照）。ただし大統領制そのものが民主体制の崩壊を招きやすいわけではない。

半大統領制

君主制が廃止された国では，儀礼を司る元首を議会または国民が選ぶようになった。こうして選ばれた大統領は，君主に代わる名目的存在であり，政治的実権は持たず，統治機構としては議院内閣制が採られる。このためドイツやイタリアのように，元首である大統領と，行政権の首長である首相が併存する国がある。

フランスも，第4共和制（1945～58年）ではこのような儀礼的大統領であったが，議会で小党が分立して政治的に不安定であった。第2次世界大戦で対独レジスタンスを指導したド・ゴール（Charles André Joseph Pierre-Marie de Gaulle, 1890-1970）は，憲法を改正し，大統領の政治的権限を大幅に強めた。このため第5共和制（1958年以降）下の大統領は，(1)職務上の行為に責任を負わず，国民に対する責任は閣僚に負わせる一方，(2)首相を任免し，閣僚も，首相の推薦に基づいて任免し，(3)国民や議会によって解任されることはないが，議会を解散することができるなど，かなり大きな実権を握るようになった。

ただしフランスの首相は，議会からの信任を得る必要があるため，大統領は，議会多数派から首相を任命する。また大統領は，一方的に首相を罷免できない。選挙の結果，大統領の所属政党と異なる政党が議会の多数派を占めると，大統領は選挙結果を尊重し，議会の多数派から首相を任命するので，大統領と首相の党派が異なるコアビタシオン（cohabitation 保革共存政権）となる。フランスでは，大統領が外交に，首相が内政に責任を有し，「権力の分有」が見られる。

フランスの執政制度は半大統領制（semi-presidential system）と呼ばれ，共産主義体制崩壊後の旧東欧諸国で採用されたこともある。フランスと異なり，大統領が首相を一方的に罷免できる国もあり，ロシアやワイマール憲法時代のドイツがその例である。オーストリアも，憲法上は大統領にそのような強い権限が与えられているが，実際には大統領はその権限を行使しない。

リーダーシップ

アメリカの大統領を念頭に，大統領制は，議院内閣制よりもリーダーシップを発揮しやすい制度だとみなされている。だがアメリカの大統領は，イギリスの首相と比べ，一概にリーダーシップを発揮しやすいと言うことはできない。なぜそうなのか。その理由としては，執政制度そのものに由来するものと，執政制度以外の制度に由来するものとがある。

前者は，アメリカの大統領は，議会に法案や予算案を提出する権限を持たないのに対して，イギリスの首相は，議会の後ろ盾を得て法律や予算を成立させやすいことである。後者は，違憲立法審査権の有無や，単一国家か連邦国家かの違いなどである。イギリスには，アメリカと違って違憲立法審査権がなく，司法から政策に制約が加えられることはない。またアメリカは，各州が独自の憲法を有し，大きな自治権を保持する連邦国家であるのに対して，イギリスは，1990年代後半にウェールズ，スコットランド，北アイルランドの自治権が強められたが，単一国家である。司法や地方政府の権限が強ければ，執政長官のリーダーシップは制約されうる。

しかし自民党一党優位体制下の日本は，イギリスと同じ議院内閣制，単一国家であり，最高裁判所が違憲判決を出すことに消極的だとされていたにもかかわらず，首相がリーダーシップを発揮して政策を実現しているとは見られていなかった。同じ議院内閣制であるのに，首相が政策を追求する際のリーダー

シップに差が生じる要因として一般に考えられるのは何であろうか。

第1は，単独政権か連立政権かという違いである。二大政党制・単独政権であれば多数決型となり，多党制・連立政権であれば交渉型・合意形成型となる。連立政権の場合，首相は，連立与党間の合意の制約を受けるであろう。ただし一党優位体制下の日本はほぼ自民党の単独政権であり，この要因は該当しない。

第2は，内閣の意思決定の制度である。日本では，行政権は内閣が有し，閣議によって職権を行う。内閣は国会に連帯責任を負うため，閣議は全会一致となっている。そのうえ1999年に内閣法が改正されるまで，日本の首相は，閣議で重要政策に関する基本方針やその他の案件の発議すらできなかった。これに対してイギリスでは，関係閣僚からなる閣僚委員会で実質的な決定がなされる。この点でイギリスは，日本よりも，首相がリーダーシップを発揮しやすい。

第3は，与党の集権度である。党首（党執行部）が，選挙の公認権を持ち，政治資金や政府・与党のポストを配分する政党組織であれば，与党議員は，党首である首相に従う度合いが高くなる（第3章第3節参照）。与党が分権的であれば，与党議員は，首相に従わないこともある。政治学者の高安健将は，日英両国の議院内閣制を比較し，首相の権力は，政権政党の権力構造とそれを反映する閣僚の構成によって説明でき，大臣が首相の選好に従うかどうかも，政権政党内の支持基盤の性格に依存し，さらに官僚制は，政権政党の権力構造と連動することで首相の政策選好から離脱することが可能であると論じている。つまり首相が自己の望む政策を追求できるかどうかは，首相と政権政党との関係と絡み合っている。

国民から直接，選ばれた首相ならリーダーシップを発揮できるという首相公選制が主張されることがある。首相公選制にはさまざまな案が考えられており，憲法改正を要しないものもある。ただ，首相公選制を導入したイスラエルでは，議会が小党分立となって政治が混乱したため，短期間で廃止された。上述したことを踏まえれば，首相を公選にするだけでは所期の目的を達成することができないだろう。

4 政策形成をめぐる日本の政官関係

前節の執政制度はいわばモデルである。実際の日本の政官関係はいったいど

のようなものであったのだろうか。政策は，主として誰によってつくられていたのだろうか。以下，大まかに3つの時期に分けて変化を追ってみよう。

官僚優位論

1955年11月，自由党と日本民主党という2つの保守政党が，日本社会党の左右両派の統一に対抗し，自民党を結成した（保守合同）。それ以降，自民党は，38年間にわたって選挙で第1党の座を占め，（1983年から86年までを除いて）単独政権を築いたため，この間を自民党一党優位体制と呼ぶ。

政界，財界，官界の頂点にいる権力集団が，相互に結び付いて重大な意思決定を行っているという見方が権力エリート（power elite）論である。自民党一党優位体制では，権力エリートが共通の利益を持ち，国民を支配していると捉えられることがあったが，政治家と官僚のどちらが政策形成を主導していたのだろうか。

自民党一党優位体制の時期に限らず，日本では，議員提出法案よりも，政府提出法案の方が，数が多く，重要なものも多い。政府提出法案の原案は，官僚が作成する。

議院内閣制の国々では，一般的には政府が議会に法案提出権を持ち，政府提出法案は優先的に審議される。しかし日本では，権力分立の原則が強調され，国会の自律性，行政権の自律性が重視される。法案提出後の議事運営は，国会の自律性から，内閣がそれに口出しすることはできないとされた。また内閣の職権行使は閣議を経なければならないが，国務大臣が中央官庁の主任の大臣として行政事務を分担管理しており，首相は，中央官庁に対して直接の指揮監督権を行使できなかった。そのため官僚制が自律的に行政権を行使することになり，首相→大臣→官僚という委任と説明責任の関係が貫徹しにくくなった。

自民党総裁の任期は，1972年から1期3年，連続2期までであったが，1978年に1期2年，連続2期までに短縮された（2003年以降は1期3年に延長，2017年以降は連続3期までに変更）。自民党一党優位体制下，首相は，2年後に巡ってくる総裁選で再選されるために，与党内の多数の派閥から支持を得ることを優先し，各派閥の勢力のバランスを勘案しつつ，派閥の領袖が推薦してきた者のなかから大臣を選任した（第3章第3節参照）。日本には，内閣改造という慣行がある。大臣になりたい議員は多いが，閣僚ポストの数は限られている。そこで

主要な大臣を除き，1年で大臣を交代させ，議員の不満を抑えようとした。所管の事項に通じる前に交代する大臣は，官僚にとって御しやすい存在であった。こうして選ばれた大臣は，首相の代理人としてよりも，閣議で官庁の代理人として振る舞うことが多かった。本人—代理人関係の転倒である。

このように自民党一党優位体制では，首相は，国会の優越から議事運営に介入できず，行政権の自律性から官僚を直接，統制することもできず，他方で大臣は，頻繁に交代し，所管官庁の代理人と化していた。そのため官僚主導で政策形成がなされているという官僚優位論で理解されたのである。

かつては，官庁の局長級以上の官僚が，大臣を補佐するために内閣によって政府委員に任命され，国会の本会議や委員会で大臣に代わって答弁や説明をすることが多かった。これに対して国会での答弁は政治家が行うべきであるという声が高まり，国会審議活性化法の成立（1999年）によって，2001年に副大臣・大臣政務官の制度がつくられると同時に政府委員制度は廃止された。しかし現在でも，大臣を補佐するものとして政府特別補佐人と政府参考人の制度が置かれており，官僚が大臣に代わって答弁を行うことがある。

族議員——政党優位論

自民党の長期政権が続くと，多数の議員が閣僚経験を持つようになり，専門化して政策立案能力を高めていった。政と官の利益は相互に対立することもあるし，それぞれの内部も一枚岩ではない。そのため政策は，少数のエリートが決める権力エリート論ではなく，複数の集団の対立・競争・協調によって決まるという多元主義（pluralism）論で捉えられるようになった。1970年代終わりには，政策決定に際して，与党の影響力が官僚機構のそれよりも大きいと指摘されるようになった。

自民党は，1960年代初めから，法案を国会に提出する前に党内で審議することになっている（与党審査）。与党審査を担当するのは，主として政務調査会の部会と税制調査会であり，法案は，その後，政調会長らで構成される政調審議会に回される。部会は，国会の常任委員会および府省にほぼ対応する形で設置されている。自民党議員は，所属する国会の常任委員会に対応する部会に属している。政調会が設置されている目的は党議形成のためであり，政調会の諸会議は全会一致を原則としている（コラム5）。したがってある法案について特定

コラム5　自民党の党議決定

　自民党では，政策案は，政務調査会で政策的な見地から検討された後，総務会で政治的見地から検討される。総務会は，野党の議席数や世論の賛否などの状況を踏まえて，国会に提出するのが妥当かどうかを判断する。総務会を通過すれば党議決定となる。政務調査会と総務会の長はそれぞれ政調会長，総務会長というが，これらは幹事長と並ぶ党三役であり，自民党内の枢要な役職である。日本では，自民党をはじめとする各党の党議拘束は，欧米諸国の政党よりも強く，党議に背くことは処分対象になりうる。

の政治家がどうしても賛成しなければ，部会で了承されない。特定の政策に長らく関与することによって政策的な知識・技能を身につけ，官僚の根回しの対象となるのが族議員である。

　自民党一党優位体制下，自民党議員は，自分が所属する国会の委員会に対応する部会と，それ以外に1～2個の部会に所属していた（1993年の下野後，自民党議員であれば，誰でも，どの部会にでも参加できるようになった）。議員は，次の選挙で再選を果たすことを目標としており，「文教族」や「国防族」「外交族」などよりも，地元選挙区や支持団体に対して利益を還元できる「農林族」「商工族」「建設族」になることが多かった。

　自民党一党優位体制下の政策決定は政府と与党の二元体制で，首相が実現したいと考える政策をトップダウンで決定することはできず，与党のなかで族議員を通じてボトムアップで政策が決定されていった。業界団体は，既得権益の維持・増進を目的に，族議員に政治献金や選挙支援を行い，族議員は，業界団体の利益になるように官庁に働きかける。官庁は，予算獲得や法案成立に族議員に協力してもらい，業界団体を指導する一方，政策の立案や実施の際に業界団体の情報や協力を得る。このように族議員，官庁，業界団体の「鉄の三角形」（iron triangle）が，官庁＝業界ごとに仕切られた既得権益を擁護する政策を決定する下位政府となっていた。国民から見えない国会の外で法案の実質が決まることになり，「政・官・業の癒着」と批判された。

　自民党一党優位体制下で形成されていった1970年代終わりから90年代初めの政官関係をまとめたのが，図5-2である。後援会に入っている有権者は，候

第Ⅱ部 政治はみんなで決めるもの？

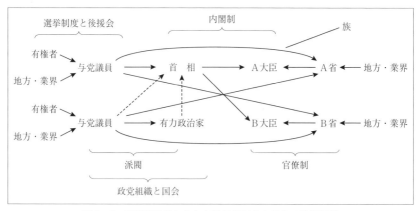

図5-2 1970年代終わりから90年代初めの日本の政官関係
出所：川人（2015）：47の図1-6に加筆した。

補者を選挙で当選させ，地元にとっての利益の実現を与党議員に依頼する。業界団体も，選挙支援や政治献金を通じて，団体の利益の実現を与党議員に求める。与党議員は，族議員として，有権者や地方，業界から受ける要求を各官庁に直接，働きかけていた。各官庁も，地方や業界の利益を政策に反映させ，大臣は，官庁の代理人として行動した。与党議員は，派閥の一員として活動していたので，他派閥の領袖が総裁＝首相の場合には，首相と与党議員との間の委任と説明責任の関係は弱いものであった。

「官邸主導」

21世紀になって，日本の政治は，「官邸主導」「首相支配」などと言われるようになってきている。そのようになった要因はいったい何であろうか。

制度的要因としては2つが挙げられるであろう。第1は，政党が，党首を中心とする党執行部に権力が集中する組織に変わり，首相が自民党を統制できるようになったことである。それを成り立たせたのは，1990年代の衆議院の選挙制度と政治資金制度の改革である（第2章参照）。

第2は，行政事務の各省庁による分担管理原則を改めて，内閣を，総合的・戦略的な政策判断と機動的な意思決定を行えるようにするための機能強化がなされたことである。これは，橋本龍太郎内閣（1996～98年）によって推進された行政改革の成果である。

1999年に内閣法が改正され、閣議を主宰する首相が、内閣の重要政策に関する基本方針などを自ら発議できるようになった。またその基本方針を企画・立案する権限が、首相を補佐する内閣官房に与えられた。さらに内閣官房を補佐する機関として内閣府が設置された。内閣府には、内閣の下で行政各部の施策の統一を図るために必要となる企画・立案・総合調整を行う経済財政諮問会議などの機関が置かれ、首相を助ける特命担当大臣も置かれることになった。橋本首相による行政改革は、図5-2のような日本の政官関係を図5-1-aのような形に改め、政策決定を内閣に一元化しようとするものだったと言ってもよい。

小泉純一郎内閣（2001～06年）で「改革のエンジン」となったのが経済財政諮問会議である。経済財政諮問会議では、議長である首相の意を体した経済財政担当大臣と民間議員によって議論が主導されたため、首相が、議題設定や議論の帰結に影響を及ぼすことができ、国内政策全般にリーダーシップを発揮できるようになった。しかも「骨太の方針」「経済財政運営と改革の基本方針」「予算の全体像」など、経済財政諮問会議の決定は、内閣の政策を拘束することになり、族議員や官僚は、それらの文書に自分たちの要望を反映させようとするようになっていった。

しかしそれは、経済財政諮問会議での決定が、与党や官僚による政策決定過程の一環に組み込まれて定例化したということでもある。小泉内閣以外の内閣では、経済財政担当大臣や民間議員が、小泉内閣時ほどの主導権を発揮していないこともあり、経済財政諮問会議が「官邸主導」の道具としてさほど大きな力を発揮しているようには見えない。第2次以降の安倍晋三内閣（2012年～）になると、官房長官を中心に官房副長官、首相補佐官、首相秘書官、国家安全保障局長など、文字通り官邸が内政・外交を主導している。

2つの制度が変更された後も、すべての首相が「官邸主導」で意思決定できたわけではない。非制度的な要因として考えられるのは、第1に首相のパーソナリティである。これらの制度を効果的に使いこなすのは首相自身の意思と能力である。第2に首相に対する国民の支持も不可欠である。小選挙区制が主となった選挙制度では、首相およびその業績に対する評価が選挙結果を左右する。選挙で勝てない首相であることが判明すると、与党が離反する。また任期途中に参議院選挙を迎えることが多いが、選挙で負けて「ねじれ国会」になってし

まうとリーダーシップを発揮することは困難である（第4章第3節参照）。

　2009年に登場した民主党連立政権は，首相主導を強めるため，政策の立案・調整・決定は政務三役が中心となることとし，党内の政策決定の機関であった政策調査会や部門会議を廃止し，「政策決定の内閣への一元化」を目指したが，政府のポストを得られなかった与党議員の反発を招くことになった。また民主党政権は，閣議前に各官庁の事実上の合意形成の場となっているとされた事務次官会議を廃止するなど，「脱官僚依存」を打ち出したため，官僚からの協力も得られなくなった。民主党政権は，与党と官僚の双方から離反を受け，失敗した事例であろう。したがって「官邸主導」を進めていくための第3の非制度的要因は，官僚を掌握することだと言えよう。その後の安倍内閣の下で幹部官僚人事の一元管理を行う内閣人事局が2014年に設置されたことは，官僚掌握を制度化しようとしたものである。

　衆議院選挙から1年。彩さんは，無事に大学生となっていた。「こんなにバイト漬けの毎日を送るはずじゃなかったのに…」。A党は，政権を獲得したが，財源が足りないという理由で，高等教育を含む教育無償化は限られた世帯のみに適用されることとなった——。

　これは，あくまでも架空の話である。しかしこの話のように，望ましくない政策が実施され，あるいは望ましい政策が実施されないことは起こりうる。私たちに求められているのは何だろうか。

　まず私たち一人ひとりが，政策的思考を身につけるよう，努力したい。地域社会でも，国全体でも，国際社会でも，どのような課題があるのか，将来，どのようになっていったらよいか，そしてそのためにはどのような政策が展開されることが望ましいのか，それが実施されたらどのような結果を招くのか，正確な情報に基づいてよく考え，周りの人々と議論していく必要があるだろう。その結果，自分の意見が変わることがあってもよい。私たちは，その過程で自分自身の望むものを見つめ直し，よりよい政策が何かを考えていくことにつながるだろう。

　とはいえ一市民が，どのような政策が望ましいのか，すぐに答えを導き出すことはそう簡単なことではない。代議制は，一般の市民が政策を考える知識や時間が限られていることから，自分たちの代わりに政策を考えて実現してもら

うために政治家を選挙で選んでいる。選挙は，一票を通じて，政党や政治家を選ぶものだが，政策を選ぶものでもあり，政権を担当するリーダーを選ぶものでもある。市民は，どの政治家，どの党首に託すのがよいかが分かれば，政策について細かいことが分からなくても，自分の選好に近い政策が実現できる可能性がある。そういう意味では，誰に投票すればよいのかを熟考することが合理的である。

　政治家が最も恐れているのは落選である。有権者は，自分たちの望む政策を実現させなかった政治家を落選させる力を持っている。選挙で一票を行使することが，迂遠だが，政策を変える確実な道である。ただ，選挙で誰に投票すればよいのかを知るためには，日常から政治に対して関心を持つようにしたい。

（参考文献）

伊藤光利・田中愛治・真渕勝『政治過程論』有斐閣，2000年。
川人貞史『議院内閣制（シリーズ日本の政治1）』東京大学出版会，2015年。
新藤宗幸『概説　日本の公共政策』東京大学出版会，2004年。
高安健将『首相の権力――日英比較からみる政権党とのダイナミズム』創文社，2009年。
竹中治堅『首相支配――日本政治の変貌』中央公論新社（中公新書），2006年。
待鳥聡史『代議制民主主義――「民意」と「政治家」を問い直す』中央公論新社（中公新書），2015年。
宮川公男『政策科学入門［第2版］』東洋経済新報社，2002年。
Downs, Anthony, *An Economic Theory of Democracy*, Harper & Row, 1957.（＝古田精司監訳『民主主義の経済理論』成文堂，1980年）
Downs, Anthony, *Inside Bureaucracy*, Little, Brown, 1967.（＝渡辺保男訳『官僚制の解剖――官僚と官僚機構の行動様式』サイマル出版会，1975年）
Strøm, Kaare, "Delegation and Accountability in Parliamentary Democracies," *European Journal of Political Research*, 37（May 2000）.

（さらに読み進めたい人のために）

建林正彦・曽我謙悟・待鳥聡史『比較政治制度論』有斐閣，2008年。
　＊政治制度によって政治的・経済的帰結の違いを説明する新制度論について紹介した最も基本的な書物であり，本章の執筆に際しても参考にした。新制度論を理解したい読者は，まずこの本を読み，そのうえで著者たちの本を読み進めていくとよい。

第Ⅱ部　政治はみんなで決めるもの?

秋吉貴雄・伊藤修一郎・北山俊哉『公共政策学の基礎［新版］』有斐閣，2015年。
　＊公共政策学の基礎的なアプローチや研究成果を概説したテキスト。政策過程に関する知識に加え，政策そのものに関する知識についても説明がなされており，公共政策を学びたい学生や公務員志望の学生に有用である。
蒲島郁夫・竹中佳彦『イデオロギー（現代政治学叢書8）』東京大学出版会，2012年。
　＊本章ではあまり触れることができなかったが，政策対立を規定するイデオロギーについてのスタンダード・レファレンス。イデオロギーの本質と展開を思想史的・歴史的に概説し，現代日本のイデオロギーの様相について，国際比較を交えながら実証している。

（竹中佳彦）

第6章
デモクラシーを考えてみよう
―― 「みんな」で決める複数のやり方 ――

Short Story

　ミネオ君の入ったサークルで，夏に合宿を行うことになりました。ただ問題はその場所です。海か山か，都市部か地方か，遠方か近場か。活発なメンバーの多いサークルなので議論百出，さあ大変です。そもそもどうやって決めるのがよいのか。まずは決め方をめぐって議論が始まりました。

A「いろんな意見があってまとまらないね。最終的には2，3案に絞って，多数決で決めようよ」

B「いや今年は1年生が多いから，合宿の経験がない人が多いまま多数決というのはどうかな。安易な方に流れちゃいけないね。合宿経験の一番豊富で，サークル全体のことがよく分かっている，部長の鶴の一声で決めたほうがいいんじゃないの」

C「独断はよくないよ。サークルの運営委員会があるから，そこで議論して決めてもらおう。運営委員会はみんなの代表だし，人数も少ないから，議論がやりやすいんじゃないかな」

D「うーん，うちのサークルは普段は2つのパートに分かれて活動していることを考えると，両方のパートのリーダーが相談して合意できたら，それが一番うまくいくよ」

E「単なる多数決には問題もあるけど，最後にはメンバーの多くが賛成する案がいいな。まず何人かずつのグループに分けて議論し，そのうえで上がってきた案をみんなで討議し，最終的に決を採るのであれば，みんなが納得する結論になると思うけど」

ミネオ「…決め方をあれこれ議論するのはいいけど…早く合宿の場所を決めましょう！」

第Ⅱ部　政治はみんなで決めるもの？

　デモクラシーとは，「みんな」のことを「みんな」で決める政治のやり方のことである。それが意味するのは，次の2点である。第1に，決めるのは「1人」や「少数者」ではなく，あくまで「みんな」だということである。政治のやり方としては，「1人」で決めるやり方も，一部の「少数者」で決めるやり方もある。前者の典型は君主政であり，後者の典型は貴族政である。これらに対して，デモクラシーの特徴は，「みんな」で決めることにある。第2に，デモクラシーによって決める対象は，「みんな」のことであって，「わたし」のことではないということである。たとえば，「わたし」が買いたい服を決めること，「わたし」が読みたい本を選ぶことは，デモクラシーではない。それは「わたしのこと」つまり個人的な事柄についての決定である。この意味で，政治活動としてのデモクラシーは，たとえば購買・消費などの経済活動とは異なる。

　デモクラシーには，バリエーションがある。ひとくちに「みんなのことをみんなで決める」といっても，そのやり方は1つではない。デモクラシーのやり方として，すぐに思い浮かぶのは多数決あるいは選挙である。しかし，ここで強調したいのは，多数決・選挙は，あくまでデモクラシーの1つのタイプに過ぎないということである。つまり，多数決・選挙ではないデモクラシーの考え方もありうる。「デモクラシーを考える」ためには，「デモクラシー＝多数決＝選挙」という広く共有されているイメージを見直さなければならない。そこで本章では，単純な多数決以外のデモクラシーのバリエーションを紹介していく。

　なお本章では，デモクラシーを政府レベルのことに限定しない。「みんなのことをみんなで決める」活動は，政府レベル（議会）はもとより，学校やクラス，サークルやクラブ，職場，地域，あるいは家族や友人関係においても行われると考える。第2節以降の冒頭が文化祭のクラス企画の話題で始まるのは，このようなデモクラシー理解のためである。

1　なぜデモクラシーが大切なのか

　デモクラシーのバリエーションの話に進む前に，そもそもなぜデモクラシーが大切なのか，という問題について考えておきたい。どうして，「1人」や「一部の人」で決めてはいけないのだろうか。以下では，3つの理由を挙げて

おこう。

　デモクラシーが大切である第1の理由は，デモクラシーはなんらかの望ましい価値を実現するから，というものである。たとえば，デモクラシーは「自由」という価値を実現するがゆえに望ましい，とする主張がある。この場合の「自由」とは，「わたしたちは自分たちで自分たちに課すルールに従う時にこそ最も自由なのだ」という考え方を指す。あるいは，デモクラシーは「平等」という価値を実現するがゆえに望ましい，とする主張がある。ここで平等とは，「みんな」のことを決める際に，「みんな」に等しく発言権や参加権を保障することを意味する。これを政治的平等と呼ぼう。デモクラシーは，このような意味での政治的平等を実現するがゆえに望ましい。

　デモクラシーが大切である第2の理由は，それがなんらかの意味で「よい」結果をもたらすから，というものである。たとえば，デモクラシーは，「正しい」決定をもたらすがゆえに望ましい，という考え方がある。この場合の「正しさ」には，知識や認識として正確という意味と（認知的な正しさ），「正義に適っている」「公平である」というように望ましい価値に適う決定を産み出すという意味（道徳的な正しさ）との両方の意味がある。いずれにせよ，1人や少数者よりも「みんな」で決めた方が，そこでなされる決定はより「正しく」なると考えられるのである。また，デモクラシーは「正統な」決定を産み出すがゆえに望ましい，という考え方もある。この場合の「正統な」（正統性）とは，人々が強制的ではない形で納得して決定を受け入れる，という意味である。「みんな」で決めた結論であれば，正統なものとして納得して受け入れることができるはず，というわけである。

　デモクラシーが大切である第3の理由として，決定をその都度確認し，場合によっては見直すことができる可能性が高いという点を挙げることができる。これを「反省性」の確保と呼ぼう。「みんな」のことについて決定することは大切である。ただし，その決定は人間が行うものである以上，「間違っている」場合もある。しかし，「1人」で決める場合や「少数者」で決める場合には，一度行った決定を見直すことは難しい。これらの場合には，「間違っている」と指摘することが相対的に難しいからである。その結果，これらの政治のやり方では，取り返しのつかない結果がもたらされる可能性もある。これに対して，デモクラシーでは，「みんな」の中から一度決めた決定に対する異論が出てく

る可能性が高い。したがって，決定が「間違っている」かどうかを確認し，必要に応じて見なおすことも比較的容易である。つまり，デモクラシーは，反省性の高い決め方なのである。

　以上の説明で，どうしてデモクラシーが大切であるかについて，理解していただけただろうか。デモクラシーの大切さについての理解を共有したうえで，次節以下では，政治学の理論を踏まえつつ，そのバリエーションを説明していく。その際，「ある高校で，クラスの文化祭企画を決める」というシーンを想定してみよう。ただし，クラス会の場で「どの企画にするか，よいと思うものに手を挙げてください」というタイプの単純な多数決による決め方は，除外してある（なお，第4節で説明する「代表を決める」方式（代表制）は，代表を選出する局面は多数決＝選挙である）。さて，どのように決めればよいだろうか。

2　自由に意見を伝える——集団理論

「自由に意見を伝える」方式で決める

　文化祭のクラス企画を決めるために，2年1組では，企画についての意見・アイデアを各自が自由に学級委員に伝え，そうやって出された意見・アイデアをもとに，企画を決めることにした。数日後，いくつかの意見が集まり，その意見を踏まえて無事にクラス企画を決めることができた。

　このような決め方を「自由に意見を伝える」方式と呼ぼう。これは，デモクラシーのバリエーションの1つである。「自由に意見を伝える」方式では，クラスの誰であっても，意見のある者は自由に意見を伝えてよい。つまり，可能性としては「みんな」が意見を伝えることができる。決定は，その「みんな」から自由に出された意見を踏まえて行われる。この方式では，最終的に企画を決めるのは「一部の人」である。クラス企画の場合，自由に伝えられたさまざまな意見をもとにして，学級委員が決めることになる。それでも，「みんな」の意見を聞くプロセスが組み込まれている点で，「一部の人」が勝手に決めることとは異なる。これは，「みんな」のことを「みんな」で決めるデモクラシーの1つのタイプである。

第**6**章　デモクラシーを考えてみよう

デモクラシーの理論としての集団理論

　このようなタイプのデモクラシーを，政治学では「集団理論」（あるいは多元主義）と呼ぶ。とりわけ1950年代～60年代のアメリカにおいて発展したこの理論では，デモクラシーは，次のようなものとして考えられた（なお，文化祭企画の事例では，単純化のために「自由に意見を伝える」のは，以下で述べる集団ではなく，個人にしてある）。

　社会にはさまざまな人々がいて，人々はさまざまな異なる利益を持っている。その中で同じ利益を共有する人々は，自分たちの利益を実現するために集団を形成する。この集団は，「利益団体」と呼ばれる。利益団体に集った人々は，自分たちの利益実現を目指して活動する。具体的には，各利益団体は互いに競い合いながら，政府において意思決定や政策形成を行う政治家や官僚などの政治エリートに，その利益の実現を目指して自由に働きかけを行う。この働きかけは，「圧力行使」とか「ロビイング」と呼ばれる。その結果として，最終的な意思決定が行われる。

　集団理論へのありうる疑問は，結局，「声の大きい人（人々）」の利益だけが実現されるのではないか，というものである。しかし，この疑問に対して，集団理論を支持する政治学者たちは，そうはならないと答える。その理由として挙げられるのは，次の3点である。第1に，集団間でチェック・アンド・バランスが働く。第2に，重複メンバーシップがありうる。私たちは，1つの集団だけに属しているわけではなく，自分の抱いている利益ごとに複数の利益団体に属することができる。その結果，仮に自分が属している利益団体Aの主張が実現しなくても，同じく自分が所属している別の利益団体Bは強力な集団でありその主張が実現する，ということがありうる。第3に，潜在的利益集団という考え方である。人々はなんらかの利益を抱く以上，たとえそれを明確に意識していなくとも，潜在的には誰もがなんらかの利益団体を形成する可能性がある。とりわけ，顕在化している利益団体の活動が目に余る時には，それに対抗する形で，潜在的利益集団も顕在化して利益団体形成に至る可能性がある。以上の3つの理由から，集団理論の支持者たちは，結果的に社会全体を特定の人々＝集団が支配すること，つまり，特定の人々の声だけが常に意思決定に反映するということはない，と主張する。だから，社会は民主的なのである。

第Ⅱ部　政治はみんなで決めるもの？

問題点

集団理論支持者たちによる擁護論にもかかわらず，集団理論の考え方ではデモクラシーは実現しない，との意見も多く存在する。

　第1に，この考え方では，やはり「声の大きい人（人々）」の意見だけが伝わることになる，という批判がある。ここで，「声の大きさ」，つまり自らの意見が政策形成者たちに受け入れられるかどうかの違いが何によって決まるのかを考えてみよう。その違いは，「政治的資源」の格差によって決まると考えられる。政治的資源になりうるものとして，地位，財産，専門的知識，個人的魅力，数（の多さ），ジェンダー（伝統的には男性であること）などがある。たとえば，社会的地位の高い人が要求すると，そうでない人の場合よりも聞き遂げられる可能性が高い。あるいは，財産を多く保有している場合は，何らかの金銭的な見返りを約束するという手段を通じて，自らの要求の実現可能性を高めることができる。また，同じ事柄でも男性が述べた方が「説得力がある」などとして受け入れられやすいとしたら，どうだろう。この場合には，ジェンダーが政治的資源になっている。

　集団理論への批判は，このような政治的資源の不平等が，意思決定の際に意見が聞き入れられるかどうかの不平等につながっているのではないか，というものである。たとえば，「財産」という政治的資源の不平等は，裕福な人々や大企業の声ばかりが影響力を持つことにつながりうる。「数」という政治的資源の不平等のため，小集団の声は届かないことになる。「ジェンダー」という政治的資源の不平等ゆえに，「女性」の声は十分に考慮されない。

　実際，アメリカ政治学における集団理論への批判は，「自由に意見を伝える」という集団理論の建前の下で，実際には政治的不平等が蔓延している，というものであった。たとえば，政治学者のロウィ（Theodore J. Lowi）は，アメリカ政治においては，実際には特定の巨大な利益団体の主張だけが受け入れられており，その結果として公共の利益の実現が損なわれていると批判した。また，同じく政治学者のダール（Robert A. Dahl）は，利益団体の中でもとりわけ大企業の影響力が特権的なものとなっており，そのことが各集団の影響力のバランスを崩していると主張した。ダールはもともと集団理論的なデモクラシー観を擁護する研究者であったが，次第に，大企業の影響力が他のさまざまな集団と比べて突出していることを問題視するようになったのである。真に「自由に意

見を伝える」ことができるためには，アクター間の政治的平等をどのように確保するかが重要である。ダールが目指したのは，企業内の意思決定のあり方を労働者の参加も含めたより分権的なものにすることで，政治的平等を実現することであった。

　集団理論への第2の批判として，そもそも「声を上げる」ことさえできない人々もいる，というものがある。「自由に意見を伝えてよい」といっても，実際には意見を伝えてこない人々もいる。「声を上げない」のは，本人の性格あるいは自主的な判断のためだろうか。そこには声を上げさせないような「権力」の作用があるのではないだろうか。こうして，この批判は集団理論における権力概念の批判へと向かう。

　集団理論における権力の考え方は，「もしもAが言わなければ行わなかったことをBが行った時，AはBに対して権力を行使している」というものである。つまり，集団Aが要求することで，政策形成者Bがその要求を実現するような意思決定を行った場合，集団Aは政策形成者Bに対して権力を行使していることになる。これを「一次元的権力」と呼ぼう。

　しかし，集団理論の批判者たちは，より強力な権力は，そもそも要求をさせないように行使されるものだと主張した。一次元的権力論では，権力行使は，要求の実現という形で顕在化する。しかし，より強大な権力は，そもそも問題を問題として顕在化させないようにするために行使されるものである。問題をあらかじめ握りつぶすような作用と言ってもよい。集団Aは，ある要求を実現するべく政策形成者Bに働きかけようとしていた。ところがある人物Cによって「そんなことはやめておけ。あなたたちにとっても，ためにならないぞ」と言われ，働きかけをやめた。その結果，もともと要求自体がなかったかのように見える。これが，「非決定の権力」あるいは「二次元的権力」と呼ばれるものである。

　さらに，ルークス (Steven Lukes) によって，「三次元的権力」という考えも提起された。一次元的権力も二次元的権力も，それぞれの行為者が自己の利益や争点を自覚していることを前提としているという点では同じである。しかし，そもそも自己の本当の利益や争点そのものを認識させないことこそ，真の権力の作用なのではないだろうか。集団Aがとくに要求はないと考えているとしても，それ自体が三次元的権力の作用の結果なのである。

これら以外の考え方も含めた，権力概念をめぐるさまざまな論争にこれ以上立ち入ることは控えたい。ここでは，「自由に意見を伝える」ことができるといっても，本当に「みんな」が自由に意見を伝えることができるとは限らない，という点を確認しておけば十分である。これが，デモクラシーとして見た場合の「自由に意見を伝える」方式の問題点である。

3　「関係者」を集める──コーポラティズムとステークホルダー・デモクラシー

「関係者を集める」方式で決める

　2年2組では，文化祭のクラス企画を決める際に，1組とは異なるやり方を採用した。自由に意見を出してくれと言っても，それほど意見は出てこないだろうと予測し，この問題について検討するに最もふさわしいと思われる人々に決定を任せることにしたのである。そのような人々として選ばれたのは，学級委員長，副学級委員長，クラスの文化祭担当委員，イベントの企画が得意と評判のXさん，過去の文化祭の出し物に詳しいYさんの5人である。2年2組では，この5人で話しあって，文化祭の企画を決めることにした。

　このような決め方を「関係者を集める」方式と呼ぼう。これも，デモクラシーのバリエーションの1つである。「関係者を集める」方式では，「みんな」の中から特定の人々を，当該の問題の「関係者」として選び，その人たちの協議によって決定を行う。「みんな」が直接に決定に関わるわけではない。しかし，当該の問題について，「この人たちを外して決定することは適切ではない」と「みんな」が考える人々を，きちんと決定に関わらせることができる。その結果，単に「自由に意見を」ではうまく伝わらないかもしれないが，しかし重要な意見を，適切に掬い上げることができる。その結果，決定の正統性が高まることが期待できる。「関係者」が誰かについて「みんな」が納得している限り，これもまた，「みんな」のことを「みんな」で決めるデモクラシーの1つのタイプである。

政治学における理論──(1)コーポラティズム論

　「関係者を集める」方式についての，政治学の代表的な理論はコーポラティズム論である。コーポラティズムとは，三者間の協調関係によって，ある政策

課題についての実質的な意思決定を行う仕組みのことである。「三者」として基本的に想定されているのは，国家（政府代表），労働（労働組合），資本（経営者団体）である。この三者の協議における交渉と妥協によって，経済や雇用に関する重要案件について合意形成を図り，円滑な政策形成を行うことが期待されているのである。コーポラティズムは，1970年代初頭のオイルショックに端を発する先進諸国の経済危機への対応策として，注目されるようになった。

　コーポラティズムの意義は，まさに「関係者」を集めて協議を行うことにある。経済や雇用についての重要な「関係者」である労働組合と経営者団体が参加して協議することで，そうでなければ合意調達が難しいかもしれないような意思決定を行うことも可能となる。それぞれの「関係者」にとっても，コーポラティズムはメリットがあるとされた。一方の労働組合にとっては，コーポラティズムを通じて国家レベルの政策形成への実質的な関与を獲得し，自らにとってより望ましい政策形成の可能性を高めることができる。他方の経営者団体にとっては，労働組合と公式に協議することで，労働者側の抗議・抵抗を穏健化できることがメリットだった。つまり，「関係者」を集めて決めることに，意味があったのである。

　先ほど，「意味があった」と過去形で書いた。実は，1990年代以降，コーポラティズムという仕組みは衰退していると言われている。その背景にあるのは，各「関係者」が置かれた状況の変化である。まず，経営者団体については，経済のグローバル化の中で，経営者団体にとって，あえて国内で協調関係を維持し続けることにあまり意義が感じられなくなっている（第11章参照）。国内において，政府や労働組合が経営者団体にとって過剰と思えるような要求を行ってきた場合には，経営者側は，無理にその要求に応えようとせずに，たとえば生産拠点を国外に移すなどの形で「退出」することができる。次に，労働者団体（労働組合）には，組織率の低下による組織力・交渉力の減少という問題がある。組織率が低下すれば，数の力を政治的資源とすることが難しくなるだけでなく，労働組合が「労働者の代表」であることの正統性も低下するのである。

政治学における理論——(2) ステークホルダー・デモクラシー論

　政治学における「関係者を集める」方式についてのもう1つの理論として，ステークホルダー・デモクラシー論を挙げておきたい。

このデモクラシー論の鍵概念は,「ステークホルダー共同体」である。人々は,各自の利害関心に応じて,それぞれの利害関心に対応する政策争点ごとにステークホルダー共同体を構成する。各自の利害関心は複数あるので,1人の個人が複数のステークホルダー共同体に関係することもありうる。つまり,各人は,自分の複数の利害関心を異なるステークホルダー共同体において表出することができる。そして,それぞれのステークホルダー共同体における争点は,そこに属する人々によって民主的に統制されるべきとされる。

ステークホルダー・デモクラシー論の意義は,コーポラティズムと比較することで明確になる。コーポラティズムにおける「関係者」は,政府・経営者団体・労働者団体という特定の三者に限られていた。このような特徴を持つコーポラティズムは,後に述べるように,関係者「ではない」人々を意思決定プロセスから排除するという問題を抱えることになる。これに対して,ステークホルダー・デモクラシー論は,「関係者」を特定の人々に限定しない。むしろ,誰もが,(複数の) なんらかの問題について「関係者」であると考えられる。したがって,あらゆる問題について,「関係者」によるデモクラシーが可能なのである。

また,ステークホルダー・デモクラシー論の「関係者」は,特定の地理的・物理的空間内部の人々に限定されない。コーポラティズム論では,それが成り立つ場として基本的に国家が想定されていた。だからこそ,「関係者」である経営者団体が国外に「退出」することが,その存続にとって脅威となったのである。しかし,ステークホルダー・デモクラシー論では,国境を越える問題であっても,当該問題の「関係者」たちの間でステークホルダー共同体が成立しうると考える。実際,今日では,スポーツの反ドーピング,インターネットや携帯電話の仕様,商取引の慣行など,さまざまな問題について,国境を横断して形成される「関係者」のネットワークが形成され,このネットワークの中で当該問題に関する意思決定が行われている。ステークホルダー・デモクラシー論は,このような国境横断的なガバナンス・ネットワークにおけるデモクラシーを考えることにも役立つのである (第10章第4節参照)。

問題点

「関係者を集める」方式は,「自由に意見を伝える」方式以上に,意見を聴く

べき「関係者」の声をきちんと意思決定に反映できる仕組みのように見える。しかし，この方式にも問題点は存在する。

　第1に，誰が「関係者」なのかという問題がある。「関係者を集める」方式のデモクラシーにおいて，なぜある人々（あるいは集団）が「関係者」であり，他の人々（あるいは集団）はそうではないのかの基準が常に明確であるとは言い難い。とりわけ，ステークホルダー・デモクラシーでは，この点は難問となる。このデモクラシー論では，誰がステークホルダーであるかは，あらかじめ決まっているわけではない。そのことは，このデモクラシー論が国家という単位に限られない形でデモクラシーを構想することを可能にする。しかし，逆の見方をすれば，ステークホルダー・デモクラシーでは，ある問題についてどこまでの範囲の人々が「ステークホルダー」なのかが判然としない場合もあるということでもある。

　ここから第2の問題点として，関係者ではない人々は決定を受け入れることができるか，という問題が浮上する。「関係者を集める」方式では，理論的には，当該の決定の影響を受ける人々はすべて「関係者」として当該の決定プロセスに参加することが望ましいとされる。しかし，実際の多くの場合には，決定の影響を受けるあらゆる人々を「関係者」として認定することは不可能である。そうだとすれば，その決定の影響は，関係者「ではない」人々にも及びうるということになる。

　しかし，関係者「ではない」人々は，その決定を受け入れることができるだろうか。関係者「ではない」人々にとっては，「関係者」が決めたことは「一部の人々が勝手に決めたこと」であるかもしれない。そうだとすれば，なぜ「勝手に決めた」決定を受け入れなければならないのだろうか。実際，このような疑問ないし批判は，コーポラティズムへの批判として典型的なものであった。コーポラティズムによる決定事項に，労働者組織の末端の構成員が従わず，労働者組織トップの意向に反して勝手にストライキを起こすという現象（「山猫ストライキ」という）が見られるようになったのである。

　以上の2点を踏まえるならば，「関係者を集める」方式の問題点は，最終的には「関係者」選定手続きの問題へと行きつく。つまり，この方式のデモクラシーにとって重要となるのは，「関係者」による決定に先立って，「関係者」を決める手続きが広範囲の人々に受け入れられること，すなわち，「関係者」選

定手続きの正統性である。もしもこの手続きに正統性がなければ，関係者「ではない」人々は決定を受け入れることはできない可能性が高くなる。しかし，問題は，「関係者を集める」方式のデモクラシーが「誰が関係者か？」を決めるための明確な手続きを持っているわけではないという点である。単なる指名で「関係者」を集めたとして，はたして「関係者」以外の人々は納得することができるだろうか。

4 代表を決める──代表制の再検討

「代表を決める」方式で決める

2年3組では，文化祭のクラス企画を決める際に，1組や2組とは異なるやり方を採用した。このクラスでも，最初は2組と同じように，この問題を決めるのに「最もふさわしい」人々で決めようとした。しかし，いざそうしようとすると，「どうしてその人たちで決めるのか」「私もそのメンバーに入れてほしい」という声が出てきた。そこで，このクラスでは，クラス全員の選挙によって，定員5名の「文化祭クラス企画検討会議」の委員を選出することにした。クラス企画は，こうして選ばれた5名の委員によって決定される。

このような決め方を「代表を決める」方式（代表制）と呼ぼう。これも，デモクラシーのバリエーションの1つである。この方式では，「みんな」の中から「みんなの代表」を選び，その人たちの協議によって決定を行う。「みんな」が直接に決定に関わるわけではない。しかし，当該の問題について，「ぜひ自分に代わってこの問題を検討してほしい」と「みんな」が考える人々を，選挙という手続きを経た代表として決めることができる。この代表は，「みんな」が選んだ代表であり，だからこそ，代表による決定の正統性は高いと期待できる。選挙のあり方について「みんな」が納得している限り，これもまた，「みんな」のことを「みんな」で決めるデモクラシーの1つのタイプである。

「代表を決める」ことがなぜ望ましいのか

ここでは，代表制が望ましいとされるいくつかの理由について説明する。理由の第1は，代表制は政治的平等をより実現できる仕組みだから望ましい，というものである。政治的平等とは，第1節で述べたように，「みんな」が等し

い発言権あるいは参加権を持っていることを言う。一般にデモクラシーでは政治的平等が達成されるべきである。しかし，既に見たように，「自由に意見を伝える」（集団理論）や「関係者を集める」（コーポラティズムなど）の場合には，政治的平等が必ずしも達成されず，「一部の」「特定の」人々の声しか届かない可能性がある。これに対して代表制の場合には，1人1票の原則を適用することで，代表選出を通じた政治的平等が達成されることになる。

第2の理由は，代表制によって「多数者の専制」あるいは「衆愚政治」を避けることができるから，というものである。デモクラシーへの危惧は，教養がなく適切な判断力を持たない多数の民衆によって政治が支配されてしまうことへの懸念として，しばしば語られてきた。特にその時代のエリートたちは，そのような「多数者」によるデモクラシーによって，自分たちの立場が侵害されることを恐れた。

そこで，デモクラシーそのものは認めるとしても，それを「賢明な」代表が行うことが重要とする考え方が表れた。この考え方を最も端的に表明したのは，経済学者のシュンペーター（Joseph A. Schumpeter, 1883-1950）である。シュンペーターによれば，一般民衆は具体的な政治争点についての十分な知識も判断力も持っていない。したがって，「自分たちのことを自分たちで決める」というデモクラシー理解は，改められなければならない。それは，人々が自分たちの支配者になる人を認めるか拒否するかの選択の機会のこととして，理解されるべきなのである。これは，「デモクラシー＝代表制」の端的な表明であった。

代表制を望ましいとする理由の第3は，「デモクラシーの魅力のなさ」への対応策として，というものである。デモクラシーとは「みんなのことをみんなで決める」ことであって，「わたしのことをわたしが決める」こととは異なる。このようなデモクラシーの性質が，その「魅力のなさ」につながる。なぜなら，そこでは，「わたし」とは異なる他者の意見や利害を踏まえなければならず，それゆえその結果は，「わたし」が望むような結果になるとは限らないからである。その結果，デモクラシーに関わることは，ストレスフルな経験となりやすいし，その経験や結果に大きな幻滅を感じることもあるだろう。これは，経済における購買・消費活動とは大きく異なるデモクラシーの特徴である。

しかし，デモクラシーの魅力のなさという性質から，代表制の意義を導き出すことができる。つまり，「わたし」は代表を信頼して意思決定を任せること

で，デモクラシーという「魅力のない活動」を回避することができる（ただし，だからといってすべての問題の決定を代表に任せればよいというわけではない）。だからこそ，代表制は望ましい。

代表は代表できているのか

「代表を決める」方式には，「代表は本当に『わたしたち』を代表しているのか」という疑問がつきまとう。かつて，フランスの思想家ルソー（Jean-Jacques Rousseau, 1712-78）は『社会契約論』の中で，イギリス人が自由なのは選挙の時だけで，議員が選ばれた後は奴隷となってしまう，と述べた。このルソーの指摘は，代表は本当に「わたしたち」の代表なのか，という問題を提起している。

この問題は，20世紀後半以降，政党と有権者・支持者との乖離の問題として議論されてきた。かつて政党は，社会の中のある特定の属性を持った人々のまとまりを代表するものと考えられてきた。具体的には，「労働者」を代表する政党，「農民」を代表する政党，「資本家・経営者」を代表する政党，キリスト教の「カトリック」を代表する政党，といった具合である（第2章第3節参照）。有権者は，自らの社会的属性に基づいて，それに対応した政党を支持する。この場合，政党が「労働者」「農民」「カトリック」などの代表であることは，比較的分かりやすい。

しかし，このような有権者と政党との関係は，大きく変化している。現在では，それぞれの政党がどのような社会的属性を代表しているのかは，分かりづらくなっている。政党は，特定の属性を持った人々ではなく，できるだけ多くの人々にアピールしようとする。そのために，政党は，世論調査や広報の専門家の助けも借りて，広範な有権者にアピールできる政策やスローガンを，その都度考えようとする。その際には，イメージ戦略も大切になる。そこで，各政党は，リーダーの役割を強調し，リーダーの個人的なイメージによっても支持を獲得しようとする。このように，政党は，特定の社会的属性を持った人々と固定的な関係を築き，それらの人々の社会的利害を代表するのではなく，社会の多様な人々との間に，その都度のアピールやイメージを通じて一時的な関係を構築する存在へと変化しつつある。

問題は，このような政党の変化が，人々に「わたしたちの代表」という認識

を持ちづらくさせるという点である。広範な人々にその都度のアピールやイメージで訴えかける政党は，その都度の選挙では多くの支持を獲得できるかもしれない。しかし，それはいったい誰の代表なのだろうか。「みんなの代表」に見えるものは，実は誰の代表でもないかもしれないのである。こうして，「代表は本当に『わたしたち』を代表しているのか？」という問題が，今日の代表制をめぐる大きな問題となっている。

代表制の再検討

「代表は本当に『わたしたち』の代表なのか」という問題に，どのように対応できるだろうか。1つの対応は，「わたしたち」の範囲を再画定することである。具体的には，「国民」といった相当に広い範囲で，「わたしたち」を定めることである。この試みが相当なインパクトを持っていることは，「国民」の利益を守るために移民・外国人への攻撃的立場を取る排外主義的な政党の台頭から知ることができる。そのような政党の典型は，ヨーロッパ各地で一定の支持を集める極右政党である。これらの政党は，単に移民・難民・外国人を攻撃するだけではなく，その理由を，自国の自由や平等の理念あるいは社会保障制度を守ることに求める場合も多い。つまり，これらの「近代的な」理念や制度を支持するからこそ，自由な平等の理念に反する（と見える）言動を行う（とりわけイスラム系の）人々や，社会保障制度に負担をかける人々に対して，攻撃的な姿勢を取るのである。

このような「国民」を基礎とした排外主義的な政党をどのように評価するかは，論争的な問題である。ただし，ここでは，このような政党の台頭も，通常は代表選出のあり方そのものについての再検討を求めるものではない，ということを確認しておきたい。つまり，排外主義的な極右諸政党は，通常の選挙制度の下で支持を獲得している。

しかし，「わたしたち」と代表との不整合を是正するための方策は，通常の選挙制度の下でのものだけとは限らない。ここでは，代表制をより根本的に再考しようとする場合の，3つの論点を提示しておきたい。第1は，代表を選ぶ単位の問題である。第2は，代表されるものはなにかという問題である。第3は，代表の選び方の問題である。

第1に，代表制の再検討は，代表を選ぶ単位の再検討につながる。たとえば，

通常の選挙制度だからこそ、「わたしたち」の声が適切に代表されないのだ、という考え方もありうる。この考え方によれば、選挙区など、一定の地理的な範囲を単位として選出される代表は、必ずしも「わたしたち」の声を代表できるとは限らない。「女性の利益」は、その典型である。女性の立場からの要求、たとえば「女性が仕事と家庭の両立ができるような政策の充実を」という要求は、どこか特定の地理的な境界線の内部に限定されるものではないはずである。しかし、現行の地理的な境界線で確定された選挙区では、「女性の利益」を掲げる代表が選出されることは難しい。あるいは別の例として、地理的な境界線を横断して影響を及ぼす大気汚染などの環境問題も考えられる。地理的な選挙区では、各地域の立場が重視されることで、この問題に適切に取り組むことができないかもしれない。つまり、そもそもなぜ代表が「地域」を単位として選ばれるのかは、それ自体検討を要する論点なのである。

　「代表＝地域単位」という発想を疑うその先には、何が見えるだろうか。スティール若希は、この代表の再考を「クオータ（割り当て制）」の正当化に結び付ける。クオータとは、特定の集団にあらかじめ議席や候補者を割り当てる仕組みのことである。選挙での競争によって代表が選出されるという通常の考え方からすれば、クオータは「健全な競争」を阻害するものと見なされることも多い。しかし実は、現行の地域単位の代表も、「地域」という単位にあらかじめ優先的に議席を割り当てる「地域的クオータ」と解釈することができる。そして、もしもこのように現行の選挙制度の内実がクオータという特徴を持っているのならば、代表制の改善のために別のクオータを導入することも不自然なことではないはずである。このような論理で、スティールは、女性に議席または候補者をあらかじめ割り当てるジェンダー・クオータの正当性を擁護する。

　第2に、代表制の再検討は「何が代表されるのか」という問題にもつながる。この問題について、「言説代表」という考え方を紹介しておきたい。この考え方によれば、代表が適切なものであるためには、代表されるものが、「人」「集団」「利益」ではなく、「言説」も代表されるべきである。ここで言説とは、人々が世の中を理解するための言語的な枠組みのことである。言説は、さまざまな個別的・断片的な事実・情報を、ある統一的な見解へとまとめ上げる役割を果たす。たとえば、環境問題への取り組みについて、(1)現在の経済の仕組みや原理を維持したままで対策を考えるのか、(2)環境問題への真の取り組み

のためには，経済の仕組みや原理の根本的な修正が必要だと考えるのか，(3) 環境問題への取り組みのためには，経済システムのあり方だけでなく，政治システムやデモクラシーのあり方の再検討までも必要だと考えるのか。これらは，同じ環境問題についての異なる「言説」である。環境問題についての意思決定を行うためには，これらの異なる「言説」が適切に代表されなければならない。具体的には，無作為抽出で人々を集めるか，または社会調査等によって，それぞれの言説により近い考え方を持っている人々を特定し，それらの人々が，各言説の「代表」として環境問題について議論する場（通常の議会にならって「言説院」と呼ばれる）に参加することが想定されている。

　最後に，代表制の再検討は，代表の選出の仕方の再検討にも及びうる。私たちは，代表の選出は選挙によると思っている。しかし，デモクラシーにとって選挙は本質的なものだろうか。先に見た言説代表でも，言説の代表の選出の仕方は選挙ではなかった。また，デモクラシーの原点である古代ギリシャのアテネでは，評議員，政務官といった重要な役職に就く人は，選挙ではなく抽選で選ばれていた。アリストテレスも，選挙による選出は貴族政的な発想であり，抽選こそが最も民主主義的だと考えていた。本章では，デモクラシーの望ましさの理由の1つとして，政治的平等という価値があることを述べた。なんらかの政治的資源の多寡が結果に影響を及ぼしうる選挙よりも，抽選の方がより政治的平等に適っており，よってより民主主義的な選出方法だと考えることができるのである。

　興味深いことに，今日のデモクラシーの実践では抽選の復活が見られる。「ミニ・パブリックス」と呼ばれる，ある社会・政治問題について話し合うために一般市民が集まるさまざまな形態のフォーラムでは，参加者を集める場合にしばしば抽選が採用されている。ミニ・パブリックスに抽選で集められる人々は，「職業として選出される代表」ではないという意味で，「市民代表」とも呼ばれる。「市民代表」がどのくらいの最終的な決定権限を持つのかについては，なお検討が必要ではある。しかし，これらは，代表の選出＝選挙は必ずしも自明ではないというメッセージを発しているのである。

5 みんなで話し合う――熟議民主主義

「みんなで話し合う」方式で決める

　2年4組でも，文化祭のクラス企画をどのように決めるかが話題になった。このクラスでも，3組と同じように，選挙によって「文化祭クラス企画検討委員会」の委員を選出して，その委員たちが決めればよいという意見もあった。ところが，このクラスでは，「いや，やっぱり一部の人たちだけで決められると納得がいかないかもしれない」という意見も多く見られた。そこで，クラス会での多数決で決めようかということになった。しかし，いざ多数決を取ろうとすると，「それぞれの企画候補がどういうものなのか，よく分からないので，手を挙げようにも挙げられない」という声が出てきた。また，「そもそも企画候補がその3つだけでよいのか。他にもより適切な企画があるのではないか」という意見もあった。そこで，このクラスでは，改めて時間を取って，みんなでしっかりと話し合ってクラス企画を決めることにした。

　このような決め方を「みんなで話し合う」方式と呼ぼう。これも，デモクラシーのバリエーションの1つである。「みんなで話し合う」方式では，代表に任せるのではなく，「みんな」が話し合いに参加し，当該の問題についての学習も深めつつ，よく考えて決定を行う。「みんな」が直接決定に関わるという点では，この方式と多数決は共通している。「みんなで話し合う」ことで，より妥当な結論が得られる可能性も，「みんな」が納得できる正統な決定が得られる可能性も高まる。

政治学における理論――熟議民主主義

　「みんなで話し合う」方式についての，代表的な政治学の理論は，熟議民主主義である。熟議民主主義とは，話し合いの中での，熟慮を踏まえた意見の変容を重視するデモクラシーのことである。

　「話し合い」であれば何でも熟議だというわけではない。熟議を「熟議」にするのは，正当性と反省性である。「正当性」とは，熟議のプロセスが，そこで提起される「理由」の妥当性を吟味するプロセスだということを意味している。熟議の結論とは，参加者全員が妥当と見なす「理由」に合意することであ

り、このようにして「正当な」結論に到達することが期待される。「反省性」とは、熟議のプロセスが各自の見解の見直しのプロセスであることを意味する。したがって、一見「話し合って」いるようでありながら、自分の意見を振り返る姿勢がまったく見られないような一方的なコミュニケーションのやり方は、熟議的とは言えない。このように正当性と反省性を特徴とすることで、熟議民主主義は、数によって決定する多数決型のデモクラシーとも、費用便益計算に基づいて互いの利益を調整する交渉型のデモクラシーとも異なるとされる。

　なぜ熟議民主主義が望ましいと言えるのだろうか。ここでは2つの理由を挙げておこう。第1の理由は、「正しい」（＝正当性のある）集合的決定を生み出すという点である。この場合の「正しさ」には、次の2つが含まれる。1つは、事実認識における「正しさ」である。つまり、熟議を通じて、「間違った」事実認識に基づく判断の是正が期待されるのである。人々は、しばしば誤った事実認識、状況認識に基づいて判断形成を行っている。また、人々は印象的な表現などに操作されやすいし、知らないことでも知っているかのように振舞うこともある。熟議を行うことで、このような「間違った」認識が是正され、「正しい」判断につながることが期待できる。もう1つは、規範的な意味での「正しさ」である。つまり、熟議は、なんらかの価値的に望ましい決定を生み出す可能性がある。とくに熟議における理由の吟味は、「正義」に適った結論、より「不偏的な」（偏っていない）結論、より「互恵的な」（相互尊重的な）結論をもたらす可能性がある。これらは、価値的に望ましい結論である。

　熟議民主主義が望ましいとされる第2の理由は、「納得できる」（＝正統性のある）集合的決定を生み出すという点である。熟議を経た決定は、「みんな」の発言を踏まえたものであり、かつ、その決定の「理由」を妥当として「みんな」が受け入れた結果である。したがって、その決定は、熟議を経ない決定よりも正統性の高いものであると考えられるのである。

　以上の2つの理由を踏まえるならば、しばしば掲起される熟議民主主義へのある疑問が、必ずしも妥当ではないことが分かる。その疑問とは、人々の意見や立場が大きく異なっている場合には熟議はほとんど意味を持たない、というものである。熟議民主主義の立場からすれば、むしろ人々の異なり・隔たりが大きい場合こそ、熟議を通じてその異なりや隔たりを埋めていくことが重要となる。その際、正当性と正統性という、熟議が実現するとされる2つの価値が

重みを持つ。つまり，異なりや隔たりが大きいからこそ，熟議を通じて，(1)一方的な言い合いではなく「理由」の吟味を通じて「正しい」決定を模索すること，および，(2)参加者の発言を踏まえ，「みんな」が納得する「正統な」決定を模索することが重要なのである。このように考えれば，熟議民主主義は，一見したところではそれが不可能に思えるような場所でこそ，最も必要なデモクラシーであると言うことができる。

批判と応答

「みんなで話し合う」方式への批判として，ここでは2つのものを取り上げる。1つは合意に関するもので，もう1つは理性に関するものである。

第1に，合意に対する批判についてである。これにはさらに2つのタイプの批判がある。1つは，合意は不可能というものである。人々の意見や立場の対立が深刻であればあるほど，いくら話し合っても合意することなどできないのではないだろうか。もう1つは，そもそも合意を目指すことは望ましくないとするものである。「合意」形成とは，合意できない人々の「排除」をもたらすことに他ならないというのである。

これらの批判に対して，熟議民主主義についての研究を踏まえると，次のように答えることができる。第1に，合意の不可能性については，まず，先にも述べたように，人々の対立が深刻だからこそ「話し合い」を通じて，互いの立場を見直し対立の構造を変化させていくことが必要なのだ，ということを確認しておこう。その際，重要なことは，人々の対立の構造を固定的なものとして捉えない，ということである。たとえば，多くの「深刻な民族間対立（に基づく紛争や虐殺）」の事例では，人々は，対立に至る前は平和に日常生活を送っていたとされる。「民族」は自然で固定的なものではなく，むしろ対立の構造が人為的に作られるのである。そうだとすれば，人為的に作られた対立構造を，「話し合い」によって人為的に組み替えていくことも，不可能ではないはずである。

次に，「合意」概念自体を再考してみよう。たしかに，「話し合い」によって結論レベルで合意を得ることは難しいかもしれない。しかし，「何が争われているのか」「意見の違いはどこにあるのか？」についての合意ならば，どうだろうか。これを「紛争の次元に関する合意」と呼ぼう。私たちが「あの人とは

話ができない」と感じる多くの場合には，結論で合意できないからではなく，「話がかみ合わない」からそのように感じるのではないだろうか。「紛争の次元に関する合意」がもたらすのは，「話がかみ合っている」「あの人は分かっている」という感覚である。もしも「話し合い」の当事者たちがこのような感覚を得ることができたならば，対立の構造はそれ以前よりもはるかに穏健なものになっているはずである。

　第2の，理性に関する批判に移ろう。この批判は，熟議における「理由」の検討のプロセスという特徴が，「理性的な主張」と「非理性的な主張」との区別につながり，しかもその区別が往々にして人々の社会的属性に結び付いている，というものである。具体的には，女性，外国人や少数民族，低学歴の人々などの発話が，「非理性的な主張」と見なされやすい。その結果，「話し合い」を通じた排除が生まれてしまう。

　この批判への対応としては，「話し合い」におけるコミュニケーション様式の多様化によって，排除可能性を低下させることが考えられる。その際に重要なのは，標準的な熟議の考え方では「非理性的」と見なされがちな，「感情」に基づくコミュニケーションである。つまり，身体的な身振り手振り，レトリック，自分の経験の語りなども，「話し合い」における重要なコミュニケーション様式と認めることで，「理由」の妥当性の検討だけでは排除されがちな人々を包摂できるようになると期待されるのである。

6　やっぱり1人で決めた方がよい？
――デモクラシーの「魅力のなさ」と必要性

「1人で決める」方式

　2年5組の学級委員であるHさんは，少し焦っていた。5組では，他のクラスよりも文化祭の取り組みの開始が少し遅れた。他のクラスの様子を見ていると，どのクラスもクラス企画をどうやって決めるかについて苦労しているようである。どうやら，どんな決め方にもメリットもあればデメリットもあるらしい。「みんな」のことを「みんな」で決めるのは，とても難しいことのようなのだ。それに加えて，うちのクラスにはただでさえ時間がない。どうすればよいだろうか。

　Hさんは，「1人で決める」ことにした。「みんな」の意見を募ったり，指名

であれ選挙であれ，委員会を設置したり，「みんな」でじっくり話し合ったりする時間は残されていない。だったら，自分が1人ですべて決めてしまえばよいのではないか。「1人で決める」のはデモクラシーではない。しかし，幸いHさんには絶大な人望がある。「みんな」が，そして先生が，彼女を学級委員に推したのにも理由があるのだ。そうであれば，Hさんが1人で決める方がスタートの遅れを取り戻すことができるし，何より「みんな」だって文句なく従うのではないだろうか。

デモクラシーへの懐疑とさまざまな「1人で決める」方式

　デモクラシーがはたして最善の政治のやり方なのかどうかという問題は，決着済みというわけではない。本章で見たそれぞれのデモクラシー論も，それぞれに問題点を抱えていた。

　歴史を振り返ってみても，デモクラシーではないさまざまな政治のやり方が提案され，また存在した。古代ギリシャの哲学者であるアリストテレスは，政治の仕方を，(1)政治を行う人数（1人，少数者，多数者）と，(2)公共の利益に適うか／適わないか，によって分類した。1人で行う政治も，少数者で行う政治も，多数者（みんな）で行う政治も，どれにも公共の利益に適わない「悪い」タイプがある。しかし，アリストテレスは，その「悪い」タイプの中でも「みんな」で決める政治のそれが，最も「悪い」帰結をもたらすと考えた（第10章第2節参照）。同じく古代ギリシャの哲学者であるプラトンの場合，より明確に，最善の政治とは「1人で決める」タイプのものだと説いた。つまり，物事の真の姿である「イデア」を見通すことのできる「哲人王」による政治こそが，最も「よい」政治なのである。

　近代には，絶対王政の時代が到来した。キーワードは，「主権」である。主権とは，対内的には国家より下位の他のあらゆる勢力に優越する最高の決定権限のことであり，対外的には，国内問題に対する，いかなる外部からの干渉をも排除する権限のことであった。ボダン（Jean Bodin, 1530-96）によれば，「主権者」は，同意なしでも他の人々を従わせることができる。絶対王政とは，このような意味での「主権者」としての王が統治することで，宗教的な理由に基づく内乱や戦争を治めようとする仕組みのことであった。

　20世紀前半に「1人で決める」方式の政治として台頭したのは，「ファシズ

ム」であった。政治学者の山口定によれば，ファシズムとは，その国の「統合の危機」を，「既成の伝統的支配体制のかなり思い切った再編成」を伴う形で，「ナショナリズムの激しい高揚と強烈な『指導者』崇拝によって克服しようとする試み」のことである。ここでは，1人の「指導者」が決定的に重要である。「指導者」は，既存の制度に従って政治を行うのではなく，それに優越する存在である。たとえば，そのような「指導者」の典型であるドイツのヒトラー (Adolf Hitler, 1889-1945) は，彼が率いる政党（ナチス，国民社会主義ドイツ労働者党）が選挙によって相対的多数の議席を獲得したことによって首相に任命されたが，首相就任後は自ら法を変更し他の諸政党を禁止することで，独裁を達成した。

21世紀の今日でも，「ポピュリズム」と呼ばれる政治スタイルの興隆に，「1人で決める」方式への一定の期待を読み取ることができるように思われる。しばしば，ポピュリズムの特徴として，「人民」の強調とともに，「カリスマ的リーダー」の存在が指摘される。このリーダーは，既存の政治勢力からは距離を取り，エリートではない「民衆の声」を巧みに汲み取りながら明確な言葉で端的に表現し，既存の政治に立ち向かうことで支持を獲得する。ポピュリズムのカリスマ的リーダーの「指導者」的側面は，「タブー破り」の政治スタイルに表れる。カリスマ的リーダーは，これまでの政治の中で表面化されないできた事柄を「問題」としてフレーム化し，場合によっては法への抵触も辞さない形で告発する。「問題」とされるのは，「特権階層」「既得権益」であるかもしれないし，移民やその他の社会的マイノリティであるかもしれない。

「1人で決める」でよいか――本当に「1人で決める」ことができるのか
　以上のように歴史を振り返ってみるならば，「1人で決める」方式についてもさまざまなバリエーションが存在してきたことが分かる。では，私たちはデモクラシーではなく，「1人で決める」方式を支持すべきだろうか。
　ここでは，この問いを考える際に考慮すべき論点として，次の2つを述べておこう。1つは，「1人で決める」人は「間違えない」のか，という問題である。もう1つは，「1人で決める」方式は本当に1人で決めているのか，という問題である。
　第1に，「1人で決める」リーダーは「間違わない」だろうか。本節冒頭の2年5組の例で示唆したように，「1人で決める」ことのメリットの1つは，

第Ⅱ部　政治はみんなで決めるもの？

効率的かつ迅速に決めることができることにある。ただし，気をつけるべきことは，決定が迅速で効率的であることは，その結果が「間違いではない」ことを意味するとは限らない，という点である。

　もちろん，リーダーがプラトンの哲人王ならば，その定義上，間違うことはない（が，その実在可能性はきわめて低いだろう）。しかし，絶対君主やファシズムの独裁者の場合はどうだろうか。個々の事例を見ればさまざまな評価も可能ではあろうが，一般的に言えば，彼らによる政治が「間違いのない」ものだったということは難しいだろう。

　ただし，ここで問題にしたいのは，決定の内容が間違っているかどうかではない。そのレベルであれば，デモクラシーもまた，「間違った」決定を生み出す可能性がある。「代表を決める」や「みんなで話し合う」は，デモクラシーの「間違い」を抑制するための工夫であった。しかし，それでも「みんな」が必ず「間違わない」と言うことはできない。そうではなく，ここでの問題は，「間違った」場合の見直し可能性である。本章第1節で，「1人」や「少数者」で決める場合は，一度行った決定を見直すことが難しい（反省性が低い）と述べた。絶対王政やファシズムは，まさに決定の見直しが難しい典型である。見直し可能性が低いということは，「間違った」決定を修正したり撤回したりすることが難しいということである。その結果として，決定の負の影響が大きなものになる可能性がある。

　第2の，「1人で決める」方式は「1人」を貫徹できるか，という問題に移ろう。少なくとも現代において，一見したところでは「1人」で決めているように見えるリーダーも，多くの場合，実際には「みんな」からの支持を必要としている。ファシズムでさえ，少なくとも独裁体制を確立する以前には，（いくつかの留保を付す必要があるとはいえ）選挙を通じた一定の「みんな」の支持に基づいていた（ただし，ファシズムは最終的には「みんなで決める」仕組みとしてのデモクラシーを廃棄した）。今日のポピュリズムの場合は，なおさらである。定義上，「みんな」を基盤とするということに加えて，普通選挙制度の維持を前提としたポピュリズムの場合，そのカリスマ的リーダーの権力基盤は，あくまで選挙を通じた「みんな」からの支持にある。要するに，単純に「1人で決める」ということはできないのである。リーダーの良し悪しを考えることは，彼／彼女に支持を与える「みんな」の良し悪しを考えることに繋がらざるをえな

第❻章　デモクラシーを考えてみよう

コラム6　デモクラシーは「関係ない」?

　選挙の時に，テレビで「投票に行きましたか」とインタビューされる人の中には，「自分には関係ないので行きませんでした」と答える人がいる。本文で見たように，選挙による代表制はデモクラシーの1つのタイプである。つまり，「選挙は関係ない」と答える人は，「デモクラシーは関係ない」と答えていることになる。あなたがデモクラシーの支持者だと仮定した場合，このような「関係ない」論者に対してどのように反論するだろうか。

　1つの反論の仕方は，「選挙も関係がある」と主張することである。この反論によれば，選挙で選ばれた政治家が議会で決定するさまざまな政策は，実際には「関係ない」論者の日々の生活に深く関わってくる。「関係ない」論者が通っている学校のあり方も，「関係ない」論者が受け取る年金や失業給付のあり方も，「関係ない」論者が住んでいる国の安全保障のあり方も，突き詰めれば，選挙で選ばれた政治家たちによって決められている。その意味で，デモクラシーが「関係ない」ということはないのである。

　しかし，「関係ない」論者も，このようなことはある程度は分かっているのではないだろうか。分かったうえで「関係ない」と言っているのだとすれば，上記のような反論もあまり効果がないということになる。

　そこで，もう1つの「反論」の仕方として，「デモクラシーの理解が狭い」というものが考えられる。この反論は，選挙を「関係ない」とする意見をひとまず受け入れる。しかし，「たとえそうであっても，デモクラシーはあなたと関係があるのだ」と続く。デモクラシーとは，「みんなのことをみんなで決める」ことである。この「みんな」は，さまざまな範囲で考えることができる。国政選挙ならば，「みんな」は「国民」である（もちろん「国政」では「外国人」に関わる問題が検討されることもあるが，ここでは単純化して考える）。地方自治体選挙ならば，「みんな」は「住民」である。しかし，デモクラシーにおける「みんな」は，これらに限られない。本文で述べた「学級」のクラスメイトも「みんな」である。職場の同僚も「みんな」である。家族もまた「みんな」である。どのような「関係ない」論者も，1人で無人島に住んでいるのでない限り，必ずなんらかの「みんな」と関わる形で生活している。その意味で，たとえ選挙に行かなくても，デモクラシーが「関係ない」ということはないのである。それにもかかわらず「関係ない」と思ってしまうのは，「デモクラシー」を，国政や地方自治の場面でのみ考えているからである。

　さてあなたは，どのようにして「関係ない」論者に反論するだろうか。

第Ⅱ部　政治はみんなで決めるもの？

いのである。

　本章では，デモクラシーのさまざまな行い方について説明した。「みんなで決める」ことがただちに多数決を意味するとは限らないのである。本章ではまた，それぞれのデモクラシーごとに，問題点や考えるべき論点を挙げた。どこかに「最善」のデモクラシーの行い方があるというわけではないのである。しかし，本章では，だからといってデモクラシーではない決め方を採用すればよいかというと，そうとも言えないということも指摘した。

　以上のことを理解したあなたは，少し途方に暮れてしまったかもしれない。「みんなのことを決めるというのは，何と厄介なことなのだろうか」と思ったかもしれない。その通り，「みんなのこと」を決めること，特にそれを「みんなで」決めることは，厄介なことなのである。文化祭のクラス企画を決めるとは，何と面倒なことだろうか。

　それでも，「あなた」が社会の中で他の誰かと生きていく時，「あなた」は，「みんなのこと」を決める場面に直面せざるを得ない。クラス企画も，どうにかして決めなければ，先に進むことができないのである。その時，どうやって決めるべきなのか，「みんな」で決めた方がよいのか，「みんな」で決めるとしてもどのような決め方がよいのか。そのような場面に直面することは，「あなた」が今思っている以上に多いはずである。その時，本章で書かれていることが，少しは役に立つかもしれない。

参考文献

岡田憲治『権利としてのデモクラシー──甦るロバート・ダール』勁草書房，2000年。
川出良枝・山岡龍一『西洋政治思想史──視座と論点』岩波書店，2012年。
スティール若希「多様な政治的アイデンティティとクオータ制の広がり──日本の事例から」三浦まり・衛藤幹子編『ジェンダー・クオータ──世界の女性議員はなぜ増えたのか』明石書店，2014年。
田村哲樹『熟議の理由──民主主義の政治理論』勁草書房，2008年。
早川誠『政治の隘路──多元主義論の20世紀』創文社，2001年。
松尾隆佑「影響を受ける者が決定せよ──ステークホルダー・デモクラシーの規範的正当化」日本政治学会編『年報政治学2016-Ⅱ 政党研究のフロンティア』木鐸社，

2016年。
水島治郎『ポピュリズムとは何か――民主主義の敵か，改革の希望か』中央公論新社（中公新書），2016年。
山口定『ファシズム』岩波書店（岩波現代文庫），2006年。
ルークス，スティーヴン（中島吉弘訳）『現代権力論批判』未來社，1995年。
Dryzek, John S., *Foundations and Frontiers of Deliberative Governance*, Oxford University Press, 2010.

さらに読み進めたい人のために

シュミッター，フィリップ／ゲルハルト・レームブルッフ編（山口定監訳，高橋進・辻中豊・坪郷實訳）『現代コーポラティズムⅠ――団体統合主義の政治とその理論』木鐸社，1997年。
 ＊本章第3節で説明したコーポラティズム論の基本文献。本書によって，「コーポラティズム」が研究者の関心の的となった。
シュンペーター，ヨーゼフ（大野一訳）『資本主義，社会主義，民主主義Ⅰ，Ⅱ』日経BP社，2016年。
 ＊著者は経済学者であるが，本書は，デモクラシーを直接制ではなく代表制を中心に考えるべきことを明確に主張した20世紀の古典。
早川誠『代表制という思想』風行社，2014年。
 ＊代表制が望ましい理由について，現在の政治状況や熟議民主主義論などにも言及しつつ，探究した本。とくに，代表の存在理由を市民との接続よりも「切断」に求める点に特徴がある。
フィシュキン，ジェイムズ・S（曽根泰教監修，岩木貴子訳）『人々の声が響き合うとき――熟議空間と民主主義』早川書房，2011年。
 ＊本章第5節で説明した熟議民主主義について，日本語で読める代表的な著作の1つ。著者は，本文で述べたミニ・パブリックスの1つである討論型世論調査の提唱者でもある。ただし，熟議の場を制度に限定して理解する傾向があるので，田村哲樹『熟議民主主義の困難――その乗り越え方の政治理論的考察』（ナカニシヤ出版，2017年）などで，より多様な熟議の場の考え方に触れることもお勧めしたい。
齋藤純一・田村哲樹編『アクセス デモクラシー論』日本経済評論社，2012年。
 ＊デモクラシーについてのさまざまな考え方や論点を，学界の先端的な議論も踏まえつつ説明している。より深くデモクラシーを学んでみたい人へ。

（田村哲樹）

第Ⅲ部

「まち」と地域で支え合う政治

第7章
社会の現場を知ろう
―― 市民社会の意義 ――

― Short Story ―

　ミネオ君の大学の近くに，洒落たコーヒー専門店がオープンしました。オーナーは同じ大学の OB で，世界を渡り歩いてコーヒー修業をしたのち，ようやく自分の店を開いたのです。ミネオ君もここの居心地が良くて，時々足を運んでは本を読んだり，周りの客と雑談しています。

　あるとき店に入ると，地元に住む常連客の人たちと，環境サークルに入っているミネオ君の友人たちが一緒になり，真剣に何かを話し合っています。後で聞いたところでは，大学の隣にある緑地の地権者が，その土地を開発業者に売り渡し，そこに大型マンションが建つ計画が持ち上がっているそうです。その緑地は，都市部に残る，数少ない自然の残された貴重な場所です。

　そこが開発されるという話は，隣接地の開発予定を知った大学の職員から，まずは環境サークルの学生に伝わりました。大学の職員と環境サークルは，学内のリサイクルシステム作りで普段から協力しているのです。そして学生たちはそれを，コーヒー専門店で知り合った地元の常連に伝え，地元を愛する住民たちが色めき立ったというわけです。

　こうして地元で開発に反対する運動が始まろうとする矢先，その動きを知った地権者が売却を諦めたことで，とりあえず緑地は守られました。コーヒー店を介した人と人のつながりがなければ，こんなに早く問題が解決することはなかったでしょう。ただ，相続税の負担が重いため，地権者個人では，都市部の広大な緑地を維持できないのも事実。そこで緑地を市に買い取ってもらって市民の森とし，市民がその緑地を管理するという話が持ち上がり，現在，コーヒー店で相談が続いています。ミネオ君が在学中に，市民が自由に散策できる市民の森はオープンできるでしょうか。

世の中には2種類の問題がある。1つは私的問題である。これは，各個人や各家庭の自助努力によって解決されることが期待される問題である。もう1つは公共問題である。こちらは，各個人や各家庭の自助努力の範囲を超えて社会全体で解決していくことが期待される，より大きな問題である。政治課題として重要になってくるのは，言うまでもなく公共問題の方である。

公共問題の解決に当たるアクターとして，誰もが思い浮かべるのは政府（government）の存在であろう。たしかに国や自治体の仕事は，公共問題の解決に明らかに役立つものである。そうであるからこそ，私たちは政府に対して粛々と税金を納めているとも言える。

しかしながら，政府は万能ではない。公共問題は星の数ほど存在しているが，政府が保有する人員や予算には限りがある。ゆえに，すべての公共問題に対して政府が適切に対応できるわけではない。また，一般の人々にとって切実な，ある公共問題の存在が，政府内では十分共有されていないこともしばしば起こる。

では，政府によって十分解決されない公共問題は，そのまま放置されてよいのだろうか。そのような問題は私的問題として，各個人や各家庭の自助努力に委ねられる他ないのだろうか。決してそんなことはないはずである。

ここで頼りになる存在が，本章で考えていく市民社会（civil society）である。市民社会には多種多様な民間非営利の団体が存在しており，それらはさまざまな目的のために活動を行っている。それらの中には，公共問題の解決に役立つような活動をする団体も多数含まれている。

本章では，なぜ市民社会が今日の政治を考えるうえで重要な要素となるのか，また市民社会はどのように公共問題の解決に役立っているのか，について考えていきたい。さらに，なぜさまざまな市民社会組織が形成されるのか，日本の市民社会は現在どのような状態にあるのか，についても考察を加えていきたい。

1 政府への不満と市民社会への期待

市民社会とは何か

ほとんどの読者にとって「市民社会」という言葉は聞き慣れないものに違いない。市民社会は，基本的に学術的な議論の中で使われてきた概念であり，日

常語としてはほとんど定着していない。したがって,「市民社会」が何を意味するのかについて「具体的なイメージが浮かばない」という人が読者の中にいてもなんら不思議ではない。

　市民社会は,西洋の政治・社会思想史において,2000年以上にわたって議論されてきた歴史ある概念である。長い歴史の中で,市民社会は時代や場所によってさまざまな意味合いで用いられてきた。たとえば,古代においては哲学者のアリストテレスによって「政治的・軍事的共同体である都市国家(ポリス)」の意味で用いられ,近代においてはファーガソン(Adam Ferguson, 1723-1816),ヘーゲル(Georg W. F. Hegel, 1770-1831),マルクス(Karl H. Marx, 1818-83)などの哲学者によって「文明化された社会」「国家から自立した市場経済社会」「物質的・利己的な欲望の体系」などの意味でも用いられた。現代においても,論者によって多様な意味合いで用いられる傾向があり,「個人が自立しつつ連帯する理想的な民主社会」「自由で開かれたコミュニケーション空間」などと定義されることもある。特に後者の定義については,ドイツの哲学者ハーバーマス(Jürgen Habermas, 1929-)が展開した「市民的公共圏」(=自由で対等な市民間の理性的な議論が行われる場)の議論の影響が大きいとされる。

　しかし,1990年代以降,急速に発展していった,いわゆる「新しい市民社会論」と呼ばれる研究潮流においては,市民社会の定義はおおむね1つの方向性に収斂していった。つまり,市民社会を「政府でも市場でもない社会領域(セクター)」として定義するのが一般的となった。

　もう少し詳しく説明すると,市民社会は,公権力ではないという意味での「非政府性」(non-governmental)と金銭的な利潤追求が主目的ではないという意味での「非営利性」(not-for-profit)の両方の要素を満たす社会活動領域(家庭・親密圏といった私的範囲を超えた領域)を指す。

　市民社会には,さまざまな団体・組織,あるいは定常的な組織を有さない運動体などが存在し,多様な目的のために活動を行っている。それらの団体・組織・運動体は「市民社会組織」(civil society organization)と総称されるが,この市民社会組織の存在とそれらによる諸活動こそが市民社会の実体を成すものと考えられる。ゆえに,市民社会=市民社会組織と捉えても差し支えない。

　市民社会組織の具体例としては,福祉団体,環境保護団体,人権擁護団体,スポーツ・文化団体,教育団体,宗教団体,ボランティア団体,自治会・町内

会に代表される地縁団体，政治団体，行政関係団体，業界団体，農協や生協などの各種協同組合，労働組合，医療法人，学校法人，社会運動・市民運動など，多種多様なものを挙げることができる。いわゆる「NPO」(nonprofit organization) と呼ばれる存在は，日本では新興の市民団体である特定非営利活動法人（NPO法人）と法人格がない市民公益活動団体を指すことが多いが，この「NPO」も市民社会組織の一部に当然含まれる。

むろん，これら市民社会組織のすべてが，公共問題の解決に直接役立つような公益活動を行っているわけではない。中には，限定された範囲の特定の人々の私的利益や団体メンバー限定の共益の増進のために活動する団体も含まれている。しかし他方で，介護事業，環境保全活動，子育て支援サロン，国際人道支援など，公共問題の解決にダイレクトに結び付くような公益活動を主たる目的とした団体も多い。

日本における市民社会組織の具体的な活動内容を知りたければ，日本財団およびCANPANセンターが運営するウェブサイトCANPAN FIELDSで公開されている団体情報データベースにアクセスしてみるとよい。同データベースでは，約1万3000団体にも及ぶさまざまな団体の基礎情報や活動概要，活動実績などの情報が公開されている（図7-1）。この公開情報を読むと，具体的な活動のイメージが喚起されるであろう。なお，同様のデータベースは，日本NPOセンターが運営する「NPOヒロバ」や公益法人協会が運営する「NOPODAS」などもあり，いずれも広く一般に向けて公開されている。

政府への不満

こういった市民社会の存在がなぜ近年注目されるようになったのだろうか。これにはいくつかの理由があるが，その中でも「政府による公共問題の解決が十分うまくいっていないこと」が大きな理由の1つとして挙げられる。

戦争，貧困，環境破壊，疾病，失業，介護，人権侵害，社会的孤立など，世の中には無数の公共問題が存在する。政府はそれらの問題の解決に向けて，公権力を行使しつつ，強制的に税金を集め，それを原資として必要な人員を整え，規制や給付などさまざまな政策活動を行っている。

しかし，政府による政策的対応だけでは，どうしても十分解決されない問題が出てきてしまう。中小・零細企業の振興のための対策を練ってほしい，病院

第7章 社会の現場を知ろう

図7-1 CANPAN 団体情報データベースの一例
出所：CANPAN FIELDS ウェブサイト〈http://fields.canpan.info/organization/ アクセス日：2017年6月5日〉

や介護施設，保育所などをもっと増やしてほしい，失業者や生活困窮者へのサポートをもっと充実してほしい，公共交通機関をもっと利便性の高いものへと整備してほしい，公立学校の教育環境を改善してほしい，万が一の事態に備えて災害対策を強化してほしい…。行政機関には，実にさまざまな市民からの要望が，次から次へと寄せられている。それらの大半は，市民の「わがまま」といって簡単に切り捨ててよい問題とは到底言えないものばかりである。社会の現場では，自助努力だけではどうしても解決できない問題を抱えた，切実な思いをもった人々がそれだけたくさんいる，ということであろう。

しかも困ったことに，時代とともに公共問題の量は増える一方であり，質の面でも以前より複雑になってきている。その背景には，従来は個人を支える基盤となってきたはずの家族や企業による相互扶助機能の弱体化がある。つまり，保育・介護やスポーツ活動など，以前であれば家庭内や企業内で満たされていたニーズが公共問題として顕在化しやすくなっている。また，個人の価値観や

177

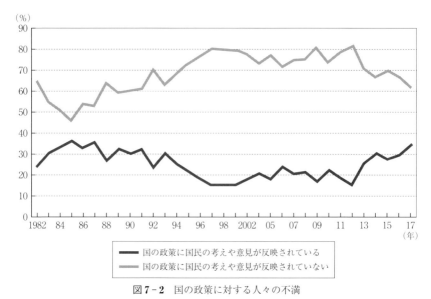

図7-2 国の政策に対する人々の不満
出所：内閣府「社会意識に関する世論調査」のデータより筆者作成。

ニーズの多様化の影響もある。教育の現場で多様性と個性を尊重したオルタナティブ教育の必要性が指摘されているように，とくに福祉や教育などの対人サービスの分野においては，均質的・一斉的・定型的な公共サービスの提供だけでは，十分問題が解決されない局面も増えてきている。

このように政府による公共問題の解決がうまくいっていないことは，人々の政府に対する強い不満につながっている。

図7-2は，内閣府が継続的に行っている「社会意識に関する世論調査」において，「全般的にみて，国の政策に国民の考えや意見がどの程度反映されている」かを尋ねた設問の回答結果を時系列で示したものである。1980年代後半以降，自分たちの考えや意見が国の政策に「反映されていない」と答える人々が増加し始め，ピーク時の2012年には実に81.9％もの人々がそう答えている。もっとも，2013年以降は徐々に「反映されていない」の回答が減り，「反映されている」という回答が増え始めているのも確かである。とはいえ，現在でも「反映されていない」の回答率が「反映されている」の回答率を大きく上回っている状況は根本的には改善されていない。人々は公共

問題を十分解決してくれない政府の政策活動に強い不満を抱いているのである。

財政事情の悪化，新自由主義，市民社会への期待

政府による現在の政策活動が不満であるならば，現政権を運営する与党を選挙で落として，現在の野党に政権交代すれば，一挙に問題が解決されるのではないか。選挙政治の観点から見れば，そのような考えが出てきても不思議ではない。

しかし，どのような政治勢力が政権を担ったとしても，今日，多くの人々を満足させるような政策活動を行うことは難しい。なぜなら，財政赤字の累積による巨額の政府債務（借金）が存在しているために，政府が政策活動に追加的に投入できる資源を得ることはきわめて困難だからである。

財務省の集計によると，日本の国・地方の長期債務残高，すなわち政府が返済しなければならない借金の総額は，約1062兆円（国866兆円，地方196兆円）である（2016年度末時点の数値）。国の一般会計予算（2016年度）は約96.7兆円なので，実に11カ年分の国家予算に匹敵する巨額の借金を日本の政府は背負っていることになる。

巨額の政府債務に苦しんでいるのは日本だけではない。OECD の統計（2015年時点）によると，対国内総生産（GDP）比でみた一般政府債務額は，日本が249％でダントツの世界一だが，その他にもギリシャ181％，イタリア158％，ポルトガル150％，ベルギー127％，フランス121％，スペイン117％，イギリス113％，アメリカ104％，オーストリア101％など，多くの民主主義国で高い値を示している。

このような厳しい財政事情の中で，政府には多様なニーズに応えるための政策活動を新たに展開できるだけの資源の余裕がないのは明白であろう。

もちろん，増税をすることによって，財政再建をしつつ政策活動をより充実させていく，という路線を採ることも原理的には可能である。しかし，先進諸国での財政赤字の拡大と経済成長の鈍化を背景に1970年代に登場した「新自由主義」（neo-liberalism）の理念が広く政治の世界で普及していったことにより，増税したり，公務員数を増やしたりする方向性を政府が採ることは，現状ではきわめて困難になっている。

新自由主義のトレンドの下では，減税や公共サービスの規模縮小など，いわゆる「小さな政府」への志向性が強くなる。さらには，市場原理が重視されることにより，規制緩和や民営化，民間委託も強力に推し進められる。したがって，政府による公共問題の解決は，量的にも質的にも低下していくか，あるいはせいぜい現行の水準を維持していくのが精一杯と言える。拡大を期待することは難しい。

　以上のように，増え続けるニーズと欠乏する資源というジレンマに苦しむ政府だけでは公共問題の解決が十分見込めないという状況を背景として，政府以外の「新しい公共」主体である市民社会に熱い視線が注がれるようになったのである。

　市民社会組織が力をつけて，さまざまな公共問題を自立的に解決してくれること，また政府と協働で公共問題の解決に動いてくれること，さらには政府が以前は直営で行っていた公共サービス供給の委託先として働いてくれることは，いずれも今日の政府にとっては歓迎されるべき事柄となっている。市民社会組織の問題解決能力に期待する部分が大きいがゆえに，政府は市民社会の活性化のための制度づくりやさまざまな団体支援策を講ずるようにもなってきている。また，さまざまな問題に苦しむ当事者にとっても，政府の取り組みに大きな期待はできない以上，市民社会組織の力に期待する声が次第に強くなってきている。

2　市民社会の3つの機能

　政府による公共問題の解決が十分行われない中で，市民社会が供給する多様なサービスは，公共問題の解決に役立つものになる。しかし，市民社会が果たす公共機能はサービス供給機能に限定されるわけではない。他にも，アドボカシー機能と市民育成機能という重要な機能がある。本節では，これらを「市民社会の3つの機能」と位置づけて，それぞれについて詳しく見ていくことにしたい。

サービス供給機能

　市民社会組織は，福祉，介護，医療，環境，教育，スポーツ，文化芸術など

の領域において，多様なサービスを供給する。また，書籍，食品，記念品などの商品を提供することもある。市民社会組織が供給するこれらのサービス（商品は「財」であるが，本章ではまとめて「サービス」と捉える）が，公共問題の解決に役立つことはすでに前節で見た通りである。

ここで注意しなければならないのは，市民社会組織が供給するサービスは，利用者に無償（ないしきわめて安価）で提供される場合もあるが，有償で提供される場合も多い，ということである。

たとえば，私立大学などを運営する学校法人は教育サービスを供給する市民社会組織の一部であるが，教育サービスの対価としてそれなりに高額な授業料を利用者から徴収している。「市民社会組織は『非営利性』が原則なのに，どうして料金をとるの？」と疑問に思う人もいるかもしれない。しかし，それは「非営利」という言葉の意味を誤解しているために生じる疑問である。

「非営利」という言葉は，「対価を要求せず，無償で提供する」「利潤を一切あげない」という意味ではない。「利潤追求を主目的にしない」「事業等で得た利潤を利害関係者間で分配しない（利潤の非分配制約）」という意味である。したがって，極端に儲けを重視した料金設定でない限り，あるいは儲けを経営陣で山分けして私腹を肥やすようなことをせず組織や事業の拡大に使っていく限り，市民社会組織が有償のサービス提供事業を行い，そこから一定の事業収益を上げることはなんら問題ないのである。くわえて言えば，市民社会組織で働く人々も，全員が無給のボランティアである必要はまったくなく，政府や企業で働く人々と同様，労働量や技能，責任に見合った給与や報酬をもらったとしても何の問題もない（もし給与をもらうことが許されないのであれば，私立大学で働く筆者はすぐにでも路頭に迷うことになる。率直に言って，それは困る）。

市民社会組織が供給するサービスは，利用者に無償で提供される場合には，政府が供給する公共サービスとかなり近いものになる。無償の場合，必要に応じて誰でも利用できるサービスとなるため，その「公共性」は高いと言える。

他方，利用者に有償で提供される場合，営利企業が供給する私的サービスとかなり近くなる。有償の場合，サービス内容に応じた対価を支払える者以外は原則として利用できないため，その「公共性」は低いと言える。

このように，市民社会組織によるサービス供給は，無償の場合は政府の公共サービス供給と，有償の場合は営利企業の私的サービス供給と，それぞれ似

通っており，ある程度政府や営利企業と競合している。

　ただし，サービスの中身を見てみると，市民社会組織のサービスと政府や営利企業によるサービスとでは性質が異なる面もある。

　政府が供給する公共サービスは，公平性や平等性が重視されるために，平均的なニーズを想定してどうしても画一的なものになりやすい。また，政府は市場競争による「倒産」の心配がない安定的な組織であるがゆえに，そこで働く公務員の怠慢や失敗リスクの回避行動が生じやすく，前例踏襲主義に陥りやすい。それゆえ，政府によって先駆的なサービスが提供されることは稀である。

　営利企業が供給する私的サービスは，一定の収益が見込まれるものに集中しがちであり，収益が上がらなければ突然供給が中断されてしまうこともあり，不安定である。また，収益性を重視するあまり，企業と消費者の間に見られる「情報の非対称性」（サービスの質や価値に関する情報量の格差）を悪用して，質の悪いサービスや不要なサービスを不当に高い価格で消費者に売りつける事態もしばしば発生してしまう。

　これらに対し，市民社会組織が供給するサービスの内容は，利用者の個別のニーズに応じて，より多様かつ柔軟なものになりやすい。また，市民社会組織は，政府や営利企業が手をつけないニッチなサービスもある程度安定的に供給し，時には先駆的なサービス供給にも果敢に乗り出す。くわえて，それらのサービスが有償の場合においても，比較的安価ないし適正価格であることが多い。

　このように，政府や営利企業によるサービスとは質的に異なる，市民社会組織ならではのサービス供給が行われているのである。それが可能になっているのは，市民社会組織が，政府のように公平性や前例に縛られずに，また営利企業のように収益性ばかりを気にせずに，自らが掲げるミッションに沿って，ある程度自由かつ自立的に活動できるためであろう。

アドボカシー機能

　市民社会は，サービス供給機能によって問題を解決するばかりではなく，人々の間で未だ十分共有されていない公共問題を「発見」する機能も有している。この市民社会の問題発見機能は，アドボカシー（advocacy：日本語に訳すと「唱導」）という観点から捉えることができる。

アドボカシーとは,「公共政策や世論,人々の意識や行動などに一定の影響を与えるために,政府や社会に対して行われる主体的な働きかけ」のことを指す。具体的には,(1)直接的ロビイング（lobbying：ロビー活動とも呼ばれる）：議員や官庁に対する直接的な陳情・要請,(2)草の根（grassroots）ロビイング：デモ,署名活動,議員への手紙送付など,団体の会員や一般市民を動員するかたちでの政府への間接的働きかけ,(3)マスメディアでのアピール：マスメディアへの情報提供,記者会見,意見広告の掲載など,(4)一般向けの啓発活動：シンポジウムやセミナーの開催,統計データ公表,書籍出版など,(5)裁判闘争,など多様な形態のものが含まれる。

　市民社会のアドボカシーは,民主政治にとって非常に重要な役割を果たしている。アドボカシーによって,社会に潜在しているさまざまな問題やニーズが顕在化し,多くの人々の知るところとなり,公共問題として捉えられるようになる。「何が公共問題か」はあらかじめ決まっているわけではない。誰かによって定義され,公論空間に投げ込まれることによって,初めて公共問題は人々の間で共有される公的アジェンダとして生成されるのである。

　こうして新たに生成された公共問題は,アドボカシーによって,今度は政策過程に表出されることになる。通常,公共問題に関する人々の要求や利害は,選挙によって政府に伝達され,結果的に政府の政策活動に反映される。しかし,選挙は数年に1回程度の頻度でしか行われない。また,選挙において,有権者は人や政党を選ぶことはできても,個別の政策について意思表明をすることはできない。さらに,選挙で表出されるのは基本的に多数者の意見であり,少数者の意見は十分表出されない。選挙にはこういった構造的な欠陥があるために,アドボカシーによって,公共問題に関する多様な意見を政府に伝達し,政策過程に表出させていく必要がある。

　市民社会のアドボカシーによって政府の政策活動が変容した近年の例としては,自殺防止対策を挙げることができる。自殺問題は,以前は私的問題として捉えられる風潮があり,政府による自殺防止対策も十分なされていなかった。しかし,長引く不況の中で自殺者数は急増し,1998年以降,年間3万人を超える高水準が維持されたこともあり,次第に深刻な社会問題として認識されるようになった。そこで自殺問題に取り組むNPOや自殺者の遺族グループなどが運動を立ち上げることにより,政府による総合的な自殺防止対策や遺族への支

援の充実を求めて，継続的なアドボカシー活動を行っていった。その結果，2006年に超党派の議員立法によって「自殺対策基本法」が成立し，以後，内閣府や厚生労働省を中心に，総合的な自殺対策が講じられるようになった。そして，NPOや政府による取り組みが次第に活発になっていくことにより，2010年以降，自殺者数は年々減少するようになった。警察庁の資料によると，2016年の年間自殺者数は2万1897人であり，ピーク時の2003年の数値と比べて，1万2000人以上減っている。アドボカシーが政策を変えることにより，尊い人命が救われた好例と言える。

市民育成機能

　市民社会は人々が出会い，集い，語らい，さまざまな取引や交渉が行われる場である。もちろん，そのような人間関係は，家庭，学校，職場などでも起こりうる。しかし，それらの場における人間関係と比べて，市民社会における人間関係は，2つの点でユニークである。

　第1に，年齢，職業，階層の面でより多様な人々と関わりをもつ可能性が高い人間関係である。家庭では血縁，学校では地域性や年齢，職場では特定の職業という，それぞれ多様な参入者を排除する「壁」がある中で関係が形成される。他方，市民社会組織ではそのような参入障壁はない場合が多く，そのぶん多様な関係が形成されやすい。

　第2に，個人の自由意思に基づいて，自発的（voluntary）に結ばれたり解消されたりする人間関係である。換言すれば，公権力や貨幣価値の力が介在する場合のように，あるいは地縁・血縁関係の場合のように，義務的ないし強制的な関係は，市民社会ではあまり見られない。あくまで自発的に形成される関係である。

　このような多様性と自発性が強く見られる人間関係が育まれる市民社会組織への参加は，人々を民主主義に適合的な「善き市民」へと育成する機能がある，と政治学では古くから指摘されてきた。

　たとえば，市民社会組織に参加し，さまざまな人々と交わることによって，人々は他者の多様な意見や利害の存在に気づくことができる。また，団体内部のメンバーと，あるいは政府や他の団体と，さまざまな交渉や取引をすることによって，人々は組織運営や交渉の難しさやうまく立ち回るための人間関係の

スキルを学ぶこともできる。さらには，サービス供給やアドボカシーの成功体験を積むことにより，「自分が参加することで世の中が動く」という有効性感覚も養われる。

このような市民社会組織におけるさまざまな経験や学習によって，人々は政治上の争点についてのより穏健な態度，異なる他者と協調し協働する精神，公共問題についての高い関心，高い政治参加意欲などを身につけることができるようになる。

以上のような，市民社会が「善き市民」を育成する機能を果たすことは，近年では「ソーシャル・キャピタル」（social capital：「人間関係資本」「社会関係資本」と訳される場合もある）の観点から説明されることが多い。

ソーシャル・キャピタルは，アメリカの政治学者パットナムが自身の著作を通じて広めた概念であり，この20年ほどあまりの間，社会科学全般で非常に注目されているものである。ソーシャル・キャピタルは，市民社会に存在する水平的かつ多様な人間関係を含むネットワーク，見知らぬ人々を含む一般的な他者への信頼（trust），互酬性の規範（norms of reciprocity）という3つの要素から構成される概念である。

パットナムをはじめさまざまな研究者が明らかにしているように，ソーシャル・キャピタルが豊かに存在している社会では，人間同士の協調関係や協力関係が自発的に起こりやすくなり，その結果として，政府の統治パフォーマンスは向上し，経済活動は発展し，治安・教育・健康などの領域における諸問題が解決されやすくなる。

この有益とされるソーシャル・キャピタルを社会に蓄積していくうえで，市民社会の水平的かつ多様な人間関係を含むネットワークは重要な役割を果たす。それらのネットワークそのものが協調関係を生成させる起点となり，同時に，それらネットワークがソーシャル・キャピタルの他の構成要素である信頼や互酬性の規範を創出する源となるからである。

以上のように，市民社会において形成されるさまざまな人間関係は，ソーシャル・キャピタルの増進という観点からも，有益なものだと見なされている。

市民社会の逆機能

以上のように，市民社会はサービス供給機能，アドボカシー機能，市民育成

機能という３つの重要な機能を果たしている。ただし，ここで注意しなければならないのは，３つの機能は常に良い結果ばかりをもたらすわけではなく，「市民社会の逆機能」とでも言うべき負の結果をもたらすこともある，という点である。

たとえば，市民社会のサービス供給は，資源不足に陥っている団体も多いことから，アマチュア的に行われる場合も多く，不安定になることも場合によってはもちろんある。また，自由意思に基づいた自発的な活動であるからこそ，特定の対象にサービス供給が集中することもありうる。

くわえて，業界団体など資源が豊富な一部の団体のアドボカシーばかりが公共政策に強い影響を与えてしまうこともたびたび起こる。それは政治的平等の観点からいって望ましくない状態である。アドボカシーによって，一部の人々のための特殊利益ばかりが政治過程に表出されると，公共利益が損なわれ，経済成長を阻害する可能性もある。たとえば，特定の企業や団体が強力なロビイングを行うことにより，自分たちのみが規制や補助金等の面で保護・優遇措置を享受するような場合である（「レント・シーキング」とも呼ばれる）。このような場合，アドボカシーが既得権擁護に寄与することとなり，他の企業・団体の新規参入や自由な市場競争が不当に制限されてしまう恐れもある。

さらに，数多ある市民社会組織の中には，差別的あるいは反民主主義的な運動を行っている団体もあり，そこでは「善き市民」が育成されるどころか，非寛容，偏見，暴力などを肯定する「困り者の市民」が育てられてしまう可能性もある。

このように，市民社会の３つの機能が民主主義にとって負の結果をもたらす「逆機能」として作用することもある点には留意しなければならない。そして，これらの「市民社会の失敗」とでも言うべき状況をカバーするためにも，市民社会とは異なる原理で動く政府と営利企業が，市民社会とは別個に存在しなければならないのである。つまり，市民社会の活動が今後どれだけ成長し，規模として大きくなっていったとしても，政府や営利企業の役割が完全になくなってしまうことはないだろうし，なくなってしまうべきでもないのである。公共問題の解決という観点からは，政府，営利企業，市民社会の３者が，相互補完的に存在しつつ，それぞれの得意なやり方で活動を続けていくことが重要である。

3 市民社会組織はなぜ形成されるのか

合理的な個人と集合行為問題

　市民社会組織を作り，それを維持していくためには，お金や時間などの面でそれなりのコストがかかる。そのようなコストを負担しなければならないにもかかわらず，なぜ人々は市民社会組織を形成するのであろうか。

　この問いに対する一般的な解答は，きっと「それだけ特定の問題を解決したいという人々の気持ちが強いから」であろう。しかし，「強い気持ち」さえあれば，人々は本当に団体や運動に関わるものなのであろうか。換言すれば，人々の「強い気持ち」さえ集まれば，本当に市民社会組織は自動的に形成されるのだろうか。

　ここで，合理的な個人というものを想定してみたい。その合理的な個人をここでは仮に「Z氏」と名付けよう。Z氏は，常に出世や金儲けといった狭い範囲の自己利益ばかりを考えているわけではなく，「もっと平和で，誰にとっても住みやすい世の中であってほしい」と日々強く願っている。つまり，Z氏は公共問題の解決に対する「強い気持ち」という点では私たちとなんら変わることのない善良な市民である。

　Z氏が合理的と言われるゆえんは，そのコスト意識の高さである。つまり，ある行動にかかるお金や時間などのコストをいつも厳密に計算し，同じ結果をもたらすのであれば，出来るだけコストがかからない方法を合理的に選択しようとするのがZ氏である。今風に言えば「コスパにうるさい奴」ということになろうか。

　たとえば，Z氏はA党の熱心な支持者であるが，選挙の際にはA党に投票することはなく，いつも棄権している。A党は選挙にめっぽう強く，万年与党の地位にある。Z氏によれば，「私はA党が常に選挙で勝ってほしいと願っている。しかし，私が投票に行こうが行くまいが，A党は常に選挙で勝っている。私が投票に行こうが行くまいが，選挙結果がほとんど何も変わらないのだとしたら，わざわざコストをかけてまで，私が投票に行くことは決してない」ということらしい。Z氏の合理的な判断は徹底している。

　さて，Z氏は環境問題にも強い関心を持っている。特にZ氏の住む地域で深

刻化している水質汚染問題には,「早く何とかしなければ」という問題意識を普段から強く持ち続けている。

そんなZ氏の元に,ある日1通のダイレクトメールが届いた。そこには,地域住民のグループが水質汚染問題を解決するための環境NPOを近日中に立ち上げる予定であり,すでに1500人の賛同者が集まっているので,あなたも設立総会に参加しませんか,という趣旨の内容が書かれていた。さて,Z氏はこのNPO設立の機会に関わろうとするだろうか。

答えはもちろんNOである。Z氏は水質汚染問題に対して「強い気持ち」はあるものの,わざわざコストを負担してまでNPO設立に関わろうとはしない。なぜなら,自分以外に参加予定者が1500人もいるのだから,自分1人が関わったところで,NPOの活動の成否にはほとんど影響を与えないと考えられ,コストを負担するだけ損だからである。逆に,自分以外の住民たちの活動によって,近い将来,水質汚染問題が解決されれば,一切コストを払わなかった自分も活動に尽力した住民と同じように「キレイになった水」を享受できる。であるならば,自分としてはコストを負担せずにただ傍観し,他者の努力によって問題が解決されていくことに期待して,出てきた成果に「ただ乗り」(free ride) した方が合理的である。Z氏はこのように考えて,水質汚染問題について「フリーライダー」の立場を取り続けようとするに違いない。

さて,Z氏のように合理的に行動する人は,世間では珍しいのであろうか。決してそうとは言えないだろう。むしろ,「どのみち同じ結果になるならば,出来るだけコストを負担したくない」というのは,ほとんどの人がそう思っている本音ではないだろうか。また,そう思っているだけではなく,普段からフリーライダーとなっている人も結構多いのではないだろうか。

もしそうであるならば,合理的な個人の多さは市民社会にとってある種の「脅威」となる。合理的な個人は,公共問題の解決に対する「強い気持ち」を持っていたとしても,問題解決のための集合的努力には積極的に関与しようとせず,フリーライダーであろうとする。ある社会に合理的な個人が多く存在すればするほど,多数のフリーライダーが発生してしまい,社会にとって有益な結果をもたらすはずの市民社会組織は一向に形成されない。あるいはいったんは形成されても,組織の規模を拡大したり,維持したりすることが困難になる。その結果,公共問題は十分解決されずに放置されてしまうのである。

このように,合理的な個人の存在を前提にすれば,フリーライダーの発生により市民社会組織は自動的には形成されないこと,また合理的な個人が多ければ多いほど社会全体としては非合理な帰結がもたらされてしまう逆説的な状況があることは,アメリカの経済学者オルソン(Mancur Olson, 1932-98)によって,「集合行為問題」(collective action problem)として定式化され,広く知られるところとなっている。

強制,監視と制裁,選択的誘因

合理的個人の集合行為問題を前提に考えると,「なぜ世の中にはこれほどたくさんの市民社会組織が存在しているのか」が逆に不思議に思えてくる。やはり多くの人々はZ氏ほどには合理的ではなく,個人の損得感情を度外視して,怒りや不満などの情念に基づいて行動しているために,実際には多くの団体や運動が形成されているのだろうか。

そのような「非合理性」に依拠した説明もたしかに可能であるかもしれない。しかし,本章ではあえてそのような説明は行わない。逆に,以下では,「合理的な個人であったとしても,どのような条件下では,フリーライダーとならずに市民社会組織の形成に関与してくれるのか」を考えていくことにしたい。合理的な個人の「ただ乗り」を制御するさまざまな方法を探究することによって,なぜ世の中にはこれほどたくさんの市民社会組織が存在しているのかが理解できるようになるはずである。

第1の方法は,強制である。労働組合のクローズド・ショップ制のように,一定の資格や立場の者を特定の市民社会組織に強制的に加入させる方法である。この方法を用いれば「ただ乗り」が抑制されることは明らかであるが,人々の自由な意思決定を損ねるという点では,あまり推奨されるべき方法ではない。実際上もこの方法を用いる団体は少ない。

第2の方法は,監視と制裁である。誰がフリーライダーなのかを監視し,集合的な努力に「ただ乗り」した場合には悪い評判を流すなどの制裁が与えられるようにすれば,フリーライダーの発生は抑制されやすくなる。

監視と制裁は,集団規模が少人数であればあるほど,効果的に行うことができる。同業者組合のように関係する人々の範囲があらかじめ限定されている小集団の方が,消費者団体のように関係する人々の範囲がきわめて大きい集団よ

りも，基本的には凝集性が高いことが知られている。これは，まさに監視と制裁が行いやすいことが関係している。

　監視と制裁は，それなりに有効な方法ではある。しかし，監視と制裁を行うのにも一定のコストがかかってしまうため，「監視と制裁のコストを誰が負担するか」をめぐって，また別の集合行為問題が発生してしまう，という欠点がある。また，強制ほどではないにせよ，ある程度抑圧的な方法であるために，人々に不快な気持ちを抱かせる恐れがある。

　第3の方法は，選択的誘因（selective incentives）の付与である。選択的誘因とは，団体に所属するメンバーのみに与えられるさまざまな便益を指す。

　たとえば環境保護団体の場合，団体活動の目的である「環境保護」という共通の利益は「ただ乗り」ができるものであるため，人々がその団体に参加しようというインセンティブとしては機能しにくい。しかし，当該団体が別途，団体所属メンバー限定で，「環境問題を楽しく語らうカフェ」を開催したり，かわいいマスコットキャラクターが印刷されたTシャツなどの独自グッズを配布したりすれば，それらの便益は人々にとって団体参加のインセンティブとして強く機能する。団体に所属するメンバーでなければ，それらの便益を享受することはできないためである。

　このような選択的誘因は，人脈形成や物品，情報といった分かりやすい便益ばかりではなく，「この団体に所属できて幸せ」「仲間と連帯することは楽しい」といった所属や連帯すること自体から得られる心理的満足感まで含めて考えることができる。

　選択的誘因の視点は，合理的な個人であっても，なぜ市民社会組織に参加するのかをうまく説明する。参加によって得られる選択的誘因の便益が，参加に伴って発生するコストを上回れば，合理的な個人であっても，団体や運動に参加するのである。

　実際の団体も，選択的誘因の重要性は十分理解しているようであり，多くの団体が所属メンバー限定のなんらかのサービスを行っている。また，選択的誘因は，強制，監視と制裁とは異なり，あくまで団体に参加するか否かは個人の自発的な判断に任される，という点において，「ただ乗り」に対するソフトな制御手段であるため，自由の観点から歓迎される側面がある。

政治的起業家と外部からの支援

　選択的誘因は，すでに出来上がっている団体が維持・拡大していくメカニズムを説明するものとしては妥当なものと言える。しかし，まったくゼロの状態から団体を立ち上げる際には，選択的誘因の視点のみでは説明がつかない事態が生じる。すなわち，誰かが最初に潜在的なメンバー候補に対して選択的誘因を提供し始めなければならないわけであるが，その負担を引き受けるのは一体誰なのか，という問題である。

　団体創設期に，選択的誘因を提供してメンバーを集めるコストを引き受けるのは，通常，団体リーダーと呼ばれる人たちである。団体リーダーは団体が出来上がった後は，代表理事や事務局長など，団体経営を主導するトップクラスの役職にそのまま就くことが多い。

　団体リーダーは合理的な個人ではないのだろうか。たしかに，実際の NPO の代表者などに会って話をしてみると，きわめて情熱的で行動力があるタイプの人が多く，普段から個人の損得勘定など度外視して行動しているように見える。実感としては，合理的な個人の要素は薄そうである。

　しかし，ここでもあえて団体リーダーを合理的な個人と仮定して，彼らの行動を考えてみよう。たしかに団体リーダーは団体創設期において，多方面への呼びかけに奔走したり，メンバーを増やすために選択的誘因を提供したりと，多大なお金と時間のコストを率先して負担しなければならない。また，結局団体形成に失敗してそれまでの努力が水泡に帰してしまうリスクも背負わなければならない。そういった面では団体リーダーは明らかに損な役回りである。

　しかし，団体形成が軌道に乗り，団体の活動が立ち上がった後は，さまざまな恩恵に与れるのも団体リーダーである。たとえば，団体の代表者としてテレビや新聞などで紹介されると自らの名声を高めることができる。また，政府の審議会の委員に指名されることもあるかもしれない。団体リーダーはつねに団体活動の中心にいるために，さまざまな外部の人々と交流し，人脈を形成しやすい利点もある。さらに，将来的に団体が事業収益などで一定の利潤を生み出すようになれば，団体内部で比較的高い給与を貰えやすいのも団体リーダーの役得である。

　このように，団体リーダーは，初期のコスト負担が大きいものの，団体形成がうまく行った場合には，一般のメンバーでは享受できない特別な便益を得る

> ## コラム7　市民社会組織とファンドレイジング
>
> 　政府は徴税によって，企業は事業収益や株式等の発行によって，資金調達を行っている。では，徴税権も株式発行権もない市民社会組織の場合，資金調達はどのように行われるのか。
> 　市民社会組織の場合でも，事業収益はもちろん重要である。しかし，必ずしも採算がとれる事業ばかりではないために，その他にも，政府や助成財団などからの補助金・助成金，会員からの会費，一般市民や企業・団体からの寄付など，多様な財源を確保する必要がある。
> 　多様な資金提供元から資金調達を効果的に行うためには，自団体の活動の意義を深く理解したうえで，他者の共感が得られるような広報戦略が必要になってくる。また，情報収集術や申請書の書き方，人脈ネットワークの広げ方などの細かいノウハウも必要である。このような市民社会組織特有の資金調達術は，近年「ファンドレイジング」(fundraising) と呼ばれている。また，認定特定非営利活動法人日本ファンドレイジング協会は，独自の認定資格として「認定ファンドレイザー」制度を作り，ファンドレイザーの育成に力を入れている。
> 　市民社会の活性化とともに，ファンドレイジングの技法とファンドレイザーの活躍の場が，今後ますます広がっていくことが予想される。

ことができる。とくに将来政界に打って出てやろうと考えている野心家の場合には，団体リーダーとして得られる名声，経歴，人脈，経験などは，よりいっそう魅力的なものとして映るかもしれない。将来的に得られる便益の期待値が，自分が負担するコストを上回ると判断されるからこそ，団体リーダーは選択的誘因を提供してメンバーを集める努力を始めるのだと言える。

　将来的に得られる大きな便益のために，イニシャルコストや失敗した際のリスクを積極的に引き受けるという点では，団体リーダーはベンチャー企業などを興す起業家の行動と似た側面がある。実際，政治学では，ハイリスク・ハイリターンを厭わず，団体形成を主導する団体リーダーたちのことを「政治的起業家」(political entrepreneur：通常は「(政治的) 企業家」と訳されることが多いが，「起業家」の方がより正しい表現だろう) という用語で表現している。

　政治的起業家である団体リーダーにとって，団体創設期にできるだけ外部からの支援を活用することは，自身のコストとリスク負担を減らすという点にお

いて合理的な判断となる。

　政府や企業，助成財団，あるいは各地の NPO センターなどの中間支援組織は，市民社会組織の活性化が有益だと判断し，さまざまなプログラムを用意することにより，団体形成を支援する活動を行っている。具体的には，補助金・助成金の交付，活動拠点や交流拠点，情報インフラなどの提供，法人設立手続きや経営面での助言などである。

　団体リーダーはこういった外部からの支援をうまく利用することにより，自分のコスト・リスク負担をできるだけ減らしているのである。換言すれば，外部からの手厚い支援がたくさんあればあるほど，政治的起業家による団体形成のチャレンジはより促進されると言えよう（コラム7）。

　以上見てきたように，合理的な個人から成る社会においても，数多くの市民社会組織が作られていくのは，選択的誘因，政治的起業家，外部からの支援，といった要因の影響があるためだと考えられる。

4　日本の市民社会の特徴と今後の課題

日本にはどれくらいの数の団体が存在しているのか

　日本の市民社会は現在どのような状態にあるのだろうか。たとえば，日本の市民社会には一体どれくらいの数の団体が存在しているのであろうか。また，日本の市民社会の規模は，他国と比べてどのような大きさと言えるのだろうか。さらには，時系列の観点から，日本の市民社会の発展はどのように捉えることができるのであろうか。以下では，いくつかの統計データを確認することで，日本の市民社会の現状を定量的に把握してみたい。

　まず，日本の市民社会に存在する団体数の大まかな推計から確認してみよう。表7-1は，現在の日本に存在しているさまざまな市民社会組織のうち，統計データが得やすい代表的なものを挙げている。多い順に，自治会・町内会約29万9000（うち法人格をもった認可地縁団体が4万4000ある），宗教法人約18万2000，医療法人約5万2000，特定非営利活動法人約5万1000，一般社団法人約4万，協同組合（農協や生協のシェアは小さく，大半は中小企業等の事業協同組合である）約3万6000，労働組合約2万5000，社会福祉法人約2万，学校法人約8000，一般財団法人約7000，といった団体数が確認される。表7-1に挙げられた団体

表7-1 主要な市民社会組織の数

種　類	調査年	団体数
自治会・町内会	2013	298,700
宗教法人	2014	181,810
医療法人	2016	51,958
特定非営利活動法人	2016	51,477
一般社団法人	2016	39,582
協同組合	2009	36,492
労働組合	2016	24,682
社会福祉法人	2015	20,303
学校法人（準学校法人含む）	2015-16	7,898
一般財団法人	2016	6,630
公益財団法人	2016	5,318
公益社団法人	2016	4,152
合　　計		729,002

出所：岡本仁宏「法制度」坂本治也編『市民社会論——理論と実証の最前線』（法律文化社，2017年）：表11-1，11-2．厚生労働省「平成28年労働組合基礎調査」，総務省「自治会・町内会等とは」のデータより筆者作成．

　数を合計すると約73万である。現在の日本には少なくともそれだけの数の市民社会組織が存在しているということができる。1つの目安となる数値であろう。ちなみに，営利法人の株式会社は，約200万社存在しており（国税庁法人番号公表サイトのデータからの推計，2017年），市民社会組織よりも圧倒的に数が多い。
　以上の数字について，ただちに補足しておかなければならない点が3つある。
　第1に，表7-1のデータには法人格を持っていない，いわゆる「任意団体」の数は，自治会・町内会を除き，ほとんど含まれていない。法人格がない任意団体は，大小さまざまな種類のものが存在しており，数人で構成されるサークルのようなものまで含めて考えると，文字通り無数とも言える数の団体が存在している。たとえば，公式の統計が存在しないマンション管理組合の数は，一説には8万を超えるとされる。任意団体の数を正確に把握するのは不可能に近いが，少なくとも数百万以上は存在するであろう。したがって，任意団体まで含めて日本に存在する団体数を考えると，表7-1で示した73万という数字は大きく書き換えられることになろう。
　第2に，73万の市民社会組織が存在するとはいえ，そのうちの何割かは実際にはほとんど活動を行っていない「休眠団体」か，あるいは実体を伴わない名

義的に存在するだけの団体である。したがって、活動実態がある団体だけで言えば、日本に存在する市民社会組織の数は73万よりも少ないはずである。

第3に、表7-1に挙げた団体の種類は代表的なものばかりであり、実際には他にもたくさんの法人格（例：職業訓練法人、更生保護法人、商工会議所など）が存在し、それら法人格ごとに一定数の非営利法人が存在している。表7-1に挙げなかった法人格は比較的マイナーであるものが多く、統計情報としてもどれくらいの法人数があるのか、はっきりしないものもある。それら法人数を正確に算入すれば、表7-1の73万という数字は修正を余儀なくされるであろう。

市民社会の国際比較

日本の市民社会の規模を他国の市民社会と比べた場合、どのような大きさと言えるのか。次にこの点を見ていこう。

最初に確認しておきたいのは、市民社会の規模を国際比較することはきわめて難しい作業である、という点である。上記でも見たように、データ上の強い制約から、市民社会の規模を正確に把握するのは一国内においてもきわめて難しい。国際比較となると、なおさら困難を極める。法人数や団体数といった観点からの国際比較を十分な形で行うのは現時点では不可能と言える。

唯一と言っていい、貴重な国際比較の成果は、アメリカのジョンズ・ホプキンス大学のサラモン（Lester M. Salamon）らの「非営利セクター国際比較プロジェクト」（The Johns Hopkins Comparative Nonprofit Sector Project）による2004年時点の世界36カ国の調査結果である。そこでは「労働力人口に占める市民社会セクターの労働者数（有給スタッフと無給のボランティア）の割合」が各国の市民社会の規模を示す代理指標として用いられている。

図7-3はサラモンらの国際比較の調査結果を示したものである。日本の「労働力人口に占める市民社会セクターの労働者数の割合」は4.2%（有給スタッフ3.2%、無給ボランティア1.0%）であり、36カ国の平均値4.4%をやや下回る値となる。順位で言えば、36カ国で16位である。ただし、先進国である16カ国の中で比較すると、15位であり、先進国の平均値7.4%を大きく下回る。特に無給ボランティアの少なさが先進国の中では際立っている。

総じて、先進国の中では、オランダやアメリカなどの「市民社会大国」に比

第Ⅲ部 「まち」と地域で支え合う政治

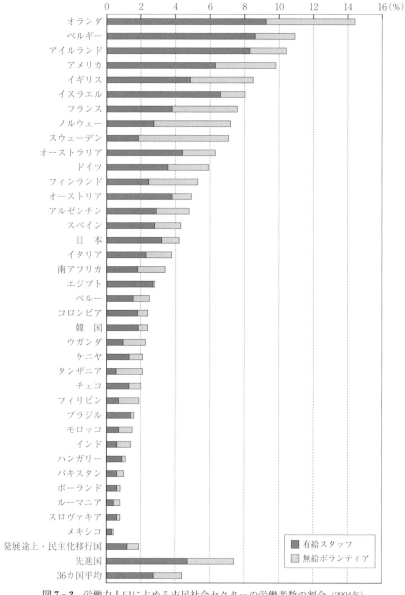

図7-3 労働力人口に占める市民社会セクターの労働者数の割合 (2004年)
出所：Salamon et al. (2004): 296.

第7章 社会の現場を知ろう

べると，日本の市民社会の規模は小さい方だと言える。なお，サラモンらは別途，「能力」(capacity)，「持続可能性」(sustainability)，「インパクト」(impact)という3つの観点から「グローバル市民社会インデックス」(Global Civil Society Index) を作成し，各国の市民社会の「強さ」をスコア化している。しかし，このインデックスで見た場合でも，世界各国の市民社会と比べた場合の日本の市民社会の相対的な位置はほぼ変わらず，全体の中では中位よりやや下，先進国の中では最低クラスという評価になる。

市民社会の時系列比較

時系列の観点から，日本の市民社会の発展はどのように捉えることができるのであろうか。時系列比較で現在の日本の市民社会の姿を正確に摑むことも，データ上の制約から，なかなか難しい作業である。ここでは，国税庁が毎年公表している「国税庁統計年報」に収録されているデータに依拠して，日本の市民社会の時系列比較を行ってみよう。

国税庁は「法人税の課税対象となる事業収益を上げて確定申告を行った非営利法人等」の全数を把握している。ここで把握される非営利法人等の数は，表7-1で見たような単なる名目上の団体数とは異なり，ある程度組織基盤がしっかりとあって，収益性のある事業を行うなど一定の活動実態も伴っている非営利法人等の実数だと考えられる。

図7-4はその非営利法人等の数の推移を，国税庁の分類カテゴリである「公益法人等」(公益社団・財団法人，一般社団・財団法人 (非営利型)，社会福祉法人，学校法人，宗教法人，特定非営利活動法人など。医療法人や企業組合は含まれない)，「人格のない社団」(任意団体)，「協同組合等」(農協，漁協など) ごとに示したものである。

これを見ると，「公益法人等」の数はこの50年間一貫して伸びており，規模としては約20倍の大きさに成長したことが分かる。とりわけ2000年代以降の伸び率がかなり大きくなっている。現在は約5万法人 (2015年度) となっている。同様に，「人格のない社団」の数も一貫して増加を続けており，現在約1万7000団体 (2015年度) となっている。

他方，「協同組合等」については，組織合併が進められたこともあって，1980年代をピークとしてその後は徐々に減少傾向にある。現在は約4万4000法

197

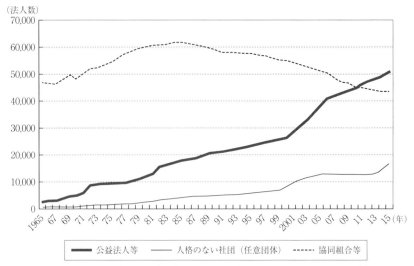

図7-4 法人税の課税対象となる事業収益を上げて確定申告を行った非営利法人等の全数の推移（1965〜2015年）
出所：国税庁統計年報各年版より筆者作成。

人（2015年度）であり，2011年度以降「公益法人等」の数を下回るようになっている。

総じて，「協同組合等」の数は減少傾向にあるものの，3つのカテゴリを合計した法人等の数は，1965年度の約5万から2015年度の約11万へと増加していることが確認される。

以上のように，国税庁のデータから，組織基盤と活動実態がしっかりとある市民社会組織の数は，この50年間で2倍以上に増えていることがうかがえる。日本の市民社会は，時代とともに，間違いなく着実に成長を続けていると考えられる。

二重構造の市民社会

上記のように日本の市民社会の特徴を定量的に把握する作業はいったん脇に置いて，今度は定性的に把握してみると，どのような特徴が浮かび上がるのだろうか。

アメリカの政治学者ペッカネン（Robert J. Pekkanen）は，日本の市民社会の

伝統的な「二重構造」性を指摘した。市民社会が「二重構造」になっているというのは、行政と親密な関係にある団体とそうでない団体との間に大きな質的な違いがある、という意味である。

　前者のタイプの団体の典型は、行政の外郭団体であるような（旧民法34条上の）財団・社団法人、あるいは社会福祉法人や学校法人、自治会・町内会などである。これらの団体は、行政から設立時に支援を受けたり、設立後も行政から指導監督を受けたり、手厚い保護や財政上の支援を受けたりするなど、行政との関係が濃密である。また、行政からの支援の影響もあって、団体の財政や組織基盤がそれなりにしっかりした団体であることが多い。ただし、行政との関係性を考慮して、行政が快く思わない内容のアドボカシーはほとんど行わないという特徴がある。

　他方、後者のタイプの団体の典型は、環境保護団体、消費者団体、福祉・教育分野の草の根の市民グループなどである。これらの団体は、行政とは一定の距離を置くことが多く、行政の施策に対しても批判的である場合が多い。それゆえ、行政に対して対抗的な内容を含むアドボカシーを積極的に行いやすい特徴がある。その反面、団体の財政や組織基盤は脆弱であることが多く、法人格も持っていない団体が多い。くわえて自治会・町内会ほどには、広範な人々の参加対象となる団体にはなっていない。それゆえ、これらの団体によるアドボカシーが有効に行われることは少なく、政策過程への影響も非常に限定的である。

　以上のように、行政との距離感によって質的に異なる2種類の市民社会が形成されているのが日本の「二重構造の市民社会」（dual civil society）の特徴である。そして、この「二重構造の市民社会」の形成に大きな影響を与えたのが、日本の非営利法人を取り巻く伝統的な法制度の特異性であった。

　旧民法34条を中心としたかつての非営利法人制度の下では、非営利の団体が法人格を取得する方法は限られており、基本的には事業内容ごとに存在する主務官庁の許可を得なければ法人格を得ることは不可能であった。つまり、行政の側に「どのような団体に法人格を付与するのか」についての大きな裁量権があった。くわえて、介護や保育など特定の事業に参入するには特定の法人格を有することが条件となっていた。法人格を限定することによる一種の参入規制が行われていたのである。同様に、寄付税制を含む税制上の優遇措置を得よう

とする場合にも，行政側の判断次第という法制度上の仕組みになっていた。

　法人格や税制上の優遇措置の取得は，団体が「専門職化」（professionalization）していく過程では必須とも言えるものであり，これら法制度上の「恩典」がどれだけ広範囲の団体に認められるかによって，市民社会の発展は左右されるといっても過言ではない。しかし，日本では伝統的に，どの団体に「恩典」が与えられるのかは，事実上行政の裁量によって決められていた。それゆえに，行政との距離感によって質的に異なる2種類の市民社会が形成されたのである。

　ただし，以上のような「二重構造」性が日本の市民社会の特徴として強く見られたのは，とくに1990年代までである。その後，1998年の特定非営利活動促進法（NPO法）の制定とその後の数次にわたる改正，および2006年の公益法人制度改革関連3法案の制定による公益法人制度改革を経て，日本の非営利法人を取り巻く法制度は大きく様変わりした。また，規制緩和の潮流の中で，さまざまな分野において，法人格による参入規制も次第に撤廃されるようになった。

　このような法制度改革の影響によって，行政の裁量権や法人に対する指導・監督権は大きく削減され，一定の基準を満たせば，どのような団体であっても法人格や税制上の優遇措置を取得したり，事業に参入したりできるようになった。それゆえ，伝統的な日本の「二重構造の市民社会」は，現時点では残存している部分もうかがえるものの，徐々に溶解していく方向で推移していると言える。

残された今後の課題

　日本の市民社会は今後どういった方向に進んでいくのだろうか。どのような今後の課題が残されているのだろうか。これについてはさまざまな論点が考えうるが，ここでは2点に絞って検討を加えてみたい。

　第1に，市民社会組織の財政力をいかにして高めていくかを考える必要がある。日本の市民社会は，団体数自体はかなりたくさん存在しているものの，1つ1つの団体の財政力がまだまだ貧弱である。これは国際比較の観点から見ても言えるし，日本の中で営利企業と比べた場合にも言えることである。

　財政力が弱いことは，市民社会組織で働く人々の労働条件の悪さにも繋がっ

ている。たとえば，独立行政法人労働政策研究・研修機構の2014年の調査によると，特定非営利活動法人の正規職員の年間給与額は「平均的な人」の場合で約260万円であり，同等規模の一般的な営利企業の労働者の給与水準（約336万円）と比べて明らかに低いという。しかし，労働条件を改善することなくしては，良質な人材が市民社会に流れて来ないのは明白である。市民社会の発展には，労働条件の改善が急務と言えよう。

　市民社会組織の財政力を高めるうえでカギを握りそうなのが，寄付の拡大である。日本ファンドレイジング協会の『寄付白書2017』の推計によると，2016年１年間の個人寄付総額は7756億円である。これは同年のアメリカ（約30兆7000億円）やイギリス（約１兆5000億円）の寄付総額と比べて，かなり低い数値であり，まだまだ開拓の余地があると言われている。

　第２に，どうやって広範囲の人々を市民社会組織に巻き込むのかを考える必要がある。市民社会組織は年々増加しているが，他方で皮肉なことに，一般の人々は年を追うごとに団体へ参加しなくなってきている。たとえば，明るい選挙推進協会が継続的に行っている有権者意識調査によると，2016年時点で自治会に加入している人は25.7％，PTA 6.2％，労働組合5.3％，農業関係団体3.0％，「どれにも加入していない」43.2％であった。この団体加入率の値は，1986年調査時はまったく異なり，それぞれ自治会69.7％，PTA 16.5％。労働組合11.0％，農業関係団体9.4％，「どれにも加入していない」17.0％であった。日本人が団体に関わりたくない意識を強めていることは明白である。なお，このような人々の団体参加の衰退現象は日本だけにとどまらず，アメリカなど多くの先進国で指摘されている事象である。

　人々の団体参加が衰退しているのは自治会や労働組合といった伝統的な組織に限られるのだろうか。決してそんなことはなさそうである。たとえば，明るい選挙推進協会の2016年調査では，「NPO・地域づくり団体」への団体加入も尋ねているが，加入率はわずか1.9％である。また，内閣府が2013年に実施した「NPO法人に関する世論調査」では，「NPO法人が行う活動に参加したい」かどうかをダイレクトに尋ねているが，参加したいと「思う」と答えた人は全体の17.5％にとどまり，71.6％が「思わない」と積極的に参加を拒否し，10.8％は「わからない」と答えている。新興のNPOといえど，人々の拒否意識はそれなりに高いことが確認できる。

どうすれば，人々を市民社会組織に巻き込むことができるだろうか。これは非常に難しい問題であるが，選択的誘因の提供方法を工夫したり，「団体に関わるのは，なんとなく面倒くさそう」といった人々の偏ったイメージを払拭したりするところから始めていくしかないだろう。地道な努力ではあるが，客観的な観点から市民社会の現状を見つめ，その意義と限界を冷静に見定めていくことが必要である。そのためには，本章で示してきたような市民社会についての学術的知見が，より多くの人々に共有される必要があるのではないだろうか。

本章では市民社会の意義と現状について，さまざまな角度から検討を加えた。市民社会というテーマは政治学の中ではかなりマイナーかもしれない。政治学の花形はやはり選挙，政党，官僚制，国際政治などのテーマであろう。

しかし，学生の読者の多くは政治学者になるつもりもなければ，政治家や官僚を将来の進路として志望しているわけでもないだろう。ゆえに，実際の人生の局面で，選挙は別として，政治家や官僚といった人々や国際政治の場と直接関わりを持つ機会はほとんどないはずである。

他方，市民社会はそう珍しい存在ではない。どこにでもあるものである。これから社会の現場に身を置く中で，必ず1つや2つ程度の市民社会組織と直接関わりを持つ機会があるだろう。なんらかの団体に加入して，さまざまな人々と交流し，一緒に力を合わせてなんらかの公共問題を自主的に解決していくこともあるかもしれない。場合によっては，自らが政治的起業家となって率先して団体を作り上げ，なんらかの公共問題の解決を訴えてアドボカシー活動に勤しむ可能性だって皆無ではなかろう。その意味では，本章の内容は政治学の学習を超えて，多くの人々に知っておいてもらいたい「社会人の基礎知識」なのである。

参考文献

後房雄・坂本治也編『現代日本の市民社会――サードセクター調査による実証分析』法律文化社，2019年。
勝田美穂『市民立法の研究』法律文化社，2017年。
日本ファンドレイジング協会編『寄付白書2017』日本ファンドレイジング協会，2017年。
パットナム，ロバート（河田潤一訳）『哲学する民主主義――伝統と改革の市民的構造』NTT出版，2001年。

パットナム，ロバート（柴内康文訳）『孤独なボウリング――米国コミュニティの崩壊と再生』柏書房，2006年。

森裕城・久保慶明「データからみた利益団体の民意表出――有権者調査・利益団体調査・圧力団体調査の分析」『年報政治学』2014年1号。

Salamon, Lester M., S. Wojciech Sokolowski, and Associates, *Global Civil Society : Dimensions of the Nonprofit Sector*, volume two, Kumarian Press, 2004.

(さらに読み進めたい人のために)

坂本治也編『市民社会論――理論と実証の最前線』法律文化社，2017年。
* 国内の第一線級の研究者たちによって書かれた，市民社会の理論と実証に関する最新の教科書。本章の内容を踏まえて，さらに市民社会について深く，広く勉強したい人に最適の一冊。

植村邦彦『市民社会とは何か――基本概念の系譜』平凡社（平凡社新書），2011年。
* 古代から現代に至るまでのさまざまな思想家の議論に着目しつつ，「市民社会」概念の歴史を包括的に整理し，分かりやすく紹介してくれる良書。本章の議論ではほとんど扱えなかった「市民社会」の思想史を理解しておくことは重要である。

オルソン，マンサー（依田博・森脇俊雅訳）『集合行為論――公共財と集団理論』ミネルヴァ書房，1996年。
* 本章でも紹介した「集合行為論」の古典である。原著は50年以上前に書かれたものであり，時代背景の知識がなければ読むのが少し大変かもしれない。しかし，時空を超えて人間社会の本質を突いた歴史的名著なので，一度は目を通しておきたい。

ペッカネン，ロバート（佐々田博教訳）『日本における市民社会の二重構造――政策提言なきメンバー達』木鐸社，2008年。
* 日本の市民社会の「二重構造」性を指摘した画期的著作。著者がハーバード大学に提出した博士論文がベースとなっている。自治会・町内会の活動実態の分析，NPO法制定過程の分析なども含まれており，日本の市民社会の特徴を考えるうえでは外せない一冊。

サラモン，レスター（江上哲監訳）『NPOと公共サービス――政府と民間のパートナーシップ』ミネルヴァ書房，2007年。
* アメリカの非営利組織研究を牽引する第一人者によって書かれた優れた専門書。政府との相互関係の中で市民社会の意義と限界を考えるうえで必読の一冊である。また，アメリカの市民社会の歴史的展開を掴むうえでもたいへん有益な内容である。

(坂本治也)

第8章
市役所と地方議会に行ってみよう
―― 地方自治の理念と現実 ――

―― Short Story ――

　ある日曜日，ミネオ君は地域のまちおこしイベントに顔を出しました。友人の1人がまちおこし団体に入って地域活動に取り組んでおり，今日は今年初めての大規模なイベントの日なのです。商店街を歩行者天国にして大道芸，音楽，模擬店，子供向け遊びコーナーなど，さまざまな催しが行われています。普段は人通りの少ない古い商店街ですが，今日は見違えるようです。

　子供相手の工作教室に陣取っていた友人を見つけると，友人はミネオ君に会場を案内してくれました。「ずいぶん人が集まっているね」と言うと，友人は嬉しそうに説明してくれました。街なかに人通りを取り戻そうと，商店街の振興組合，まちおこし団体，学生団体，市役所のまちづくり担当の部署などが集まって協議を続け，今日のイベントが可能となったそうです。市役所というと住民票を取る程度の関わりしかなかったミネオ君ですが，いろいろな民間の団体と1つのテーブルを囲んで相談することもあるのだな，と少し驚きました。

　「ただ，以前はそうでもなかったらしいけど」。友人は言います。数年前，市議会で市民参加や市民協働に関する条例が可決され，行政と市民の協力がやりやすくなったことも大きいのだそうです。「あ，あそこでたこ焼きを焼いているのが，その条例成立で中心となった議員の人だよ」。友人は手を振ります。こういった身近な場面で，市民と行政，議会の協力を感じることができるのだなあとミネオ君は思いました。

地方自治と呼ばれる全国の都道府県・市区町村で繰り広げられる政治と行政は，「身近」であることに特徴がある。そのことから，地方自治は「民主主義の学校」であるとも言われる。地方自治は国政に比べて，市民と議員・首長との物理的な距離が近いだけでなく，私たちが地方議員や首長と関わりを持とうと考えるならば，その機会はいろいろと見つけられるし，国会議員よりも地方議員に立候補し当選を目指すほうが容易である。また，地方自治体が決める政策について，私たちが政策をつくる段階で，あるいは決める過程に加わる機会も多様に整えられている。このように「身近さ」が市民の地方自治への関心を高め，積極的に関わろうとする人々が増えることが望ましいことだと考えられるのであるが，現実は必ずしも理想どおりにはなっていない。地方レベルの議会選挙，首長選挙の投票率は低下傾向にあり，首長の多選，首長・地方議員の無投票当選の増加など，政治参加の機会が活かされていない現実がある。一方，地方自治体が制定する法的なルールである条例や自治体全体の将来像を描く各種計画をつくる過程に市民が参加したり，意見を述べる機会も，全体としては増えている。また，地方自治体の域内全体の有権者が直接，意思決定を行う住民投票も全国各地で行われている。このように市民が政治に参加できるという地方自治の持つ「身近さ」が，より質の高い政策を実現させたり，より多くの市民の合意を形成することが望ましいと思われるのであるが，実際にはさまざまな課題がある。

　本章では，地方自治の特質である私たちにとっての「身近さ」を理解するとともに，そのしくみが現実にはどのように作用しているのか，そして，現実に表れる問題をどのように解決してゆけばよいのかを考えたい。

1　二元代表制という地方自治のしくみ

住民自治と団体自治

　地方自治は，地方自治体に関する事項を住民の意思に基づいて決定・実行するという住民自治と，地方自治体が国から自律して自治体に関する事項を自主的に決定・実行するという団体自治の2つの要素によって構成されている。

　本章では，住民自治を中心とした説明を行うが，その前に，地方自治のもう1つの主要な要素である団体自治について概観したい。第1に，日本の国と地

方との関係は，集権融合型と呼ばれる特徴を持っている。すなわち，国が地方自治体よりも多くの権限や財源を有しており，地方自治体の活動を制約する力を持っている。そして，国が行うべき事務であっても地方自治体に任されて執行されたり，地方自治体が行う事務に対して国がさまざまな形で関わりを持つ。日本の国と地方との関係は，戦前にドイツをモデルにして制度が整備された経緯を持つことから，ヨーロッパ大陸諸国との共通性を持っている。これに対して，英米をはじめとするアングロ・サクソン系諸国の地方自治は分権分離型と類別される。すなわち，国と地方自治体の事務が明確に区別されており，地方自治体は法律によって個別に定められた事務のみを行う。地域住民に対する国の事務は，地方自治体に任せることなく，国が出先機関を設けて直接に執行する。日本では，戦後，日本国憲法と地方自治法の制定によって，戦前の地方制度が有していた集権性，融合性は緩和されたものの，従前の性格が残された。

　第2に，日本の地方自治を諸外国と比較すれば，地方自治体が行っている事務量は多く，地方財政の規模（自主財源比率と歳出規模）も大きく，国と地方を合わせた政府活動全体に占める地方自治体の割合は高い。地方自治体の中にはこうした権限や財源を活かして，国が行っていない先進的な政策を形成し実践するなど，国の政治・行政とは異なる独自性を発揮してきた。公害防止，福祉，環境アセスメント，情報公開などの政策はまず，先進的な地方自治体が導入し，これが他の地方自治体に波及し，国の政策刷新を促した経過を辿っている点が注目される。

　一方，日本の地方自治体の代表機構と基本的な行政組織は，日本国憲法と地方自治法によって画一的に規定されている。基本的な地方自治体のしくみは，人口規模にかかわらずほぼ同じであり，多様な地方自治制度を認めることに国はきわめて消極的である。

国政と地方自治——首相と首長との違いはどこにあるのか

　現代日本の地方自治の基本的なしくみは，主として日本国憲法（第92条から95条）と，地方自治法をはじめとする法律によって規定されている。その最大の特徴は，行政部門のトップである首長と，地方議会の議員のそれぞれを別々に選出する二元代表制にある。

　現代日本の政治・行政のしくみは，国政レベルでは議院内閣制が採用されて

第8章 市役所と地方議会に行ってみよう

> ### コラム8　地方分権改革
>
> 　1980年代後半以降，中央集権体制が地方自治体の自主性を阻害する問題が各地で現れ，地方分権改革が大きな政治課題となった。2000年に地方分権一括法が施行され，主務大臣が知事および市区町村長を指揮監督する方式で国の事務を地方自治体に執行させていた機関委任事務制度の廃止（以後，機関委任事務として行われていた事務のほとんどは，地方自治体が主体的に行う自治事務および法定受託事務として執行されるようになった），国が地方自治体の設置する機関や職員の資格などを規定してきた必置規制の見直し，国の地方自治体に対する関わりである関与のルール化などを行い，国と地方自治体との関係を上下・主従から対等・協力を基本とするように改革した。地方分権はその後も，法令等の見直し等地方自治体の自由度を高める方向で断続的に行われている。また，国から地方自治体に配分する国庫補助金の見直し，国から地方自治体への税源移譲，国から地方自治体に配分する地方交付税交付金の削減を柱とした地方財政改革（三位一体改革）が行われた。こうした一連の改革によって集権融合型と呼ばれる地方自治の特徴は，徐々に相対化されつつある。

いる（第5章第3節参照）。すなわち，国民が選出した議員によって構成される国会が，衆議院議員の中から内閣総理大臣を指名し，指名された内閣総理大臣が国務大臣を任命することによって，行政部門の最高機関である内閣を構成する。内閣は通常，立法部門である国会の多数派に支えられ，信任を得られることによって成り立っており，国会に対して連帯して責任を負っている。議院内閣制は，国会が内閣を支えるしくみであり，一元的な代表制である。これは，行政部門のトップである大統領を，国会ではなく国民が選挙によって選出する大統領制，あるいは，地方自治体で採り入れられている二元代表制とは対照的な制度である。

　一方，地方自治体では，首長（都道府県知事，市町村長，東京都の特別区の区長の総称。正式には「しゅちょう」と読むが，地方自治体の関係者は通常，「くびちょう」と読む）が直接公選され，しかも独任，すなわち地方自治体の行政部門をトップの座に就く1人の者が運営する方法を採用している。通常，私たちは4年に1度，自らが属する地方自治体（市町村，東京都の特別区および都道府県）の首長を選挙することができるとともに，有権者の信任を欠いた首長を，一定の手続

きを経て解職させるという権力濫用をチェックする制度も整えられている。この点も，議院内閣制との大きな違いである。また，首長は地方自治体の職員を一括して採用し，任免する人事権を持っており，自らの意向に従って行政部門全体を見渡したうえで，職員を配属し，異動させることができる。さらに，部局を新設したり統廃合するなど，行政組織を改革したり再編成し，あるいは，新たな政策を導入したり複数の分野にまたがる政策を調整することもできる。このように，議院内閣制度と比べると，首長が直接かつ独任で公選されるという要因により，首長が積極的な自治体運営を行う意欲と指導力を発揮するならば，円滑かつ大胆に実行できる余地が大きいと言える。

首長の権限──集中と分散のバランスをどのようにとるか

地方自治法の規定によれば，首長は，地方自治体を統括し，代表する役割を持っている。そして，行政部門の頂点に立ち，多数の職員を指揮監督し，事務を管理・執行することによって，地方自治体を運営する。具体的には，議会に提出する条例案や予算案を作成する権限を持つ。地方自治体がなんらかの活動をするためには，法的根拠となる条例を制定しなければならないし，財源の裏付けを予算として準備しなければならない。後に説明するように，条例案や予算案は議会で議決されなければならないが，首長を補佐する膨大な職員がそれぞれの部門に配属されて行う業務を通じて，これらの原案を作成する。そして，議決された条例や予算を執行することによって，政策を実現するように努めるが，首長は条例を執行するための細かいルールである規則を制定する権限を持っている。

首長の地方自治体の代表としての役割と関連して，首長は自治体を象徴する存在と位置づけられる。首長の役割は，行政部門のトップとして地方自治体を運営することに止まらない。各種団体が行う会合に出向いて挨拶をしたり，住民有志や団体から出される要望を聴く機会を設けたり，国内外のゲストが訪問した際の対応，記者会見をはじめとするマスメディアへの対応を行っている。そして，住民はマスメディアを通じて報道されるこれら首長の動向を通じて，地方自治体の活動を認識する。一方，首長も市民に対して，認知度を高めるように存在をアピールすることによって，支持者の拡大に努めようとする。

このように，地方自治体の行政活動は，首長を頂点として行われるのが基本

であるが，現代日本の地方自治は，首長がすべての行政を直接に指揮監督して執行するのではなく，首長とその下に連なる行政部門とは一線を画した形で行政活動を行う．行政委員会が設置されたり委員が任命されている。具体的には，教育委員会，選挙管理委員会，人事（公平）委員会，監査委員などである。すなわち，行政事務を執行する機関が首長以外にも並立していることから，地方自治体の行政組織は執行機関多元主義と呼ばれている。現代日本の地方自治に執行機関多元主義という考え方が採り入れられた背景には，教育，選挙管理，職員の人事に関する行政は，他の分野の行政と比べて特に政治的中立性の原則を尊重すべきであるという考え方がある。実際，首長は，特定の政治的主張を掲げて選挙に臨み，選出されるし，首長は条例案・予算案の提出権，人事権，組織を編成する権限など，多岐にわたる強力な権力を持っていることから，首長と行政委員会・委員との間に一定の距離を置くことが望ましいと考えられる。

　ところが，現実に執行機関多元主義が作用しているかの評価は難しい。行政委員会は，組織として首長直属の行政部門とは分離しているものの，委員会の委員の任免権は首長にある（さらに議会の過半数による同意を要する）。委員会の活動に関する条例案や予算案の提出権，行政委員会と首長直属の行政部門との間の調整権限も首長に与えられている。さらに，法律が地方自治体に対して行政委員会の設置を定めていることから，国の縦割り行政の弊害を地方自治体に及ぼしているのではないかと批判されることがある。

　このような執行機関多元主義の位置づけに対して，近年最も議論になった教育委員会制度のあり方について見ると，以下の点が指摘されてきた。教育政策に関しては，いじめ，不登校，校内暴力，学力向上など多岐にわたる世論の注目度が高い問題に対する対応が常に，学校および教育委員会をはじめとする教育関係者に求められている。ところが，こうした問題が山積している一方で，教育委員会制度では，迅速かつ適切に問題を解決することは困難であるとして，むしろ首長の指導力を行使しやすいように制度の廃止を主張する意見もある。他方で，教育政策の安定性や中立性を重んじる観点から，選挙で選ばれる首長の影響力が直接に及ぶ行政部門の下で教育政策を行うことに対する慎重論も根強い。今日の教育委員会制度をめぐる議論は，あるべき教育政策を誰がどのように形成して実行すればよいのか，執行機関多元主義という原則がこのままでよいのかを，私たちに問いかけている。

首長と地方議会との関係──機関対立主義の理念と現実

　現代日本の地方自治が二元代表制であるということは，行政部門のトップである首長と地方議会の議員を別々に選挙することを意味する。首長と議員のそれぞれを別個の選挙を通じて選出するということは，首長と議会が異なる政治的な意思を持つ場合が生じうるので，両者が協調する場合もあれば対立することもある。そして，行政部門の頂点に立ち，多くの職員から成る組織，財政資源，法律や条例に基づく法令の執行など，膨大な政策資源を持つ首長の活動が適正に行われているかを，常にチェックする役割が議会には求められている。すなわち，首長と地方議会は，対抗し合い，牽制し合うことによって，2つの機関が権力分立の原理としての機関対立主義の考え方を働かせることが期待されている。これは，議会の多数派である与党が内閣の支持基盤となり，両者の関係が一体化している議院内閣制とは対照的な原理である。

　地方議会は，地方自治体の人口規模をおおよその目安として議員定数を条例で定めるとともに，公職選挙法に基づいて選挙制度が定められている。選挙を通じて議会には，性別，世代，職業，地域など，自治体内の多様な住民の利害が反映されることが望ましい。また，個々の議員は日常的に，自らの支持者や支持団体の意向を地方議会で実現しようとしたり，支持者・支持団体の要望を役所や役場に伝えるという媒介者として活動する。

　地方議会は，議会での質疑を通じて首長および行政部門の活動をチェックする他，検閲・検査・監査請求・調査を行う権限，そして副知事や副市区町村長等の任命に関して同意する権限を持っている。また，首長が提出する条例案や予算案は，議会の議決を経なければならないので，これらを議会で審議する過程でもチェック機能が働くことが期待される。近年，地方自治体が条例制定を通じて独自に地方議会での議決事項を増やすことが可能になった。さらに，地方議会には条例案を提出する権限がある。このように，地方議会には，自治体行政活動のチェック機能と立法機能の役割が与えられている。

　ところで，首長と地方議会は，それぞれ選挙を通じて民主的正当性を持っているという意味では対等であり，両者の間で抑制と均衡が作用することが期待されているが，地方自治法は，首長が優越する形で両者の関係を規定している。第1に，首長が行う行政事務に関しては概括例示である一方，議会の議決事項は条例で追加できるとはいえ限定列挙で規定されている。第2に，首長が議会

の議決に異議がある場合，議会に対して改めて議決することを求める再議請求権がある。これは，首長の議会に対する拒否権と言える。その中でも，条例の制定改廃と予算に関する議決が再議となった場合，議会が首長の意に反して再び議決するためには，3分の2以上の特別多数決が必要とされている。第3に，地方議会の招集権は議長にではなく首長に与えられている。第4に，議会には首長不信任議決権が与えられているが，首長は，失職するか，対抗措置として議会の解散権を行使できる。首長を失職させるには，解散後に成立した新しい議会で再び不信任を議決しなければならない。第5に，首長には，議会が開催できない場合に議決を行う専決処分を行う権限が与えられている。

地方政治の現実――低投票率，多選，無投票当選の増加，地方議会への批判

　地方自治体で行われる首長と地方議会の選挙の現実を見ると，さまざまな課題が指摘されている。まず，投票率が低下傾向にある。第2次世界大戦以降行われた統一地方選挙の投票率の推移を見ると，ほぼ回を追うごとに低下する傾向にあり，直近の2015年の統一地方選挙では，市区町村長選挙の平均投票率がかろうじて50％を上回る他は，都道府県知事選挙，市区町村議会議員選挙，都道府県議会議員選挙の平均投票率がすべて50％を下回る結果となっている（図8-1）。また，地方議会選挙における無投票当選者の割合も増加しており，2015年の統一地方選挙の結果を見ても，とくに都道府県議会議員選挙，町村議会議員選挙での無投票当選の割合が高く，20％を超えている（図8-2）。さらに問題が深刻であるのは，立候補者数を確保できずに当初から議員定数を欠いた状態で議会を発足せざるを得ない町村議会があり，その数も徐々に増えている。一方，首長の無投票当選も2015年の統一地方選挙で，市長で30.3％，町村長で43.4％と非常に高い。首長選挙で問題となるのは，1期4年の任期を何度も続ける首長の多選である。先にみたように，首長は，地方自治体のトップとして，多くの職員によって構成されている組織，財政資源，法律や条例に基づく法令の執行など，強力な権限を行使できる地位にある。それゆえに，長期間にわたり，同一人物が権力の座に居続けることは好ましくないとされるが，有力な現職首長に，既成政党のほとんどが「相乗り」する形で支持することにより結果として多選になる場合，他に有力な立候補者が現れないことにより現職首長が当選を重ねたり，あるいは無投票当選となる場合がある。

第Ⅲ部 「まち」と地域で支え合う政治

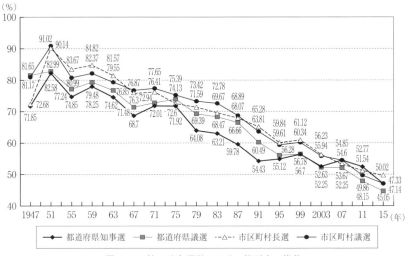

図8-1 統一地方選挙における投票率の推移

出所:総務省「地方選挙結果調」を基に作成(本調査は,統一地方選挙の際に調査したもの)。
出典:第31次地方制度調査会第24回専門小委員会。

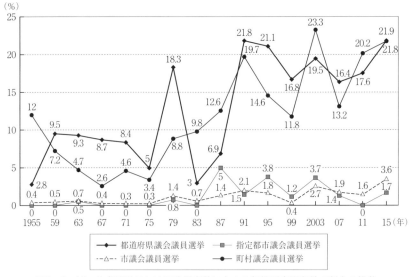

図8-2 統一地方選挙における改選定数に占める無投票当選者数の割合の推移

出所:総務省「地方選挙結果調」を基に作成(本調査は,統一地方選挙の際に調査したもの。第1回,第2回統一地方選挙の際は調査を実施せず)。
出典:第31次地方制度調査会第24回専門小委員会。

また，多くの地方自治体で，二元代表制の機関対立主義が作用しているとは言い難い現状が指摘され，とくに地方議会・議員の活動に対する市民からの批判がしばしば発せられる。第1に，地方議会には自治体内部の多様な利害が反映されることが望まれるのであるが，大半の地方議員は中高年の男性であり，市町村議会議員であれば一次産業または自営業を兼ねている場合が多い一方，女性や若手議員，サラリーマンの兼業者が非常に少ない。第2に，多くの地方議会は自らが定めた会議規則に従って議会を運営しているが，多くの地方議会が採用している標準的な会議規則が，議会審議を活発にするというよりも，必要以上に形式的な議事の進行に作用しているのではないかと指摘される。こうしたことから，地方議会の質疑は市民から見ると分かりづらく，討論の場としての議会というイメージからほど遠いものであると受け止められることが多い。

　第3に，地方議会が首長・行政部門の活動をチェックする役割を果たしているとは言い難い現状がある。実際，地方議会が持つ検閲・検査・監査請求・調査に関する権限は十分に活用されておらず，一方，首長から提案される条例案や予算案は，ほとんど否決，修正されることなく可決される傾向が強い。第4に，地方議会も条例提出権があるものの，議員提出条例の比率は，首長提出条例を含めた全条例案の1割以下ときわめて少ない。第5に，地方議会の活動に対する情報公開が遅れているという批判が，従来の政務調査費（現在の政務活動費）に対して寄せられる。実際，政務調査費・活動費に対して市民から情報公開請求や監査請求が行われ，結果に納得しない場合には，政務調査費・活動費の返還を求める住民訴訟が提起されるケースが増えている。以上のような現状から，多くの市民にとって地方議会は「遠い」存在であり，存在意義を実感することが難しくなっていることから，議員定数の削減，議員報酬や政務活動費の見直しを求める住民運動も全国で散見される。

地方政治を活性化させるための試み

　こうした地方政治の現状を打開するために，今までにもさまざまな改革が試みられてきた。第1に，選挙にマニフェストを導入するスタイルが一般的になった。マニフェストとは，候補者が有権者に示す具体的な政策公約のことであり，政策の目標を数値で示し，達成時期を明らかにする他，裏付けとなる財源を明示することによって，公約に実現可能性を持たせるとともに，事後評価

を容易にすることによって，政策本位の選挙を確立させるという意図があった。マニフェストを選挙に利用する形態は，イギリスで発達し，これが1990年代末に日本に紹介され，2000年代以降，本格的に国政・地方選挙双方で導入されるようになった。マニフェストが注目された背景には，日本の選挙運動のスタイルが政策内容の良し悪しを有権者に訴えるよりも，候補者の顔と名前を覚えてもらい，信任を得ることに傾斜しているという現実がある。選挙キャンペーンと言えば，候補者が選挙カーで自分の名前を連呼する場面が思い浮かべられるであろうし，顔と名前が前面に強調されるポスターが街中に張られる光景が一般的である。一方，選挙公約は，たとえば「活力のある」「豊かな」「安心・安全な」まちづくりの実現を訴えるという，抽象的かつ感覚的に訴えられる傾向が強かったことに対する反省があった。

　ところが，マニフェストを選挙に導入した後も，候補者の選挙活動，有権者の投票行動が政策本位の選挙に変化したとは言い難い。候補者によって数値を伴った具体的な政策内容が公約として掲げられるものの，「経済の活性化」や「子供の学力の向上」など，多くの有権者が関心を持つ政策の違いは，それほど候補者間，政党間で明らかにならない。一方，有権者も，候補者が訴える政策内容を合理的に比較検討したうえで，投票を行う傾向が強まったとも言い難い。地方選挙は，合理的な政策選択の競争というよりも，候補者の知名度，耳障りの良いキャッチフレーズやスローガン，候補者に対するイメージや，候補者と有権者との直接的・間接的な関係の濃淡などによって左右される要因を無視することが出来ない。最近の選挙では，以前ほどマニフェストに対する関心は高くはなく，マニフェストに記載される数値目標・期限・財源などに関する政策の具体性も次第に低くなるように変化しつつある。

　第2に，首長の任期の制限が検討された。首長は，地方自治体のトップとして，多くの職員から成る組織，財政資源，法律や条例に基づく法令の執行など，強力な権限を行使できる地位にある。それゆえに，周期的な選挙と首長の交代が生じることが望ましい。こうした考えの下，今までも首長の多選を法的に制限すべきかどうかが検討されてきた。ところが，1968年に最高裁判所が，立候補の自由は基本的人権の1つとして解すべきとの見解を示したこともあり，長期間，具体的な検討は行われなかった。その後，2007年に総務省が主催した研究会で，法律に根拠を置く自治体の首長の多選制限は必ずしも憲法に違反しな

いとする見解が示された。一方，2007年，当時の神奈川県知事は，神奈川県知事の多選を連続3期12年までとする条例案を県議会に提出した。県議会では，法律の根拠がない状態での条例制定に消極的な意見が多かった。最終的に条例は議決，制定されたが，「法律の改正を経たうえで施行」とする条件が付され未施行となっている。市町村レベルでは，首長が自発的に多選を控えることを有言実行するために，多選自粛条例を制定するケースが散見される。

　第3に，選挙権，被選挙権，立候補要件などを見直して，政治参加の機会を拡大することも検討されてきた。日本の選挙制度は主として公職選挙法によって定められているが，厳格な規制が課せられているために，立候補や選挙運動を制限しすぎているのではないかと指摘される。2015年，選挙権が日本国籍を持つ18歳以上に引き下げられたが，これによって若者の投票機会と選挙運動への参加機会を拡大したことは記憶に新しい。その他にも，被選挙権の年齢（知事は30歳以上，市町村長および地方議会議員は25歳以上）を引き下げることも検討されてよいのではなかろうか。そうすれば将来，大学生の地方議員が誕生するかもしれない。これは決して奇異なことではなく，現在でも現役の地方議員が社会人大学院生として大学で学ぶことは日常的な光景となっている。さらには，諸外国で見られるように，地方公務員が選挙に立候補する際の要件を緩和したり，地方公務員が勤務する地方自治体以外の地方議員を兼職することや，民間企業の勤務者が地方議員を兼職することを容易にするための制度改正が行われてもよいのではないか。

　以上のように，地方政治への参加の機会を拡大するために制度を改正する余地は大きいものの，抜本的な改革には至っていない。こうしたなか，全国で，議会活動の情報公開や，不特定多数の住民と議会が対話をする機会を増やすような議会改革に，自主的に取り組む地方議会が増えている。具体的には，2006年に北海道の栗山町議会が制定した議会基本条例が注目を集め，その後，全国の地方議会が，議会基本条例の制定，情報公開，議会と住民との対話，わかりやすい議事，政策立案能力の向上などの改善に取り組み，住民の議会に対する信頼の向上に努めている。近年，地方議会の情報公開は進んでおり，議会広報誌に掲載される情報は充実する方向で改善が図られている。また，実際に議事堂に足を運ばなくても，ホームページ上で議会の中継を閲覧することが可能である議会も増えている。

もっとも，条例の制定や，他の議会で行われている実践を模倣し，導入するだけでは，ただちに議会が住民にとって「身近な」存在に変化するわけではない。こうした改革は常に形骸化，マンネリ化してしまう恐れがあり，そうならないためには，議会の絶えざる改革とともに，住民によるチェックが必要である。

市民の二元代表制に対する理解を

　最後に，地方政治を活性化させるためには，法律や条例などの制度改正や，首長・地方議員による自己改革とともに，市民の二元代表制に対する見方も問い直す必要があることに言及したい。市民の地方議会に対する理解と評価を実証的に得る機会として，2018年7月に北海道大学と北海道新聞社との共同企画として，世論調査を行ったが（2018年8月10日の紙面で詳報を掲載），地方議会に対する厳しい評価が明らかになった。まず，「道議会議員と市町村議会議員の数」については，「多すぎる」が56％，「妥当」が22％との回答となり，「市町村議会議員の報酬」については，「妥当」が55％，「高い」が30％となった。「地方議会を良くするために何が大切か」との設問に対しては，「情報公開の推進」が41％，「住民参加の機会の増加」が28％，「政策立案能力の向上」が23％との結果になった。「市町村議会議員に期待する役割」については，「地域の要望の実現」が37％，「行政を厳しくチェックする」が16％，「住民と市町村行政との橋渡し役」が17％との回答を得た。

　このように，世論の大多数は地方議会議員の数が過剰であると認識している。そして議会の改善点として「情報公開の推進」や「住民参加の機会の増加」が指摘されているように，普通の市民からは地方議会が「遠い」存在であり，「役立っている」と実感できる機会が非常に少ない。こうしたことから，地方議会の報酬・定数削減を要求する圧力は常に高く，多くの地方議会では，対処療法的に世論に対して身を切る覚悟を示すために，近隣や類似規模の地方議会を参考にして定数を削減するというしいわば「横並びの縮小競争」を行っている。しかしながら，若干の定数を削減し，場合によっては報酬や政務活動費を減額しても地方議会の「質」的な改善には結び付かないことに留意する必要がある。むしろ，先に説明したような議会改革を実効的なものにするための改善を積み重ね，住民の理解と信頼を得るための努力を継続することが重要であるし，多

くの困難を伴う。こうした議会改革は，議員らの努力の割には，大多数の市民による認知や積極的な評価が得られにくい。また，改革を実践している地方議会の中には，議員の活動量が飛躍的に増加し，一部の地方議会では議員報酬の増額が検討されるものの，住民からの合意を得ることの難しさから見送られるところもある。

　ところで，先の世論調査で「市町村議会議員に期待する役割」を問う設問に対する回答で最も多かったのが「地域の要望の実現」であり，類似する「住民と行政との橋渡し役」を合わせると50％を超えている。こうした議員の活動は，代表としての役割の一部として理解されるが，道路や上下水道など大半の生活基盤が整備され，しかも自治体財政の制約が強まる中，こうしたタイプの地方議員の役割は年々，低下している。さらに，次節で見るように，現在の地方自治体では，住民と首長・行政職員が意思疎通をする機会を増やしており，地方議員の地域と行政との媒介者としての意義が希薄化している。

　そこで，地方議会が果たすべき役割として，今まで以上に，首長・行政部門の活動のチェックや政策立案活動に力を入れ，市民の理解と信頼を得る必要がある。たとえば，大多数の市民の意向を無視した自治体運営を推し進めるような首長が現れた時に，第1に，牽制する役割が期待されるのは議会である。また，膨大な情報，財政資源，職員を擁する首長と行政部門の活動をチェックすることは容易ではなく，実効的な役割を果たすためには，議会に一定の数の議員が必要であるし，議員活動に専念できるための報酬を保障しなければならない。そして市民も「地域の要望の実現」に止まらない，こうした議員・議会の活動に対する理解と評価が求められる。

　新たに地方議員を志す人々を奨励し，また，経済力を持たない地方議員でも，着実な活動を行う条件を整備するために要する費用は「民主主義のコスト」として広く認知されなければならない。これに対して，「横並びの縮小競争」は，地方政治の担い手の減少，地方議会の存在感の希薄化，さらなる議員定数・報酬の削減，という悪循環に陥る「民主主義のデフレ」を引き起こすことに留意する必要がある。

2　市民参加による地方自治の可能性

市民参加の意義と課題

　地方自治が「身近」であることの特徴として，地方自治体が政策をつくる段階で，あるいは決める段階に，私たちが加わる機会も多様に整えられていることが挙げられる。さらに，市民の信頼を失った首長，議員・議会を解職，解散させることも可能である。現代日本の政治は，国・地方を問わず代表民主制が基本となっている。一方，民主主義の基本は自己決定である。すなわち，自らのことを自らで決めることが望ましいとする考え方がある。そして，市民は地方自治体から提供されるサービスの受け手という顧客の立場に止まらず，自治体運営に積極的に関わる担い手として位置づけられるべきであるとも考えられる。また，市民が議会や首長に異議申し立てをすることが，あるいは，議会改革や自治体運営に関与することによって，二元代表制が活性化することが期待される。こうしたことから，冒頭でも触れたように地方自治は「民主主義の学校」とも言われるのである。

　市民が自治体運営に参加する機会は，地方自治法によって規定されている。第1に，条例の制定改廃を請求することができる。これは，有権者の50分の1以上の署名を集め，長に請求することになるが，その可否は議会で審議，議決されるので，否決されることもありうる。後で説明する住民投票の実施に際して，この手続きを利用して，住民投票実施条例の制定を請求することが多い。第2に，首長，議員・議会を解職・解散できる。有権者の3分の1以上の署名を集め，選挙管理委員会に請求し，その後に行われる住民投票で過半数を得た場合，解職・解散が決定する。第3に，自治体に対する監査請求がある。有権者の50分の1以上の署名を集め，自治体が執行する事務に対して監査委員に請求をするものと，自治体の財務会計行為に対する監査請求があり，後者は1人でも行うことが可能であり，住民監査の結果に不服がある場合，住民訴訟を提起することができる。

　さらに，市民参加の機会を保証するための前提条件として，市民が自治体の保有する情報を取得することが重要である。多くの地方自治体は情報公開条例を制定し，市民による請求に応じて情報を開示するかしないかを判断するとと

もに，開示しないとの決定に対して請求者が行う不服審査を申し立てる手続きや，申し立てられた不服内容を検討する情報公開審査会の運用を定めている。また，地方自治体による公権力の行使あるいは，市民が自治体に対して行う届出などが，公正かつ適正に行われることを保障するために，行政手続条例を制定している自治体も多い。さらに，市民からの自治体行政に対する苦情を受け付け，内容を調査するとともに首長に対して是正勧告を行う権限を持つ，オンブズマン制度を導入している自治体もある。

　一方，地方自治体は日々の政策づくりの過程で，市民の声を聴いたり，市民が参加する機会を設けてきた。大半の自治体で見られるのは，重要な政策や条例，あるいは自治体運営の基本となる長期総合計画（10カ年の場合が多い）を策定する時に，地方自治体は審議会（あるいは委員会などと呼ばれる会議体）を設置し，各界から参加者を集め，彼（女）らの意見を参考にするしくみである。また，不特定多数の市民に対してアンケートを行ったり，意見や要望を受け付ける機会を設けることもある。あるいは，地方自治体が市民に対して知らせたい情報は，広報誌に掲載されたり，ホームページ上で公開される。さらに，政策や計画案への認知や理解を得るために説明会，公聴会を開催することもある。ところが，審議会の設置や参加者の選定，審議経過の公開をどのように行うかは，地方自治体の意向に委ねられてしまう。また，アンケート結果や，受け付けられた意見，要望も，どのように政策案に反映されたのかは不明である場合が多い。

　各地の地方自治体は今日に至るまで，市民参加の機会を拡大するため，さまざまな工夫を積み重ねてきた。たとえば，従来の審議会方式を改善し，公募の市民をメンバーに加える方法が広がっている。また，公募市民と自治体の側が選定した市民の双方をメンバーにして，政策案を構想・検討することを委ねる方式もある。会議の運営方法にも工夫が講じられ，参加者が対等な関係で自由に議論が行われるように留意し，制約条件を付けずに白紙の段階からスタートして議論を積み重ねてゆくワークショップ方式を導入することもある。これは，自治体の将来像を構想する長期総合計画を策定するなどの場合に用いられる。ワークショップ方式のグループ討論を円滑に行うために，自治体によっては，コンサルタント会社や NPO に司会進行役を依頼することもある。さらに，近年では，無作為抽出で選出した市民を構成員とした会議による運営を行う手法

も注目されるようになった。もっとも，完全な無作為抽出というよりも，抽出の段階で世代，性別などのバランスを考慮したり，本人の参加意思を確認したうえで参加者を決定する運用を図っている自治体もある。市民から自治体への意見や要望の受け止めについても，パブリック・コメント，すなわち，自治体が政策案を提示し，広く市民からの意見を募った後，自治体の対応・回答を公開する方式も幅広く採用されている。従来までの意見提出とは異なり，市民が提出した意見になんらかの回答が返ってくる点，意見提出者以外の市民も，どのような意見が寄せられており，それに対して自治体がどのように回答しているのかを知ることができる点に特徴がある。

以上，現代日本の地方自治では，法律や条例その他の形式で，市民が地方自治体の運営に参加する機会が整備されているが，広い意味で市民が地方自治体に関わりを持ったり，意思表示をする方法は，国や地方自治体が設定した手続きに限定されるわけではない。市民による意見，苦情，相談，抗議は，あらゆる場面で見られるし，一定の数，または範囲の市民が共通の利害を持ち，特定の政策目的の実現を目指したり，または反対するために住民運動が発生することもある。住民運動は，集団として意見を提示したり，署名活動をするなどして，世論，マスコミ，首長，議会・議員に働きかけを行い，また，集会やデモなどの集団行動を起こしたりするが，これも広い意味での参加の形態である。実際，地方自治体が行う公共事業によって，移転や生活環境の悪化を強いられる市民による運動や，地方自治体が行政改革の一環として行う市民サービスの引き下げや値上げ，民営化，公共施設の閉鎖などに反対する運動が発生することがある。

このように，私たちが地方自治に参加する機会は多様であるし，年々，新しい参加の手法が開発され，実際に導入されていることが分かる。ところが，多大な労力をかけて実践されている市民参加は常に形骸化し，その実効性に対して疑問や批判が寄せられることも少なくない。第1に，大多数の市民の地方自治体の運営に対する関心は低く，むしろ自分の身の回りの経済的活動や社会的活動で多忙であり，いくら機会を設けても一部の市民のみの参加に止まってしまうという指摘がある。第2に，市民参加を進めたとしても，それはたとえば，政策や計画の形成段階のみの一時的な現象に止まっていたり，自治体の行政活動の中でもごく限られた部門，職員に限定されたものであり，自治体全体の活

動から見れば局所的であるかもしれない。さらには，市民からの意見の「言いっぱなし」，自治体職員の「聞きっぱなし」に終始する形式的な参加機会の提供に終わる事態が懸念される。第3に，市民は必ずしも全体的な見地から意見を述べたり，行動するわけではなく，利己的で部分的な利益の実現が主たる動機であるのだから，市民参加を促進しても自治体全体の運営にプラスにならないとの批判も提起される。実際，市民運動の中には，公益的な観点からは必要不可欠であるにもかかわらず迷惑施設とみなされるものに対して，自分の身の回りの立地であることを理由として建設に反対する運動もある。このように考えるならば，市民参加はその意義とは裏腹に，形式的，部分的な効果に止まり，市民参加に対する評価も異なるものになろう。

実効性のある市民参加への試みへ

　市民参加のありかたを論じる際にまず，踏まえるべきことは，市民参加という政治手法は，決して最善かつ万能なものではないということである。多くの人々の意見を聞くことや，皆で話し合ってものごとを決めることは，民主主義的な価値という観点から重要なことであるが，そのことが常に正しい決定を導き出すことを約束するものではない（第6章参照）。それゆえに，常に形骸化や失敗のおそれがあることを認識する必要がある。さらに，多くの人々が関わるということは，決定に要する時間や，合意を形成するための過程に多くの労力を費やすことにもなる。市民参加を地方自治の現場で進めるということは，このような条件に留意したうえで，市民参加を実効性のあるものにするための継続的な努力が必要とされる。有効な市民参加手法を実践するためにはまず，単なる情報の公開，広報活動としての伝達から，市民が理解しやすく，そして自治体運営や政策案の決定に対して関心を持てるような情報を提供し，市民と自治体が共有することが重要である。そのために，自治体の行政情報を，たとえば，グラフ化し視覚的に理解可能な形にして，時系列比較や自治体比較が可能な状態にするなどの整理加工が求められる。こうした形で行政情報が示されて初めて，多くの市民にとって，政策案の良し悪しや，自分が属する自治体の財政状況について判断することが容易になり，市民参加を促進することが期待される。

　次に，市民参加が一時的，限定的な効果に止まらないように，また，行政部

門や職員によって対応が異なることのないように，参加手法を目に見える形で体系的にルール化，制度化することが求められる。これは，市民（住民）参加基本条例という形で行われており，同条例の内容は，それぞれの自治体ごとに異なるが，市民参加を自治体運営の基本理念にすることを明示したり，参加手法を導入する範囲や手続きが規定される。さらに，自治基本条例を制定する自治体が増加している。自治基本条例とは，情報共有や市民参加など自治体運営の基本原則を明示したうえで，これらの原則が，総合計画の策定と実施，財政運営，政策評価などに際して，具体的にどのように反映させるのかを規定した条例である。それとともに，首長，職員，議会の責務，市民の権利と責務も合わせて定められる。自治基本条例を全国で初めて制定したのは北海道のニセコ町であった（2000年制定。同町の条例名は，ニセコ町まちづくり基本条例。図8-3）。その後，自治基本条例は全国の自治体に普及した。ニセコ町は，基本条例を制定する以前から町の活動に際して，情報共有や住民参加を積極的に取り入れてきた実績があったが，これらの基本原則を継続的，安定的に遵守することを徹底するために条例にした。

　自治基本条例の制定は，通常，市民参加を保障するために地方自治体が行う諸改革の集大成として位置づけられる。それゆえに，自治基本条例の制定は全国の自治体に注目され，同種の条例制定が広がった。ところが，自治体が遵守すべき基本原則を明示した自治基本条例は，基本条例という性質上，実は，条例執行を確実にする権限が付与されているわけではない。言い換えれば，自治基本条例の制定自体は，情報共有や住民参加が当該自治体の運営に活かされることを保証するものではなく，あくまでも，首長，職員，議員らがいかに基本条例の趣旨を尊重し，これに沿った形で自治体運営に携わるかに依るところが大きい。それゆえに，自治基本条例もまた，他の市民参加手法と同様，常に形骸化する可能性を持っている。

　市民参加を確実に実効的なものとして運用する万能的な方策は存在しない。これは，二元代表制をはじめとしたあらゆる政治制度の運用にも当てはまる。住民参加に熱心な地方自治体の実践に共通して言えるのは，参加手法の制度化，情報共有に加えて，市民の意見や活動の成果が，どのように自治体運営や政策，予算に反映されたのか否かを，参加した市民が納得する形でフィードバックしている点にある。こうした地道な実践を継続することによって，参加の意義を

第8章 市役所と地方議会に行ってみよう

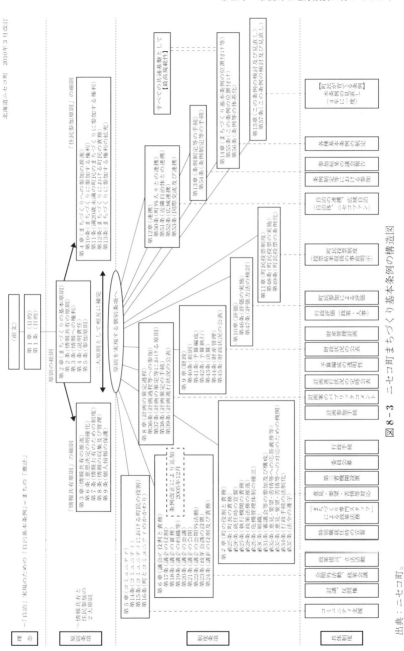

図8-3 ニセコ町まちづくり基本条例の構造図

出典：ニセコ町。

実感し，積極的に評価する市民を増やしていけるか，そして，市民と自治体との間の信頼関係を構築することができるかに依っている。

3　住民投票の意義と課題

多様な住民投票

　地方自治の住民参加の特徴をいっそう際立たせている制度が住民投票である。最も一般的な方法は，地方自治法に基づいて，住民による直接請求，首長あるいは議会による条例案の提出を受けて，議会で住民投票実施条例を議決した後に行われるものである。また，首長，議員・議会を解職・解散する場合にも住民投票が行われ，過半数を得た場合に解職・解散が決定する。その他，市町村合併特例法に基づいて，合併協議会の設置の可否について住民投票を行うことができると規定している。2012年に制定された大都市地域特別区設置法（筆者注：いわゆる「大阪都」構想を実現させるために制定された法律）は，関係市町村で住民投票を行い，過半数の同意を得なければならないと規定している。さらに，憲法第95条も，1つの地方自治体にのみ適用される特別法は，法律の定めるところにより，当該地方自治体の住民投票で過半数の同意を得なければ，国会はこれを制定できないと定めている。

　このように，現代日本の地方自治で住民投票はさまざまな形で規定されているが，全国で実施されている住民投票の大半は，地方自治法に基づいて住民投票実施条例が議会で議決された後に行われる。この方法による住民投票は戦後長らくの間，活用されてこなかった。初めて制定された住民投票条例は1982年であり，高知県の窪川町が制定した原子力発電所設置に関する住民投票であった（条例は制定されたものの住民投票の実施には至らなかった）。条例制定を経て住民投票が初めて行われたのは，1996年に原子力発電所の建設の可否を問う住民投票を行った新潟県の巻町であった。その後，表8-1のようにさまざまな争点をめぐり，全国の自治体で住民投票が行われた。また，2000年代に至り，平成の大合併が進められた時期には，市町村合併の是非を問う住民投票が全国で数多く実施された。

　このように1990年代の後半以降，住民投票が全国各地で行われるようになったが，その背景には以下の要因が考えられる。第1に，代表民主制は，常に，

第8章 市役所と地方議会に行ってみよう

表8-1 各地で行われた主な住民投票
(%)

自治体	争点	投票日	投票率	賛成	反対
新潟県巻町	原子力発電所建設	1996年8月4日	88.3	38.6	60.9
沖縄県	地位協定の見直しと米軍基地の整理縮小	1996年9月8日	59.5	89.1	8.5
岐阜県御嵩町	産業廃棄物処理施設設置	1997年6月22日	87.5	19.1	80.9
沖縄県名護市※	米軍ヘリポート基地建設	1997年12月21日	82.5	8.3 37.9（条件付）	52.6 1.3（条件付）
徳島県徳島市	吉野川可動堰建設	2000年1月23日	55.0	8.2	90.1
三重県海山町	原子力発電所建設	2001年11月18日	88.6	32.4	67.3
沖縄県与那国町	陸上自衛隊の配備	2015年2月22日	85.7	57.8	40.8
大阪府大阪市	「大阪都」構想	2015年5月17日	66.8	49.6	50.4
沖縄県※※	辺野古米軍基地建設の埋立て	2019年2月24日	52.5	19.0	71.7

※この住民投票は「賛成」「条件付賛成」「反対」「条件付反対」を選択する形で行われた。
※※この住民投票は「賛成」「反対」「どちらでもない」(8.7%) を選択する形で行われた。

適切に民意を表出できるとは限らない政治制度であるという要因による。そもそも，選挙を通じて選出された政治家が市民の代表であり，民意を表出しているという考え方は，あくまでもさまざまな前提を置いたフィクションであり，実態を伴っているわけではない。そのうえ，市民は多数の利害を抱えて分かれているし，関心もさまざまであり，明確な民意が存在しているとは限らない。また，選挙では，候補者が有権者に選挙公約を掲げて支持を訴える形をとるが，選挙公約の良し悪しが競われて選挙が行われるとは限らない。重要な争点に対する賛否を曖昧にしたまま，選挙が行われる場合もある。また，選挙の時点での有権者の考え方が時間とともに変化することもあるし，市民の賛否を二分するような新たな争点が浮上することもありうる。一方，選出された政治家は，代表として民意を表出することになっているが，これは単に選挙結果を多数決主義に還元することを意味するものではない。というのは，多数意見が常に正しいとは限らないし，少数意見をはじめとしてさまざまな利害を調整したうえで，よりよい結論を導き出すために，議会の場で，自由かつ理性的な討論が行われることが予定されている。このように，代表民主制という制度原理と実態は，常に乖離するおそれがある。だからこそ，住民投票という方法によって，

改めて民意を明らかにする機会が意味を持つのである。第2に，市民の信任を得たはずの二元代表制が期待を裏切る行動をした場合に，これを正す役割が住民投票には期待される。実際，市民が提起した争点が議会の場で十分に議論されない場合や，首長または議員・議会が選挙公約に反する行動をとる場合もあり，住民投票が最後の手段として行使される場合もある。

　第3に，従来まで公共の利益，または国益として，個人の利益や地域の利益に対して優越すべきであると考えられていた政策や事業に対する異議申し立ての機会として住民投票が注目されるようになった。これは，住民投票で問われるテーマとして原子力発電所設置や，米軍基地問題が提起されていることに表れている。こうした施設は，いわゆる「迷惑施設」(not in my back yard を略して NIMBY 施設とも呼ばれる) としての性格を持ち，ほとんどの地域で積極的に受け入れられるものではない。今までは，受け入れる地方自治体に対して補助金の交付をはじめとする補償を行うことによって，国と地方との間で合意を形成し，事業が進められてきた。ところが，こうした施設が引き起こす事件や事故，市民の価値観の変化などを要因に，公共の利益や国益に伴う負担や被害を，一部の地方や市民だけに負わせることの妥当性が改めて問われるようになった。同時に，補助金などの補償がもたらす経済的恩恵や効果も疑問視されるようになった。住民投票は，こうした事業や施設が果たして現在および将来にわたって公共の利益たりうるのかを再考する機会を提供した。さらに近年，市庁舎，新駅，文化ホールなど，従来までは市民に恩恵があり，肯定的に受容されると思われていた施設の設置に対して，財政負担増を主な理由として批判的な声が高まっており，これらの建設の是非が住民投票で問われているが，これも地方自治体レベルでの公共の利益に対する再考と言えよう。

　条例制定を通じて住民投票を行う手続きのうち，住民による直接請求によるもののほとんどは議会で否決されているという現実がある。また，住民投票に付されるテーマとして，原子力発電所設置や米軍基地，大規模公共事業など，国の権限に属するものも少なくない。ところが，いったん住民投票で過半数を得た結論には民主的正当性が付随し，大きな政治的な意味を持つ。それゆえ，国が最終的な権限を留保しているとしても，地方自治体レベルで示された投票結果を無視して政策を強行すれば，強い政治的な批判を浴びることになる。自治体レベルでも，条例制定を通じて行われる住民投票の結果には法的拘束力がないが，首長または

議会が投票結果に反する行動をとれば，やはり市民から強い批判を受け，場合によっては解職・解散を求める運動に発展する可能性もある。

住民投票の課題

　住民投票が代表民主制と比較した場合に最も際立っている特徴は，多数の市民が参加し，投票が政策案に対してイエスかノーか，あるいは〇か×かの二者択一として行われ，結果が単純な多数決として表れる点にある。それゆえに，市民の意思が明確に表明され，大きな政治的な影響力を持つ。ところが，二者択一の結果としての多数決として政策が争われることは，両者の間の対立を激化させ，妥協の余地を狭めることになる。その結果，多数の決定に少数を一方的に従わせるという事態となり，いわば「多数者の専制」が生じる。このことと関連して，ある政策の是非について，住民投票を通じて問う場合の区域が問題となる。たとえば，原子力発電所の設置や大規模公共事業の賛否を問う場合，当該事業が行われる市町村でのみ住民投票が行われてよいのか，周辺の市町村を含めるのであればどの範囲にすべきか，あるいは事業が行われる都道府県を単位にすべきか，さまざまな選択肢が考えられるし，区域の設定の仕方によって投票結果を大きく左右することになる。

　また，住民投票が二者択一の多数決であることと関連して，住民投票に付すことが妥当かどうかを慎重に検討すべき争点もある。アメリカの州政治では，同性婚の禁止，人工妊娠中絶の禁止など，個人の内面の価値観や信条に基づく選択によるものや，道徳的倫理的な価値観によるところが大きい政策についても住民投票が行われる。ところが，マスメディアを通じた感情的，煽情的なキャンペーン活動が，市民に合理的かつ冷静に政策の是非を考える機会を妨げていると指摘される。近年，日本でもLGBT（性的少数者）を公的に認証する制度を，いくつかの地方自治体が導入するなどの動向が見られるようになり，アメリカで生じたような問題が私たちに無関係であるとは言えない。

　さらに，市民が賛成か反対かの選択を行う際に，それぞれの政策の良し悪しをどれだけ慎重に検討することができるかが課題となる。これは原子力発電所の設置の是非，あるいは市町村合併の是非など，比較的争点が明確になっている場合であっても指摘できることであるが，2015年にいわゆる「大阪都構想」について行われた住民投票のように，都構想自体の是非に関連して，新しい自

治体の財政制度,特別区のありかた,市民サービスの変化など,さまざまな争点が付随している場合,二者択一による判断の難しさを際立たせることになる。

　ところで,住民投票が地方自治を活性化させる効果を生じさせているのは,市民が政策の是非についての決定に加わるという直接民主制的な要因のほかに,住民投票運動をかなり自由に行うことができる点にも求めることができる。たとえば,一定の投票率に達しない場合(たとえば50%)には,開票作業を行わず,投票自体を無効とする条件を加える形で住民投票を行う場合もある。また,日本の各種選挙の運動は,公職選挙法によって規制されているが,この制限があまりにも厳格でありすぎるために,市民の選挙への関わりや関心を高めることを阻害しているのではないかと批判される。これに対し,住民投票の運動には公職選挙法が適用されないため,自由な運動が行える。たとえば,運動できる期間に制限がなく(投票日当日の運動が可能になる),自動車や拡声器の使用,ビラやポスターの配布・掲示,演説会の開催,テレビでのコマーシャル利用,さらには運動に要する費用の支出額の制限もない。自治体によっては,選挙権を持たない市民に対して(たとえば16歳以上),あるいは,永住外国人に対して投票権を与えて住民投票を行った。

　一方,こうした自由な運動が行える諸条件は,資金力があり,活動量が豊富な勢力に有利に働くため,公正な運動が保障できないのではないかと指摘される。しかしながら,運動の公正性を確保するために制限を加えることになれば,結局,公職選挙法を適用する各種選挙の運動と変わらなくなってしまうおそれもある。また,住民投票の成立要件として最低投票率の条件を設定することは,一見,妥当な対応とも考えられるが,住民投票が賛否を争う政策論争ではなく,一方の立場が投票自体を無効にするために投票拒否を呼びかける戦術を採用することによって,住民投票運動の性格が変質するおそれがある。また,近年,首長,議会選挙の投票率も20〜30％台まで低下している自治体も散見される。こうした状況がある一方で,住民投票の成立要件にのみ高い投票率を課すことの妥当性が問われる。

代表民主制との関係をどう考えるか

　現代日本の地方自治に住民投票をどのように位置づけるべきかについては,代表民主制との関係に対する考え方によっていくつかの立場に分かれる。第1

に，代表民主制を重視し，住民投票を消極的に位置づける考え方がある。この立場からは，現代日本の地方自治は二元代表制を基本としており，首長と議会が全体的な観点から政策を審議し，結論を導くべきであるとする。住民投票に対しては，ポピュリズム（大衆迎合主義）的な性格を帯びやすく，人気投票または感情的な判断によって投票が行われる恐れがあると批判する。住民投票は法的拘束力を持たない場合でも，現実的には政治的な影響力を持つことにより，首長や議会による多様な政策決定の可能性を狭めてしまう恐れもある。さらに，原子力発電所や米軍基地など，国全体で論じるべきエネルギー政策や防衛政策について，1つの地方自治体の住民投票で賛否を決することは好ましくないと考えられる。こうした理由から，第1番目の立場は，住民投票を消極的かつきわめて限定的に捉える考え方に立つ。

第2に，現代日本の地方自治の原理が代表民主制であり，二元代表制を基本であるとする立場をとりつつも，現行制度の枠内で住民投票を活用することを認める立場である。大半の住民投票は条例に基づいたものであるから，住民の直接請求であっても首長または議会の提案であっても，議会の議決を経たうえで行われる。また，条例案が議会に提案されることにより，審議が活性化されることが期待される。さらに，首長と議会を選出していても，重要な政策に対して市民の意思を確認することには意義があり，二元代表制と相反するものではなく，相互に補完し合う関係として捉える必要がある。一方，多数の市民の意思に反して住民投票に消極的な首長や議会に対しては，解職・解散を請求する方法がある。このように，第2番目の立場は，現行制度を前提として，二元代表制と住民投票を並立的に捉える。

第3に，代表民主制を認めつつも，現行の地方自治法を改正して，あるいは独自に住民投票条例を制定することによって，今まで以上に住民投票を積極的に位置づける立場がある。2012年，大規模な公の施設の設置について，条例を定めるところにより住民投票に付すことができるように地方自治法の改正が検討されたが，実現に至らなかった。一方，住民投票の実施を保障するために常設型の住民投票条例を制定する自治体も見られる。当該自治体にとって重要な政策を対象に，一定数の有権者の署名を集めれば，議会の議決を経なくても住民投票を実施できる手続きを定めている。このように，法令の改正または条例制定を通じて，住民投票をより積極的に活用するための制度を導入することは

可能である。そのためには，住民投票の対象とする政策の範囲（当該地方自治体が行う事務に限定するか，都道府県や国の政策もよいか），投票方法（発議の条件，同一争点について再度の住民投票を認めるか，濫用を防止する条件），投票の効力と拘束力などの点を慎重に検討したうえでの制度創設が求められる。

　このように，住民投票とその意義と課題，代表民主制との関係を検討してきたが，住民投票に対する立場は，多数の市民が参加し，投票が政策案に対してイエスかノーか，あるいは〇か×かの二者択一として行われ，結果が単純な多数決として表れる点に対する評価による。これらの点を積極的に位置づけるのか，批判的に捉えるのかによって立場は異なる。住民投票が二元代表制の選挙と違う効果を生じさせるためには，住民投票運動の中で，市民が主体的に政策案を検討し，市民間で意見交換をする機会を確保できるかによる。そのための情報へのアクセス，意見交換する場の設定，政策本位の運動の持続などが必要となろう。

　改めて住民投票と代表民主制を比較すると，両者には独自の要素がある一方で，共通点も見られる。たとえば，住民投票に対して，しばしばポピュリズム的な傾向を持ち，合理的，理性的な判断を妨げると批判されるが，実は，こうした諸現象は首長選挙や議会選挙でも普遍的にみられることに留意しなければならない。また，住民投票運動の際に，さまざまな形で市民間での討論が行われる一方，住民投票運動の一般的な形態は，賛成，反対両派の主なキャンペーン団体間による，多数派形成のための働きかけという形をとっていることが多い。こうしてみれば，住民投票運動も，首長選挙や，政党間で繰り広げられる議会選挙との共通性がみられる。

　さらに，私たちがどのような政治制度を望ましいものとして考えるかによるが，住民投票と代表民主制は，先に検討したように，共存可能な政治制度である。住民投票が実施されたからといって，現行の代表民主制の政治的正当性を掘り崩すことを意味するわけではない。また，市民から提起された争点が，通常の住民参加の過程の中で解決されたり，首長と地方議会が市民から提起された問題を積極的に受け止め，これを議会審議の場で解決することが求められている。このように考えれば，1つの地方自治体で住民投票が頻発する状況というのは，地方自治のあるべき姿であるかどうかは議論の余地がある。まずは，大多数の有権者が住民投票を行うべきであると意思を表明した場合に，現在の

制度の下で実効性を伴った形で投票を行えることが重要ではないだろうか。

　この章では,「身近」であるといわれる現代日本の地方自治を,住民自治を中心に概観してきた。首長と議会をそれぞれ選出する二元代表制,地域に大きな影響を与える政策や,首長・議会を解職・解散の賛否に直接参加する住民投票,地方自治体が広げようとしている市民参加などに特徴がある。ところが「身近」なはずの地方自治は,私たちから「遠い」存在になっている現実もあり,その背景を検討する中でさまざまな要因が浮かび上がる。「遠い」存在になっている地方自治体の活動を「身近」にするためには,選挙,市民参加,住民投票などの制度を改正し,市民が地方自治に関わることができる機会をいっそう拡大することが主要な方策であることは言うまでもない。それと同時に,本章が強調したのは,問題をすべて解決できる万能な政治制度は存在せず,現行制度の限界や制約を踏まえたうえで,これをいかに活用してゆくかという見方の重要性であった。よりよい地方議会の運営,多くの市民を巻き込んだ形での合意形成,政策本位の議論に裏付けられた住民投票を行うためには,多くの手間や労力が生じる。これを「民主主義のコスト」として理解し,首長,自治体職員,地方議員,そして市民が共有することができるかが今後の課題であろう。

参考文献

有賀弘・阿部斉・斎藤眞『政治──個人と統合［第2版］』東京大学出版会,1994年。
大森彌『［新版］分権改革と地方議会』ぎょうせい,2002年。
岡田正則・榊原秀訓・大田直史・豊島明子『地方自治のしくみと法』自治体研究社,2014年。
杉田敦『政治的思考』岩波書店(岩波新書),2013年。
ダール,ロバート・A(中村孝文訳)『デモクラシーとは何か』岩波書店,2001年。
新藤宗幸編著『住民投票』ぎょうせい,1999年。
曽我謙悟『行政学』有斐閣,2013年。
人見剛・須藤陽子編著『ホーンブック地方自治法［第3版］』北樹出版,2015年。
西尾勝『行政学［新版］』有斐閣,2001年。

さらに読み進めたい人のために

秋月謙吾『行政・地方自治（社会科学の理論とモデル9）』東京大学出版会，2001年。
  ＊地方自治を，政治学の理論を当てはめて考えることも重要である。本書は地方自治の研究で扱われてきた分析モデルを平易に紹介した文献である。
礒崎初仁・金井利之・伊藤正次『ホーンブック地方自治［第3版］』北樹出版，2014年。
  ＊政治学の一分野として地方自治を学びたい人にとって，基本的な知識や概念を体系的に学ぶことができる教科書。図表も多く取り入れられており読みやすく，ほぼすべてのテーマが扱われている。
片山善博『民主主義を立て直す』岩波書店，2015年，同『日本を診る』岩波書店，2010年。
  ＊自治省（現総務省）官僚，その後，鳥取県知事を2期務めるなどの著者の実務経験をもとに，近年，日本で議論されている地方自治に関する公共政策や制度改革，あるいは注目を集めている争点を，平易な表現で評論している。
西尾勝『自治・分権再考——地方自治を志す人たちへ』ぎょうせい，2013年。
  ＊著者は長年，行政学の第一人者として学界をリードするとともに，日本の地方分権改革にも携わってきた。現代日本の地方自治のあり方や，広く議論を巻き起こした改革構想について論じた講演録をまとめた刊行物である。
松下圭一編著『自治体改革——歴史と対話』法政大学出版局，2010年。
  ＊戦後日本の地方自治の発展を理論的に導いてきた政治学者が，理論的課題や地方自治体の発展を跡付ける重要な出来事について語った対談集。

（山崎幹根）

第9章
支え合う仕組みを考えよう
―― 福祉国家とその変容 ――

― Short Story ―

　ある朝，ミネオ君は風邪をひいてしまいました。ぼうっとした頭で病院に行ったのですが，健康保険証を忘れたことに気づきます。受付で「いったんは自己負担になりますがいいですか」と聞かれ，風邪だったら大した金額にはなるまいと「はい」と答えました。

　しかし，診察や各種検査が終わって会計に回ると，請求額はかなりの額。財布にそれだけのお金はなく，慌てて病院そばのATMに走ってお金をおろし，事なきを得ましたが，健康保険のありがたみを知った一日でした。

　そして今度は，ミネオ君のお祖母さんが腰を痛め，少し体が不自由になったという話を聞きました。帰省ついでにお祖母さんの家に寄り，お見舞いをしようと思ったら，近くのデイサービスセンターに行っているということです。そこでデイサービスセンターに行き，お祖母さんに会ってきました。デイサービスには，近くに住むお年寄りも多く通ってきており，昔からの知り合いに会えたお祖母さんも嬉しそうです。職員の方々は親切に接してくださり，ミネオ君はほっとしました。中には東南アジア出身の女性たちもいて，その元気に働く姿が印象的でした。

福祉と聞いて，何を思い浮かべるだろうか。恵まれない人への施しだろうか。年をとった時に受け取る年金だろうか。いずれにしても，若い自分にはとりあえず関係のないこと，と思う人は多いかもしれない。

しかし21世紀の福祉国家は，一方的な施しや，「与える・与えられる」という一方通行の関係にとどまらない，広がりを持った存在だ。現代の日本では，国民年金や介護保険などにより，高齢や身体機能の低下といったリスクがカバーされているが，福祉制度の対象は，高齢者に限らない。たとえば国民健康保険などの公的な医療保険が存在するおかげで，医療費が安く済む経験をした人は多いだろう。また子供には，児童手当や医療費補助が用意されている。働きたいと思っても仕事になかなかつけない若者には就職支援の仕組みがあるし，子供のいる世帯には保育園などの子育て支援の制度がある。大学生の中には，公的な奨学金を活用することで，安心して学業生活を送る人も多い。とくに最近は，若者を念頭に置いた「人生前半の社会保障」を充実させようという考え方が強くなっている。もはや福祉国家は施しではなく，お互いの支え合いを軸としつつ，年齢の違いを超えて一人ひとりが平等で意味ある生を送るために，不可欠の存在となっていると言えるだろう。

本章は，この福祉国家を扱う。どのように福祉国家が成立したのか，国によってどのような特徴があるのか，グローバル化時代に福祉国家はどう変化し，どんな新しい課題が出現しているのか，考えてみたい。

1　福祉国家とその三類型

福祉国家とは何か

福祉国家（welfare state）とは何か。本書では，所得保障や社会サービス，雇用保障などを通じて国民の福祉を増進しようとする国家が福祉国家である，と定義しておこう。

まず所得保障とは，年金，医療保険，失業保険，公的扶助などの社会保障給付を通じ，国民の生活水準の維持・向上を図ることである。端的に言えば，国家を通じたお金の再配分である。次に社会サービスとは，医療や教育，介護，保育など，国民の生活上のニーズに応じて提供されるサービスを指す。国民の側から見れば，物やお金ではなく，サービスを受けることになる。そして雇用

保障は，完全雇用政策や公的雇用の拡大，解雇制限などを通じて国民の雇用を確保し，職業生活の安心を確保することを意味する。こうして国民の必要とする所得・サービス・雇用を国家が保障することによって，貧困を防止し，安心して働いて暮らせる社会を築くことが可能となるのである。

ただ，このような福祉国家が本格的に成立したのは，先進国でも20世紀に入り，とくに第2次世界大戦が終結して以降のことである。

歴史を振り返れば，ヨーロッパ諸国で社会的な弱者の存在を受け止め，救貧活動を担ってきたのは国家ではなく，教会や宗教系のネットワークだった。教会や修道院，宗派組織が，貧困者や孤児，寡婦の救済で中核となって活動していた。たとえば近世のオランダ・アムステルダムを例にとると，プロテスタント，カトリック，ルター派，ユダヤ教などの諸宗教・諸宗派がそれぞれ自前の救貧団体を抱え，自派に属する信徒が困窮状態に陥ったり，孤児が出た時に責任を持って対応した。財源は基本的に各宗教・宗派内の寄附金などによって調達されたが，富裕な信徒の遺贈もあり，その規模は小さなものではなかった。市当局の貧困対策事業は不十分であり，最終的なセイフティネットは宗教・宗派の救貧活動によって提供されたのである。

ただ18世紀後半以降になると，イギリスを先発国としてヨーロッパで産業革命が進展し，農村から都市部に多数の労働者が流入していく。劣悪な労働条件，貧困，衛生環境の悪化といった深刻な社会問題が出現すると，従来の救貧活動では対応が困難となり，新たな枠組みが必要となる。そこで19世紀にはヨーロッパ各地で，共済組合や労働組合などの団体が結成され，相互扶助の仕組みが作られていく。

そして19世紀末以降，社会問題は国家が責任を持って対応すべき問題と認識されるようになり，福祉国家が形づくられていく。まず公的な保障の対象となったのは労働者であり，労災保険に始まり，失業保険，医療保険，年金などの社会保障制度が順次制度化される。そして第2次世界大戦後には，国民全体を対象とした社会保障が一般化し，国民年金や国民医療保険，家族手当などが導入され，その適用範囲が広がっていった。そして社会保障給付の支給に加え，介護や保育，職業訓練といった社会サービスも公的に提供されるようになる。また各国では，国家が国民の雇用を保障する責任を負うという考え方が一般化し，財政政策や金融政策を動員して完全雇用の維持に努めるようになった。こ

の立場はイギリスの経済学者、ケインズ（John M. Keynes, 1883-1946）の経済学に基礎を置いて発展したことから、20世紀後半に成立した福祉国家を、「ケインズ主義的福祉国家」と呼ぶこともある。

福祉レジーム論――福祉国家の三類型

しかし先進国で福祉国家が成立したとはいえ、その理念や構造、政策の中身については福祉国家の間に大きな違いが存在する。しばしばスウェーデンを典型とする北欧諸国は、社会保障支出のGDPに占める割合が高く、「進んだ福祉国家」として日本でも注目の的となるが、その福祉国家の「質」について知らなければ、その先進性は理解できないだろう。

ここでよく知られているのが、デンマークの政治学者、エスピン・アンデルセン（G. Esping-Andersen）が提起した、福祉レジームの三類型である。先進各国の福祉国家は、公的な制度や市民社会のあり方などを踏まえて整理すると、大まかにいって3つのレジーム（体制）に分類できるという。そこで以下では、この福祉レジーム論を軸に先進国の福祉国家を3つに分類し、説明したうえで、日本や東アジア諸国の位置づけについても考えてみたい。

社会民主主義レジーム

第1の類型は、北欧諸国を典型とする社会民主主義レジームである。ここで成立した福祉国家は、高福祉・高負担の「先進的」福祉国家といってよい。北欧諸国では強力な労働運動が発達し、その支持する社会民主主義政党がしばしば最大与党として政権を長期にわたって担ってきたが、北欧の福祉国家の発達の背景にあったのは、まさにこの社会民主主義の政治的優位であった。

これらの国では、労働者が失業など、なんらかの事情で労働市場を離れたとしても、「普遍主義的社会保障」のもと、充実した所得保障によって生活を維持することが可能である。エスピン・アンデルセンはこれについて、労働者が労働力を「商品」として労働市場で売る立場から解放されることで、いわば労働力の「脱商品化」が実現している、と説明している。さらに北欧では、公的な育児ケアが充実しているため、女性は育児などのケア労働に専念する必要がなく、労働市場に参入して自立を実現することができる。その結果、「夫が稼いで家族を支える」という男性稼ぎ手モデルは過去のものとなり、男性稼ぎ手

の所得に依存する必要もなくなるため,「脱家族化」も実現するという。

しかし社会民主主義レジームの福祉国家は, 単に「充実した福祉」を提供するだけの存在ではない。北欧では福祉に頼って安穏と暮らせるというイメージがあるとすれば, それは現実と異なる。実は社会民主主義レジームの国々は, 充実した福祉国家であるとともに, 男女ともに十全に就労することを促し, 完全雇用を目指す「雇用国家」だからである。

その「雇用国家」の柱となるのが, 積極的労働市場政策である。積極的労働市場政策とは, 失業などで労働市場を退出せざるを得なかった人々を対象とし, 職業紹介, 職業訓練, 就労支援などを通じて就労可能性を高め, 労働市場への復帰を促す政策である。スウェーデンがその典型とされる。この手法により, 失業者が生産性の高い部門にすみやかに移動し, 生産性の高い企業が労働力を吸収して経済発展の牽引力となることが目指されている。

このように社会民主主義レジームでは, 福祉政策と保育政策, 雇用政策がリンクして展開されており, それが同時に女性の社会進出を促し, ジェンダー平等を支えるものとなっているところに特徴がある。

自由主義レジーム

第2の類型が, アメリカを典型とする自由主義レジームである。この類型は, 社会民主主義レジームと対極に位置すると言ってよい。イギリスやその植民地だった国々, すなわちオーストラリアやニュージーランド, カナダなどもここに含められることから, アングロ・サクソン型のレジームと呼ばれることもある。

このレジームの特徴は, 北欧諸国とは逆に社会民主主義政党が概して弱いこと, そしてアングロ・サクソン的な自立自助の個人主義的な文化が発達したことから, 国家を通じた再配分に消極的な, 低福祉・低負担の福祉国家が形成されたことである。国家の役割は最低限度の生活を保障することにとどまるため, 低所得者層をターゲットとした公的扶助が福祉政策の中軸となる。

とくにアメリカでその傾向は顕著である。アメリカでは, welfare という言葉は実質的に一部の貧困層向けの公的扶助として理解されることが多く, 否定的な意味合いが強い。他方で中間層以上の人々は, 民間の医療保険に入るなど, 自力でセイフティネットを築くことが求められる。国民皆医療保険の存在しな

かったアメリカでは，最近まで4000万人を超える人が医療保険に入っていない状態にあったとされる。あくまで基本は自己責任なのである。

なお，自由主義レジームに属するイギリスは，有名な「ベヴァリッジ報告書」を生んだ国でもある。この報告書は第2次世界大戦中，戦後の社会保障の青写真について，経済学者のベヴァリッジ（William Beveridge, 1879-1963）を中心に作成されたものであり，正式のタイトルを「社会保険と関連サービス」という。最低生活水準の所得を全国民に権利として保障することを打ち出したこの画期的な報告書は，イギリスはもとより国際的に強いインパクトを与え，20世紀の福祉国家発展の歴史を語る時に欠かせない，記念碑的な文書となった。

ただ「ベヴァリッジ報告書」は，社会的弱者を対象に最低限度水準の給付を提供するうえで重要な根拠を提供したとはいえ，貧困層も負担できる低額の拠出を前提に，「均一拠出・均一給付」を基本に置いたことで，以後の福祉国家の拡大の局面では足かせになったことも指摘されている。福祉給付が最低限必要な水準（ナショナル・ミニマム）にとどめられてしまったからである。このような展開の結果，今もなおイギリスでは年金額は低い水準にとどまり，社会保障支出の対 GDP 比も他のレジーム諸国に比べて低い状態が続いている。

保守主義レジーム

第3の類型は，保守主義レジームである。ドイツやフランスに代表される大陸ヨーロッパ諸国がその舞台であり，政治的にはキリスト教民主主義政党の優位や，カトリック的社会観の浸透が背景にある。これらの国では，「やや高福祉・やや高負担」の福祉国家が成立した。

保守主義レジームの特徴は，市場重視の自由主義レジームとも，また公的サービス重視の社会民主主義レジームとも異なって，「中間集団」を重視する福祉国家が発達したことである。

中間集団の基礎単位は，家族である。キリスト教民主主義政党が長らく政権の中核を占めたこれらの国では，キリスト教，とくにカトリックの世界観を反映した社会モデルが福祉国家のベースに置かれ，男性優位の家父長的家族観が政策に強く反映した。すなわち家庭内の役割分担を前提とした，男性稼ぎ手モデルが福祉給付の前提に置かれ，男性稼ぎ手には充実した所得保障が提供される一方，女性は夫を介してのみ受給権を得ることができるとされた。また子供

を重視するカトリック的家族像を反映し,家族手当などの現金給付が充実する反面,保育ケアなどのサービスは少なく,女性の就労は抑制された。女性に不利な,ジェンダーバイアスの強い福祉国家が形成されたのである。

また保守主義レジームでは,全国民を一元的な枠組みに入れるのではなく,産業・職域・地域別に構成される社会保険方式が好まれたことも特徴である。中間集団の自治による解決が重視されたと言える。その背景にあるのは,個別の集団で問題が解決されない場合にのみ国家が介入できるとする,カトリック由来の補完性原理／サブシディアリティ（subsidiarity）の思想である。この補完性原理の発想は,貧困者救済や高齢者介護,医療の分野でも一貫しており,現在でもしばしば宗派団体に由来する民間の非営利団体が,医療サービスや福祉サービスを中核として担っている。国家の役割は財政支援と監督にとどまり,当事者との接触を第一線で担うのは,中間集団のメンバーなのである。

日本の位置づけ——民間企業と経済政策

それでは以上の三類型を前提とした場合,日本はどう分類できるのだろうか。

日本における福祉国家の位置づけについては,これまでさまざまな議論がなされてきたものの,決着はついていない。たとえば日本の福祉国家が家族を重視し,男性稼ぎ手モデルを前提としてきた点では,保守主義レジームに分類できそうである。しかし他方,日本における社会保障支出の対 GDP 比は,「やや高福祉・やや高負担」の保守主義レジームよりかなり低い水準にある。他方で,自由主義レジームのような自己責任を重視する福祉国家とも異なる。そもそも,戦後日本の福祉国家形成の際に一貫して与党だった自民党は,明確な保守イデオロギーを持った政党というよりは,保守主義と自由主義の混在する政党とみるのが適切だろう。以上を踏まえれば,日本を三類型のいずれかに分類することは難しい。

むしろ日本においては,欧米諸国には見られない,いくつかの重要な特徴がある。以下の2点を指摘したい。

第1は,福祉供給における民間企業の存在感が大きいことである。日本では,社会保障給付を通じた国家による再配分（狭義の福祉国家）に加えて,企業内福祉が果たした役割が大きかった。すなわち,企業の内部に家族手当や企業年金,融資制度,そして診療所や保養施設など,多様な福利厚生が用意されており,

企業が社員を家族ぐるみで支える仕組みが発達してきたのである。また，住宅についてみれば，社宅の提供，賃貸住宅に対する住宅手当の支給，持ち家の購入促進など，あらゆる段階で企業が社員の住まいを支援していた。また社内に互助組合が設置されている企業も多く，結婚や出産，死亡などの際には祝金や香典が組合から支出された。家族も参加する社内運動会の開催，果ては社員の結婚相手を探す「婚活」支援もふくめ，企業が社員の生活を支える拠り所となってきたのである。

　そもそも日本では大企業を中心に，いわゆる終身雇用と年功序列に基づく長期的雇用慣行が発達しており，雇用そのものが安定的に維持されてきた。また職業上必要な知識も，職場内の教育・訓練で身につけるものとされ，社内で教育も提供されてきた。「会社に入る」ことは，社員が単に労働と引き換えに賃金を受け取るだけにとどまらず，将来にわたる安定的な雇用を手にし，必要な教育を受け，住まいも含めた多様な福利厚生を家族ともども長期に享受する，ということだったのである。労働法学者の濱口桂一郎が的確に表現したように，日本における正社員労働者は，あらかじめ業務の内容を特定せずに採用する「メンバーシップ型」の長期的・安定的雇用が一般的であり，特定の業務に従事することを前提に採用する「ジョブ型」の雇用とは大きく異なる働き方をしている。「ジョブ型」雇用の場合，当人が従事する業務がなんらかの事情で消滅すれば，それに応じて職を失うことも十分ある。日本における，社員に家族ごと雇用と生活を保障する「丸抱え」方式が，「メンバーシップ型」の雇用と直結するものであることは，言うまでもないだろう。

　第2は，公共事業や業界保護といった経済政策が，戦後日本における福祉政策を事実上代替していたことである。日本で財政支出に占める公共事業の比率が高いことは知られているが，この公共事業には道路や橋を建設してインフラ整備を進めるという目的と並んで，特に地方における雇用を下支えするという意味も含まれていた。景気が悪化した時には，公共事業を積み増すことで，建設業を中心に地方の雇用を維持する試みがなされてきた。またかつての日本では，「護送船団方式」と呼ばれた経済官庁による業界保護が広く行われてきたが，これも企業同士の競争を抑制することで，失業を可能な限り防ぐという意味もあった。

　このように日本では，民間企業や経済政策を通じた雇用保障が福祉機能を兼

ね備える，いわば「雇用による福祉」が戦後の福祉国家を特徴づけていた。その場合の「福祉」とは，国を通じた社会保障給付の提供というより，より広い意味の，企業における福利厚生の提供を含め，雇用を通じた生活全般の安定を意味していたと言える。そしてこの「雇用による福祉」を，エスピン・アンデルセンによる福祉レジームの三分類とは異なる，第4類型として位置づけることも可能だろう。

東アジアの福祉国家

また，東アジア諸国に共通の特徴を取り上げ，東アジア的な福祉レジームの存在を指摘する見方もある。日本や韓国，台湾などをはじめとする東アジア地域においては，福祉国家そのものは発展が遅れる「後発福祉国家」が出現する一方，国家主導の経済成長を重視する「開発主義国家」のもと，開発政策を通じて住民の生活水準の向上を図ることに重点が置かれていた。そのため，福祉の供給主体として，国家ではなく企業や家族が果たす役割が大きかったことが指摘できる。

『福祉のアジア』を著した社会学者の上村泰裕は，韓国・台湾・香港・シンガポールを主として念頭に置きながら，東アジアにおける福祉国家の特徴を分析している。すなわち東アジア諸国では，ヨーロッパやラテンアメリカ諸国と異なり，年金や医療保険などの社会保障制度の導入が概して遅く，第2次世界大戦後にずれこんでいる。失業保険に至っては，導入していない国も多い。また社会保障の対象者は限定されており，社会保障給付の受給率が低い状態が続いていた。これらの国々では，戦後も権威主義体制のもとで国民の権利要求が制限されるなか，社会政策より産業政策に力点が置かれたことで，先進民主主義諸国と異なるタイプの福祉国家が形成されたという。

社会保障制度の導入が遅れた半面，社会的弱者の保護で重要な役割を果たしてきたのが家族である。「社会保障の不備を家族福祉が代替」してきたと上村は言う。もともと歴史的に見ても，貧民救済などの弱者保護は，ヨーロッパでは教会や政府の対応すべき公共の仕事と理解されていたのに対し，東アジアでは，家族や親族集団の果たした役割が大きかった。ただ上村は，近年は東アジアでも，高齢者の面倒を家族が見るべきだとする価値観が弱まり，家族についての意識が変わる中で，それに見合う社会保障制度の充実が実現していないこ

とから，ギャップが生じていることも指摘している。

2　グローバリゼーションと福祉国家の変容

改革圧力を受ける福祉国家

このように複数のレジームに分類される各国の福祉国家であるが，1980年代以降，各国は強い改革圧力のもとに置かれる。20世紀後半にある程度の完成をみた福祉国家は，経済社会構造の変容に伴い，その存立基盤を揺るがされる事態となったのである。

第1は，経済成長の鈍化である。それまでの福祉国家は，持続的な経済成長とそれに伴う税収の増加を前提として，福祉関連の諸制度の拡充に努め，給付の対象を拡大してきた。いわば右肩上がりの成長と福祉国家の充実は，戦後の先進諸国の経済と社会を支えた車の両輪だった。しかし1970年代の石油危機以降，産業構造の再編が進む中で，先進諸国はいずれも低成長時代に突入する。福祉国家の拡大を支えた前提が大きく揺らいだのである。

第2は，少子高齢化である。先進諸国では平均寿命が伸び，高齢者が人口に占める比率は増加の一途を辿っているが，子供の生まれる数は減少している。そのため，年金・医療・介護など，高齢者関連の支出は拡大する一方，税や社会保険料を負担し，福祉国家の経済的な支え手である現役世代は縮小傾向にある。特に年金は社会保障支出に占める比率が高いことから，各国では年金財政の維持は重大な問題となっており，年金の切り詰めや年金支給開始年齢の引き上げなどが課題となっている。

第3は，産業構造の変容とグローバリゼーション，ライフスタイルの変化といった構造変化である。脱工業化の進展，とりわけサービス経済の発展は労働の非正規化を促す傾向にある。また女性の就労が進む一方，離婚などの諸事情により単身世帯も増加していることから，これまで家族が子供や高齢者に提供してきたケア機能は，大きく変化しつつある。その結果，正規労働者の男性稼ぎ手を念頭に置き，その失業・病気・老齢といったリスクへの対処を前提とした従来の福祉国家のモデルは，見直しを迫られている。なおこのように現代の労働者や家族が直面する新たな課題については，「新しい社会的リスク」とも呼ばれている。

グローバリゼーションと福祉国家

 ここでは特に，グローバリゼーションが福祉国家に与えたインパクトについて，やや詳しく見てみよう（第11章第1節参照）。人・物・金・情報などが主権国家の枠を超えて世界レベルで相互に移動し，影響していくグローバリゼーションのもと，福祉国家が根本的な変化を迫られていることがしばしば指摘されるからである。

 ではなぜグローバリゼーションが福祉国家に大きな影響を与えるのか。その最大の理由は，福祉国家が基本的に「一国単位」の再分配システムとして成立してきた，ということだろう。福祉国家を支える税収や保険料は，基本的にその国の企業や労働者が負担する。また各種の給付やサービスは，やはりその国に住む人々を対象としている。国という枠のなかで，福祉国家の諸機能が循環していたのである。しかし経済のグローバル化が進み，企業が国境をやすやすと超えて活動するようになると，その前提が崩れてくる。

 もちろん，単に貿易額が増えるだけであれば，関税や輸出入管理を通じて国家のコントロールはまだ有効である。しかし企業自体が多国籍化し，国家の枠を離れて意思決定を行い，原料や資金を調達し，生産，販売を世界レベルで進める時代になると，その企業を国家がコントロールのもとに置き続けることは容易ではない。企業によっては，福祉国家から「脱出する」ことも可能となる。また労働者についても，国境を超えて働く人の数は増える一方である。

 このグローバリゼーションと福祉国家の関係については，大まかにいって3つの立場がある。

福祉国家解体論

 第1の立場は，グローバリゼーションによって福祉国家は解体の道を歩むという，「福祉国家解体論」である。「福祉国家の危機」を指摘するこの考え方によると，グローバリゼーションは一国単位の経済・社会政策を無効化し，とくに従来の社会民主主義的な，ケインズ主義的福祉国家の維持を困難にするという。北欧をはじめとする高福祉高負担の国では，税金や社会保険料の高さ，企業活動に対する国家の強い制約を嫌い，競争力のあるグローバル企業が逃げ出す危険がある。これとあわせ，途上国において低賃金労働力が大規模に供給されるようになると，低賃金で社会保障負担の低い途上国への生産拠点の移転が

ますます進行する。他の条件が同じならば、賃金や税金、社会保険料の安い国に企業が立地することは自然である。その結果、これまで国内で保護されてきた雇用は大きく揺らぎ、特に製造業の雇用は縮小の一途を辿る。

また、グローバリゼーションによる国際競争の激化は、各国の雇用のあり方にも影響を及ぼす。なぜならコスト削減を重視する企業は、賃金が高く解雇が難しい正規労働者ではなく、賃金が低く、雇い入れや解雇が柔軟にできる非正規労働者を好む結果、労働の「非正規化」が進むからである。

この状況で企業の国外脱出を防ぐため、各国は福祉の充実ではなく、正反対の方向、すなわち福祉の切下げ競争に突入する。税金や社会保険料を引き下げることで、企業にとって「魅力的」な国を目指すのである。しかし税金や社会保険料を引き下げることは、国家による再分配の幅を狭め、貧困を放置することにつながる。いわゆる「底辺への競争（Race to the bottom）」である。こうして「低福祉・低負担」へと転換する国が相次ぎ、福祉国家は解体への道を辿る。これらの国では、一部の富裕層がますます豊かになる一方、大多数を占める勤労層は窮乏化し、国内の貧富の格差は拡大していくというのである。

福祉国家優位論

この悲観的な見方と対照的な立場が、第2の「福祉国家優位論」である。この立場によると、発達した福祉国家は、グローバリゼーションのもとで解体に進むどころか、国際競争力を備え、企業を引きつける魅力ある国として、むしろ有利な立場に立つという。

なぜ税・社会保障負担の重い充実した福祉国家が、グローバル化する企業活動に魅力的なのか。その秘密は、福祉国家における経済的・社会的な「質」の高さである。充実した福祉国家では、狭い意味の福祉のみならず、教育や職業訓練を重視し、「人」への積極的な投資が進められてきたが、その結果、福祉国家で育成される人材の質は概して高い。たとえば北欧やオランダなどでは、少人数のクラスでじっくり思考力やコミュニケーション能力を養う教育が重視されているが、これはむしろ複雑化・高度化した現代の経済社会で必要な能力を育成するうえで重要な意味を持つだろう。

また福祉国家は、概して女性の社会進出に積極的であり、男女問わず優れた人材がその能力を発揮できる環境を築いてきた。その結果、ダイバーシティ

（多様性）を重視するグローバル企業にとって，福祉国家は多様な人的資源を十全に活用できる，またとない舞台を提供する。このように見てみると，福祉国家は，脱工業社会におけるイノベーションを目指す企業にとって，独自の魅力を備えた投資環境なのである。

福祉国家の優位はそれだけではない。所得分配を進めて貧困を減らし，格差の是正に努める福祉国家は，概して犯罪も少なく，安心して暮らせる社会である。そして犯罪の少なさは，警察や裁判所，刑務所をはじめとする，治安や司法に関係するコストが少なくて済む，ということも意味する。そもそもグローバルに活動する企業にとって，たとえ税金が安くとも，犯罪が多発し，警察官がものものしく銃を構えて街なかをパトロールする国は，進出先として本当に優れていると言えるだろうか。

実際，福祉国家解体論が唱えるような，有力な多国籍企業による福祉国家脱出劇が続々と展開しているとは言えない。むしろ国際的な IT 企業で，教育水準が高く質の高い労働力を確保できる北欧諸国に拠点を置く企業は，今も多い。

このように見てみると，福祉国家がグローバリゼーションの波に対応することは可能であり，むしろ福祉国家こそが高度化・情報化の進んだ現代にふさわしい，という議論も成り立つことが分かる。グローバリゼーションのもとで，経済的・社会的な国際競争力を持つ福祉国家の魅力はむしろ高まるのであって，むしろ福祉国家そのものがグローバル・スタンダードになりうるのではないか。このように福祉国家の将来に希望を託すのが，「福祉国家優位論」である。

福祉国家持続論

第3は，「福祉国家持続論」である。この立場によると，福祉国家はグローバル化や脱工業化といった変化の圧力にさらされているものの，20世紀後半に築き上げられた福祉国家はそう簡単に崩れない。むしろ各国では，国内で現存の福祉国家を維持しようとする，一種の政治的な連合が成立しており，福祉国家は思わぬ耐性を示している，というのである。代表的な論者が，政治学者のピアソン（Paul Pierson）である。

ピアソンの見方は，次の通りである。福祉国家の発展期に大きな役割を果たした努力が，労働運動や左派政党だったことは確かである。しかし20世紀末以降，労働運動や左派政党が全般に弱体化してはいるものの，それに応じて福祉

国家そのものが縮小している，とは言えない。いったん福祉国家が成立すると，それ以前にはほとんど存在していなかった制度や団体が出現し，それ自体が福祉国家の削減に抵抗するからである。たとえば退職者団体や高齢者団体などは，福祉国家が成立したことによって，いわば福祉国家の受益者として出現した団体であるが，これらの団体は福祉国家を弱めようという動きには抵抗する。ひとたび確立した福祉国家については，その発展期の段階とは別の論理が働くのである。

福祉レジームとその変容

以上のように，グローバリゼーションが福祉国家に及ぼす影響については，さまざまな立場がある。ただ，グローバリゼーションや脱工業化の及ぼす影響は福祉レジームによって異なり，むしろレジームごとに改革の方向が分かれる，という指摘もある。エスピン・アンデルセンをはじめ，その見解をとる研究者は少なくない。その見方をまとめると，以下のようになる。

まず社会民主主義レジームでは，従来進めてきた，充実した福祉政策・教育政策を通じた人的資本の形成に強みがあることから，これを活かしてグローバリゼーションへの対応が可能となる。すなわち積極的労働市場政策による労働力移動の促進，教育を通じた質の高い人材育成などを通じ，新しい産業分野の発展を支え，国際競争力を高めていく。この「スカンディナヴィア・ルート」を社会民主主義レジームが堂々と歩むことで，グローバリゼーションのもとで積極的に生き抜いていくことが可能となるという。

これに対して自由主義レジームでは，もともと市場活力を重視し，民間企業の活動を軸に経済を発展させてきた強みがあることから，やはりこれを活かす形でグローバリゼーションに対応する。すなわち，民営化や規制緩和を進め，「小さな政府」の路線をいっそう進めることで，グローバル化を全面的に受容する方法である。「リベラル・ルート」と呼ばれるこの手法は，資本を呼び込み，雇用増加を促す点で効果的とされている。

最後に保守主義レジームであるが，実はグローバリゼーションや脱工業化のもとで最も困難に直面するとされるのが，このタイプである。保守主義レジームでは，失業者らの家族の生活を支えることを重視し，社会保障給付の水準が高めに設定される一方，いったん労働市場を離れた人々が再び就労する仕組み

は整っていない。むしろ早期退職を奨励し、労働市場を離脱することを促すばかりで、新しい分野に対応した労働力の育成にも消極的である。しかしその結果、社会保障負担の増大、労働コストの上昇が進み、雇用の一層の縮小を招くことが予想される。このように雇用の流動性を欠いた保守主義レジームは、とりわけグローバリゼーションや脱工業化による産業構造の再編期には、対応が難しい。この保守主義レジームの方向については、エスピン・アンデルセンは「労働力の削減ルート」と呼んでいる。

日本の福祉国家の変容

それでは日本はどうか。福祉レジームの三類型に当てはまりにくい日本であるが、日本の福祉国家もまたグローバリゼーションや脱工業化のもと、さまざまな困難に直面している。その最大の問題は、日本の福祉国家を特徴づけてきた「雇用による福祉」が、縮小の一途を辿っていることである。

　第1の問題は、厳しい国際競争にさらされる中で、これまで安定的な雇用と福祉の供給主体だった民間企業が、その福利厚生を提供する対象を絞ってきていることである。先に説明したように、日本では「メンバーシップ型」の雇用が一般的であり、企業の「メンバー」として採用された社員は、基本的に雇用を定年まで保障され、家族とともに企業の提供する福利厚生を享受することができた。しかし近年、国際競争が激化するなかで、各企業はリストラを進めており、正規雇用の労働者の代わりに、労働コストの低い非正規労働者を雇う傾向が強まっている。いまや働く人の3分の1を超える人々が、パートタイム労働者や派遣労働者をはじめとする非正規労働者である。しかし非正規労働者の場合、それまで社員が受けてきた、充実した福利厚生の対象から外れることが普通である。企業から恩恵を受ける「メンバー」そのものが、縮小しているのである。

　この非正規雇用の増大は、長期的にみるとより深刻な問題をはらんでいる。やはり先に述べたように、日本では企業内教育が重視され、職業人として身に着けるべき知識や技能は、基本的に企業に入った後に学ぶ。宮本太郎によれば、正規雇用の労働者になるということは、「会社という学校」の入学資格を得ることを意味していたのである。しかし非正規労働者の増加により、企業内教育を受けるチャンスのない、すなわちこの「会社という学校」にそもそも入学を

認められない人が増えている。他方で，働くための技能や知識を企業の外で習得することは難しい。その結果，現役世代の多くの人が，能力を高める機会を得られない状況におかれ，正規雇用への移行はますます困難となる。このことは将来的には，所得格差の一層の拡大，社会的な分断を招く恐れがある。民間企業に依存してきた，「雇用による福祉」の前提が崩れているのである。

本来このような状況は，公教育を通じた職業教育，そして公的な職業訓練の必要性を増すはずである。「会社という学校」に入ることを条件としない，開かれた形の職業教育を通じて人々のスキルを高め，脱工業化社会，情報化時代に対応した職業能力を育てることができれば，質の高い労働力が生み出され，正規雇用へのステップアップの可能性が高まる。しかし日本では，そもそも公教育に職業教育の機能がほとんど備わっていない。公立学校のカリキュラムは，全般に職業との結び付きが弱い。また公的な職業訓練教育の存在感は薄く，幅広くステップアップの機会を提供しているとは言い難い。

他方で正社員労働者もまた，安穏としてはいられない。企業がリストラを進める中で，かつては大都市の郊外に広がっていた社宅はその多くが売却され，跡地にはマンションなどが建てられている。観光地に作られた企業の保養所も，次々売却されている。企業が支えてきた企業年金や保険組合も，財政負担が重くのしかかり，解散したところもある。企業の福利厚生自体が薄くなっているのである。

第2は，戦後日本の雇用を支えてきた，公共事業をはじめとする経済政策が，転換を迫られていることである。国や自治体の財政収入が伸び悩む中で，経済的な効果が見えにくい公共事業は批判の対象となり，もはや雇用を支える役割は大幅に縮小している。とくに21世紀に入る頃から，公共事業は無駄な道路や「ハコモノ」を造り，環境を破壊しているという批判が強まった。財政再建が政策目標として重視される中で，公共事業はむしろ削減の対象となり，5年に及ぶ小泉純一郎政権下（2001～06年）では公共事業費は2割以上減少している。建設業の就業者は1997年をピークとして減少した。右肩上がりの税収を背景とし，公共事業の発注を通じて地方の雇用を支えてきた従来の構造は，過去のものとなった感がある。

このように正規雇用の縮小，公共事業の削減といった変化の中で，日本型福祉国家を特徴づけてきた「雇用による福祉」そのものが見直しを迫られている。

民間企業や公共事業に依存してきた日本の福祉のあり方は，大きな曲がり角に立っていると言えよう。

3 福祉国家のゆくえ──社会的包摂と地域社会

ワークフェア改革

次に本節では，以上のグローバリゼーションや脱工業化，少子化といった社会経済的な構造変容のなかで，福祉国家の改革がどのような形で進められているのか，そこで注目すべきポイントは何であるのか，を見ていきたい。

近年の各国の改革の方向性については，以下で示すように，大まかに言って3つの流れにまとめられる。そしてそれぞれの流れが，福祉レジームの3つのありかたにある程度対応する。

その際に1つのキーワードとなるのが，「ワークフェア」と呼ばれる就労促進政策である。社会保障給付受給者をはじめとする，労働市場から退出していた人々に就労を促し，福祉国家の財政ベースを拡大すること，そして福祉国家による再配分の受け手を担い手へと転換することを目指すこの「ワークフェア」は，この言葉を用いるかどうかは別にして，いまや各国の福祉国家改革の目玉とされている。

第1の方向は，就労を人々に強く求めるタイプのワークフェアである。「労働市場拘束モデル」のワークフェアとも呼ばれる。このタイプの改革では，就労や社会参加を福祉給付受給の条件とし，この条件を満たさない場合に給付を停止するという厳しいルールを設定し，懲罰的な色彩が濃い。福祉レジームの三類型のなかでは，自由主義レジームがこの方向の改革に親和的である。

典型例が，アメリカのクリントン（Bill Clinton）民主党政権（1993〜2001年）下で成立した，TANF（Temporary Assistance For Needy Families）と呼ばれる1996年改革である。この改革の特徴は，公的扶助を受給する条件に就労を課し，しかも受給期間にも制限を設けた（連続して2年，通算で5年を限度とする）ことである。就労可能な受給者は，労働ないし職業訓練に従事することを求められ，これに違反した場合には給付が打ち切られる。しかし，このような厳格なルール設定にはさまざまな問題も指摘される。保育支援が不十分な中で，ひとり親への就労の強制がどれだけの効果を上げるのか，疑問が呈されることが多い。

第2の方向は，就労可能性（employability）の向上を重視する，よりソフトな形のワークフェアである。「人的資本開発モデル」のワークフェアとも呼ばれる。このタイプの改革では，職業訓練などを通じた就労支援を重視し，「人的投資」による就労可能性の向上を図ることが中心になる。前述の「労働市場拘束モデル」と異なり，ここではまず個々人が労働市場に入るための能力を身につけることが出発点となる。

　ここで念頭に置かれているのは，やはり北欧諸国を典型とする「社会民主主義レジーム」である。スウェーデンにおけるセクター間の労働力移動政策をはじめとして，このタイプの国々では，従来から産業構造の変容に対応した職業能力の開発や生涯教育が重視されており，その意味では「強み」を活かした方法である。

　しかもこれらの国々では，女性を含む多くの人々の就労を支えるため，保育や介護などのケアサービスも，公的支援によって充実している。「労働市場拘束モデル」のような，ケアについて公的な支援が不十分にもかかわらず，労働や職業訓練を強制するありかたとは対照的である。

　第3の改革の方向は，上記の2つのワークフェアの方向とやや異なる。ワーク・ライフ・バランス促進モデルである。就労形態の多様化を保障し，多様な働き方を可能とすることで，女性や高齢者，社会保障給付受給者などの労働市場への参入を促す方向である。この方向は，近年の保守主義レジームが目指している方向に対応する。

　先に述べたように，保守主義レジームの最大の課題は，労働市場から人々の退出を促したことで，福祉国家の担い手が縮小の一途を辿っていることである。また男性稼ぎ手モデルが残るなか，女性の就労が抑制されてきた。しかしこの状況を逆転させ，女性の労働市場への参加を促すためには，労働市場への参入障壁を低くし，女性たちが自発的に就労することを促す仕組みが不可欠である。そこでこれらの国では，パートタイム労働とフルタイム労働の均等待遇，労働時間の選択制の導入などを通じて多様な形で働くことを保障し，労働市場への参加を支援することが課題となっている。

社会的排除と社会的包摂

　また近年の福祉国家における新たな展開として，「社会的排除」「社会的包

摂」という概念がヨーロッパを中心に広がりを見せ，政策に影響を与えていることが挙げられる。

　社会的排除とは，これまで福祉国家がターゲットとしてきた「貧困」とは，やや異なる概念である。貧困という概念が主として所得や資産の多寡によって定まるのに対し，社会的排除はより構造的な状態を意味する概念である。すなわち，失業，障害，エスニシティ，ジェンダー，地域的事情などにより，社会から構造的に「排除」されている状態が社会的排除である，というのである。もちろん，社会的排除という概念で念頭に置かれている人々が，同時に貧困状態に置かれていることは現実には多いだろうが，従来の「貧困対策」では解決できない，構造的な問題がこの「社会的排除」から浮かび上がってくる。もともとこの概念は，1974年，フランスのルネ・ルノアール（René Lenoir, 1917-2017）が著書で用いたのが始まりといわれている。

　なぜ近年，社会的排除の問題がクローズアップされているのだろうか。かつての福祉国家は，高齢者を除けば，失業や病気などで一時的に所得水準が低下した人々を念頭に，その間の所得を金銭で補うことが柱とされてきた。そして生活水準の低下を適切に補うことができれば，遅かれ早かれ当人は従前の所得を回復し，困窮から脱するだろうとされていたのである。

　しかし20世紀末以降，産業構造の転換と構造的失業の出現，母子家庭をはじめとする貧困の連鎖への注目，エスニックマイノリティの就職難などを背景に，少なからぬ人々が社会的に「排除」され，社会に参加する機会を奪われているのではないか，そして単なる所得保障ではそれらの問題に本質的に対処できないのではないか，ということが議論されるようになる。社会的排除が「発見」されたのである。

　そこで考えられたのが，社会的排除に対応した「社会的包摂」である。すなわち単なる「救貧」ではなく，教育や職業訓練・家族ケア・住宅保障など多角的な手段を用いることで，排除されていた人々の社会参加を保障すること，そして人々の経済的自立を通じ，社会への「包摂」を進めることが必要だ，とされたのである。

　フランスでは1988年，最低参入所得（RMI）（長期失業者の社会参加を進めるための所得保障制度）が導入されたが，これは社会的排除の解決を目指した政策手段とされており，以後，この概念が広まりを見せるようになる。

また1990年代のイギリスでも，「第三の道」を掲げたブレア（Tony Blair）率いる労働党が，新自由主義への対抗概念として「社会的包摂」を掲げた。労働党政権が成立すると，ブレア首相直属の分野横断的機関として「社会的排除ユニット」が設置され，失業・住宅・犯罪・健康などの複合的な問題群に取り組むことになる。

　このような動きは EU レベルでも進行し，2000年，リスボン開催の欧州理事会で決定されたリスボン戦略では，「社会的包摂」を明示的に掲げるとともに，加盟国に「社会的包摂のための各国計画」の作成を求めることとした。その際，各国が計画の進捗を相互に評価する「開かれた調整手法（Open Method of Coodination）」という方法が導入された点も注目できる。そして2010年の欧州委員会が定めた「ヨーロッパ2020」も，以後の10年を展望した「知的で持続可能で，包摂型の成長」を掲げている。世界銀行など，他の国際機関でも社会的包摂を重要な政策概念として用いる機関がある。ヨーロッパをはじめとして現代の先進国の福祉国家の展開を考えるうえで，「包摂」はキーワードとなっていると言えよう。

「居住の福祉」を目指して——住宅を通じた生活保障

　ところで貧困から「社会的排除」へと福祉政策の射程が広がっていく際に，住まいの問題が重要な位置を占めることは間違いない。人生の初めから最後に至るまで，快適でニーズに応じた住宅に住めることは，社会に積極的に参加して「包摂」を果たし，尊厳ある生活を送るうえで不可欠だからである。

　しかし日本では，住宅を福祉の一環として捉える発想は伝統的に弱い。すでに述べたように，そもそも安定雇用によって守られた男性稼ぎ手を前提としたモデルでは，企業による社宅や住宅手当をはじめとして，住宅に関する便宜は企業によって支えられていた。そして各人が最終的に住宅を購入することを前提とした持家政策のもとで，住宅は公的な福祉の枠外に置かれてきたのである。また縦割り行政のもとで，福祉は厚生労働省，住宅は国土交通省と所管が分断され，相互の関連なく政策が実施されてきたことも，福祉と住宅を別物として扱う傾向を助長した。

　しかし正規雇用の縮小と不安定雇用の増大，ひとり親世帯の増加や高齢化の進展といった近年の変化は，住まいに関する安心を掘り崩しつつある。それま

で自明とされていた持家の取得が，困難になりつつあるからである。また正規雇用者に対する住宅手当の提供も，中小企業を中心に減少している。東京都で見れば，官舎を含む社宅が全住宅に占める比率は，1998年から2013年にかけて5.1％から2.6％へと半減した。

　このような変化の結果，非正規雇用の若者，ひとり親世帯，十分とは言えない額の国民年金に頼る高齢者をはじめとして，安心して暮らせる住まいを得られない人が多くなっている。そして21世紀に入り，日雇い派遣労働者を中心とした「ネットカフェ難民」に対する注目，金融危機で「職と家を失った」派遣労働者の避難所としての「年越し派遣村」の開設，生活保護受給者らを劣悪な住宅に住まわせる「貧困ビジネス」への批判の高まりなどを通じ，住まいの問題は社会的にも強い注目を集めるようになった。

　小玉徹はこのような日本における「居住の貧困」の問題を指摘し，とくに若い世代の自立を支援し，子供の貧困の問題と取り組むためにも，公的住宅の充実や住宅手当の導入を通じた住まいの保障の必要性を訴えている。

　とくに日本で特徴的なのは，小玉が指摘するように，公的な住宅手当の不在である。ヨーロッパ各国では，20世紀に社会住宅（公営住宅や公的助成の含まれた住宅を指す）の建設が進められ，また第2次世界大戦期以降，民間賃貸住宅に対する家賃統制が導入されるなど，安価な住宅の提供が政策的に進められてきた（コラム9）。そして家賃統制が緩和された後も，民間賃貸に対する住宅手当が導入され，やはり家賃負担の軽減政策が継続されたのである。その結果，この公的な住宅手当が，福祉政策の一環として重要な役割を果たすこととなった。実際に北欧では，住宅手当を受けることにより，ひとり親世帯の所得に占める家賃の割合は，デンマークで31％から16％に，フィンランドで54％から28％に，スウェーデンで35％から26％へと低下している。

　しかし日本では，持家を前提とする政策のもと，公的な住宅手当の導入が政策課題にのぼることはほとんどなかった。また民間の賃貸住宅は概して狭小で高家賃であり，住宅扶助という形で公的な支援を受ける人は，低所得者の一部にとどまる。母子家庭についてみれば，大阪市の調査では「母子家庭になる前」に3割以上の家族が持家に居住していたにもかかわらず，「母子家庭になった後」には持家居住が激減し，民間賃貸住宅が半数近くに増加している。そしてこの母子家庭の約半数が，「家賃が高く家計を圧迫する」ことを訴えて

コラム9　一世紀を経ても残る「労働者宮殿」

　本章で「居住の福祉」、すなわち住宅を通じた社会保障の重要性について紹介したが、西ヨーロッパのいくつかの国では、社会住宅と呼ばれる公共の集合住宅が大規模に建設され、庶民層に「住まいのセイフティネット」を提供してきた。

　その典型がオランダである。オランダでは20世紀初頭、民間非営利団体による集合住宅の建設・管理運営を促す法律が制定されたことにより、住宅協会とよばれる非営利団体が多数設立され、それらが公的融資を受けて大規模に社会住宅を建設し、労働者層に幅広く住まいを提供した。この社会住宅は、当時としては珍しく電気・水道・ガスが完備し、キッチンや水洗トイレ、複数の寝室を擁しており、それまでの狭く不衛生な住宅とは対極にある充実ぶりに、「労働者宮殿」と呼ばれたほどだった。

　しかもこれらの住宅は、とくに首都アムステルダムで1910年代から20年代、「アムステルダム派」と呼ばれる芸術運動の若手の担い手たちが建築に関わったこともあり、芸術性の高い作品に仕上がっていることが多い。写真は、アムステルダム派を代表し、「船」との愛称で親しまれている社会住宅（アムステルダム西部）である。労働者向け集合住宅のイメージを覆すこの芸術的な建築物は、今では世界的に有名な作品となっている。これら社会住宅のいくつかは、後に国家遺産に指定されて保存され、建設から100年たった現在も世界中から見学者が引きも切らない。このように質の高い、そして芸術作品として後世に残る集合住宅が、普通の労働者たちの住まいとして1世紀前に建設され、今に至るまで庶民の生活の場として息づいているのである。

アムステルダム西部の社会住宅。通称「船」。
（水島撮影）

いる。

　このような住宅手当の不在は，若い世代の自立にも影を落としている。ドイツや北欧を典型とするヨーロッパ諸国では，政府が住宅手当や安価な賃貸住宅を提供することにより，若者が親の家から独立し，経済的に自立して生活することを可能としている。これに対し日本では，とりわけ民間の賃貸住宅に住む若い世代において，不安定就労のもとで生活保護以下の所得であっても支援を受けることなく，高額の家賃負担を強いられている人が多い。とくに若年層の単独世帯で，低所得のまま民間の賃貸住宅に住み続ける層が目立っている。結婚や持家取得がままならないまま，民間の借家に滞留する若年層の存在が拡大しているのである。

　本来なら，この層に対しては公営住宅が提供されることが望ましいが，日本ではそもそも公営住宅が全住宅に占める比率が低く，近年はいっそう低下する傾向にある。しかも居住者の大多数は高齢者であり，単身の若者の入居には大きな壁がある。住まいを通した若者の自立の支援は，ほとんど実現していないと言える。

　このように見ると，近年の不安定雇用の増大，所得格差の拡大といった問題が，住まいの問題を通して増幅しているとも言える。小玉徹は，日本型雇用システムが大きく変容する中で，持家を前提とした従来の日本型モデルが行き詰まっていると指摘し，住宅手当をはじめ政策を転換し，若者，母子世帯，高齢者などの自立を支援する新たなモデルを構築すべきことを説いている。住まいを通した居住の福祉を，正面から考えるべき時代になったと言えようか。

地域における「共生保障」の可能性

　ところで，住み慣れた地域で安心して生涯を送るためには，いま述べたような住宅を通じた居住の保障が必要であるが，それに加え，高齢や心身の弱まりといった人々の個別の事情に応じ，適切な支援やケアを受けられることが重要となってくる。とりわけ「超高齢化社会」において，その必要性はますます高まっている。そこで焦点となるのが，地域社会の果たす役割である。

　近年，地方分権が進む中で，地域の果たす役割が注目されている。最近の日本の高齢者福祉で重要な位置を占めているのが，「地域包括ケアシステム」という概念である。地域包括ケアシステムとは，高齢者が住み慣れた地域で自分

らしい暮らしを人生の最後まで続けることができるよう，住まい・医療・介護・予防・生活支援を一体的に提供するシステムを指すとされる。背景にあるのは，日本における急速な高齢化の進展であり，とくに今後，認知症高齢者の増加が見込まれることである。各自治体は，それぞれの地域の実情に応じてこの地域包括ケアシステムを構築し，地域の人的資源を活用しながら包括的な高齢者対応を進めることになっている。また地域包括ケアシステムづくりの核となる機関として，各自治体は地域包括支援センターを設置しており，ここが高齢者相談や介護予防，地域の支援体制づくりなどを一括して進める役割を担うとされている。

　ただ，この地域包括ケアシステムは，地域社会をベースとした包括的なケアシステムを目指すとしつつも，その対象を高齢者に事実上限定しているため，高齢者をめぐるシステム作りにとどまっていることも指摘されている。その背景にあるのは，やはり日本における縦割り行政による政策領域の分断である。日本では高齢者福祉や障害者福祉，子育て支援などの諸分野が，中央官庁や自治体において，相互の連携が薄いまま進められてきたのである。

　宮本太郎は，その著『共生保障』において，地域社会を構成する多様な人々が相互に支え合う，新しい共生の形を作ることの必要性を訴え，「共生保障」という概念を提起している。分断を克服し，そして福祉にありがちな「支える側」と「支えられる側」という二分法を超えた新たな地域社会のあり方を展望する宮本の問題提起は，示唆に富む。

　たとえば宮本が提示する「共生型ケア」は，そのような多様な地域社会の構成メンバーが相互に支え合うあり方を示す。具体的には，高齢者や障害者，子供などの多様な人々が，小規模な居宅におけるデイサービスなどの場を共有しつつ，支え合いのつながりを作っていく新たなケアの形である。そこでは，認知症の高齢者が子供の世話をしたり，障害者が高齢者の食事を介助するなど，新たな関係が築き上げられることもある。誰もが「支えられる側」であるとともに，「支える側」となるのである。まさに子供から高齢者まで，生涯を通じた包括的なケアの仕組みが地域に根付くことができたら，安心して住み慣れた土地で最後まで暮らすことが可能となるだろう。

　また宮本は，地域における「福祉と労働の連携」の持つ重要性も指摘する。さまざまな困難を抱えた人を地域で支える仕組みを作り，その中で人々を就労

へと繋げていくことができれば，その意義は大きい。

　たとえば「ユニバーサル就労」は，そのような「支えられながら働く」ことを目指すあり方として注目されている。ユニバーサル就労とは，障害や生活困窮など，就労に困難がある人々が支援を受けつつ，多様な形で働くことを可能とする職場環境を指すとされている。個々人の置かれた状況を踏まえつつ，柔軟な形で働き方を設定して当人が能力を発揮できるように配慮していくことで，障害者などの就労と社会参加を実現していくことが目指されている。このユニバーサル就労を通じて働く経験を積み，通常の雇用へとステップを進めていく人も少なくない。福祉的就労と言えば福祉作業所というのが一般的なイメージだったが，それは一面的に過ぎる。農業や林業，サービス業などで人手不足が深刻化するなか，就労を希望する障害者などの人々が，農家や中小企業で一般的就労に近い形で働くことができるのであれば，双方の希望を満たすことになろう。

　宮本が示すように，地域で安心して生涯を過ごすためには，地域の知恵を絞りつつ，さまざまな人々が関わりながら，地域の資源を積極的に活用して支え合いのシステムを構築していくことが必要となるだろう。

グローバル化するケアの担い手

　ただ，地域で支え合うケアのシステムを作り上げることの必要性は認識されつつも，少子高齢化が進む中，ケアの担い手が絶対的に不足していることも事実である。この点で参考となるのが，近年の東アジア・東南アジア諸国で顕著にみられる，ケア提供を担う外国人労働者の流入である。これらの地域ではすでに，「移民が福祉を支える」展開が現実化しているのである（第11章参照）。

　シンガポール，香港，台湾，韓国などの国・地域では，高齢者や子供に対する公的なケアの提供が遅れる一方で，従来高齢者や子供の世話を担ってきた女性の労働市場への参入が進んでおり，ケアに対するニーズは大幅に高まっている。そこでケアの新たな提供者として重要な役割を担うようになったのが，同じ東・東南アジア地域出身の外国人である。とくにフィリピン，インドネシア出身の若い女性たちが，このケア労働者の主力である。韓国の場合は，中国の朝鮮族出身の女性が雇われることが多い。彼女たちは出身国で仲介業者の募集に応じ，一定の訓練期間を経た後，シンガポールや香港の家庭に住み込んでケ

ア労働や家事労働に従事している（ただ，住み込みの場合，介護労働と家事労働の区別は明確でないことが多く，むしろ両方を含みこんで働くことも少なくない）。とくにシンガポールなどは，政策的に自国民の女性の就労を進めつつ，家事労働に従事する女性労働者の入国を促した結果，現在では人口500万人強のうち，20万人以上を外国人家事労働者が占めている。彼女たちの多くは，日々長時間労働に従事し，休日が少ないなどの厳しい労働条件のもとで，稼いだ賃金を本国にせっせと送金し，親やきょうだい，子供の生活を支えている。ただ，彼女たちが本国に残した子供たちについては，祖母など親族が面倒をみるほかない。このような国境を越えたケアの連鎖については，「グローバル・ケア・チェーン」とも呼ばれている。

　外国人労働者の受け入れに消極的だった日本も，変化の時を迎えている。2000年代にはEPA（経済連携協定）の枠組で，フィリピンやインドネシアから看護師や介護福祉士の候補者の受け入れが始まった。そして2010年代末には，深刻化する労働力不足を背景として，介護をはじめとする多様な分野で外国人労働者を多数受け入れる制度改正が行われた。今後，東南アジア出身者を中心に，ケアを担う労働者が多数日本の施設で働くことになるだろう。そして他の東アジア・東南アジア諸国と同様，やがては家庭内でも，高齢者や子供の世話をする外国人の姿が普通にみられるようになるかもしれない。日本もまた，グローバル・ケア・チェーンの一端に組み込まれつつ，「移民が福祉を支える」時代に突入しつつあると言えよう。

　このように，20世紀後半にいったん完成をみた福祉国家は，グローバリゼーションや脱工業化をはじめ社会経済構造が大きく変化する中で，再編を迫られている。その一方で，高齢化社会の到来，保育の充実の必要性，医療の高度化などにより，ケア関連セクター，すなわち医療福祉分野の存在感が今後日本社会でいっそう高まることは間違いない。今後，医療や福祉に関連する仕事に就く若者はもっと増えるだろうし，自治体職員として働く場合も，福祉や子供関係の部署に配属される新人は多い。そして国であっても地方であっても，福祉をめぐる問題は，人々の生活に身近な政治のテーマとして，重要な位置を占め続けることが予想される。現代における福祉は，教育や労働，住宅などさまざまな領域とも重なる，複合的な課題として立ち現れている。縦割り行政を超え，

政府や自治体，企業や非営利団体など，さまざまなレベルの知恵を結集して解決の道を探ることが必要とされている。

そして現在，外国人労働者が地域で高齢者や子供のケアを支える時代が到来しているとすれば，福祉はまさに，グローバル社会と地域社会を繋ぐ結節点となるだろう。その意味でグローバリゼーションは，21世紀の新たな「支え合い」の姿を創り出す，重要な契機となるのかもしれない。

いずれにせよ現代の福祉国家は，グローバルな動きと密接に絡み合いながら展開している。そしてグローバリゼーションと世界政治の問題については，次章以降，「第Ⅳ部　世界と関わり合う政治」で正面から扱うことになるだろう。

参考文献

上村泰裕『福祉のアジア——国際比較から政策構想へ』名古屋大学出版会，2015年。
エスピン・アンデルセン，G.（岡沢憲芙・宮本太郎監訳）『福祉資本主義の三つの世界——比較福祉国家の理論と動態』ミネルヴァ書房，2001年。
エスピン・アンデルセン，G.（埋橋孝文監訳）『転換期の福祉国家——グローバル経済下の適応戦略』早稲田大学出版部，2003年。
小玉徹『居住の貧困と「賃貸世代」——国際比較でみる住宅政策』明石書店，2017年。
齋藤純一『不平等を考える——政治理論入門』筑摩書房（ちくま新書），2017年。
新川敏光・井戸正伸・宮本太郎・眞柄秀子『比較政治経済学』有斐閣，2004年。
濱口桂一郎『新しい労働社会——雇用システムの再構築へ』岩波書店（岩波新書），2009年。
水島治郎『反転する福祉国家——オランダモデルの光と影』岩波書店（岩波現代文庫），2019年。
宮本太郎『共生保障——〈支え合い〉の戦略』岩波書店（岩波新書），2017年。
宮本太郎『社会的包摂の政治学——自立と承認をめぐる政治対抗』ミネルヴァ書房，2013年。
Pierson, P., *The New Politics of the Welfare State*, Oxford University Press, 2000.

さらに読み進めたい人のために

鎮目真人・近藤正基編著『比較福祉国家——理論・計量・各国事例』ミネルヴァ書房，2013年。
　＊福祉国家をめぐる理論，各国の事例分析，計量分析など，近年の研究動向を踏まえ

た論文集。福祉国家についてより深く学びたい人にお勧めである。

田中拓道『福祉政治史——格差に抗するデモクラシー』勁草書房，2017年。
  * 日米欧における福祉国家の形成と展開，そして近年の変容について，比較の観点を用いながらマクロに描き出した研究。政治学の立場から福祉国家の歴史と現在を知るうえで，有用である。

濱口桂一郎『若者と労働——「入社」の仕組みから解きほぐす』中央公論新社（中公新書ラクレ），2013年。
  * 「メンバーシップ型」雇用をはじめとする日本型の労働社会の構造を説明するとともに，現代の若者と雇用をめぐる問題を分析し，今後の改革の方向を展望したもの。読みやすい新書版の本であり，とくにこれから仕事に就く，若い世代に読まれることを期待したい。

（水島治郎）

第IV部

世界と関わり合う政治

第10章
国家の仕組みと運営を考えてみよう
——政治体制とガバナンス——

Short Story

　大学に行くと，教室に留学生がいるのも当たり前の風景です。ミネオ君の受けている授業の中では，比較政治学は特に留学生が多く，活発に議論が展開されています。今日は政治体制やガバナンスがテーマとなっています。やはりみんな，自分の出身の国のことが気になるようです。

　「先進国では民主主義が当たり前のようだけど…私の国では選挙はあっても，与党が勝つように決まっているし，野党の指導者は追い出されるし」

　「うちの国は民主主義のはずだったんだけど…軍がクーデタを起こして，今は軍事政権になってしまったの」

　「僕の国が民主化したのは20年前。でも民主化したらいいことずくめでもないよ。市場経済が全面的に導入されたことはよかったのかもしれないけど，地方では今もインフラが足りないところも多く，国が責任もって経済を引っ張っていかないとだめだな」

　「国が責任をもつといっても…こちらは民主化して30年だけど，民主化の前は国営企業ばかりで競争がなく，品質も悪かったという話だよ。市場はやっぱり重要だよ」

　国によって仕組みや運営方法は，だいぶ違っているようです。

第Ⅳ部 世界と関わり合う政治

　第Ⅲ部までは国内の政治を，主として日本を念頭において考えてきた。しかし，世界にはさまざまな国があり，国が違えば国家運営のスタイルや政治的決定の手法も当然異なってくる。

　日本は石油や天然ガスなどの重要なエネルギー資源や農産物などを外国からの輸入に頼っている。他方日本の企業は，アメリカやメキシコなどの北米諸国，中国，タイ，インドなどのアジア諸国，イギリスやドイツなどのヨーロッパ諸国に直接投資を行って工場を設置し，自動車や家電製品を製造している。急に政策が変わって関税率が高くなったり，軍事クーデタが起きて社会秩序が崩壊の危機に瀕することも少なくない。好き嫌いにかかわらず，日本はこれらの外国とお付き合いしなければならない。政治学が対象にする国は日本だけに限らない。世界には約200もの国が存在し，少しずつだが今なお国の数は増えている。国が違えば，歴史や文化，民族も異なり，政治の成り立ちも異なるであろう。

　政治学には，主として外国の政治を扱うアプローチが3つある。1つ目は「地域研究」と呼ばれるものである。特定の1つの国や地域の政治に絞って研究するもので，その国の歴史や文化なども視野に入れつつ特徴を明らかにすることに関心がある。2つ目は「比較政治学」と呼ばれるもので，各国の国の成り立ちや運営の類似性と違いに着目しながら，なぜそうした類似性や違いが生じるのか，より一般的な理論に関心をもった学問分野である。日本も比較の対象に入る。そして3つ目は「国際政治学」や「国際関係論」と呼ばれる分野で，複数の国同士の権力関係に着目している。近年は国際関係におけるアクターの多様性（国際機関，多国籍企業，国際NGO，個人など）を反映し，グローバル政治や地球政治と呼ばれることもあるが，主権国家が重要性を失うわけではない。以上3つのアプローチはお互いに排他的なものではなく，1人の研究者が複数のアプローチを併用することも珍しくない。

　第Ⅳ部はこれらの3つの分野を扱うもので，本章は地域研究と比較政治学の分野を主として扱い，第11章と第12章では国際政治を扱う。地域研究と比較政治学は外国の国内政治を扱う点で似ているが，前者が1国や1地域の特徴に関心を払うのに対して，比較政治学は比較の方法論や一般的な理論構築に関心がある。そこで本章では具体的な地域として東南アジアを取り上げ，東南アジア諸国における政治体制を検討することを通して，1国の政治を分析する際に注意すべきことや，複数国の比較をどのようにすればよいのか考えてみたい。

第10章　国家の仕組みと運営を考えてみよう

1　多様な「民主主義」

民主主義の優等生タイで起きた軍事クーデタ

2006年9月19日の晩，東南アジアの一国であるタイで，突如軍事クーデタが発生した。当時首相を務めていたタックシン（Thaksin Shinawatra。慣例に従い，タイ人名はファースト・ネームで呼ぶ）は国連総会に出席するためアメリカのニューヨークに滞在中だった。クーデタの動きをいち早く察知したタックシンは，予定を早めて21日に帰国すると声明を発表し，首相権限で非常事態宣言を発した。だが，夜半にはクーデタを起こした国軍主体のグループが「政権掌握」を表明し，事態の主導権を握った。クーデタ・グループはその後，憲法の廃止や国会解散を行ったうえで，約2週間後には新しい首相を任命した。こうして軍事クーデタは成功裏に終わった。タックシンは今も亡命中の身である。

タックシン首相は2001年1月の総選挙でほぼ過半数の議席を押えて第一党となったタイ愛国党の党首で，国民にたいへん人気のあった政治家である（玉田・船津編 2008）。4年間の任期を全うして臨んだ2005年2月の総選挙では，タイ愛国党は500議席のうち377議席を単独で獲得する地滑り的勝利を収め，「20年間政権を維持する」と豪語したほどであった。1997年にタイをはじめインドネシア，マレーシア，香港，韓国などを襲ったアジア通貨危機（通貨の価値が急激かつ大幅に下落し，ドル建ての短期債務を支払えず多数の金融機関が営業停止に追い込まれ，経済不況になった事態）で疲弊した農村の住民に債務繰り延べの手を差し伸べ，それまで無保険状態に置かれていた農村住民の多くが1回たった30バーツ（日本円で約100円）を支払うだけで医療サービスが受けられるようなプログラムを始めた（現在は無料化されている）。日本の大分県で始められた「一村一品運動」からヒントを得て，農村住民が副業収入を得られるような「1タンボン1品」（One Tambon One Product，略してOTOP。タンボンはタイの下位行政区画の名前）を推進したことでも知られ，日本との縁も浅くない。これらの政策は2001年総選挙の際に「9つの緊急経済政策」として提示されたマニフェストの一部で，「人気取り政策」（populism）とも批判された。しかし，具体的な政策を有権者に提示してそれを実現する彼の政治スタイルはタイでは初めてのことで，タックシン以降のタイの政治家は，彼のスタイルをことごとく

真似るようになった。

　タックシンは警察官僚からビジネスマンに転じ、シン・コーポレーションというパソコン・リース会社や携帯電話会社を立ち上げて巨万の富を築いた人物である。1990年代半ばに政界入りし、1998年にはタイ愛国党を立ち上げて党首に収まり、瞬く間に権力の頂点に上り詰めた。トップビジネスマンとしての顔をもつ彼は「首相は国の CEO」（CEO は Chief Executive Officer の略）として、明確な目標を設定してそれを実施するよう大臣や国家官僚にも求めた。3カ月に一度業績を評価し、一定の成果を上げなければ左遷も辞さないという厳しい業績主義を導入したのである。こうした努力の結果、タックシン首相のもとでタイ経済は急速に回復し、アジア通貨危機が発生した際に融資を受けた国際通貨基金（International Monetary Fund, IMF）からの緊急支援金も、予定を繰り上げて返済できた（第11章第4節参照）。

　当時タイは、東南アジアにおける民主主義の優等生と呼ばれていた。タイは1990年代に軍の政治的影響から脱して民主化を推進し、2000年代前半には強力な首相のリーダーシップのもと一党優位のもとで安定的な政権運営を行っていた。隣国のフィリピンなどは、不安定な大統領制よりも議院内閣制の方が政治制度として優れているのではないかと議論していたほどである。それだけにこの軍事クーデタはタイ国民だけでなく、世界の人々を大いに驚かせたのである。

　しかし、驚きはこれだけではなかった。

民主主義を守るための軍事クーデタ？

　読者の皆さんは、軍事クーデタと聞くと、何やら物々しい印象をもたれるかもしれない。第2次世界大戦前の日本でも、二・二六事件（1932年）や五・一五事件（1936年）のように、軍の一部将校たちが政治家に対して暗殺や軍事クーデタを企てたことがある。しかし、2006年9月に発生したタイの軍事クーデタは、そういったイメージからはずいぶんかけ離れたものであった。

　1つは、この軍事クーデタに対する国民の評価がたいへん高かった点である。クーデタ翌日に現地の世論調査機関（Suan Dusit Poll）が行った緊急世論調査（回答は約2000人）では、クーデタ支持率が84％に達したとし、その理由として「政治が改善に向かう」（75％）という肯定的な評価が圧倒的だった。「国のイメージダウンにつながる」や「政治が後退する」という否定的な評価は、それ

ぞれ16％と4.7％と少数にとどまった。市中には戦車も多数投入され，銃を担いだ重装備の兵士たちが不穏な動きを監視する光景もバンコク都内各所で見られた一方，そうした兵士たちに花束をたむけて労う市民の姿もあちこちでみられた。

　もう１つは，クーデタの理由である。クーデタ・グループは，「国王を元首とする民主主義体制」を守るためにクーデタを実施したと自らの正統性を主張した。タックシンは「議会独裁」を敷き，国家を分裂に導いたと批判された。この言葉は，軍が普通選挙で選ばれた文民政権を追放する際にしばしば使う常套句であり，それを繰り返したのである。

　実はタイでは1991年２月にも軍事クーデタが発生し，当時の民選議員出身首相が政権の座を追われ，軍が任命した選挙管理内閣が１年間続いたことがある。この時も「議会独裁」という言葉が用いられ，軍事クーデタが歓迎されたことがある。その後，民政移管のために総選挙が行われたが，事前の約束に反して陸軍司令官が首相に就任したため民主化を唱える反対デモが全国で起こり，1992年５月半ばに警察とデモ隊がバンコク都内で衝突し，多数の死傷者が出る大惨事に発展した（残虐の５月流血事件として知られる）。

　このとき，当時のプーミポン国王（ラーマ９世，在位1946〜2016）が調停に入り，陸軍出身の首相と反対派リーダーを王宮に呼んで和睦を説き，首相が退任したうえで総選挙をやり直すよう命じたことがある。ソファーに座る国王の前で対立する２人が床に腰を下ろし，国王に諭される様子は後日テレビでも放映され，国王の権威を世界に印象づけることになった。一般人が王族の前で膝まずくのはタイでは一般的で，テレビで放映されない日はないぐらい見慣れた光景だが，そのことを知らない外国人からは驚きをもって受け止められた。

　奇妙なのは，軍が選挙で選ばれたタックシン政権を「議会独裁」と批判し，自分たちこそ「民主主義の擁護者」と述べている点である。しかも，国民の８割以上が軍事クーデタを支持した。実際，このクーデタ発生直後，公然たる抗議行動はほとんど起きなかった。たしかに当時のタックシン政権は汚職問題がいくつか取り上げられ，タックシンの家族が保有する通信会社株がシンガポールの国営会社に売却され，その際に税金をまったく払っていなかった点や戦略産業を外国に売った点が批判されていた。タックシン首相の辞職を求める抗議活動もそれによって各地で勢いを増していた。

それにしても，選挙で選ばれた国民の支持率が高い内閣を軍が実力で追い出すのは尋常ではない。しかもそれが「民主主義を守るため」となると，ますます訳が分からないと感じられるかもしれない。

「タイ式民主主義」

　タイ王国憲法の第1条には，「タイ国は国王を元首とする民主主義体制」を採用すると書かれている。タイではクーデタと民主化が繰り返されるため，1932年以来，臨時憲法も含めて20編の憲法が公布・施行されてきた。それら憲法のほとんどが，第1条でこの規程を置いている。民主主義という言葉が使われてはいるものの，「国王を元首とする」という修飾語が使われている。どうやらこの言葉に問題を解く鍵が秘められているようである。

　「国王を元首とする民主主義」とは，分かりやすく言えば，国王が後見役となっている民主主義ということである。主体はあくまで国王であり，正統性の根拠も国王にある。したがって憲法は，国王が国民に対して与えられたものということになる。もう少し噛み砕いて言えば，欽定憲法ということになり，実際，一番新しい憲法は，ラーマ10世ワチラロンコーン新国王が首相に対して下賜するという体裁をとり，テレビ中継などで映し出された。国王は普段は自ら政治を行うことはなく，国民がこれを行う。しかし，議会政治で何か危機が生じると，国王親政や軍によるクーデタを望む声が保守層から声高に上がる。軍は王政の擁護者を自任しており，王政を破壊するかもしれない勢力には実力行使も辞さないのである。

　クーデタが起きた2006年9月19日の夜，激しい雨が降る中を何台かの車がある建物の敷地内に入っていく様子がテレビで映し出された。音声や人の姿は一切なく，車のワイパーがフロントガラスを激しく打つ雨を左右に掻き分けながら，暗い闇夜を走っていた。しかし，その映像を見た多くのタイ人には，それが何を意味するのか明らかだった。クーデタを起こした軍首脳が間もなく都内中心部の宮殿に住む国王に拝謁し，自らのクーデタを正統化するため国王の承諾を得ようとしたのである。後日，クーデタ・グループ首脳が国王夫妻に拝謁した際に撮影したとみられる写真が公開された。これが「タイ式民主主義」なのである。

　欧米諸国や戦後日本の民主主義を基準に考えれば，このような民主主義はお

かしいと思われるかもしれない。現在のタイにおいても，このような「タイ式民主主義」がおかしいと考える人も決して少なくない。グローバル化した今日，欧米諸国や日本でどのような政治が行われているのか，ますます多くのタイ人が知るようになっているからである。しかし，タイ国内では「タイ式民主主義」が現在でも正しいと思っているタイ人は少なくない。この事実はきわめて重い。「タイ式民主主義」を批判する前に，そのような「民主主義」がなぜタイでは広く受け入れられているのか理解する必要があるだろう。また，一口に「民主主義」と言っても，国によってその理解の仕方がさまざまであることも考える必要があるだろう（第6章参照）。

　地域研究では，このようなタイ政治を研究する場合，国王が果たす独自の政治的役割や「タイ式民主主義」に主たる関心を払う。国王がなぜ国民の圧倒的な支持を得るに至ったのか，歴史や文化に遡って探究する。そのために，難解なタイ語を習得し，数年間現地に住み込んで文化や社会の実態にも触れ，場合によっては仏教を理解するため寺院で一時出家を経験するかもしれない（実際，そのような日本人研究者も少数ながらいる）。とはいえ，地域研究が他の国との比較をまったく念頭に置いていないわけではない。独自性や特殊性を主張するには，普遍性や一般性も多かれ少なかれ意識せずにはいられないからである。日本人が外国（の政治）を観察する場合，観察者が意識するしないにかかわらず，日本（の政治）を基準としてその国との差異を意識しているであろう。しかし，その基準は直感的である可能性もあり，十分な社会科学的裏付けがないかもしれない。比較政治学はそうした比較をより意識した研究分野である。そこで次節では，比較の観点から政治体制について考えてみよう。

2　多様な政治体制

　前節では「民主主義」という言葉の意味が，国によって異なる可能性があることを，タイ政治を例に挙げて示唆した。たしかに「民主主義」がどのように当該国民によって主観的に理解されているかを知っておくことは重要である。しかしこれでは，各国の政治の共通性や違いを客観的に理解することは難しい。各国の政治がどのような特徴をもつのかを理解するためには，ある程度客観的な指標に基づいて比較する必要があるだろう。

「少数者の支配」と「多数者の支配」

　客観的な指標によって政治を特徴づけたのは，ギリシャ都市国家時代に生きたアリストテレスがおそらく最初であろう。アリストテレスは，支配者が単独（1名）か，少数か，それとも多数かという数と，それぞれの統治が公共善に適うか否かという質で分類した。公共善に適う場合には，それぞれの政体を君主政，貴族政，民主政と呼んだが，公共善に適わず堕落した場合には，それぞれの形態を僭主政，寡頭政，無政府状態と呼んだ。彼は，多数者支配である「デモクラティア」（democratia）が堕落すると，平民による支配だけでなく貧しい人たちが数の力に訴えて無秩序で過激な政治体制になるとして批判的に位置づけた。「デモクラティア」は後世の「デモクラシー」（民主主義）の語源になっていることは広く知られている通りである。

　その理由を理解するには，2つの前提条件を考えておく必要がある。1つは，当時は都市国家の時代であり，決定は直接的な参加によって執り行われていた。現代の民主主義国家はほとんどの場合代議制民主主義を採用しているが，紀元前のギリシャの都市国家で民主主義を採用しているところは，押しなべて直接民主主義を採用していた。もう1つは，当時のギリシャ社会には，軍事的義務を負う裕福な市民が存在する一方，数多くの奴隷も存在する不平等な社会だったことである。アテネのような都市国家も，奴隷を所持する有産市民が中心となって運営されており，有産だったからこそ余暇もあり，直接民主主義に参加することが可能となった。つまり，「少数者の支配」とは社会的に責任のある有産者による政治を意味しており，それが最も望ましい支配とされた。逆に，多数の貧しい者が参加する「多数者の支配」の堕落形態は悪政を招くと考えられたのである。

　しかし，現代国家は紀元前のギリシャ時代の都市国家ではない。現代国家は多数の人口を擁する大規模国家であり，中華人民共和国やインドのように10億人を超える人口を擁する巨大国家は別としても，人口が100万人を超えない国家は世界200カ国のうちわずか41カ国（2017年）しか存在しない。つまり，現代国家でギリシャの都市国家と同じように直接民主主義ですべてを決定することは，インターネットや携帯電話など通信技術が飛躍的に発達した今日においても，ほぼ不可能と言わざるをえない。現代国家もまた，収入や財産がきわめて多様な人々で構成されている点ではギリシャ都市国家と同じかもしれないが，

かつての奴隷制や農奴制のように人権を無視することも難しい。もちろん現代国家もきわめて多様だが，少なくとも古代社会と異なって識字率や人権意識が著しく高まっており，ギリシャ都市国家の経験をそのまま現代社会に当てはめるわけにはいかない。

　ギリシャ都市国家の話をここであえてもち出したのは，政治を理解するにはその背後の社会経済的背景もあわせて理解しておく必要があることを確認するためである。紀元前のギリシャ都市国家の民主主義と現代の民主主義を，社会経済的背景の違いを抜きに単純には比較できないであろう。もう1つの理由は，ギリシャが自らの政治体制を考えるようになったきっかけがペルシャ戦争にあったことである。当時のギリシャ人にとって，ペルシャの政治体制は多くの人々が1人の王に服従する専制政治に映った。つまり，当時のギリシャ人も比較をしていたのである。このことを念頭において，以下では現代国家の比較について考えてみよう。

政治体制の三類型

　ある国と別の国を比較する方法や視角はさまざまである。これまでの章においても政党や政党システム（第3章），立法過程や議会制度（第4章），議院内閣制と大統領制（第5章），市民社会（第7章），福祉国家（第9章）などでさまざまな類型があることが触れられている。これらの視角からいくつかの国を比較し，共通性や特異性を導き出すことは十分可能である。ただしこうした比較は他の条件を満たしたうえで行わないと，意味のある比較にはならないであろう。たとえば，議会制度の比較をするにせよ，普通選挙で議員が選ばれる議会と政治指導者の任命によって議員が選ばれる議会では質が異なり，同列に論じることはできない。軍や警察など物理的強制力をもつ組織の国際比較をするにせよ，文民統制（シビリアン・コントロール）が十分に効いて人権にも十分配慮している国家と，そうでない国家とを単純に比較することはできないであろう（コラム10）。

　1国と1国を比較する前にまず確認すべきことは，それぞれの国がどのような政治体制をとっているかである。政治体制とは，「政治権力が社会内で広範な服従を確保し，安定した支配を持続するとき，それを形作る制度や政治組織の総体」（阿部斉・内田満・高柳先男編『現代政治学小辞典［新版］』有斐閣，1999年）

> **コラム 10　比較の方法**
>
> 　一口に比較といっても，社会科学では自然科学のように一筋縄ではいかない。実験室では同一のサンプルと一定の環境条件を整え，サンプルや条件を操作することで因果関係を確かめることができる。しかし社会科学では，そのような一定の環境や同一サンプルを整えることは期待できない。本文でも触れたように，個々の国家の政治体制が異なる場合，民主主義や自由の許容度が異なる以上，議会や政党，市民社会などの位置づけも当然異なるからである。
> 　だが，社会科学でも比較は可能である。この点で参考になるのが J.S. ミルによる差異法と一致法である。どの要因が結果を引き起こしたのかを特定する際，異なる結果を引き起こしたと考えられるすべての要因を列挙し，1つの要因のみが異なっていた場合にそれが異なる結果を引き起こしたと考えるのが差異法である。一方，同じ結果が観察される場合，結果に影響を及ぼすと考えられる要因のうち，1つのみが同一で他の要因すべてが異なっていれば，その1つの要因が結果を起こしたと考えるのが一致法である。この論理は，異なった政治現象やよく似た政治現象を観察するときにも適用できるであろう。詳しくは加藤淳子他『政治学の方法』（有斐閣，2014年）などを参照されたい。

とさしあたり定義しておく。この定義からも分かるように，政治体制は「総体」を指すもので，上で触れたようなさまざまな要素を包含するものである。政治体制はまた，「安定した支配を持続」とあるように，民主主義国家で総選挙ごとに平和裏に変わりうる内閣の存命期間よりも長いものを指すことが多い。政治指導者や政策は内閣によって変わりうるが，政治指導者の選び方や政策の決定の仕方はそう頻繁かつ大きく変わるものではないからである。

　政治体制の分類方法はさまざまなものが提案されている。ここでは，現代の発展途上国まで広くカバーしうる政治体制の3類型を説明しよう。

　1つ目は全体主義体制（Totalitarian Regime）である。民主主義が失われ，個人の自由よりも国家全体の利益が優先される政治体制である。具体的には，1930年代初めから1945年までドイツで政権を握ったナチス（正式には，国家社会主義ドイツ労働者党），イタリアのファシスタ党，そして旧ソビエト連邦の共産主義体制などが代表的な例として挙げられる。資本主義を否定しないナチス・ドイツと社会主義イデオロギーに立脚する旧ソ連が同じカテゴリーで括られて

いることからも明らかなように，この概念は経済的側面を重視したものではない。この概念が長年にわたって支持を受けたのは，1940年代後半から1990年前後まで続く東西冷戦の及ぼした影響が大きい。アメリカを中心とするいわゆる西側先進民主主義国は，ソ連を中心とする東側社会主義国を民主主義の対極に位置づけたからである。ただし，現在では実態としてはほとんど消滅している。

2つ目は自由民主主義体制（Liberal Democratic Regime）である。一般に民主主義体制と呼ばれることも多く，場合によっては自由主義体制と呼ばれることもある。公正で自由な選挙が実施され，原則的にすべての成人に対する参政権や，政府批判も含む表現の自由，多様な情報源へのアクセスが保証されている。また，自律的な政党・利益集団を形成できる。アメリカ，イギリス，フランス，オランダ，カナダ，オーストラリアなどの旧西側資本主義国が代表例であり，第2次世界大戦後のドイツ（旧西ドイツ）や日本もこの中に入る。近年は大韓民国など，他のアジア諸国も数カ国入れられる。先進資本主義諸国の国際的シンクタンクである経済協力開発機構（Organization for Economic Cooperation and Development：OECD）加盟国（現在36国が加盟）が一般に自由民主主義体制を採用しているとされる。OECDは加盟国から多数の統計資料を取り寄せており，国際比較統計を発表している。そうした情報が自由にやりとりされるには，多様な情報源へのアクセスと表現の自由が保証されていなければそもそも成り立ちえない。

3つ目は権威主義体制（Authoritarian Regime）である。権威主義体制は全体主義体制に至らず，自由民主主義体制にも分類することのできない政治体制である。ドイツのヒトラーやソ連のスターリン（Joseph Stalin, 1878-1953）のように政治指導者は強いカリスマ性をもたず，強大な権力はもっているものの伝統や慣習・制度に一定程度拘束される。また，一党独裁制でもなく，限定的とはいえ複数政党制など多元性も許容している。自由な競争を前提とする複数政党制は認められていないが，一定の反対派の存在も容認されている。また，議会も限定的ながら機能している。具体的な例ではスペインのフランコ（Francisco Franco, 1892-75）政権（1939-75年），ポルトガルのサラザール（António de O. Salazar, 1889-1970）政権（1932-68年），さらにはラテンアメリカ，アジア，アフリカのいわゆる発展途上国にも数多く見られる類型である。ヨーロッパにおいて自由民主主義体制内部の多様性に対する研究と関心が広がったことや，第2次

世界大戦後に欧米の旧植民地が独立を達成し，これらの国々における「近代化」が重要な課題として浮上したことで関心が高まり，従来の2類型には収まらない多様な事例が知られるようになったことが，こうした新しい概念が登場した背景として指摘できる。

　以上のようにここでは政治体制を3種類に分けて整理したが，世界には200カ国近く存在しており，個々の政治体制についてもさまざまなバリエーションや下位類型が提案されている。民主主義については，それが複雑な意味内容を含むとして，政治参加の広汎性と異議申し立ての自由度が両方とも高い状態を「ポリアーキー」と呼ぶ代替案が提起されたり（アメリカの政治学者ダール），自由民主主義でも英米諸国で広く見られる議会で与党と野党が激しく対立する対決型民主主義だけでなく，オランダやスウェーデンなど西欧や北欧の小国に見られるコンセンサス重視型の多党連立型民主主義の類型の指摘（オランダ生まれのアメリカの政治学者レイプハルト〔Arend Lijphart〕の指摘）がよく知られている（第6章参照）。権威主義体制についても，競争的権威主義や個人支配型権威主義，政党型権威主義体制など，いくつかの下位類型が提起されている。

民主主義指標

　政治体制の三類型論は国家の性格を大まかに知るうえでたいへん便利である。しかし，より詳しい比較分析をするにはやや不便である。また，1つの国の中でも政治体制が変化することがあるので，経時的な分析を行う場合，変化の様相をより詳細に追うにはやや使い勝手が悪い。

　比較政治学では近年，政治現象をより客観的に把握するため，数値を使った分析が盛んになっている。その代表例として，ここではフリーダム・ハウス（Freedom House）による民主主義指標を紹介したい（粕谷 2014）。

　フリーダム・ハウスは1941年にアメリカのニューヨークに設立された非営利の民間団体である。世界における民主主義を推進するアドボカシー団体であるとともに，各国の民主主義を継続的に追跡する調査・研究機関も兼ねた団体である。そのフリーダム・ハウスが1973年以来毎年発表している報告書で使用している指標が，民主主義ランキング指標である（表10-1参照）。

　フリーダム・ハウスは「政治的権利」（Political Rights）と「市民的自由」（Civil Liberties）という2つの基準に沿って民主主義指標を算出している。前者

第10章　国家の仕組みと運営を考えてみよう

表10-1　フリーダム・ハウスの民主主義指標

政治的権利
選挙過程
1	自由で公正な選挙（政府の長）
2	自由で公正な選挙（国会議員）
3	公正な選挙法，選挙管理機関による中立的実施の有無
政治的多元主義と参加
4	政党その他競争的政治集団の自由な組織化
5	野党が選挙を通じて支持を増やしたり権力を増やす現実的な機会の有無
6	人々の政治的選択が軍，外国，宗教ヒエラルヒー，経済的権威，その他民主的とは言い難いグループから自由か
7	さまざまな人間集団（民族，宗教，ジェンダー，LGBTなど）に十分な政治的権利と選挙の可能性があるか
政府の機能
8	自由に選ばれた政府の長や国会議員が政府の政策を決定しているか
9	公開され透明な政府の運営
10	別のグループを優先した政治的バランスの有無

出典：Freedom House homepage から筆者作成。

市民的自由
表現と信教の自由
1	自由で独立したメディアの有無
2	公私の場において個人が宗教的信条または不信心を自由に実行・表明できるか
3	学問の自由の保障。広範な政治的干渉からの教育制度の自由
4	個人が監視を恐れることなく政治的その他の敏感な問題について個人的見解を自由に表現
結社や組織化の自由
5	集会の自由
6	非政府組織，とくに人権やガバナンスに関与する非政府組織の自由の有無
7	労働組合やそれに類似する専門職または労働組織の自由
法の支配
8	司法の独立
9	民事及び刑事におけるデュープロセスの確保
10	物理的な力の行使からの防御や戦争・内乱からの自由
11	法律，政策または慣習によるさまざまな人間各集団への平等な待遇
人格的自律性と個人の権利
12	居住地，職業，教育を変える能力を含む，移動自由の保障
13	財産所有権を行使して国家その他の主体から理不尽な干渉なしに起業を始められる
14	結婚相手と家族の規模の選択，家庭内暴力からの保護，容姿のコントロールを含む，個人の個人的な社会的自由
15	機会の平等，経済的搾取からの自由

出典：Freedom House homepage から筆者作成。

は，政治過程への自由な参加に関する項目で，参政権，自由選挙の実施など10項目ある。一方後者は，表現や信条の自由，結社の自由，法の支配，国家からの介入に対する個人の自由など15の質問項目からなっている。それぞれの項目を1から7までの度数で計測し，その数値が高いほど自由への制約が高い。フリーダム・ハウスは各国の政治状況に関する質問票を有識者に送り，評価してもらうことで数値を出している。評価自体はフリーダム・ハウスの手から離れているといえるが，識者の選定はフリーダム・ハウスの意思によるので，その点での中立性や公正性が100％保証されているわけではない。にもかかわらず，共通の指標に従って毎年計測していることや，さまざまな識者に送っていることで，一定の客観性は保持されていると言えよう。

この指標に従うと，世界の民主主義ランキングはどうなるだろうか。たとえば2017年時点で見てみると，世界195カ国のうち，「自由」と評価された国は88カ国（両方の数値の平均が1から2.5の間），「自由でない」（5.5～7.0）とされた国が49カ国，そして一部自由は58カ国（3.0～5.5）となっていた。経年的変化をみるため2007年時点と比較してみると，世界193カ国のうち，「自由」と評価された国は90カ国，「自由でない」とされた国が43カ国，そして一部自由は60カ国となっていた（評点尺度は変化なし）。このことから分かるのは，世界には依然として民主主義的とはみなされない国が多数あること，民主主義体制への体制変更を民主化と考えると，民主化の動きは現在，後退気味であることである。

民主主義指標はフリーダム・ハウスのものだけではない。他に有名な指標として，DD（Democracy and Dictatorship）指標や Polity 指標が知られている。DD 指標は199カ国（2010年）の国を対象とし，1946～2008年を対象としている。DD 指標の特徴は，とくに選挙制度がどの程度自由・公正に運営されているかを重視している点である。一方，Polity 指標は，167カ国を対象とし，1800年から最近までの約200年間を対象にしている。Polity 指標はエリートの選出や制限，政治参加を重視しており，－10～＋10の21点尺度で評価している。

なぜ複数の指標があるのだろうか。その理由は，民主主義に対する考え方が微妙に異なるからである。フリーダム・ハウスの指標はダールの民主主義の考え方に近く，政治参加と表現の自由（異議申し立て）に沿って質問群を用意している。フリーダム・ハウスの指標はまた，政府の汚職の有無や市民の所有権

の保障までも含んでおり，民主主義の帰結面も射程に入れている。これに対して DD 指標は，政治家の選出という手続きに焦点を合わせており，この民主主義理解は経済学者として著名なシュンペーターの民主主義理解に通じる（第6章）。民主主義という複雑な現象を捉えるには，さまざまな側面から検討するのが必要であろう。民主主義指標が複数あり，それぞれ特徴があることも頷けるであろう。

民主主義の規定要因と民主化

政治体制の比較が数値を伴ってより客観的になると，次のような疑問が浮かんでくるだろう。すなわち，ある政治体制はずっと変わらないのに，別の政治体制が変化するのはなぜか，またそうした変化が一方向だけで進むのではなく，揺り戻しのような現象が時に生じるのはなぜか，という疑問である。これらの点は，比較政治学の中で体制移行論や民主主義定着論として知られる重要な研究テーマである。扱う対象が大きく，政治体制に関わるアクターや要因が多いため，研究は進んでいるものの，決定的な説明には至っていない。今なお発展途上にある最前線の研究課題である。

そういう留保を置いたうえで，ここでは2つの点について概括的に述べておこう。1つは，民主主義を規定する要因が何かという問題である。これまでの研究で明らかにされていることは，経済水準が高く，中間層が厚く，資本家が地主より強く，分業が進んだ社会は民主主義体制と親和的であるという共通理解である。この議論は，経済に基づく階級や職業に着目する社会構造に立脚した議論である。この点で問題となるのは，経済発展が進めば，それに応じて民主化をもたらすのかという因果関係である。この点は論者によって見解が分かれている。

もう1つは，同じ権威主義体制でも長期的に安定した権威主義体制とそうでない権威主義体制があるのはなぜか，という問題である。その違いを解く鍵の1つが，政党の果たす役割にある（中村編 2014）。権威主義体制下でも選挙が実施されて政治エリートが選ばれ，政党内の競争を通じて人材育成や昇進が可能なら，そうした政治体制を維持しようという誘因が働く。逆にそうした政党を通じた政治的昇進の道が閉ざされ，政治指導者との個人的な関係が昇進の決め手となるような体制では，そうした政治体制を維持しようという誘因は必ず

しも強いものではないだろう。自由民主主義体制では，選挙を経て国会議員となり，自由に結成される政党で重要な役職や大臣を経験し，自らが信じる政策を実現することも可能であろう（第2章参照）。あるいは，競争試験を通して国家公務員となり，重要な政策立案に関与できる。政治家や官僚にならずとも，マス・メディアに就職してテレビや新聞を通して権力の動きをチェックしたり（第1章参照），一市民としてアドボカシー団体を立ち上げ，重要な政策課題を国や自治体に対して求めることもできる（第7章参照）。しかし，権威主義体制ではこうした自由が制限されている。そのため，こうした権威主義体制のもとでは，些細な抗議デモがきっかけとなって抑圧された不満が爆発し，体制を守るはずの軍内からも造反者が出て政権が倒れることがある。このことから，政党制度が政治体制の安定に一定程度寄与していることが分かる。

本節では政治体制の多様性を指摘するとともに，それを評価する指標がさまざまに存在することを説明した。また，政治体制がどのような原因で変動するのかについても，いくつかの重要な視点を提示した。では，具体的に政治体制はどのように変化するのであろうか。次節では，日本とも地理的に近い東南アジア諸国を取り上げ，比較政治や国際政治の観点も踏まえながら政治体制について考えてみよう。

3　東南アジア諸国の政治体制

東南アジアは世界最大の人口を擁する中国と世界第2位の人口を擁するインドに挟まれたアジア大陸から東南方向に突き出たところに位置する。この地域を東南アジアと呼ぶようになったのは第2次世界大戦以降のことだが，この地域が政治的・経済的一体性をもって認識されるようになったのは，冷戦が終結した1990年代以降のことである。

東南アジア11カ国の総人口は6億5000万人に及び，欧州連合（European Union：EU。イギリスを含め28カ国からなる）の総人口より1億3000万人ほど上回る。しかし，国内総生産高で見ると，東南アジア11カ国のGDP合計額はEUの6分の1にしか過ぎない。その理由は，東南アジアでは国によって経済発展の度合いに大きな違いがあるからである。1人当たりGDPでは，最も高いシンガポールの5万2000米ドルと最も低いカンボジアの1100米ドルでおよそ50倍，面

表10-2 東南アジア諸国概況

	面積 (2015年) (千平方キロ)	人口 (2017年) (千人)	1人当たり GDP (2015年) (ドル)	実質経済 成長率 (％, 2017年)
日本	378	127,484	34,629	1.2
中華人民共和国	9,600	1,409,517	8,109	6.6
インド	3,287	1,339,180	1,614	7.2
ブルネイ・ダルサラーム国	5.8	429	30,553	—
カンボジア王国	181	16,005	1,159	6.9
インドネシア共和国	1,911	263,991	3,346	5.1
ラオス人民民主共和国	237	6,858	1,850	6.8
マレーシア	330	31,624	9,768	4.5
ミャンマー連邦共和国	677	53,371	1,161	7.5
フィリピン共和国	300	104,918	2,904	6.8
シンガポール共和国	0.7	5,709	52,239	2.2
タイ王国	513	69,038	5,815	3.0
東ティモール民主共和国	15	1,296	2,425	—
ベトナム社会主義共和国	331	95,541	2,068	6.5

注：相互参照のため，日本，中国，インドの数字を入れてある。
出典：矢野恒太記念会編『世界国勢図会』(第28版) 2017/2018 より筆者作成。

積では淡路島程度の面積しかないシンガポールと世界第3位の広さのあるインドネシアではおよそ2700倍，そして人口ではブルネイの43万人とインドネシアの2億6000万人とでおよそ600倍の違いがそれぞれある（表10-2参照）。

宗教的にも，世界最大のイスラム教徒を抱えるインドネシア，熱心なキリスト教徒が多いことで知られるフィリピンや東ティモール，敬虔な小乗仏教徒が多いタイ，ミャンマー，カンボジア，ラオス，そして中国から儒教や道教，大乗仏教の影響を強く受けたベトナムなどさまざまである。民族も多様で，たとえばインドネシアには300を超える民族がいると言われている。このように，東南アジアはヨーロッパと比べてもきわめて多様であることが分かる。

東南アジア5カ国の政治体制の変遷

政治体制の持続と変化を考えるうえでも，多様な国を含む東南アジアは格好

の材料を提供してくれる。東南アジア諸国はタイを除きすべて欧米の植民地だったため，政治的独立を回復したのは第 2 次世界大戦後のことである。しかし，ブルネイの独立は1984年，東ティモールの独立は2002年とかなり時間が経過してから（1974年に独立をいったん宣言するが，翌年インドネシアによって併合）であった。ベトナムやラオスは1975年頃まで相次ぐ戦争（第 1 次インドシナ戦争とベトナム戦争）と内戦にそれぞれ見舞われ，カンボジア紛争は1991年まで続いた。ミャンマーは大規模な内戦に見舞われたわけではないが，1962年以降独自の社会主義政策を追究し，1988年以降は国家法秩序回復評議会（1997年に国家平和開発評議会に改称）による事実上の軍事独裁が2011年まで続くなど，特異な展開を遂げた。ブルネイはイスラム教のスルタン制，ベトナムとラオスは現在も社会主義体制を維持している。

そこで以下では，比較的早い時期に政治的独立を達成し，その後大規模な戦争や国内紛争に見舞われなかったインドネシア，マレーシア，フィリピン，シンガポール，そして帝国主義時代も独立を維持したタイの計 5 カ国の政治体制とその変化を見てみよう。これら 5 カ国の社会・文化的背景は相当異なるが，民主主義体制と資本主義体制を長く維持してきた点では共通性がある。

図10-1からも分かるように，これら 5 カ国の政権交代の変遷はさらに 3 つのタイプに分けられる。マレーシアやシンガポールのように，政治体制がほとんど変化していない国，フィリピンやインドネシアのように何度か大きな政治体制の変化があった国，そしてタイのように政治体制が頻繁に変わっている国である。マレーシアとシンガポールでは複数政党制が許容されているが，言論の自由が制限された権威主義体制が長年維持されている。両国とも独立以来，与党が長期間にわたって政権を維持してきた点でも共通の特徴がある（ただし，マレーシアでは2018年 6 月総選挙で初めて政権交代が実現した）。インドネシアとフィリピンは独立以降，民主主義体制→権威主義体制→民主主義体制と 2 度大きな政治体制の変化を経験した。両国，とくにインドネシアでは国軍の政治的役割がたいへん重要で，フィリピンでは利益表出や集約の点で政党が十分に機能していないため，突発的に発生したデモが多数の国民を巻き込み，権威主義体制の政権を崩壊に導くことがある。タイの政治体制の変化でも，クーデタは軍主導で実施され，民主的に選挙で選ばれた文民政権を打倒したり，クーデタ後に樹立された政権が軍の意に必ずしも沿わないとして再度クーデタを実施し

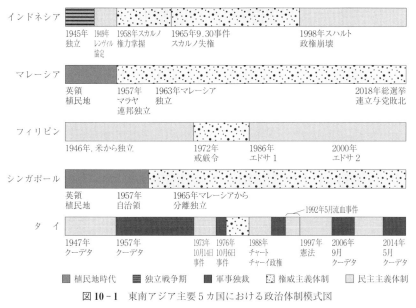

図10-1 東南アジア主要5カ国における政治体制模式図

出典：筆者作成。

たりすることもある。公務員や教師，自営業者，医師・弁護士・会計士などの旧中間層や，大企業のホワイトカラーなど新中間層はしばしば民主化支持勢力と見なされるが，実態はそう単純ではない。タイやフィリピン，インドネシアの動きをみる限りでも，中間層はクーデタに常に反対するわけではない。権威主義体制のもとでも経済成長が続き，制限付きながらも選挙をはじめとする政治的意思の表出が認められている場合には，政権に反対する街頭デモがあったとしても，広範な支持を得られないケースもある。したがって，政治体制の持続と変化を理解するには，メディアや政党，議会，軍との関係（政軍関係），市民社会など本書で検討してきたテーマも考慮に入れて考える必要がある。

政治体制と国際関係

地域研究や比較政治学では政治過程が国内で完結するという前提から出発している。しかし，国外からの支持や圧力が政治体制の変更や持続に影響を及ぼすことがある。そこで，東南アジア諸国の政治体制を国際関係の視点から考えてみよう。

米ソ冷戦期（1940年代後半〜1990年頃），アメリカは共産主義の拡大を阻止するため，少数民族や人権を抑圧する権威主義体制であっても，反共主義を掲げる限りはその政権を支持する傾向にあった。たとえばインドネシアに対するアメリカの対応がよい例である。インドネシアはポルトガルの一方的な非植民地化宣言（1974年）を受けて独立を宣言した東ティモールを1975年に武力併合したが，これはアメリカの暗黙の了解を受けて実行されたものであった。ベトナム戦争終結（1975年）やベトナム社会主義共和国の成立（共産主義体制をとる北のベトナム民主共和国が南のベトナム共和国を1976年に併合）やインドシナ3カ国（ベトナム，ラオス，カンボジア）の共産主義体制移行など急激な国際情勢の変化を受けて，反共主義を掲げるインドネシアの権威主義体制は当時のアメリカにとって共産主義に対抗するうえで欠くことのできない存在だったからである。フィリピンの権威主義体制に対するアメリカの姿勢も，インドネシアに対する姿勢と同様である。

　こうしたイデオロギー重視の姿勢はカンボジア紛争（1979〜91年）への対応にもよく表れている。カンボジアのポルポト政権（1976〜79年）は200万人前後にも及ぶ自国民を虐殺した人類史上例を見ないホロコーストで知られる。しかしポルポト政権は旧ソ連と軍事同盟（ソ越友好協力条約）を結んでいたベトナムに対して敵対的であったため，ベトナムがカンボジアに武力侵攻（1979年）すると，西側先進国は一貫してポルポト派を支持した。ただし，大量の虐殺を犯したポルポト派を国際社会が支持するということではあまりにも体裁が悪かったため，ポルポト派と政治的立場が異なるものの反ベトナムという姿勢では一致する共和派と王党派の2派を巻き込んで三派連合という受け皿を作り，体裁を取り繕った。カンボジアではベトナムの支持を得た政権が国土のほとんどを事実上支配下に置いていたが，カンボジア内戦はベトナム軍がカンボジア駐留から引き揚げ，紛争当事者がパリで和平協定を結ぶ1991年まで続いたのである。このように極端に人権抑圧的な政権であっても，国際政治の力学次第では西側民主主義国がそれを支えるということが冷戦時代にはしばしば見られたのである。

　しかし冷戦が1990年頃に終結し，共産主義拡大を恐れる必要がなくなると，アメリカは民主主義や人権重視の姿勢を自国の外交政策の柱に据えるようになった。そのよい例が，インドネシアに対する対応である。1998年に30年以上

続いた権威主義体制が崩壊し，1999年に東ティモールで独立を問う住民投票の実施が決められたのは，国際社会からの圧力があったからである。国連やアメリカは，アジア通貨危機の打撃から回復していないインドネシアへの支援見返りに，東ティモールにおける人権抑圧を問題視していた。そこでインドネシアは自国が民主化や人権尊重に向かうことを国際社会にアピールするため，東ティモールでのインドネシア残留か独立を問う住民投票を早々と決めたのである。こうして東ティモールは住民の圧倒的多数の賛成で独立を選択し，2002年に正式に独立した。このように，国際関係が政治体制の存続や変更に大きな影響を及ぼすことが実際にあることが分かる。

　興味深いのは，中国の台頭が及ぼす影響である。中国は現在も社会主義体制を維持しており，自由民主主義体制をとっていない。この中国がグローバル・アクターとしてアジアインフラ投資銀行設立（2013年）や一帯一路構想（2013年，習近平国家主席が提唱），中国アフリカ協力フォーラム（2000年に中国アフリカ協議フォーラムとして発足，後改称）などを通じてアフリカ，アジア，ラテンアメリカの発展途上国に多額の開発援助を供与している。国際機関やアメリカや EU などの先進民主主義国は，発展途上国に技術支援や借款を供与する際，民主主義や法の支配，行政運営の透明化や地方分権・民営化の推進などガバナンスに関する条件を合わせて課すことが多い。こうしたアプローチを世界銀行や IMF の本部がアメリカの首都ワシントンにあることに因み「ワシントン・コンセンサス」と呼ぶが，その背後にある考え方は，こうしたガバナンス改革がなければ援助の効果が期待できないという発想である。そのため発展途上国の中には，国際援助機関や先進国からの事実上の内政干渉を嫌い，中国に接近する国が出始めている。中国はワシントン・コンセンサスにあるような，民主化やアカウンタビリティ確保などの条件を融資の際に課さないからである（これをワシントン・コンセンサスに対して北京コンセンサスと呼んでいる）。

　東南アジア諸国の中にも，中国からの多額の開発援助を受け入れている国は少なくない。ただし，政治体制の共通性はさておき，各国は独自の国益を有している以上，中国からの開発援助が自国の国益と衝突する可能性は否定できない。社会主義体制をとる中国とベトナムとの間で南シナ海上の領土や領海をめぐる争いがあることを考えると，政治体制が同じであれば国際関係が友好的に進むというわけでは必ずしもない。つまり，政治体制にかかわりなく，国際関

係において国益の対立が起こりうることは理解しておく必要があるだろう。

　国際社会が政治体制に直接影響を及ぼすことは，敗戦に伴う体制変更が考えられる。近年では2003年のイラク戦争が典型的事例だが，事例は多くない。国際関係が政治体制に及ぼす影響は間接的なものに留まることが多いと言えるが，民主主義体制にせよ権威主義体制にせよ，国際社会の影響で持続性が高まるということは言えるのかもしれない。

4　ガバナンス

　前節までは，政治体制の多様性と特徴，政治体制の持続や変動の原因について説明してきた。政治体制論は国家の特徴や他国との違いを大まかに理解するうえで有用である。政治体制の違いを知っていれば，国家の仕組みや運営の特徴を大摑みに理解したり推測できるからである。実際に政党や議会などの機能が異なることは，東南アジア5カ国を簡単に比較しても理解できるであろう。

　本章のこれまでの説明は（そして第1章と第7章を除く他の章についても），国家を主たる政治的アクターという前提を置いて行ってきた。このこと自体，もちろん問題はない。世界政府が存在しない国際社会とは違い，国家は警察や軍などの暴力装置，課税権という他の社会組織にはないものが（少なくとも理念的には）独占的に付与されているからである。他方で，国家の運営が完全に国家機構に集権化されているわけでも必ずしもない。市民社会組織が国家や自治体の運営に関わることは自由民主主義国家ではごく普通に行われているし（第7章参照），権威主義体制や軍事独裁国家においてさえ，国家機構がすべてを行うわけではない。

　そこで本節では，「ガバナンス」という言葉を手掛かりに，国家の運営の担い手や政策の決定や実施というプロセスの点から国家の運営を考えてみたい。ここではとくに一国内のガバナンスに絞って考えてみたい。

ガバナンスとは何か

　ガバナンスはここ30年に急速に使われるようになった概念である。政治学・行政学では公的ガバナンスや公共ガバナンス，地方自治ガバナンス，経営学ではコーポレート・ガバナンス，国際関係論ではグローバル・ガバナンスなどと，

広範に用いられている。政治学・行政学では国家（の統治）が，経営学では企業の意思決定のあり方や会計基準の公正さなどが，国際関係論では環境問題や兵器の拡散，移民・難民問題など国境なき地球政治の諸課題が，それぞれ問題とされている（第11章および第12章参照）。このように広く使われる概念だけに，その内容もきわめて多様である。日本では「統治」「共治」「協治」などと訳されたこともあったが，結局どの訳語も定着せず，カタカナ読みで「ガバナンス」と呼んでいる。中国では「治理」と訳されているが，フランスでは日本同様，そのままフランス語読みしている。さしあたりここでは，社会学者の山本啓の定義に従い，「ガバナンスは，ガバメント（政府）という公共セクターが行うガバニングだけではなく，企業やNPOなど民間セクターが，かじ取りについてだろうが，こぎ手としてだろうが，政策過程（政策形成，政策遂行）に関わってくる場合の，プロセスにおけるさまざまな態様やその枠組みを指す概念」としておこう（山本啓 2014）。

　「ガバナンス」という用語が各分野でほぼ同時期に使われ始めたのは決して偶然ではない。ガバナンスはガバメント（政府）に類する言葉だが，政府の統治能力（ガバナビリティ）に対する信頼感の低下とともに生まれた。先進民主主義国では，1970年代後半から1980年代にかけて「福祉国家」の危機が叫ばれた。それまで「揺り籠から墓場まで」国民の面倒を見ていた政府に対する不信感が増大した。福祉国家化に伴う財政赤字の増大や1970年代に起きた2度の石油危機による経済危機の増大と相まって，先進民主主義国では投票率の低下，有権者の政治不信，市民の抵抗運動が活発になった（第7章第1節参照）。こうした中で，国家や政府による一方的支配に対する別の選択肢として，ガバナンス概念が登場したのである。

　1980年代にはアメリカのレーガン大統領（Ronald Reagan, 1911-2004），イギリスのサッチャー首相（Margaret Thatcher, 1925-2013），さらには日本の中曽根康弘首相が新自由主義イデオロギーに基づき，「小さな政府」を実現するため民営化を進めた。新自由主義は「政府の失敗」を前提に，公的サービス配分を市場原理に委ねる点に意味があった。そうした流れで，公共サービス分野において採用された方法が，後にNPM（New public management）と称される一連の行政手法のツールである。NPMは公共部門における運営に，民間企業の経営手法（企業会計，アウトソーシングなど）と民間的発想（顧客指向主義）を可能な

限り導入するというものである。

「ガバナンス」は「政府の失敗」という点で新自由主義と問題関心を共有するが，「ガバナンス」は新自由主義が考えるような市場万能主義に立つわけではない。この点で，ガバナンスは単純な市場原理主義とも異なる。たとえば，町の中を流れる小規模河川の水質維持や清掃を考えてみよう。地方自治体が職員を雇い定期的に水質維持や清掃を行うのは，費用や手間がかかり非効率である。そこで，町内会や住民などに呼びかけ「自分の街の川をきれいにしよう」という活動が展開されることが少なくない。こうした事業は自治体の事業の延長として行われることもあれば，住民や町内会が伝統的に担っていることも少なくない（船津・永井編 2012）。

東南アジア諸国では海岸部にマングローブと言われる汽水域にのみ生育する森林が繁茂していることで知られる。マングローブは水質保全や生物多様性を維持するとともに，東南アジアでしばしば起きる地震や台風に伴う津波や高潮の緩衝地としても注目されている。マングローブ林は重要な燃料になるほか，汽水域がエビの養殖池として適しているため，不法伐採が絶えない。不法伐採を行うのは企業だけに限らず，住民自身であったりする。こうした活動を政府や自治体といった公的な組織で担うだけでは限界があろう。そこで，住民自身が話し合ってマングローブの重要性を理解する会合をもち，保護する方策（規則や罰金など）を考え，場合によっては住民自らが相互監視を行うこともある。このようにガバナンスは，政府以外の主体が環境保護などの統治に関わることによって，「政府の失敗」や「市場の失敗」を補うことがある。

開発分野でもガバナンス概念が急速に使われるようになった。それが最初に用いられたのは1989年に出版されたアフリカ開発に関する世界銀行の報告書である。アフリカ諸国に対する経済援助が一向に効果を上げないのは「政府の能力」がないからであり，開発を円滑に進めるにはガバナンスが重要であるという潮流が生まれた。開発分野でのガバナンスが具体的に何を指すのかについては国際機関によって微妙な違いがあるが，共通する要素として行政機関の効果・効率，透明性と説明責任，政権や政策の手続き的な正統性，法の支配，関係者や社会構成員の意思決定や執行への参加などが挙げられる。その背景には，冷戦終結後，旧ソ連・東欧，アフリカ，中南米において民主化が進んだことと，先進諸国における「援助疲れ」がある。実際，アジア・アフリカ諸国では，情

実人事，政治腐敗，汚職などが日常茶飯事であり，債務国の財政収支の健全化，課税の公平と収税の確保，公企業の収益増加，不良債権処理を進めるためには，その前提として民主化や行政機能の高度化が求められたのである（下村編 2006）。

ガバメントとガバナンス

公的ガバナンスに共通する特徴を理解するため，従来のガバメント（政府）の議論と対比させながら考えてみよう。政治学者の岩崎正洋はガバナンスの特徴を次の3つの視点から特徴づけている（岩崎編 2011）。1つ目は，統治に関与するアクターという点で，ガバメントは政府，議会，裁判所などの公式な統治機構の中に含まれるアクターをもっぱら想定するのに対し，ガバナンスでは公式なアクター以外の非公式アクターの存在を前提にしている。NGO，NPO，民間企業などがそれに相当する。2つ目に，ハイアラーキーとアナーキーという軸で見たとき，ガバメント論が秩序を強く志向するのに対し，ガバナンス論はアナーキーと秩序の間に大きな広がりがある。そして3つ目に，ガバメント論は「公」的領域における「公」的な問題のみを取り扱うのに対して，ガバナンス論では「私」的な領域に存在する NGO や NPO といったアクターが「公的」な問題に関与し，政策立案から実施に至るまでの広い政策決定過程においてさまざまなアクターが関与することを前提にしている（第7章参照）。

注意すべきは，ガバナンス論は政府が担ってきた固有の役割を否定しているわけではない点である。ガバナンス論は政府の役割に限界があることを認めるとはいえ，政府が無用になったと主張しているわけではない。他方でガバナンス論は，ガバナンスが万能であると考えているわけでもない。ガバナンス論は「ガバナンスの失敗」も視野に収めている。ガバナンス論ではステークホルダーの多様性や決定に至るプロセスが重要だが，カバーする射程は広い。ガバナンスの目的という点では，もはや政府が単独で達成できない目標が多い。政府の役割が19世紀的な夜警国家に留まらず，経済や社会の細部の運営まで関わることを求められる現代国家ならではの特徴といえる。ガバナンスの手段という点でも，民営化や民間委託，NPM という手法に留まらず，民間営利部門や市民社会との協調や調整が重要になる。ガバナンスの対象や領域もグローバル化の進展を受けて対象領域が拡大している。求められる政府の能力も，課題や問題の質に応じて，政府の高い政策能力よりもガバナンスを支援する調整能力

やそのための協調的なリーダーシップが重要になっている。

ガバナンスと政治体制

　ガバナンス論は統治を政府のそれに限定せずに考える点に特徴がある，本章のテーマである国家の運営を考えるときに参考になるテーマである。では，ガバナンス論は第2節や第3節で議論してきた政治体制とどのような関係にあるのだろうか。

　ガバナンス論がアクターの多様性やプロセスの重要性を強調していることを考えると，自由民主主義体制を採用している国と親和性が高いと言えるだろう。地方自治や市民社会組織の活動を重視していることからもそのことは理解できる。とはいえ，ガバナンス論は非公式なアクターや制度化されていないプロセスも射程に入れている点が強みである。このように考えると，自由民主主義体制を採用していない国においても，さまざまなアクターが非公式に関与していることは十分に考えられる。共産党一党独裁体制をとる中華人民共和国やベトナムなどにおいても，ガバナンス論が成り立つ余地は十分にある。

　実際のところ，権威主義体制をとる国家といえども，すべての市民生活に目を光らせるのは困難であろう。むしろ，政府の目が届かないところで，何らかのガバナンスが作用して，秩序が維持されることの方が望ましい。このように考えると，なぜ権威主義体制下の国家が，しばしば伝統や慣習を重視するか理解できよう。伝統や慣習は広い意味で社会的な制度であると言える。たとえば，インドネシアのスカルノ大統領（Sukarno, 1901-70）は，ジャワ島村落における話し合いや共同作業を相互扶助（ゴトン・ロヨン）原理として概念化し，推奨した。フィリピンのマルコス大統領（Ferdinand Macros, 1917-89）は1972年に戒厳令を施行したとき，末端の地方行政をバランガイと改称したが，バランガイとはもともとはフィリピンがスペインに植民地化される以前の基礎的な社会組織を指していた。マルコス大統領はフィリピン国民をバランガイ住民と位置づけることで，自らへの支持を直接得ようとした。バランガイはマルコス権威主義体制が崩壊したあと，地方政府法（1991年発布）によって正式な地方自治体として制度化されている。

　国際機関がアフリカ諸国に対してガバナンスを求めていることも，ガバナンスが先進民主主義国だけでなく発展途上国に対して適用の余地があることを示

している。1997年にタイ，インドネシア，韓国などで発生したアジア通貨危機に際しては，国際通貨基金や世界銀行などの国際協力機関は，金融政策が政治家の取り巻き連中によって決められた結果，透明性や説明責任を欠いたため，投資家が資金供与を差し控えて危機が発生したと考えた。国際援助機関が推奨するガバナンス論は，新古典派的な意味での自由主義的経済政策を実施しうる能力と制度の有無について議論する傾向がある点は注意すべきだが，このこともガバナンス論の射程の広さを物語る。

　本章は，外国の政治を研究するアプローチには地域研究，比較政治学，国際政治学という3つがあることを踏まえて，第1節でタイ政治を事例に地域研究の視点から記述し，第2節では政治体制の類型と比較に関する理論を紹介した。さらに第3節では，東南アジア主要5カ国を取り上げて，政治体制の変化をどのように説明できるのかを，政党という政治制度に着目して概観した。そして第4節では，ガバナンスという政治体制論とは異なる観点から，国家の運営について考えてみた。

　政治体制の変化や継続を説明するには，政党だけでなく，軍，メディア，市民社会の動向なども踏まえる必要があるだろう。第3節では議会を設置し政党活動を許容している東南アジア5カ国を取り上げて政治体制の変化と持続性が多様であることを示したが，他の制度やアクターに絞って比較をすることもありえるだろう。第4節はよりミクロな視点から，政治体制を超えて国家運営の分析視角を提示している。

　本章は権威主義体制の持続要因について説明した。言うまでもなく筆者は権威主義体制を肯定的に評価しているわけではない。理解する必要があるのは，権威主義体制の持続や変化にも理由があるということであり，一口に権威主義体制といってもさまざまなバリエーションがありうるということである。こうした多様性の存在を認めることで，政治体制の変化の理由もよりよく理解できるようになるだろう。

参考文献

佐々木毅『政治学講義［第2版］』東京大学出版会，2012年。
清水一史・田村慶子・横山豪志編著『東南アジア現代政治入門［改訂版］』ミネルヴァ

第Ⅳ部 世界と関わり合う政治

書房，2018年。
下村恭民編著『アジアのガバナンス』有斐閣，2006年。
玉田芳史・船津鶴代編『タイの政治・行政の変革——1991-2006年』（研究双書 No. 568）日本貿易振興機構アジア経済研究所，2008年。
永井史男「変動期東南アジアの内政と外交」『国際政治』（特集：変動期東南アジアの内政と外交）第185号，2016年。
藤原帰一「『民主化』の政治経済学——東アジアにおける体制変動」東京大学社会科学研究所編『現代日本社会 3　国際比較［2］』東京大学出版会，1992年。
船津鶴代・永井史男編『変わりゆく東南アジアの地方自治』（アジ研選書28）日本貿易振興機構アジア経済研究所，2012年。
山口定『政治体制（現代政治学叢書3）』東京大学出版会，1989年。
山本啓『パブリック・ガバナンスの政治学』勁草書房，2014年。
山本信人編著『東南アジア地域研究入門 3　政治』慶應義塾大学出版会，2017年。

（さらに読み進めたい人のために）

粕谷祐子『比較政治学』ミネルヴァ書房，2014年。
　＊欧米で近年方法論的進化／深化が目覚ましい比較政治学を分かりやすく解説した教科書。国家と社会，政治体制，民主主義の多様性という三部構成で比較政治学の主要なテーマを広く扱っている。
久保慶一・末近浩太・高橋百合子『比較政治学の考え方』有斐閣，2016年。
　＊比較政治学の方法と分析の着眼点を重視したテキスト。民主主義体制，権威主義体制，政党などのオーソドックスなテーマから内戦，軍，社会制度も扱う。各章とも構造，制度，アクターという3つの着眼点から分析・整理している点が特徴的。やや上級者向き。
中村正志編『東南アジアの比較政治学』日本貿易振興機構アジア経済研究所，2012年。
　＊政治体制，執政・立法関係，司法制度，政党，選挙，社会運動，国際制度という7つのテーマから東南アジアを対象に比較政治学の手法を使ったテキスト。政治制度に焦点を充てている点が特徴で，本章も大きな影響を受けている。やや上級者向き。
木村雅昭『「大転換」の歴史社会学——経済・国家・文明システム』ミネルヴァ書房，2002年。
　＊本章で紹介した比較政治学はとくにアメリカ政治学の新制度論の枠組みで解説したものだが，比較政治的アプローチには比較史的な視点から論じる立場もある。本書は歴史社会学の観点から近代市場社会成立の背景を分析しており，スケールの大きな議論が魅力である。

岩崎正洋編著『ガバナンス論の現在――国家をめぐる公共性と民主主義』勁草書房，2011年。
　＊タイトルにあるように，ガバナンス論に関するさまざまな考え方を分かりやすく紹介した論集である。ガバナンス論が扱う射程は広く，本章で扱った事象はそのごく一部に過ぎないので，関心のある読者はぜひ紐解いてほしい。

（永井史男）

第11章
海外と関わろう
――グローバル化する政治と経済の相互作用――

Short Story

　下宿生活を始めるにあたって、ミネオ君はいろいろなものを買い揃えました。家具、電気製品、日用雑貨…ただふと気づくと、そのほとんどが海外で生産され、輸入したものです。なかでも多いのが、東南アジアや東アジアからの輸入品。買い物に出ると、最近は肉や野菜、果物なども輸入品が多くなったように思います。

　今学期、ミネオ君は、思い切って英語ですべて講義される政治学の授業を登録したのですが、予習課題が多くてついていくのが大変です。そこで頼りになったのが、隣の席に座っていたチャンさん。彼女は中国系カナダ人で、親の代に香港からカナダに移住したそうです。そしてアメリカの大学に進み、そこで日本研究を専攻して日本に興味を持ち、交換留学のチャンスを活かして来日したのだとか。将来は、国際機関で働きたいということです。海外旅行さえしたことのないミネオ君には想像もできない世界ですが、チャンさんの話を聞いて、在学中に海外に行ってさまざまな体験をしてみたい、という気持ちが募ってきました。

　学期が終わると、留学を終えたチャンさんは帰国してしまいましたが、メールやSNSを通じて英語による交流が続いています。

　今やモノだけでなく、人、情報、お金もまた、国境を越えてグローバルな動きをしているのです。

政治と経済は相互に影響を与え合っている。また、政治と経済の相互作用は1つの国家の中だけにとどまらず、国家と国家の間にも広がっている。人々や企業は自国で生産できないモノを輸入したり、お金が足りない時に外国から借りたり、外国に工場を作ったり、外国企業に就職したりする。その際、各国は自国の経済社会状況を考慮して、何をどれだけ輸出（入）するか、輸出（入）にどれだけの税金（関税）をかけるか、外国からの投資をどれだけ認めるか、どれだけの外国人労働者を受け入れるか、などを決めてきた。その決定は国内政治に加え、多くの場合は外国との交渉、つまり対外交渉を通して行われてきた。アメリカの政治学者イーストン（David Easton, 1917-2014）は、政治とは「希少資源の権威的配分」という有名な定義をしているが、政治がもつこの側面は国際経済関係でも顕著に現われる。

第2次世界大戦後の高度経済成長期以降、日本と海外との経済関係は継続して拡大し、深化してきた。それに伴い、国際政治と国際経済の相互作用が日本に与える影響も顕著に増大した。そして国際政治と国際経済のそれぞれが大きく変容しており、その相互作用の有り様も大きく変化を遂げている。国際政治学の中でも経済関係に焦点を合わせる国際政治経済学は、このような領域を扱う学問である。

そこで本章では、国際政治経済学を基礎にして経済のグローバル化と国際政治との関係に焦点を当て、第2次世界大戦後の国際経済秩序の形成と変容、また21世紀に顕著になってきた問題群をできるだけ具体的に説明したい。

1　グローバル化する経済

国際経済の現状

20世紀末に始まったとされる現代の経済「グローバル化」によって、日本と海外との経済関係の拡大・深化は個々人の日常生活レベルで実感できるようになっている。

グローバル化が進展した要因としてまず挙げるべきは情報通信技術の発達だろう。それによりさまざまな情報が瞬時に世界中に伝わるようになった。とくにインターネットは国境をまたぐ経済活動の質、量、速さを飛躍的に上昇させた。たとえば、インターネットが普及するまではモノの輸入の大半は企業（商

社や代理店）が行い，その企業が小売店に卸し，個人は小売店に輸入品を買いに行くというのが普通だった。だが今は，好きな時に好きな場所でパソコンのマウスをクリックしたりスマホをタップするだけで好きなモノを個人で輸入できる。国際金融の世界でも情報通信技術を活用した取引手法が洗練され，ニューヨークやロンドンといった世界の主要な外国為替市場では1日平均で兆ドル単位の通貨の売買が行われている。さらに Twitter, Facebook, Instagram, YouTube なども広告やマーケティング手法の革新を呼び，情報の発信・受信にとどまらない経済効果を生み出している。

　グローバル化は人の国際移動も促している。2008年に発表された「留学生30万人計画」(2020年までに留学生を30万人に増やす計画) や21世紀の日本で観光を重要産業と位置づける「観光立国推進基本法」の制定（2006年）など日本政府の後押しもあり，来日する留学生や観光客の数は大幅に増えている。実際，2011年5月時点で16万3697人だった留学生が，2017年5月には26万7042人にまで増加し，目標を達成できそうな趨勢である。外国人観光客の数も，2008～09年の世界金融危機や2011年の東日本大震災や原発事故にもかかわらず，2007年には約835万人だったのが，10年後の2017年にはその3倍強の約2869万人まで増加した。また，進行する少子高齢化による労働力不足もあって，日本で働く外国人労働者の数も増えている。日本に在留する外国人は2017年6月に247万人を超えた。全国各地でインド料理，タイ料理，ベトナム料理などのいわゆるエスニック料理店が増え，日本人の食生活の多様化に一役買っているが，これらのエスニック料理店やコンビニなどで働く外国人の姿は，もはや日常的な風景にすらなっている。

　経済のグローバル化を下支えしたのは，1980年代以降に顕著になった自由化・規制緩和の動きである。それはイギリス，アメリカ，西ドイツ（当時）などで始まり，その後世界を席巻した。自由化・規制緩和志向は日本にも波及し，今日に及んでいる。ここで重要なのは，こうした動きが先進国に留まらず，発展途上国をも巻き込んだ点である。とくに1980年代には，程度の差はあれ輸出主導の工業化に成功していた韓国，台湾，香港，シンガポール，タイ，マレーシアなどの東・東南アジア諸国・地域で，貿易拡大を目指して自主的に経済自由化・規制緩和を実施する動きが見られた。工業製品だけでなく，農産物やサービス貿易分野などで，さらなる多国間貿易自由化を目指していた GATT

(General Agreement on Tariffs and Trade, 関税と貿易に関する一般協定) のウルグアイ・ラウンド交渉 (1986～94年) が1993年末に妥結した背景には，このような世界の潮流があったと言えるだろう。同交渉の成果の重要な一部として1995年に創設された WTO (World Trade Organization, 世界貿易機関) 下では，加盟各国の貿易障壁が以前に比べ大幅に削減され，従来にも増してモノ・サービスの国境を越えた活発な移動を支えている。

　さらには東西冷戦の終結により，市場を重視する資本主義経済体制をとる国がほぼ全世界を覆うようになったことも大きい。1989年の一連の東欧革命 (東欧諸国で市民運動などにより当時の共産党独裁政権が相次いで崩壊した事件)，1991年のソビエト連邦崩壊を期に，計画経済体制をとっていた旧東側諸国のほとんどが市場経済体制へ移行した。東アジアで社会主義体制を維持している中国，ベトナム，ラオスなどでも，冷戦終結前後に共産党独裁体制を維持しつつ市場経済システムを導入した。中国では「改革開放」，ベトナムでは「ドイモイ」(刷新)，ラオスでは「チンタナーカーン・マイ」(新思考) と呼び名はそれぞれ異なるが，国家が中央集権的に経済を統制するのではなく，モノやサービス，労働力の調整をできるだけ市場に任せ，国家はそうした市場原理を支える法整備と違反者の統制に比重を置くようになった。中国もベトナムもラオスも今やWTO 加盟国である。これらの動きにより経済のグローバル化が直接的に影響を及ぼす地理的範囲も大きく拡大した。

「グローバル化」と「国際化」
　街に出れば多種多様な外国製品や外国のサービス，多くの外国人観光客・外国人留学生・外国人労働者に出会い，パソコンやスマホをインターネットに繋げれば膨大な量の海外情報が即座に得られる現代は，国内にいても海外と関わっていることを日常的に実感せざるを得ない時代である。「グローバル化」(globalization) という言葉は頻繁に使われ，日本語としても定着したように思われる。では「国際化」(internationalization) とグローバル化はどう違うのだろうか。まずはここから確認してみよう。
　International (インターナショナル) という言葉は，「inter」(インター) と「national」(ナショナル) からできている。インターは「～と～の間」とか「～と～の際」を意味する英語の接頭辞である。そして，nation (ネイション) は

「国家，国民，民族」を意味する。したがってインターナショナルとは，国家と国家（国民と国民）の間の，政治，経済，文化などさまざまな側面における，まさに「国際」的なやり取りを表す概念である。一方，グローバルの元であるグローブ（globe）という言葉は，もともとは「球形のもの」という意味である。そこから派生して「地球」「世界」を意味するようになった。ということは，グローバル化とは「地球化」「世界化」を意味することとなる。日本語ではグローバル化とそのままカタカナ表記されることが圧倒的に多いが，中国語では「全球化」と訳されていることからも，この言葉の特徴を推し量れるだろう。

　つまり，国際化とグローバル化という概念の違いは，前者が複数の国家（国民）の存在を前提として，それらの国家間（国民間）のさまざまな交流が拡大していくことを表しているのに対し，後者は国家の存在には基本的に無関心で，国家が存在していてもそれらを隔てるさまざまな垣根が低くなり，最終的には地球を1つの単位と捉えられるようになっていくことを表していることにある。グローバル化に近い言葉としては，「ボーダーレス（borderless）」（無国境）化が挙げられよう。モノ，サービス，カネ，ヒト，情報の移動制限がなくなっていき，それらが国境をまたいで自由に行き来できるようになるというイメージである。一世代前の日本では，グローバル化よりも「ボーダーレス」化という言葉の方がよく使われたが，21世紀の国際経済は国際化というよりはグローバル化の概念で捉えた方がよさそうである。

　もっとも，「グローバル化」がここ最近の特徴なのかどうかについては異なる見方もある。グローバル化は人類の歴史とともに展開した現象でもある。アフリカで生まれた人類の祖先が全世界に広がったのは，人が国境概念とは無縁に移動したからに他ならない。遠隔地交易という点ではユーラシア大陸にまたがるシルクロードが歴史上よく知られている。宗教や農耕技術，青銅器・鉄器，紙や陶磁器の製造技術，さらには火器・活版印刷術や羅針盤の世界的拡散もグローバル化と呼べるだろう。アジア発祥のペストが中世ヨーロッパで人口の約4分の1を死滅させたと言われ，ヨーロッパから新大陸に持ち込まれた病原菌のせいで，新大陸の原住民の約95％が死亡したとも言われている。各国の貿易依存度という点では，21世紀の現在よりも19世紀の方が高いという統計すら存在する。しかし，情報の伝達の速さとそれが国民生活に直接影響を及ぼすという点では，現在の方がより進んでいる（コラム11）。ただし，こうしたグロー

> **コラム11　グローバリズムと格差問題**
>
> 　グローバリズムとは，モノ，サービス，カネ，ヒト，情報の自由な越境を保証する統一されたルールを世界大で導入しようとする潮流である。1990年代以降の特徴は，ルール統一の対象がいわゆる「国境の内側」の問題（環境・労働などの基準，投資規制，知的財産権・プライバシー保護など）にまで及んでいることにある。
>
> 　グローバル化反対派によれば，貿易が自由化されれば国際競争力を持たない産業は衰退する。投資が自由化されれば海外へのアウトソーシング（外部委託）が進む。ヒトの移動が自由化されれば外国人労働者が流入する。いずれにせよ国内では失業が発生し，所得格差が拡大することになる。一方，グローバル化推進派は，グローバル化による利益（輸出拡大，輸入品値下げ，外資流入，労働力不足解消など）は国全体でみれば不利益を上回るとし，その利益の一部を社会保障制度の拡充に回せば格差対策も行えると主張してきた。
>
> 　ただし近年の実証研究は，グローバル化による格差拡大の程度は以前の想定より大きいことを示している。グローバリズムへの参加を促進するにせよ抑制するにせよ，所得の再分配に関わる国家（政府）の役割は，今後ますます大きくなっていくだろう。

バル化が地球上のすべての場所で同じように進んでいるわけではないことは注意すべきである。世界には携帯電話やパソコンと無縁の生活をしている人たちがまだまだたくさんいる。

経済グローバル化と国家との緊張関係

　ここで問題となるのが，グローバル化する経済と国家との関係である。モノ，サービス，カネ，ヒト，情報が軽々と国境を越える状況は，既存の国家にどのような影響を与えるのだろうか。

　最初に国際関係の基本的な構造を確認しよう。従来，国際関係における主要な行動主体は主権と領域と国民を有する「国家」だと考えられてきた。こうした国家は「近代国家」とも呼ばれる。近代国家は16世紀から17世紀にかけて西ヨーロッパで誕生したが，その後ヨーロッパ諸国が覇権を握りアジア，アフリカ，ラテンアメリカなどで多くの植民地を獲得したことから，世界中にこの国家モデルが広がった。近代国家システムでは，国家は国内で至高の権力をもち，

対外的には独立しており，他国は当該国家の内政に干渉しないということが原則である。この内政不干渉原則は，独裁国家が人権を無視するような政策をとったり，国家として国民を保護する責任を事実上放棄しているときに限っては，解除すべきであるという議論もある。しかし，多くの国家は内政不干渉原則の適用除外については一様に慎重な態度を崩しておらず，国家主権と並んで国際関係を律する最も重要な原則の1つである。

　経済面から国家主権を具体的に考えてみると，関税の設定，海外からの投資や労働者の流入の制御，貿易・投資協定の締結などの権限を国家は排他的に持っている。一方で国際関係における非国家主体の重要性も指摘されてきた。たとえば，第2次世界大戦後の国境を越える経済取引の増大によって多国籍企業が，また，その性質から1国のみでは解決し得ない問題領域（大気汚染，気候変動に伴う地球温暖化や海面水位の上昇，地震や津波などの自然災害）では非政府組織（NGO，国際的に活動するNGOは国際NGOと呼ばれる）や非営利組織（NPO）が，国際関係の重要な非国家主体として登場した。とはいえ，国家が多国籍企業やNGO・NPOの行動に制約を加えることが可能であることを考えれば，現在でも国家主体が非国家主体に優越しているといえるだろう。中国ではGoogleは使用できないし，ミャンマーでは2008年に大型サイクロン（ナルギス）が大規模な被害をもたらしても，当時の軍事政権は国際赤十字や国境なき医師団などの非政府組織の支援を当初は認めようとしなかった。

　また，国際関係の最大の特徴は，諸国家の上に立ち，強制力を持って諸国家の行動を制御できるような世界政府が存在しない「無政府状態」にあることである。「無政府状態」がそのまま「無秩序」を意味するわけではない。とはいえ，世界政府がない国際関係では，秩序や安全の維持は今日でもきわめて重要な課題である。歴史上，世界政府に最も近づいた機関は国際連合（United Nations）だと考えられるが，1国の政府がその国民に対して持つ強制力に比べると，国際連合にできることはかなり限定的であると言わざるを得ない。

　国際関係の主要な主体は国家であることと，国際関係は無政府状態であることを前提とすると，世界で生み出される富や価値の分配は最終的には国家によって担われることになる。このような国際関係の論理は，上述した経済グローバル化の現状とは緊張関係にあると言えよう。グローバル化が体現する経済の論理は，国家の経済への介入を著しく嫌う。「経済活動は自由に行われる

のが最も効率的であり，国家は経済に介入すべきではない」というような考え方は一般に「市場主義」と呼ばれるが，これはグローバル化のさらなる進展には欠かせない考え方である。それでは，グローバル化の進展で国家の影響力は失われてしまうのだろうか。それとも国家はなんらかの形でグローバル化する経済に介入し続けるのだろうか。節を改めて，もう少し理論的に考えてみよう。

2　無政府状態の中での国際経済秩序

国際経済活動はできるだけ自由に行えた方がよいか

ここで，国境を越えた経済活動はできるだけ自由に行えた方がよいという考えの根拠を，モノ（財）の貿易を例に考えてみよう。

まず消費者の立場に立ってみよう。現在の世の中でモノをまったく購入せず，完全な自給自足で生活している人はほとんどいないことを考えれば，消費者とは世界中のほぼすべての人と言える。貿易が自由に行われていれば購入可能なモノが増える。たとえば，気候条件に合わないため日本では高価な設備を導入しなければ生産できない農産物などが，居ながらにして安価に入手できるだろう。また，国内で少量しか生産されていない食べ物（バナナ，パイナップル，砂糖など）も，貿易が自由に行われれば，国産品より品質が高くかつ安価なものが手に入る可能性が広がる。工業製品でも事情は同じである。機能面やデザインなどで気に入った外国製品が，国産の同等品と同じか，場合によっては安い価格で手に入るかもしれない。いずれにせよ，貿易が自由に行われることで購入可能なモノの選択肢が増えることは，消費者にとっては歓迎すべきことである。

次に，生産者の立場に立って考えてみよう。貿易が自由に行われていれば，生産者は（製品に競争力があれば）海外市場での販売，つまり輸出を視野に入れることが可能になる。輸出が軌道に乗れば，国内市場のみに向けて販売するより生産量が増え，利潤が増えるだろう。国内外市場向けに大量生産が可能になれば，製品1単位当たりの生産コストが低くなる「規模の経済」効果を享受でき，さらなる利潤の拡大に繋がるかもしれない。輸入の面を考えてみると，自国で生産できない原料（鉄鉱石，アルミニウムなど）やエネルギー（石油，天然ガスなど）の輸入が自由にできれば，その国の産業の幅を広げることができる。

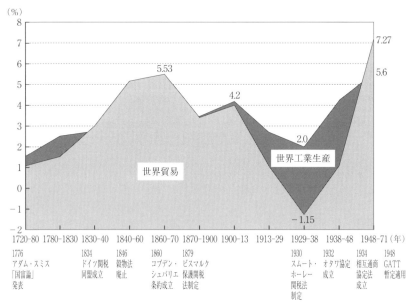

図11-1 18世紀以降の世界貿易・工業生産の実質経済成長率の推移と通商ルールの系譜
出所:『通商白書 平成4年版』より。

　また現代では，1つの工業製品の製造プロセスが1つの国のなかで完結することは少ない。さまざまな部品をさまざまな国で製造し，それらの部品をどこかの国に集中させて最終消費財に組み立てることが多い（自動車，パソコン，スマホなど）。このような生産プロセスにとっても貿易が自由に行われる環境は好ましい。部品（中間財）や原料の調達コストを低く押えられるからである。

　実際にこのことを数字で確認してみよう。第2次世界大戦後，世界経済はおおむね順調に経済成長を遂げた。図11-1は18世紀以降の世界貿易と工業生産の実質成長率の推移と通商ルールの系譜をまとめたものだが，第2次世界大戦後，石油危機が起きる1970年代初めまで世界貿易の進展が著しいことが理解できるであろう。また図11-2は，冷戦終結後の1993年から20年間の世界の貿易量の推移（年平均及び前年比）を記したものだが，リーマン・ショックの余波を受けた2009年を除くと，世界貿易が堅調に伸びてきていることが理解できるだろう。もちろん，自由貿易が進展したとしても，世界各地で同じように経済成長が生じるわけではない。石油危機以降，アメリカや西ヨーロッパ，日本など

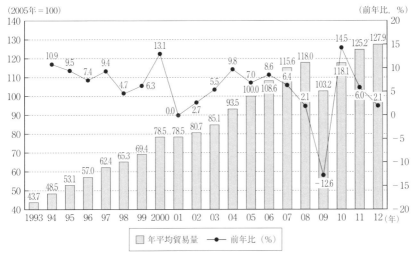

図11-2　世界の貿易量の推移（年平均および前年比）
出所：『通商白書 2013』より。

の先進国の経済は低成長期に入った。これに対して発展途上国，とりわけ東アジアは高い経済成長率を示し，世界の注目を集めている（図11-3および図11-4参照）。経済成長は財の投入だけでなく技術革新や労働生産性の向上などによっても左右されるし，関税率が下がってもさまざまな非関税障壁が残っているかもしれない。単純に因果関係や相関関係を認めることは注意すべきであるが，財やサービスの取引が貿易自由化のもとで順調に増大したことが伺える。

　ただし，上記のような論理には「コインの裏側」が存在することには十分に留意する必要がある。たとえば，主に国内向けに生産を行っている企業を考えてみよう。貿易の自由化は，その企業が生産している製品と競合する外国製品が流入してくることを意味する。当該企業の製品の競争力が流入する外国製品のそれより弱ければ，その企業の製品は外国製品に押されることとなる。販売額が縮小すれば当然利潤も縮小し，最悪の場合，その企業は倒産に追い込まれるかもしれない。企業規模の縮小や倒産によって影響を受けるのは経営者だけではない。その企業で働く労働者も，賃金レベルの停滞・低下や失業という悪影響を免れない。アメリカの自動車産業や日本の農業が，多くの場合，いかなる形の貿易自由化にも激しく反対するのはこのためである。

第Ⅳ部 世界と関わり合う政治

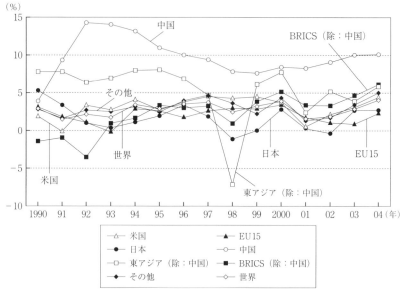

図11-3 各国・地域別 GDP 成長率

出所:『通商白書 2006』より。

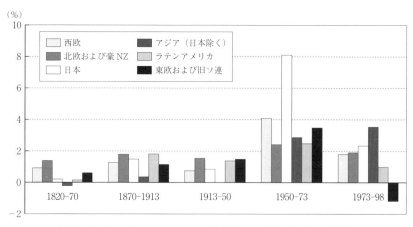

図11-4 パックス・アメリカーナ黄金期の1人あたり GDP 成長率

出所:田所昌幸『国際政治経済学』有斐閣, 2008年, より。

ここまで財（モノ）貿易を例にとって考えてきたが，基本的にはサービス貿易，投資，労働移動など他の国際経済活動についても同様のことが言える。最も安価かつタイミングよくモノやサービスを生産・供給できるように資本や労働力を配置するためには，国境の壁は低ければ低いほど好都合だろう。その一方で，企業の海外移転や外国人労働者の流入，部品・サービスなどの海外からの調達（アウトソーシング）は，国内産業の空洞化や失業を生むという議論もある。

国際経済活動への国家の介入

国境を越えた経済活動は理論的には自由に行えた方がよさそうである。しかし，これまで国際経済活動が完全に自由に行われたことはないし，将来的にもないだろう。近代以前でも国家（政府）は自ら貿易や投資活動を行ったり，なんらかの規制を設けて民間の経済活動を制御してきた。近代初頭の西欧の絶対王政が西インド会社や東インド会社に独占的な貿易権を付与したり，中国の諸王朝が朝貢に対する恩恵の一部として指定された港でのみ交易活動を許したり，江戸幕府のように中国船とオランダ船にのみ長崎での交易を許した例などである。なぜ国家は国境を越える経済活動に介入するのだろうか。再び財貿易を例に考えてみよう。

国家が財貿易に介入する要因は大きく２つに分けられる。１つは安全保障や治安，公序良俗の維持である。国民の生命と財産を守ることは国家の最重要課題である。しかし，武器弾薬の類が自由に輸入され，反政府組織や反社会的勢力（暴力団など）に渡ると，国内の治安維持が困難になる。このため，武器弾薬を含む軍事物資の貿易には通常は厳しい規制がかけられる。動植物検疫も広い意味での安全保障の観点から理解できる。国内に耐性のない菌やウィルスが動植物に付着して持ち込まれると，国内生態系や国民の健康に甚大な被害を及ぼす恐れがある。それを水際で防止しようとするのが動植物検疫である。公序良俗面で貿易が規制されているものとしては，猥褻物や違法薬物などがある（後者については治安維持の意味もある）。これらが自由に輸出入されることで，国民の道徳観念や健康，社会秩序への悪影響が懸念されている。飲酒が禁止されているイスラム教を国教とする国では，アルコール類の貿易が禁止または制限されていることが多い。これも公序良俗を考慮した国家介入と言えよう。

もう1つは，国内政策過程を経た経済政策の一部として，国家が財貿易に介入する場合である。介入の方法には主に関税賦課と貿易数量制限がある。関税賦課とは，財を輸入または輸出する際にその財に対して税金を課すことを指す。ここでは輸入関税に焦点を当てよう。個人・法人所得税，固定資産税，相続税，消費税など，他の種類の税金で十分な収入が見込める国（主に先進国）では，税収全体に占める関税の割合は低い（日本を含む主要先進国で2010年代に0.1～0.2％程度）。一方，国民所得が相対的に低く，国内に立地する大企業が少なく，収税効率も低いような発展途上国には，財源として関税の重要性が高い国もある。財源以外での関税の役割は，国内の特定品目や産業を外国製品との輸入競争から守ることである。国家が，なんらかの（多くの場合は国内政治的な）理由で特定品目の国内生産を維持したい場合，あるいはいまだ競争力の弱い特定産業を育成しようとする場合，その品目に高い輸入関税をかければ，輸入された当該品目の国内価格は少なくともその関税分だけ高くなり，当該品目・産業を保護することができる。数量制限は，文字通り一定期間内の特定品目の輸出入量の上限を設定し，それ以上の輸出入を禁止することである。数量制限は輸入に対して実施されることが通常であるが，その主な目的は国内産業の保護にある。先述したウルグアイ・ラウンド交渉でコメの市場開放を迫られた日本は，外国産米の輸入量に上限を設けて妥結した経緯があるが，これはもちろん日本国内のコメ農家を守るためであった。短期間に特定品目の輸入が急増した場合に導入される「セーフガード」や，国際収支が危機的状況に陥った際に行われる輸入制限なども数量制限の一部である。

公共財としての経済秩序

ここで，国際関係は世界政府が存在しない無政府状態であり，主な行動主体は国家であることを思い出してみよう。このような状況であれば，各国はそれぞれの必要に応じて自由に国際経済活動に介入できるはずであり，介入の方法，程度，タイミングも自由に決められるはずである。たとえば，一部の国内農産品生産を保護したいのであれば，その農産品の輸入を全面禁止すればよいし，国産自動車の輸出を増やしたいのであれば十分な輸出補助金を製造会社に供与して輸出価格を引き下げればよい。しかし現実には国際経済活動には多国間（または2国間）で国際ルールが存在する。たとえばWTOは加盟国間の貿易に

関するルールを設定し，国際通貨基金（IMF）は加盟国間の通貨・金融取引に関するルールを設定している。そしてWTOには164カ国・地域が加盟し（2018年時点），IMFには189カ国・地域が加盟している（同）。国際連合加盟国が193カ国（同）であることを考えれば，WTOやIMFが設定する国際ルールは世界の大多数の国々の支持を得ているといえるだろう。

では，なぜ世界のほとんどの国々は，国際経済分野で自らの行動の自由を縛るような国際ルールを受け入れているのだろうか。その理由は，基本的には各国国内で経済活動に関するルールが必要であり，そのルールを国内経済主体（生産者／消費者，企業／家計，雇用者／被雇用者など）が受け入れている理由と同じである。

国内でのモノの売買を例に考えてみよう。ある品物を購入したいと考えているA氏は，その品物を近くの市場に探しに行く。A氏は自分の希望に合った品物をB氏が売っていることを見つけ，それをB氏から購入する。たったこれだけの単純なモノの売買にもいくつものルールが存在し，そのルールをA，B両氏が守らないと売買はうまく成立しない。たとえば，A氏がB氏に購入代金として支払う貨幣は偽物であってはならないし，B氏はA氏から代金を渡された瞬間に品物を持って逃げ去ってはならない。A氏が購入代金を分割で支払うことを希望しB氏が了承した場合，A氏は分割払いを止めたり遅滞してはならないし，B氏がA氏に販売する品物は，A氏が求めB氏が保証した品質を満たしていなければならない。このようなルールは，モノの売買という経済取引に不可欠な信頼関係の基盤を作る。このようなルールの総体を「経済秩序」と呼ぶことができるだろう。

経済秩序を保証するのは政府の役割である。ほとんどの国には民商法体系が存在し，法律（ルール）違反に対しては，最終的には政府が決められた法律に基づいて強制的に対処することが期待されている。政府が経済秩序を保証するのは，それが「公共財」の性格を持っているからである。公共財とは「非排除性」と「非競合性」を持つ財（またはサービス）と定義される。すなわち公共財（経済秩序）は，一度提供されれば経済取引に参加するすべての経済主体が享受でき（非排除性），特定の経済主体が享受してもそれで経済秩序の量が減るわけではないので，別の経済主体も必要十分な量を享受できる（非競合性）性質をもつ。このような特徴をもつ財やサービスを提供しても儲からないことは明ら

かだろう。この場面での「合理的」な行動は、誰か他の主体が経済秩序を提供するのを待ち、提供されたらそれにただ乗り（フリーライド）することであろう。したがって、経済秩序の提供を民間に任せると、必要であるのにもかかわらずまったくあるいは不十分にしか提供されない可能性が高い。そこで公的存在である政府が経済秩序の提供を担うわけである。それに必要な財源はもちろん国民の税金で賄われる。

　国際経済取引でも経済秩序が必要なのは同じである。経済秩序が保証されていなければ経済主体間の信頼関係が育ちにくく、1回限りの取引が横行して長期的な取引関係は成立しにくい。したがって市場は当然混乱する。国内経済秩序の提供と保証は各国政府が担う。では、世界政府の存在しない無政府状態の下で、WTOやIMFに象徴される国際経済秩序（ルール）は誰によって提供され、維持されるのだろうか。

リアリズム

　この問題に対し、国際関係論や国際政治経済学はいくつかの考え方を提示してきた。ここでは、代表的な2つの考え方を説明したい。

　1つは、リアリズム（現実主義）という国際関係の捉え方である。リアリズムの考え方の前提は、国際関係における最も基本的かつ重要な行動主体は主権国家（国家）であること、国家は「国益」を追求して行動すること、また、国家は国益の追求に「国力」を使うことである。国力の強弱は獲得できる国益の量に直接的に繋がるので、国力の増大そのものも国益である。

　国家が国益を追求することを正面から論じたのは、中世末期の北イタリアで活躍したマキャベリにまで遡る。『君主論』において彼は、君主が権謀術数を用いて国益を最大化すべきであることを説いた。彼の立場は、中世キリスト教世界で宗教や道徳が政治に優先される世界観から脱却するとともに、戦争には正邪があるとするキリスト教的正戦論からも自由であった。マキャベリは戦争も国益追求のための外交手段の1つと肯定していた。マキャベリがリアリズムの創始者と言われるのもこの立場ゆえである。このマキャベリの立場を引き継いだのが、第1次世界大戦から第2次世界大戦期に外交官として、後には研究者として活躍したイギリスのカー（Edward Hallett Carr, 1892-82）である。カーは国際関係における国家の国益追求を冷徹な目で眺めようとしたため、後に国

際政治学の祖と呼ばれるようになった。このように国際政治学はまずリアリズムを土台に出発し，その中心的課題は安全保障分野であった。しかし，リアリズムの考え方の適用は安全保障の分野だけに限らない。

　前述したように，国際経済秩序（ルール）は国家の行動の自由を制限し，場合によっては国家が認識した国益を維持・拡大するための政策が禁じられることもある。たとえば，日本政府はさまざまな貿易自由化交渉でコメ，麦，牛肉・豚肉，乳製品，砂糖を「聖域」としていることから，これらの農畜産物の国内生産保護を国益とみなしているのは明らかだろう。しかし政府はコメ，牛肉，砂糖等の輸入を全面禁止することはできない。特定品目にターゲットを絞った輸入禁止を禁じるWTOルールに日本も縛られているからである。

　リアリズムの見方の1つである覇権安定論によれば，このような国際経済秩序は，他国と比べて圧倒的な国力（軍事力・経済力）を持つ「覇権国」の主導によって作られる。覇権国も国家であるから，当然ながら覇権国が主導する国際経済ルールは覇権国の国益に適うものである。したがって，第2次世界大戦後に形成された国際経済秩序が，覇権国アメリカの国益に沿ったものだった。覇権国アメリカは，終戦直後に始まったソビエト連邦や中国などの社会主義諸国との東西冷戦を踏まえ，自国の安全保障・繁栄に加え，それを確保するための「世界的な資本主義システムの維持」を国益と捉えた。この国益の実現のために，基本的に自由で開かれた国際経済秩序の形成を主導したわけである。自由で開かれた経済秩序の下，大戦で疲弊した西側諸国（イギリス，フランス，西ドイツ，日本など）の経済復興が成功し，その後，東アジア地域を中心とした途上国・地域（韓国，台湾，香港，ASEAN諸国など）の経済発展も始まった。さらには1980年代以降の本格的な改革開放政策によって社会主義国である中国，ベトナムが著しい経済成長を遂げたのは，アメリカが主導した自由で開かれた国際経済秩序が確立した国際経済取引に参入できたことが大きい。

　リアリズムに分類される国際社会論という考え方によれば，国際関係は無政府状態だが，諸国家は一定の価値を共有しているため国際「社会」が成立していると捉える。そして，その共通価値とは主権国家システムの維持と主権国家の独立・平和・繁栄である。したがって各国家には，自国の繁栄を導く国際経済活動を円滑化すると認識される国際経済秩序の形成・維持に協力するインセンティブがもともと存在する。ただし諸国家が共有する価値には優先順位があ

り，自国の独立が危ぶまれるような状況では平和や経済的繁栄という価値は後回しにされる。

リベラリズム

　もう1つは，リベラリズム（自由主義）という捉え方である。リベラリズムでも国際関係の行動主体として国家を重視するが，リアリズムと異なる点は国際機関，多国籍企業，地方自治体，NGO・NPO なども重要な行動主体と認識する点である。またリベラリズムは，国際政治・安全保障に強い影響を与える要素として国際経済問題を重視する。

　リベラリズムの見方の1つである機能主義は，非論争的な技術的・経済的分野では国際秩序（ルール）形成が可能であり，比較的容易であるという認識を出発点とする。典型的な事例は郵便・電信電話・インターネットといった国際通信分野である。万国郵便連合や万国電信連合の設立は，実に19世紀後半まで遡る（1874年と1865年にそれぞれ設立）。欧州統合プロセスの理論化として1960年代に登場した新機能主義では，技術的・経済的分野での秩序形成が隣接分野に波及（スピルオーバー）してゆき，最終的には安全保障分野でも秩序形成が行われ，地域経済統合から地域政治統合に進展するという主張がなされた。戦後西ヨーロッパでは，2度にわたった世界大戦の重要な要因の1つが石炭や鉄鋼の産地をめぐる独仏の争いであったことが反省され，1952年に欧州石炭鉄鋼共同体（European Coal and Steel Community：ECSC）を創設して石炭・鉄鉱の共同管理を開始した（当初は独，仏，伊，ベネルクス3国が参加）。その後，欧州原子力共同体（EURATOM）と欧州経済共同体（European Economic Community：EEC）が1957年に設立され（発効は翌58年），1967年にはこれら3つの組織体を統合した欧州共同体（European Community：EC）が成立した。その後もヨーロッパ統合プロセスは継続され，現在の欧州連合（European Union：EU 1993年発足）に至るが，この間，共通関税政策だけでなく，共通農業政策，資本・労働の域内自由移動，単一通貨（ユーロ）の導入とともに，欧州議会，欧州連合司法裁判所，欧州中央銀行などを備える高度な統合を遂げている。

　国際的相互依存論は第2次世界大戦後，モノ，サービス，カネ，ヒト，情報の国境を越えた移動が急増している状況を背景に1970年代に構築された。国際的相互依存論の要点は，国家間関係はもはや単に政府と政府との関係だけでは

なくさまざまな非国家主体間の関係の総体でもあること，また，このような複雑な国家間関係が進展するなかで各国は相互に複合的に依存していると捉えることである。国際経済関係に焦点をあてれば，相互依存が拡大・深化している2国間（たとえば日本と中国）では，なんらかの理由があっても相手国との経済関係を一方的に縮小したり断絶したりすることはきわめて難しい。そうした場合の潜在的なコストがあまりにも大きいからである。このように複合的な相互依存関係が成立している国際関係は，各国家の行動の自由を制限する国際経済秩序（ルール）形成の土台となる。

以上2つの理論的立場は，一見相矛盾しているように見えるかもしれないが，そうではない。リベラリズムも主権国家が最も重要なアクターであることを認めている。また，極端なリベラリズム信奉者を除くと，国際経済関係の強化がそのまま平和に結び付くと単純に考えているわけではない。国際経済が安定し各国が協調関係を取り結ぶには，国家間紛争や戦争がないことが前提であり，その点でリベラリズムもリアリズムの立場を根本的に否定しているわけではない。この2つの立場は，理論というよりは「理念型」と呼んだ方がよいだろう。実際の国際政治（経済）はより複雑である。これらの2つの立場を理念型と捉えることで，国家間の比較や時代ごとの違いなどを浮き彫りにできる。そこで次節では，第2次世界大戦後の国際経済関係がどのように推移してきたのかを振り返ってみよう。

3　戦後国際経済秩序の形成と変容

第2次世界大戦後の国際経済秩序はどのように形成され，現在までに変容してきたのだろうか。3つの時期に分けて概観してみよう。

ブレトン・ウッズ体制

第2次世界大戦終結前後から1970年代初めにかけては，大戦での事実上唯一の勝利国といえるアメリカの経済力が他国を圧倒し，名実ともに覇権国となった時期である。この間，国際経済関係は為替レートの固定相場制のもとで比較的安定して維持された。

アメリカやイギリスが目指した国際経済秩序は，自由で安定した国際貿易が

進展するには為替の安定が必要であるとする固定相場制であり，貿易自由化は原則として多国間で無差別に行う上で必要があるというものであった。GATT 加盟国は貿易上の最恵国待遇と内国民待遇を他の加盟国すべてに適用する義務を負った。一方で国際的な資本移動については，投資家の過剰な投機行動やパニックによる市場の混乱を防ぐために完全な自由化は目指さず，一定の規制の実施が構想されていた。こうして，為替変動を調整し，国際通貨システムを安定化させる国際機関として IMF が設置された。こうした合意は1944年の夏から秋にかけてアメリカ・ニューハンプシャー州で開かれた会合の開催地にちなみ，ブレトン・ウッズ体制と呼ばれる。国際貿易の円滑化を進める国際機関としては国際貿易機関（ITO）が構想されたが，ITO 創設にはアメリカ連邦議会の批准が得られず，暫定的に合意していた GATT が国際貿易ルールの中心として長らく存在することになる。

こうしたことが可能になった理由は2つある。1つは前節で触れたように，アメリカが超大国となったからである。もう1つは超大国アメリカが覇権国として行動する意思を明確に持ったことである。アメリカは第1次世界大戦後には超大国になっていたが，国際秩序を担う意志に欠け，再び孤立主義に戻っていた。しかし，世界大恐慌を経て1930年代に経済のブロック化が進み，結果としてドイツ，イタリア，日本の暴発を招いたと考えていた。

もっともアメリカは自由主義的な国際経済体制の構築をやみくもに進めたわけではない。アメリカがブレトン・ウッズ体制を主導した理由は，第2次世界大戦終戦直後からアメリカを中心とする資本主義諸国とソ連を中心とする社会主義国との間で東西冷戦が始まったためである。アメリカは，ソ連に対抗するために同盟国である西ヨーロッパ諸国や日本の経済復興を支援し，自由貿易の原則を柔軟に適用した。西ヨーロッパにおいては1948年から1951年にかけて欧州復興援助計画（いわゆるマーシャル・プラン）と呼ばれる大規模な経済援助を行って経済復興への足掛かりを提供したほか，（多国間・無差別という GATT の原則から逸脱する——しかし GATT 24条によって違法ではない——）ヨーロッパ統合プロセスも容認した。日本についてはアメリカ市場を重要な輸出市場として提供したほか，特定産業（たとえば自動車）を政府介入によって育成する「産業政策」を容認した。

国際経済秩序の動揺

　1970年代初めまでにはアメリカの経済力の相対的な低下は明らかになり，米ドルを基軸とする固定相場制がもはや維持できなくなるとともに，先進国間の経済摩擦が激化した。第4次中東戦争の勃発（1973年）やイラン革命（1979年）の影響で原油の安定的供給に疑念が持たれ，石油価格の高騰による経済危機が先進国だけでなく途上国でも見られた。またこの時期に途上国も多様化した。ここでは，冷戦が終結する1990年代初頭までで時期を区切ることにする。

　日本や西ヨーロッパは1960年代に順調に高度経済成長を遂げたが，アメリカは覇権国としてソ連との対抗上多額の軍事支出を余儀なくされ，産業面での競争力を次第に失っていった。もちろん軍事支出がすべて産業競争力の役に立たないわけではない。人工衛星やインターネット，コンピュータの開発は軍事技術の産物である。しかし，アメリカは朝鮮戦争（1950～53年）やベトナム戦争（1960年頃～75年）などで多額の軍事支出を強いられ，さらには日本や韓国，フィリピン，西ドイツやトルコ，中東のサウジアラビアやペルシャ湾に軍を展開する必要に迫られた。

　アメリカ製品の競争力を弱めたのは，固定相場制によって割高に評価された米ドルの問題でもある。米ドルが割高に評価されると，アメリカ製品の輸出競争力は弱くなる。それでも米ドルが信頼されていたのは，アメリカ連邦準備銀行が米ドルと金との兌換を認めていたからである。こうした状況でアメリカのニクソン大統領は1971年に声明を出し，金とドルとの交換を停止すると発表し，事実上固定相場制から一方的に離脱した。2年間の流動的な時期を経て，為替は変動相場制に移行したのである。固定相場制を前提に国際貿易の発展を描いたブレトン・ウッズ体制は崩壊した。

　1970年代の国際経済関係は他にも3つの点で大きな変化を迎えていた。1つ目は先進国間の貿易摩擦が激しさを増したことである。日本と西ヨーロッパが経済復興を遂げた以上，この現象は不可避的であった。日本とアメリカとの貿易摩擦は繊維などの軽工業製品に始まり，オレンジ・牛肉・コメなどの農畜産物，テレビ・ビデオなどの家電製品や半導体，さらには自動車，鉄鋼など重工業製品にまで及んだ。西ヨーロッパとアメリカとの経済関係も緊張した。とくに問題とされたのがECの共通農業政策である。ECは域内で生産される農産物の価格を支持し，輸入課徴金を徴収していた。EC域内では農産物を作れば

作るだけ売れる（ECが買い支える）状態であったため，当然供給が需要を上回り，ECは余った農産物を低価格で国際市場に供出した（ダンピング）。このECの一連の行動が農産物輸出国であるアメリカやカナダ，オーストラリアにとって問題とされたのである。

　2つ目は2度にわたる石油危機（1973年と1979年）である。前者では第4次中東戦争（1973年）に際してアメリカがイスラエルを支持したことで，アラブ産油国が抗議の意味を込めて石油価格を4倍近くに引き上げ，各国の物価が急激に上昇し経済不況に陥った。1979年にはイランで親米政権が崩壊し，反米的でイスラムの教義に厳格な政権が成立したことで，イランから安定的な石油供給の見通しが立たなくなった。安価な石油に依存して1960年代を通じて高度経済成長を遂げてきた先進国ではそれまでのような経済成長が見込めない一方，福祉国家化に伴う財政赤字に見舞われるようになった。本章第1節で触れた自由化や規制緩和は，こうした国際経済関係の動きとも密接に関係していた。

　さらに3つ目に，発展途上国の多様化が明確になった。第2次世界大戦後，アジア・アフリカの植民地は独立を達成し，国連の加盟国も1945年発足時の51カ国から飛躍的に増大した（1960年99カ国，1970年127カ国，1990年159カ国，2018年現在は193カ国）。新興独立国は米ソ冷戦に巻き込まれることを嫌い，政治的には非同盟諸国会議（アジア・アフリカ会議）を開催したり，経済的には国連貿易開発会議（United Nations Conference on Trade and Development：UNCTAD）の場で先進国に対して農産物市場を開放するよう圧力をかけたり，一次産品の価格上昇や多国籍企業規制，途上国への特恵関税供与を求める新国際経済秩序（NIEO）宣言を採択したりした。だが石油危機は非産油途上国にも影響を及ぼし，産油国との間で深刻な利害対立が浮き彫りになった。ここで興味深いのは，途上国・地域の中でも韓国，シンガポール，台湾，ギリシャなど工業化に成功するところが出てきた点である。

　1980年代には国際経済は多少落ち着きを示したが，西側先進国間の貿易摩擦が収まったわけではなかった。それにもかかわらず先進国間での国際関係が極度に悪化しなかったのは，冷戦が続く中，安全保障面で軍事同盟を維持する必要があったことや，1975年からフランスの音頭でアメリカ，カナダ，イギリス，西ドイツ，イタリア，日本の先進7カ国財務相・中央銀行総裁会議（G7）が定例化され，政策協調が模索されるようになったからである（1998〜2013年までは

ロシアが加わり，G8と呼ばれた）。1985年以降の数年間でそれまで割高だった米ドルが大幅に減価したのも，G7の間で政策協調があったからである（ニューヨークのプラザホテルで会合が開かれたので，一般的に「プラザ合意」と呼ばれている）。さらに当事国の内部にはさまざまな利害対立があり，国境を越えて提携関係が成立して関係がより複雑になったことも理由として挙げられる。国際政治はしばしばビリヤードのような玉突き衝突と捉えられがちだが，実際には一方の国が他方の国家の内政にまで影響力を行使することが相互に起きている。こうした相互依存が複雑に進むと，ビリヤードどころかルービック・キューブのような状況になり，ある面で1つを動かすと別の面で予期しない影響が出る。それゆえ，国家は容易に深刻な対立をするわけにはいかなくなったのである。

　変動相場制に移行した後，国際経済が大きな混乱に見舞われることなく維持されたのはなぜか。アメリカの国力は相対的に低下しているので覇権安定論で説明するのは難しい。GATTやIMF，さらにはG7によって政策協調を制度化したことで，国際経済関係が比較的安定的に維持されたと考える方が説得力があるだろう。

ポスト冷戦

　1989年12月初め，アメリカのブッシュ大統領（George Bush, 1924-2018）とソ連のゴルバチョフ書記長（Michael Gorbachev, 1931-）が地中海に浮かぶマルタ島で会談し，冷戦終結を宣言した。すでに東欧の共産党政権が次々に倒れ，マルタ会談直前には東西対立を象徴したベルリンの壁が崩壊していた。翌年には東西ドイツが統一し，さらにその翌年にはソ連が崩壊し，戦後国際政治の枠組みを形成してきた冷戦構造が崩れた。1990年8月にはイラクがクウェートに侵攻し，それに対して国連安全保障理事会は，1991年1月15日までに撤退しない場合，イラクに対する武力行使を容認した。この結果，アメリカを中心とする多国籍軍が圧倒的な戦力でイラク軍を撃破した。冷戦時代にはあり得なかった5大国協調の動きであり，国連を中心とする世界秩序が冷戦に取って代わるのではないかという楽観的な見方が一時有力となった（第12章第1節参照）。

　共産主義という明確な敵が消滅したことで資本主義や自由主義の優位が高らかに謳われた。アメリカの政治哲学者フクヤマ（Francis Fukuyama）は，1989年に「歴史の終わり」という論文を書き，自由主義が最終的に勝利したと論じ

た。その妥当性はさておき，ソ連や東欧が崩壊した要因の1つは情報化の進展にある。西側諸国の豊かな生活や自由な思想が知識人の交流や通信技術の発展・普及によって少しずつ東側市民にも広がり，共産主義政権に幻滅する人たちが着実に増えたからである。本章第1節でも指摘したように，市場経済や情報化の波が全世界に及び，共産主義体制が内側から自壊したのである。

ポスト冷戦期の国際経済関係は正反対の方向に向かっているように見える現象が同時に進む錯綜した局面を迎えている。1つは，財やサービスなどの貿易に関する国際ルールがより広範かつ厳格になり，1995年にWTOが樹立されたことである。WTOのもとでGATT時代の紛争解決メカニズムが大幅に強化され，国際貿易ルールに違反した国はWTOに設置された第三者からなるパネルに提訴され，その裁定結果に従うことが決められた。すでにこのルールに基づいて多くの提訴がなされ，時にはアメリカが負けるケースもあった。

このように国際貿易面のルール形成では大きな進展があったが，他方でWTOでの貿易自由化交渉は難しくなった。工業製品の製造には環境汚染などの外部不経済の問題や，正当な賃金を支払われているかどうか，人権が遵守されているかどうかといった労働・人権問題も関わってきて，そうした問題をWTOでどのように扱うのか意見の一致を見出すのが著しく困難になったからである。これを象徴するのが，1999年11月末から12月初めにアメリカのシアトルで開催されたWTO閣僚会合である。この会議の開催中，アメリカ以外からも環境団体や労働組合がシアトルに集結して示威行動を行い，非常事態宣言が出されるなど会場は大混乱に陥った。このため，同会合は新しいラウンド交渉の開始に合意できなかった。2000年代に入ってから新ラウンド（ドーハ・ラウンド）が開始されたが，今日に至るまで見るべき成果を上げていない。

もう1つの特徴は，国際経済関係において財貿易の占める比重が低下し，サービス貿易や資本・労働の移動が拡大してきた点である。国際的な情報の伝達スピードが飛躍的に向上し，取引がコンピュータの画面を通じて簡便に行われるようになったことで，国際的な資本移動はますます大規模かつ迅速になった。今日，国際的な金融取引の額は財貿易の取引額をはるかに凌駕している。また対外直接投資（Foreign Direct Investment：FDI）は，多国籍企業がより安い労働力の活用や輸入関税賦課の回避を企図し，さらには為替変動リスクを回避するため，自動車や電気製品など製造業を中心にしばしば取る手段である。

1985年のプラザ合意以降，日本企業がアメリカやヨーロッパ，中国や東南アジアに直接投資するようになったのは，このためであった。多国籍企業がFDIで現地に工場を作った場合，為替取引や短期融資のように瞬間的に撤退することは不可能である。

4　新しい問題群

前節でも触れたように，1990年代以降，国際経済関係は大きく変わりつつある。その側面を，資本の移動，ヒトの移動，そして貿易自由化の新たな動きの3点に絞って考えてみよう。

資本の移動

近年の資本移動を特徴づけるのは，その性質から長期にわたるという特徴を持つFDIによって利益を出すのではなく，外国為替市場や証券市場に投資し，為替相場の変動を利用して短期間で利ザヤを稼ぐ動きの速い取引である。

ブレトン・ウッズ体制の崩壊後，とくに1980年代以降に資本移動が大幅に自由化され，変動為替相場制のもとで欧米の投資会社が巨額の短期資本を投資したり引き上げることにより，債務の返済ができなくなる経済危機が世界各地で発生するようになった。また世界各地の為替相場や証券価格が，欧米の投資会社が発表する国家・企業の格付けによって事実上決定される事態になっている。債務危機は1980年代にラテンアメリカで見られたが，自由な資本移動と為替相場の急激な変動により1990年代以降も世界各地で頻発した。1997年から98年にかけてタイ，インドネシア，韓国を中心に起きたアジア通貨危機もこのメカニズムによってその一部が説明可能である。アジア通貨危機はアルゼンチンやロシアにも波及し，文字通りグローバル化した。

通貨危機の原因はさまざまである。1980年代のラテンアメリカの経済危機は，欧米の金融機関から借り受けた多額の債務を返済できなくなったことがきっかけだった。アフリカの経済危機は，政府に対して貸し付けた長期債務が返済できなくなったことに起因する。1997年から98年にかけて起きたアジア通貨危機は，タイ経済の先行きに対する懸念やインドネシア政府の財政運営などガバナンスに対する懸念がきっかけだった。

2008年にアメリカで起きたリーマン・ショックとその後の世界金融危機も，金融のグローバル化と密接に関係している。アメリカでは2000年代前半に住宅価格が上昇し，2004年頃から低所得者向けにも高金利住宅ローンが貸し付けられていた。それが証券化され，住宅価格の上昇を背景に格付け会社が高評価を与えていたものの，2007年頃から住宅価格が下落し始めると，関連する金融商品も軒並み価格を下げ，不良債権化した。2008年末には当時アメリカ第4位の投資銀行リーマン・ブラザーズが破綻して，金融危機が世界に広がった。2009年に表面化したギリシャ危機では，政権交代を機に同国の財政赤字がそれまで公表されていた数字よりも高いEU基準の4倍に上ることが発覚し，IMFやEU諸国に支援を求めたことで単一通貨ユーロに対する信用問題に発展した。

このように通貨・経済危機は，民間企業だけでなく，政府の放漫財政とも関連しており，資本が容易に国境を越える現代においては，1国の不祥事が即座にグローバル化する可能性がある。世界政府が存在しない国際経済関係において，民間銀行や多国籍企業が関係する分野で秩序を維持するのは容易ではない。

こうした問題に対する対応は十分ではない。上述したさまざまな金融危機にはIMFや世界銀行，アジア開発銀行（Asian Development Bank）などの地域開発銀行，日本，アメリカ，EUなどが緊急支援の手を差し伸べたが，とくにIMFやEUが緊急融資をするにあたっては借入国政府の財政健全化や補助金の削減・撤廃，コーポレート・ガバナンスの実現などを要求することが多い。通貨危機が経済危機や社会危機に転じ，場合によっては政治危機に発展して権威主義体制が崩壊したインドネシアのような例も見られた（第10章第4節参照）。通貨危機が生じたときに国際的にどのように対応するのかについてとくに決まったルールがあるわけではなく，貿易に比べると制度化の遅れは否めない。

ヒトの移動

次にヒトの移動について考えてみよう。ヒトの移動は財，サービス，資本の移動と異なり，現在でも国家主権による制約の多い分野である。人類の歴史とともにヒトは移動してきた。なぜヒトは国境を越えて移動するのだろうか。

ヒトの国際移動はその動機に応じて4つに分類できる。(1)経済的理由による国際移動（出稼ぎ労働者，経済移民など），(2)血縁を基礎とする国際移動（離散家族の統合，移民の母国への帰還など），(3)教育・技術移転を目的とする国際移動

(留学,研修,多国籍企業現地法人への異動など),(4)迫害・強制による国際移動(難民,避難民,強制労働など)である。この分類は移動の動機に着目しているので,入国や滞在の合法性・違法性,入国時点での法的地位は考慮していない。以下では(1)～(3)を対象として説明する((4)については第12章を参照)。

　近代以前のヒトの移動は,移動手段が不十分であったうえ,移動そのものが生命の危険を伴うものだったので,さほど大規模に行われたわけではない。たとえば,初期のアメリカへの移民は,現地での厳しい気候に対応できず,多くの者が命を落としたと言われる。しかし,アメリカが移民先として魅力的な場所となり,輸送手段が安全かつ廉価となるにつれ,移民の数も増大した。とくに産業革命で石炭や石油といった化石燃料による内燃機関が発達し大量輸送が可能になると,東欧・ロシアや南欧からの北米移民,中国華南地方から東南アジアや南北アメリカ大陸,英領インドからアフリカ・東南アジアの英領植民地への移民が増えた。インド建国の父ガンディー(Mohandas Gandhi, 1869-1948)が若い頃,南アフリカで弁護士を務めていたことはよく知られている。日本からも明治時代にハワイや北米西海岸,南米のペルーやブラジルに少なからず移民を送り出した。九州北部や西部の貧しい農漁村から風俗産業に従事するため東南アジア大都市に出稼ぎに出た女性たち(「からゆきさん」。「から」は「唐」のことで,当時は外国一般を指した)や,フィリピンやマレー半島の大農園で労働に従事した移民も知られている。

　第2次世界大戦以降もヒトの移動は生じている。注目されるのは,男性労働者だけでなく女性労働者の移動が増えている点である。かつては単純労働者として男性が出稼ぎ移民全体に占めるが圧倒的多数を占めていた。しかし現在は,家事労働や清掃業,さらには工場での単純作業労働者として女性が占める割合が増えている。また,こうした単純労働者だけでなく,高度な知識を要する医師や技術者が移動することも増えている。近年は発展途上国の医療サービスや介護サービスを受けるために移動する医療ツーリズムや退職者の滞在が増えている。タイの首都バンコクにある私立病院では,中東や日本,中国からやってきた顧客に対応するための通訳まで用意して,ホテルの客室と見紛うような病室で手厚い医療サービスを受けることができる。

労働力移動の要因

　国際的な労働力移動は，送り出し国の押し出し要因（プッシュ要因）と，受入れ国側の引きつけ要因（プル要因）の両方が存在して初めて成り立つ。送り出し国と受入れ国との間の経済格差が大きく，労働力の需要と供給の差も大きければ大きいほど，送り出し国から受入れ国への国際労働移動のインセンティブは高まるだろう。とはいえ，単純に労働力のプッシュ要因とプル要因の2つがあれば国際移動が生じるわけではない。国際労働移動に影響を及ぼす大きな要因が2つ介在しているからである。

　1つは，送り出し国，受入れ国という国家の存在である。送り出し国が移民や短期契約による国際労働にどのような取り組みを行っているのか，他方受入れ国が国外からの労働力に対してどのような国境管理政策をとっているのか，ということである。自国にどのようなヒトが，どのくらい，何のために入国するのを許可するかは受入れ国の主権の範囲内にある。また，国際労働力管理は受入れ国にとっては広い意味で経済・社会政策の一環でもあり，時には政治問題にも発展しうる。労働市場が分断され，いわゆる3K（きつい，汚い，危険）の仕事に自国民が就きたがらない場合，そのような仕事に外国人労働者が就いているからといって自国の雇用を奪っているとは単純に断定できない。さらに外国人労働者は雇用の調節弁として簡便に利用される可能性もある。特定の1カ国から大量の外国人労働者を受け入れる場合には，送り出し・受入れ2カ国間でそれを制御する協定が結ばれることも少なくない（後述）。

　もう1つは，送り出し国と受入れ国との間のアクセスの問題である。国境が接しているとか，地理的にさほど離れていない場合，アクセスは容易であろう。現代は航空機などの交通手段が飛躍的に発展したため，遠隔地でも物理的アクセスは比較的容易になった。アクセスという点では文化や言語も無視できない。インドネシア人がマレーシアに大量に出稼ぎに出るのは，インドネシア語とマレーシア語がほぼ同じで，コミュニケーションが容易だからである。フィリピン人の多くは英語を得意とするので，シンガポールや香港，オーストラリア，イギリス，アメリカに出稼ぎに行っても，英語によるコミュニケーションで不自由を感じることは少ないだろう。逆に移動先の言語を理解しない場合には，労働条件や人権などの点で不利な立場に立たされることが少なくない。悪徳な斡旋業者から自らの身を守る点でも，言語能力はきわめて重要である。

現在日本では，少子高齢化を受けて看護人材や介護人材が不足している。こうした人材を補うため，インドネシア（2008年から），フィリピン（2009年から），そしてベトナム（2014年から）から看護・介護人材の受け入れを始めている（2018年8月末で3カ国累計で5600人を超える）。これら3カ国それぞれと日本の間で結ばれた経済連携協定（Economic Partnership Agreement：EPA）に定められた制度により，最初は候補者として病院や社会福祉法人で看護や介護の研修を受け，数年かけて国家試験の対策を行い，合格すれば看護師や介護福祉士として日本で勤務できる。そのためには短期間での高度な日本語能力養成が必要とされ，渡航前の日本語学習や仲介会社への手数料支払いなどで事前に借金をすることも少なくない。EPAで来日した看護師候補者は来日から3年，介護士候補者は4年以内に日本の国家試験に合格しなければ帰国を余儀なくされる。実際，国家試験合格率は現状の厳しさを如実に示している。たとえば看護師国家試験結果を2018年度までの累計で見た場合，インドネシア人は受験者1954人に対して合格者159人（合格率8.1％），フィリピン人は1350人に対して137人（同10.1％），ベトナム人は131人に対して48人（同36.6％である）となっている。仮に国家試験に合格しても家族の呼び寄せや結婚，出産，子育て，教育といったライフステージごとの課題にどう向き合うかという問題が横たわる。

このようにさまざまな困難を乗り越えてきた外国人を，日本は受け入れる準備ができているだろうか。外国人労働者の受け入れは，単純に経済的観点だけでは済まされない側面があるゆえに，国家主権が色濃く残されている分野なのである。

地域統合と自由貿易協定の拡散

WTOのもとでの多国間貿易自由化交渉（ドーハ・ラウンド）は暗礁に乗り上げたものの，貿易自由化がまったく進まなくなったわけではない。地域的な単位や2国間での貿易自由化が進められている。世界における自由貿易協定（Free Trade Agreement：FTA）の数は1945〜89年まで総数で20件しかなかったのが，1990年代で53件，2000年代で130件，2010年代で104件（ただし，2018年末まで）に上っている（WTOのデータから重複分を除いて集計）。なぜこうした現象が生じたのだろうか。

この点を考えるうえで参考になるのが，先述した1999年末のシアトルWTO

閣僚会合である。シアトル会合で新ラウンド開始に合意できなかった理由は，環境や労働，人権といった新しい問題が貿易と関係するようになったからだけでは実はなかった。それ以外にも，貿易自由化やルール整備をめぐる先進国間，途上国間，先進国・途上国間の対立，議長国（当時はアメリカ）の調整不足など，さまざまな問題が複合的に関係した。しかし，WTO のもとで貿易自由化が進まないからといって，自由化自体を諦めない国も存在した。国際貿易を進めることで付加価値の高い製品をつくることは依然重要であり，とりわけ資本が乏しい途上国にとっては直接投資を呼び込むことはたいへん重要だからである。直接投資があることで雇用が生まれ，所得増加も望める。WTO のもとでの貿易自由化が難しいのであれば，より自由な貿易に関心のある国々だけで先に自由化を進めて世界的な流れを進めるとともに，知的財産権や非関税障壁などの分野で自国に適合した先進的な基準を作り，普及させるのがよいと判断する余地が生まれる。それはまた，自分たちのペースで貿易自由化の主導権を握りたいとする欲求の反映でもある。

　日本の例でみてみよう。日本は2018年8月時点で18の貿易協定を締結している。相手国のうちの半数は東南アジア諸国で，ブルネイ，インドネシア，マレーシア，フィリピン，シンガポール，タイ，ベトナム，ASEAN 全体が含まれている。オーストラリアや EU，環太平洋パートナーシップ協定（Trans-Pacific Partnership Agreement：TPP）もこのなかに含まれる。日本政府がこのような協定を FTA と呼ばず EPA と呼ぶのは，関税削減に関する取り決めだけでなく，開発協力や知的財産権，政府調達，ヒトの移動など多岐にわたる内容が含まれていることを強調したいからである。

　日本が最初に締結した EPA の相手国はシンガポールであった（2002年発効）。シンガポールは1人当たり GDP が日本のそれより高い4万米ドルに達する先進国であり，貿易依存度がきわめて高い小国という国柄から，関税率はすでにほぼゼロである。関税率削減という面では日本にとってほとんどメリットがない EPA をシンガポールと締結したのは，これによって日本は EPA 交渉のノウハウを学ぶという目的があり，それにはすでに貿易協定交渉の経験があり，加えて農業部門が小さいシンガポールを相手にすることが好都合だったからである。日本にとって2カ国目の EPA 締結国はメキシコだった。メキシコを通して北米自由貿易協定（North American Free Trade Agreement：NAFTA）の締

結国であるアメリカとカナダへの市場アクセスを得るための重要な取り決めであった（2004年発効）。インドネシア（2008年発効），フィリピン（2008年発効），ベトナム（2009年発効）との間の EPA には，前述の看護師・介護福祉士候補者に関する取り決めが含まれていた。タイとの間では，たとえばタイ料理人に5年以上の実務経験などの要件を満たせば，入国・一時滞在が認められるようになった（2007年発効）。このように，当事国にとってお互いに得られるところで進められるのが FTA や EPA の長所である。

　しかし，こうした動きに対して批判もある。内容が異なる FTA が急増し拡散すると，異なる貿易ルールが混在することになり，WTO が目指すところの無差別で多角的な自由貿易体制が阻害されるからである。TPP や日中韓，あるいは東アジア地域包括的経済連携（Regional Comprehensive Economic Partnership : RCEP）といった多国間（複数国間）FTA 交渉には，貿易に関わるルールを統一し，普及させていく役割が期待されているが，すでに複数の多国間 FTA 枠組が存在することからも分かるように，ルールの統一は容易ではない。

　地域統合で一番段階が進んでいるのは EU である。しかし，イギリスの EU 離脱やアフリカや中東からの移民・難民受入れに対する加盟国の温度差に見られるように，EU も一枚岩ではない。フランス，ドイツ，オランダ，オーストリア，ポーランド，ハンガリーなどで，移民・難民排斥を公然と唱える政党が影響力を伸張している。現実には移民なしでは経済活動は立ち行かなくなっていたとしても，それを認めることには感情的な反発が少なくない。ヨーロッパの人々が移民排斥の動きに走ったり，EU 統合に歯止めを掛けようとするのは，EU の制度化があまりに進み過ぎ，その影響が日常化したために，強い拘束力を感じている人たちの反応だとも解釈できるだろう。

　本章では，財の貿易を議論の中心に置きながら，資本やヒトの移動も目配りをしつつ，グローバル化がどのように進んできたのかを時代を追って説明した。その際に，国際政治（経済）学の2つの理論的立場に依拠しながら，世界政府が存在しないなかでどのようにルールや制度が作られてきたのか，またそのルールが作られてきた分野（貿易，外国為替制度）とルールが未発達な分野（資本，労働）で分かれていることも見てきた。さらに，貿易自由化は WTO のもとでは停滞しているものの，2国間や地域レベルでは進んでおり，その背景と

問題点についても考えてみた。

　グローバル化が進むことで関税率が引き下げられ，資本やヒトの移動もその規模が迅速かつ大規模にますますなっている。ただし，そうしたグローバル化の進展は世界各地で同じような変化とスピードで進むわけではないし，恩恵だけをもたらすわけではない。世界のある国で起きた経済危機が自国に経済危機をもたらすという思いもよらない現象が生じるのも，グローバル化の一側面である。アメリカでトランプ政権が誕生したり（2017年〜），イギリスが国民投票の結果 EU 離脱（ブレグジット）を決めたのも，グローバル化と密接に関係している。トランプ政権を熱烈に支持するのは，グローバル化で生産拠点が海外に移転した結果産業が空洞化し，雇用先を失って地域社会が荒廃した「ラスト・ベルト」（錆びた地帯）の白人労働者層であることはよく知られている。メキシコとの国境に高い壁を建設するトランプ大統領の案が支持を受けるのも，中南米から不法移民がアメリカに流入していることが自分たちの雇用機会を奪っていると考える労働者層が存在するからである。そうした反応を非理性的で感情的に過ぎるとも言いきれないのである。

　本章は日本の事例を紹介しつつ，先進国や途上国にもできるだけ触れてきたが，先進国と途上国との関係，とりわけ国際経済と開発や環境との関係については紙幅の関係もあって触れられなかった。読者には，本章を参照しつつ，これらの分野の文献も読み進めていただきたい。

参考文献

猪木武徳『自由の条件──スミス・トクヴィル・福澤諭吉の思想的系譜』ミネルヴァ書房，2016年。
遠藤乾『欧州複合危機──苦悶する EU，揺れる世界』中央公論新社（中公新書），2016年。
大田英昭『IMF（国際通貨基金）──使命と誤算』中央公論新社（中公新書），2009年。
大矢根聡・大西裕編『FTA・TPP の政治学──貿易自由化と安全保障・社会保障』有斐閣，2016年。
カースルズ, S／M・J・ミラー（関根政美・関根薫訳）『国際移民の時代［第4版］』名古屋大学出版会，2011年。
河原祐馬・植村和秀・島田幸典編『移民と政治──ナショナル・ポピュリズムの国際比較』昭和堂，2011年。

木村雅昭『「グローバリズム」の歴史社会学——フラット化しない世界』ミネルヴァ書房，2013年。
田所昌幸『「アメリカ」を越えたドル——金融グローバリゼーションと通貨外交』中央公論新社（中公叢書），2001年。
中川淳司『WTO——貿易自由化を超えて』岩波書店（岩波新書），2013年。
Okamoto, Jiro (ed.) 2003, *Whither Free Trade Agreements? Proliferation, Evaluation and Multilateralization*, Institute of Developing Economies : Japan External Trade Organization.

(さらに読み進めたい人のために)

中西寛・石田淳・田所昌幸『国際政治学』有斐閣，2013年。
 ＊国際政治学についての標準的なテキスト。国際政治経済だけを扱っているわけではないが，安全保障とバランスよく記述している。やや上級者向けである。
飯田敬輔『国際政治経済（シリーズ国際関係論3）』東京大学出版会，2007年。
 ＊国際政治経済を取り上げた日本語のテキストは意外に少ない。本書はその数少ないテキストのうちの1つで，アメリカで発展した国際政治経済学の動向を取り入れ，分かりやすく記述している。
田所昌幸『国際政治経済学』名古屋大学出版会，2008年。
 ＊上記の本との違いは，アメリカ流の国際政治経済学に対して距離を保っており，歴史や思想に目配せをするとともに，数多くの古典の原文を抜粋したり，参考になる図表がついている点に特徴がある。
脇阪紀行『大欧州の時代——ブリュッセルからの報告』岩波書店（岩波新書），2006年。
 ＊国際政治経済は学生からは遠い世界にあるため，新聞記者のルポルタージュや実務家の回顧録はイメージを掴むうえでたいへん参考になる。著者は朝日新聞社の論説委員を務めたことのある記者で，欧州総局長としてベルギー（EU本部がある）に滞在しながら欧州統合の様子を記録したものである。
猪木武徳『戦後世界経済史——自由と平等の視点から』中央公論新社（中公新書），2009年。
 ＊題名の通り，戦後世界経済の動きを自由と平等という視点から時代を追って鳥瞰した新書である。欧米諸国だけでなく，アジアやアフリカ，ラテンアメリカにも触れており，文体も平易である。

（岡本次郎）

第12章
海外に出よう
―― 安全保障の問題と国際協力 ――

---- Short Story ----

　長期の休みを利用して，ミネオ君は初めて海外に来ています。観光でのんびりと…ではなく，チャンさんの誘いを受けて，東南アジアのある国に国際ボランティア活動に来ているのです。ちょうどその前の学期に，国際政治学やアジア政治論などの科目を受講し，国際協力やアジアの問題に関心を持っていたこともありました。その国の首都で再会したチャンさんは日焼けして，ずいぶんと大人びて見えました。東南アジアといいながら，中心街には西洋風のいかめしい建物が立ち並んでいます。「フランス領だった歴史があるからね」。彼女の説明を聞きながら，ミネオ君は目的地に向かうバスに乗り込みます。

　現地では，国際 NGO の支援により建設された小学校で，各国から集まった若者たちとともに，ボランティア活動に取り組みました。かつて国内の政情が不安定だった頃は，この地域からも多くの難民が海外に向かったということでした。今はこの国は民主化が進み，安心して NGO も活動できるようになっていますが，地方に行けば地雷の埋まっている場所もあるということです。子供たちの笑顔に励まされ，なんとか1カ月の予定を終え，まだ活動を続けるチャンさんに見送られて，帰国の途につきました。

　ただ，言葉のハンディキャップもあり，文化や習慣の違いに戸惑うことも多く，思い描いたような活動ができたわけではありません。現地の人の役に立てたとも思えません。「政治学の授業で学んだことは，結局は机上の空論だったんじゃないか…」日本に向かう飛行機の中で，ミネオ君は何とも言えない思いにとらわれます。

　下宿に戻って荷物を置き，しばらく放心状態だったミネオ君は，チャンさんからのメールに気づきました。そこには，ミネオ君が仲良くなった子供たちからのメッセージと写真がありました。「ミネオ，大学でいっぱい勉強したら，また来てよ」。

　元気を取り戻したミネオ君がすぐに返事を出したことは，言うまでもありません。「必ず行くよ。それまで，しっかり日本で勉強して来るからね！」

第12章　海外に出よう

　私たちは世界との繋がりの中に生きている。それは前章で見てきたような経済を通じた関係だけでなく、平和と安全保障の分野でも同じである。国家と国家の対立は、私たち一人ひとりの生活に影響を及ぼす。私たちが暮らす東アジアでは、国家間の安全保障面での対立が高まっている。日中関係を見ても、中国海軍の日本近海への進出や尖閣諸島をめぐる領土問題がある。2010年には尖閣諸島周辺で海上保安庁の巡視船と中国漁船との衝突事件が発生した。2016年度には航空自衛隊による緊急発進が1100回以上と、過去最高を記録した。また、北朝鮮による核兵器開発の成功やミサイル技術の向上に伴い、偶発的なものも含め軍事対立のリスクが高まっている。アジア太平洋地域は世界の経済成長の軸であると同時に、国家間対立や緊張の高まっている地域でもある。

　安全保障上の問題になるのは国家間の対立だけではない。過激な暴力やテロに走る組織の活動は、ここ20年の間に安全保障上の大きな脅威となってきた。ヨーロッパ諸国にとって最大の安全保障上の脅威は、今や国家間の軍事的対立よりも、市民を対象としたテロとなっている。これらは「遠い地域」での出来事であっても私たちと無縁ではない。海外旅行や留学で海外に行くこともあるし、また就職して出張や現地赴任などで海外に出かけることがあるだろう。自分の身を守るためにも、外務省の発出する海外安全情報を確認し、現地の状況について十分な情報を得たうえで行動することがいっそう必要となってきた。ミネオ君も、私たち一人ひとりの市民も、インターネット上に溢れる誤った情報や感情論にまどわされず、冷静な判断を行うためにも、政治学や国際政治学を学んだことを活かしたい。

　本章では、国家の安全保障、国連の集団安全保障について学んだうえで、国際社会が直面する最も大きな課題の一つである国内紛争について考える。さらに、21世紀において重要となっている人間の安全保障の考え方を紹介し、難民の人々の状況についてふれる。最後に、社会にとっての大きな脅威となったテロの問題を取り上げ、その要因や対策について概観する。

1　国家の安全保障、国際安全保障

国内社会と国際社会の違い

　はじめに、国家と国家の関係においてなぜ安全保障上の対立が生じるのかを、

国際社会の構造，つまり世界全体の仕組みから考えてみたい。まず日本という国を見てみよう。中央に政府があり，行政を行い，法を執行し，治安を提供している。これに対して国際社会はどうだろう。日本，アメリカ，中国といった独立した主権国家を単位として成り立っており，主権国家よりも上に立つ権威はない。つまり国際社会全体の治安を提供するような，「世界政府」は存在しない。宇宙連合軍が攻めてくるようなことがあれば，もしかすると世界政府に近いものができるのかもしれないが，それも分からない。いずれにせよ国家を守ってくれる世界警察はないので，それぞれの国家は自国を自分で守らざるをえないし，必要に応じて他国と同盟を結んだりして安全を高めようとする。自国の領土・領海，国としての独立，そして国民の生命・財産を，外交交渉や軍事的手段を駆使して守ること，すなわち国家安全保障は，すべての政府の最も根本的な役割である。

　長い歴史のなかで，国家が自国の安全を維持するためにとってきた安全保障政策には，いくつかのタイプがある。最も基本的なやり方は，自国の軍事力に依拠したものである。より大きな脅威を感じた時には，軍備を増強することが多いが，自国の力だけで難しい場合には，共通の利害を持つ国との間で，同盟を組むこともある。

　しかし，ここで注意しなければならない点がある。たとえ，他国から攻撃されないように，自国の防御力を高めることを目的とした政策であっても，それが他国からどのように認識されるかは分からない。緊密な友好関係にある国であれば，軍備増強はその国にとってもプラスであると感じられるであろう。対して，互いの信頼関係が乏しい国から見れば，脅威となって受け取られるであろう。こうして脅威が増したと感じた諸国は自国の安全保障に不安を感じるようになり，軍備を増強していく可能性もある。その結果，もともとは自国の防衛を強化するための行動であったのが，他国の軍備増強をも促してしまうのである。これをセキュリティ・ディレンマという。国際政治の根本的な問題の1つとして覚えておこう。とくに国家間で相互の信頼関係が弱い地域では，セキュリティ・ディレンマが原因で，相互に軍備拡張しあうエスカレーション，とさらなる緊張を引き起こす危険性がある。

勢力均衡

　古くはトゥキディデス（Thūkydidēs, 前460頃-前395）の『戦記』など古代ギリシャの文献にもみられる通り，国際秩序を安定させ維持するための，最も原始的な手法として勢力均衡（バランス・オブ・パワー）がある。これは1国にパワーが集中し，覇権国となって他国を支配する力を持つならば，国際秩序が攪乱され大戦争が起きるから，それを回避した方がよいという考え方に基づいている。すなわち，特定の国家ないしは複数国家の集団が力を増してきた時に，これを牽制するために対抗する諸国が軍備を増強したり，同盟を組んだりする政策がとられる。その目的は，相手側がこれ以上に支配的にならないように「手詰まり」の状況を作り出すことにある。

　身近な例として，企業の中で考えてみよう。ある会社では，役員A率いるグループと，役員B率いるグループとで勢力争いが続いている。最近になって役員Aのグループは勢力を急速に拡大しており，このままでは会社がこのグループによって牛耳られてしまうかもしれない。それを防ぐために，役員Bのグループはこれまで中立的であった役員Cを仲間に組み込んで勢力を増し，Aグループを牽制するだろう。このような行動は，国家間の関係のみでなく，実際，人間社会のいろいろなところで観察される。国際関係論において重要なのは，勢力均衡が国際秩序の現状維持を可能にすると考えられているからである。

　19世紀のヨーロッパでは，イギリス，フランス，オーストリア，プロイセン，ロシアの5カ国が互いに牽制しながら，大きな戦争の発生を防いだ。現代の国際関係においても，勢力均衡が行われることがある。近年では，南シナ海や東シナ海での活発な軍事活動を行う中国の台頭を受けて，日米安全保障体制の強化が進められたことが記憶に新しい。ただし，安全保障を学ぶ私たちならば，セキュリティ・ディレンマという問題を考慮したうえで，東アジアの安全保障を考えなければいけないことにも気づくであろう。

集団安全保障

　勢力均衡が必ず成功するという保証はない。なぜなら勢力均衡の成否は，外交を担うリーダーたち，つまり外務大臣や首相・大統領といった政府のトップの能力と意図にも大きく左右されるからである。よく挙げられるのが，ドイツの宰相ビスマルク（Otto von Bismarck, 1815-98）と皇帝ウィルヘルム2世（Wilhelm II., 1859-1941）の例である。ドイツが国家統一した1870年代からしばらく，ビスマルクの巧みな外交手腕のもとで勢力均衡が順調に機能した間は，ヨーロッパでは大規模な戦争は起きなかった。しかし，ビスマルクが失脚し，ウィルヘルム2世が外交を掌握するようになると，勢力均衡がうまくいかなくなり，第1次世界大戦に突入したのである。

　この第1次世界大戦の惨禍を経験した世界が，大規模な戦争の抑止を各国の外交・安全保障政策のみに委ねるのではなく，国際的なルールによって武力行使を制限しようと設立したのが国際連盟であった。さらに第2次世界大戦後の世界を安定させることを目的とした制度として，国際連合が設立された。国際連盟と国際連合の基盤にあるのは，集団安全保障の考え方である。

　集団安全保障とは，侵略戦争を国際法的に禁止したうえで，平和への脅威となりうる不特定の国を内部に取り込む全世界的な組織をつくり，加盟国が集団的に侵略を予防し対応するための制度である。国連憲章では，第6章において紛争の平和的解決についてのルールを定め，第7章では安全保障理事会の決定のもとに，「平和に対する脅威，平和の破壊及び侵略行為」に対して経済制裁，軍事制裁などの強制的な措置をとることができると規定している。世界で発生する安全保障の問題については，15カ国の理事国から構成される安全保障理事会で議論し，意思決定がなされる。第2次世界大戦終結時の国際情勢を反映して，アメリカ，イギリス，フランス，ソ連（1991年まで。1992年以降はロシア），中国（1971年までは中華民国。それ以降は中華人民共和国）の5カ国が常任理事国である。それ以外の10カ国は，2年に1度の選挙によって選ばれる非常任理事国である。

　日本政府は，北朝鮮の核・ミサイル開発など急を要する案件があるため，国際的な意思決定に常日頃から関わりたいと考えている。しかし安保理非常任理事国の再選は禁止されているので，選出された次の期には安保理に入れない。このため，日本は，重要な問題についての情報収集が難しく，意思決定にも常に関与できるわけではないという制約を抱えている。日本政府は，1990年代半ばに「我が国は安保理の常任理事国となる用意がある」と立場を表明したが，国連での安保理改革が進捗せず，いまだ実現していない。

　さて，国連における集団安全保障の発動は，大国の合意を前提とするように作られていて，常任理事国のうち1カ国でも反対すると決定がなされない。こ

れを常任理事国の拒否権と呼ぶ。そのため，国連の集団安全保障は現実の国際政治において十分に機能してきたとは言えない。第2次世界大戦が終わってすぐに米ソ間の冷戦が始まると，国連安保理でも主に米ソ対立を原因とする拒否権行使のために，重要な問題についての意思決定ができなくなった。侵略行為に対して軍事的制裁を行うという憲章第7章のルールは「絵に描いた餅」となったのである。そして，そのような安全保障問題に対する国連の活動の停滞のなかで，代替的に編み出された手法が，国家間の武力紛争における停戦監視，兵力引き離しなどを行う平和維持活動（peacekeeping operations：PKOs）である。

　1989年，東西冷戦が終わりを迎えたことにより，今後は国連がうまく機能するのではないか，安全保障上のより重要な役割を期待できるのではないかという楽観論を生み出した（第11章第3節参照）。たしかに，1990年夏，サダム・フセイン率いるイラクが隣国クウェートに侵攻した際には，安保理の理事国が一致してイラクに対して軍事的制裁を行うことに合意した。そして，米軍を中心とした多国籍軍が派遣され（1991年の湾岸戦争），イラク軍を撤退させることに成功した。とはいえ，湾岸戦争時のように，大国の利害が一致する事例は必ずしも多くないことも徐々に分かってきた。核開発を続ける北朝鮮に対して厳しい経済制裁を行うことについては，北朝鮮を支援してきた中国政府が長い間消極的であった。また2011年からのシリア紛争では，アサド政権を支持するロシアと反政府勢力を支持する欧米諸国の立場の違いがあり，国連の集団安全保障はほとんど機能していない。

　このように国連のような世界的な組織の意思決定がはかどらないこともあって，地域の問題には，強い関心を共有する同じ地域諸国によって対応しようとする動きがある。地域レベルでも集団安全保障の枠組みが形成されており，たとえばアフリカ連合（African Union：AU）は，アフリカで頻発する地域紛争や国内紛争に対して，アフリカ諸国が共同で対処するための活動を行っている。

2　新しい戦争——21世紀の安全保障を考えてみよう

　東アジアに住む私たちの目は，国家間の安全保障上の対立に向いている。他方，それ以外の地域に目を向けると，安全保障の課題はむしろ国家間の対立以外にあると言ってもよい。図12-1を見てみよう。武力紛争の形態が時代を経

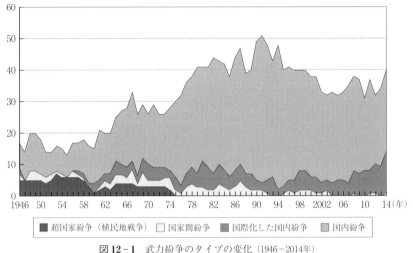

図 12-1　武力紛争のタイプの変化（1946〜2014年）

出所：Melander, Erik, Therése Pettersson, and Lotta Themnér (2016) "Organized violence, 1989-2015," *Journal of Peace Research*, 53(5): 727-742.

てどのように変化してきたのかを追跡したデータである。1990年代は最も武力紛争が多かった時期であり，21世紀に入っても武力紛争が多発していることでは同様である。このうち，国家間の戦争は過去十年間にほとんど発生していない。武力紛争の圧倒的多数を占めるのは国内紛争であり，それに次ぐのが他国からの介入を招いた結果としての，国際化した内戦である。

「新しい戦争」の特徴

近年の武力紛争は「新しい戦争」と呼ばれる。その特徴を伝統的な戦争と対比させて見てみよう。紛争に関与するアクター（行為主体），アクターが紛争を行う目的，紛争の手法などを軸に整理すると，以下のことが言える。まず，紛争の当事者を見ると，国家と国家の戦争というよりは，武装集団，軍事企業など非国家の主体の関与が目立つ。また，武力紛争の過程では，国連や，AUなどの地域機構が関わる場合もある。第2に，武力紛争の目的を見ると，特定の国や地域への支配が目的である場合もあるが，それ以外に，鉱物資源を得るためなどの経済目的であったり，宗教的民族的に異なる集団の排斥などアイデンティティの問題に関わる場合もある。そのため，武力紛争の過程で一般市民が

意図的に攻撃のターゲットにされるなど，民間人の犠牲者の多さも特徴である。第3に，紛争の背景にある経済の特徴を見ると，今日の武力紛争にはグローバル化した経済のもとで，武器の調達がなされる。そして，ダイヤモンドなどの鉱物資源の採取を通じてグローバル市場から利益を得る目的で，武力紛争が行われることがある。第4に，こうした利益目的の武力紛争が行われるなかで，国際人道法が無視され，一般市民に対して大規模な人権侵害が発生する。

　武力紛争の進展に伴って，特定の集団に属する人々をターゲットとした，大規模な人権侵害が発生することがある。民族浄化やジェノサイド（集団殺害）という言葉を聞いたことがあるだろう。民族浄化は，1990年代前半に発生した旧ユーゴスラビア紛争時に登場した言葉で，特定の集団の殺害，強制収容所への収容，追放，強姦などの行為を含む。国際法的に確立した概念としては，ジェノサイドがあり，国民・民族・宗教などの集団の破壊を目的とした，大規模な殺害などの行為を指す。ナチス・ドイツによるユダヤ人虐殺を契機に，第2次世界大戦後，ジェノサイドを国際的に禁止することが決まった。しかし，1994年にルワンダでは，多くのツチ族を含む40〜100万の市民が殺害されたと言われる。

　また国内紛争がもたらす影響は，人命以外にも，さまざまな副次的な被害として表れる。武力紛争後の状況を考えてみよう。政府や他の公的機関によるサービスの提供がなされないために，犯罪が増え経済も悪化する。対人地雷による被害は，負傷者のケアや耕作地での地雷撤去の必要性など含め，紛争後も長期にわたって続いていく。戦時中に居住地から強制移動させられ，国内避難民（Internally Displaced Persons：IDPs）になったり，国外に出て難民になったりした人々もいるが，これらの人たちがもとの居住地に戻って暮らすことは簡単ではない。就労可能なはずの若者の多くが兵士となって死傷したことから，人口の構成が大きく変化し，紛争後の社会で足かせになる場合もある。

　破壊されるのは，建物や交通などインフラというハードなものだけでなく，コミュニティや社会の結び付きの破壊（社会関係資本の破壊）もあり，それは紛争後の秩序回復においてより深刻な影響を及ぼす。子供兵について聞いたことがあるだろう。これまでに75%の武力紛争で約30万人が徴用されてきた。徴用といっても，その方法は，誘拐，強制的徴用などがあり，目的は荷物運び，戦闘，兵士との結婚であったりする。シェラレオネの革命統一戦線やウガンダの

神の抵抗軍による子供兵の徴用は有名である。最近では，日本の自衛隊がPKOとして展開していた南スーダンでも，多くの子供兵が徴用されたと言われる。子供兵となることで，初等・中等教育の教育機会が奪われる。兵士となって活動している間に，身体的・精神的暴力を受けることも多い。出身地の村や自分の家族を襲撃するなどの残虐行為に加担させられることもある。こうして，深刻なトラウマを抱えるなど，兵士をやめた後も武力紛争の影響は続いていく。武力紛争は終結後も，それぞれの社会に負の影響を引き続き及ぼしていく。子供兵の徴用はジュネーブ条約追加議定書（1978年発効）や子供の権利条約（1990年発効）のもとで明確に違法化されたが，十分には実行されていない。

国内紛争はなぜ発生するのだろうか

国内紛争とは国内の集団間で戦われる武力紛争を指す。政府と反政府勢力の集団との対立もあるし，非政府の集団の間で戦われる紛争もある。国内紛争は，必ずしも異なる宗教や民族の間の対立を原因として発生するわけではない。その要因は，国家権力の奪取をめぐるもの，分離独立のためのもの，経済的利益をめぐる紛争とさまざまである。シェラレオネ紛争（1997〜2000年）は，主としてダイヤモンド鉱山の支配をめぐる，政府と反政府集団（革命統一戦線）との抗争によるものであった。コンゴ民主共和国（旧ザイール）の内戦（1997〜2003年）は，国家権力奪取をめぐる紛争であるとともに，ダイヤモンドやコバルトなど鉱物資源を掌握することが目的でもあった。長期にわたるソマリアの武力紛争（1989年〜）は，国家自体の崩壊とともに武装勢力の間で紛争が発生した例である。国内紛争にはある程度の共通した要因をいくつか見出すことができるが，個々の紛争には独自の背景があって，個別の地域の文脈と構造から生まれることにも留意したい。

ここでは，国内紛争を発生させる要因を，3つのレベルに分けて考えてみよう。グローバルな政治経済プロセス，中間レベルとしての国内の政治体制や経済状況，そしてミクロなレベルとしての紛争当事者のレベルである。

グローバルな構造と国内紛争

第1のレベルは，紛争の背景にあるグローバルな政治経済システムに着目す

るものである。ヨーロッパ諸国による植民地支配が当該地域の政治経済に及ぼした影響，冷戦期における米ソ両陣営の政策の影響，そして冷戦の終結とほぼ同時期に急速に展開した経済グローバル化の影響などである。開発途上国の多くでは，植民地支配時代には宗主国による政治・経済面での介入が行われ，人的資源や天然資源の収奪が長期にわたって行われた。これらの諸国の多くでは，独立後は冷戦構造の影響を受け，米ソ両陣営によって直接的な軍事介入から政治介入まで含めてさまざまな形での介入が行われた。

　グローバル化は，国境を越えたアクターたちの動きを活発にした。NGO，企業，テロ組織などさまざまな非国家のアクターが，国境を越えて直接に結び付いて活動する。武装集団，テロ組織は，グローバル市場において非合法に資金調達することも容易になった。民間軍事会社も，世界の紛争に関わり，国境を越えて利益を追求する（第11章参照）。民間軍事会社は情報技術の提供から，物資調達，兵士の訓練まで行う。国内紛争の国際化において広報戦が激しく行われることもある。ボスニア紛争（1992～95年）では，イスラム系勢力が，戦況を有利に展開するためにアメリカの広告会社を利用し，国際的なメディア戦略のもとに世論を喚起することに成功したといわれる。

　グローバル化に伴うもう1つの問題とは，欧米諸国や国際金融機関（世界銀行や国際通貨基金など）による開発途上国への政策的介入が生み出した，国内政治・経済の不安定化である（第10章第4節参照）。開発途上国に対して金融支援や開発支援を行う際に，欧米諸国や国際金融機関はさまざまな規制緩和と経済活動の自由化を条件（コンディショナリティ）とする。たとえば，これまでの国有企業を民営化したり，あるいは汚職や癒着をなくし，政府の透明性を高めることでガバナンスの向上を目指したりする。他方，これらの自由化政策は，国内で長い間続いてきた政治や経済の構造を揺るがしていった。国家を支配してきた政治エリートからその支持層へと利益が優先的に分配される「パトロン－クライアント」構造が崩れ，既得権益をもつ層からの反発を生んでいった。また民営化，合理化により失業者が増え，支持者への経済的利益配分に支えられていた政府の正統性が揺らいだ。それ以外にも，経済状況の悪化は，正規軍兵士の解雇や給与の低下につながり，それが治安の悪化を生み出し，さらには政党や地域支配者たちによる民兵（ミリシア）の雇用を生み出した。

国家政治・経済の特徴と武力紛争

次に見てみたいのは，国家の形態（第2のレベル）と武力紛争との関係である。主権国家とは一般に，領土・国民を有し，対外関係において唯一の権威，国内統治において唯一の権威であるものを指す。しかし，たとえばアフリカ諸国のなかには，この意味での主権国家として捉えることが難しい国もある。たしかに国際法上は主権国家として承認されているが，行政や治安の提供という意味でも十分な機能を果たしておらず，国内統治ができていない。そのため，こうした統治能力の低い「弱い国家」は，いったん動揺し始めると国内秩序が弱体化し，他国からの介入を招きやすくなる。さらには，破綻国家といわれる状況になると，国家の構造や政府としての権威も法政治秩序も崩壊し，国内紛争が起きやすくなる。

これまでの研究によれば，「弱い国家」であると武力紛争が起きやすいと言われる。もう少し正確に言うと，国内総生産（GDP）が低いと統治・軍事・警察のための能力が弱いので，紛争が起きやすい。こうした統治能力の低い弱い国家において，さらに地理的に不利な要因（たとえば険しい地形であるなど）が重なれば，中央から地方への統制が及びにくく，武力紛争を引き起こしやすい条件となる。

国家の特徴に目を向ける見方のうち，政治体制から武力紛争の発生を説明することもある。政治体制を大まかに，民主主義，中間的政治体制（アノクラシー），独裁制と区分すると，統計的には，このうち中間的政治体制において武力紛争が発生しやすいと言われる。これは，中間的政治体制とは，それが民主主義から独裁に向かうものであれ，独裁体制から民主化するものであれ，政治体制の移行期の諸国である場合が多く，大きな政治変動を伴うことと関係している。

他方で，異なる観点から，国内政治体制と紛争との関係を説明する立場もある。国内の集団間の不平等——たとえば，エスニック集団同士の不平等——に目を向けるのが，水平的不平等説である。個人間の不平等が問題なのではなく，社会集団間の不平等が，紛争発生と関連しているという。たとえば，AとBという異なるエスニック集団の間で，所得や雇用といった経済的側面，宗教の自由や言語の自由といった文化的側面，あるいは政治参加の度合いや議会に代表を送ることができているかという政治的側面で，大きな差があるとする。その

ような集団間の不平等が国内紛争の要因となるのである。ところで，この水平的不平等は何によって生み出されるのかと言えば，国家の政治制度と強い関係がある。そのため紛争の要因として，やはり国内の政治体制にも目を向けることになる。水平的不平等の改善策としては，集団間のバランスを図るような分権的な政治制度が推奨される。集団間での権力分掌方式，比例代表制，連邦制などである。

とはいえ，すべての弱い国家（低所得国）で，あるいは，すべての中間的政治体制で紛争が起きるわけでもない。紛争が起きるメカニズムについてはより具体的に知る必要がある。そこで，以上の諸要因を踏まえて，具体的に紛争に至るメカニズムについて考えてみたい。ここでは，アフリカの民主化と統治システムの崩壊という観点から，武力紛争に至る過程を追った武内進一の研究を以下に紹介する。

アフリカでは，植民地支配からの解放の後，民主主義体制を採用した国が多かった。しかしその後，一党独裁が続き，その統治システムが，1990年代に崩壊した。この背景には，前項でもふれた通り欧米諸国による介入的政策があった。経済面でみると，国際金融機関により自由化戦略がとられ，政府はその支援者（たとえば統治者の出身部族）とのパトロン－クライアント関係を維持することが不可能になった。また，軍の民営化により民兵が増え，国家の正統性が弱体化していった。また先進諸国による貧しいアフリカ諸国への援助政策として，援助供与条件としての複数政党制による民主主義の導入がなされ，実質的には，独裁でも民主主義でもない中間的体制（内戦との相関が高いアノクラシー）が1990年代に増加した。そこで，政治エリート間の権力闘争が起きると，政治エリートたちは一般大衆を集めて支持を募っていく。国内の利益を組織的に配分する際に，これまで集団の差異（民族，クランなど）が利用されてきたことから，武力紛争が発生して指導者たちが兵士や支持者を動員する過程でも，この集団間の差異が象徴的に利用される。そして，特定の集団に対する，ジェノサイドなどの大規模人権侵害にも繋がりうるのである。

紛争当事者レベルでの説明

第3に，紛争当事者レベルから国内紛争の発生を説明する方法の1つとして，ここでは紛争に関わるアクターは経済的利益を追求するという仮説を取り上げ

る。アクターたちは，鉱物資源などの違法な採掘，略奪，輸出などから得られる利益を求めて紛争を行うのである。アメリカの俳優レオナルド・ディカプリオ主演による映画「ブラッド・ダイヤモンド」では，シェラレオネ政府軍と反政府勢力の衝突から始まり，それがダイヤモンド鉱山の支配権をめぐって国内で大規模な武力紛争となった様子が描かれている。こうした国内紛争では，紛争の継続に経済利益を見出す諸勢力があるために，紛争の終結が難しいと言われる。このような紛争を継続させることで利益を得るアクターを，スポイラーと呼ぶ。1人当たりの所得が低い貧しい国では，一人ひとりが武力紛争に参加することの機会費用（武力紛争に参加しないことで得られたであろう利益）は低くなる。つまり，武力紛争に参加しても失うものがないから参加するのである。さらにその国に一次産品——とくにダイヤモンド，金銀，石油など収奪可能な資源——があるほど，武力紛争を生み出しやすいと言われる。

　本節で取り上げたコンゴ民主共和国の内戦では，政府と反政府勢力が対立し内戦が長期化した。反政府地域に産出するタンタル（原子番号73番の元素）は携帯電話や自動車電装品のコンデンサーに利用され，1990年代末からグローバルな市場での需要が急増した。そしてそこから得られる利益が資金源となり反政府軍の活動を継続させたのである。反政府勢力が支配する地域には，隣国ルワンダからも軍事介入があり，紛争継続の要因となった。その名目は，ルワンダ反政府勢力への対抗であるとルワンダ政府は主張したが，実際にはタンタルを採掘していたとも言われる。反政府勢力と外部アクターがスポイラーとなり，紛争の継続に利益を見出した例である。

3　国内紛争への対応——国連 PKO と平和構築を中心に

国連平和維持活動

　第1節で述べたように，冷戦期には常任理事国が対立しあうことで安保理は機能しなくなり，国連の集団安全保障は空洞化した。かわって，限定的ながら可能な方法で紛争に対処するために生まれたのが PKO であった。したがって PKO は国連憲章にも規定されていない活動である。初期の PKO（第1世代の PKO と呼ぶ）は，紛争当事者が停戦合意に至ってから，当事者の同意を得て，中立的な第三者として小規模の部隊や軍事監視団を派遣するものであった。そ

の任務は，当事者間に介在することで（そのため「UN プレゼンス」と呼ぶ），紛争が再発しないようにすることである。強制的な軍事力の行使は行わない。

冷戦の終結により，安保理の活性化への期待が生まれ，象徴的には湾岸戦争では安保理決定のもとでイラクに対して軍事的強制措置がとられた。また，第2節で学んだように，地域紛争や国内紛争が顕在化するなかで，安保理の招集回数や採択決議数が急増し，「新しい戦争」への対応において，国連の果たす役割に期待が高まった。1992年，ブトロス＝ガーリ（Boutros Boutros-Ghali, 1922-2016）国連事務総長は，冷戦後の安全保障により適切に対応するために，国連が「紛争前」から「紛争中」そして「紛争後」のサイクルにおいて，適切な役割を果たすべきであると論じた。(A)紛争を予防すること，(B)紛争の勃発を受けてすぐに紛争当事者間で和平実現のための活動を行うこと（平和創造），(C)武力紛争の非軍事的な解決が難しい場合には，平和強制（国連憲章第7章に基づく軍事的強制力の使用）を行うこと，そして(D)紛争後の平和構築，である。このうち，(C)の平和強制は第3世代の PKO と呼ばれ，紛争当事者に対して同意の有無を問わず強制措置を適用するものであり，従来の PKO の考え方からの大きな変更を伴うもので，大きな議論を呼んだ。

ブトロス＝ガーリ事務総長の提案は，実際の国連の活動にもある程度反映されていった。(C)の平和強制を国連の政策として導入するという案は，厳しい道程を歩んだ。国連では，武力紛争下での大規模な人権侵害や，人道援助活動の安全確保などのために，憲章第7章を適用して強制力の裏付けを与えようとする主張がなされた。実際に，ソマリアやボスニアの紛争に適用されたものの，その限界が明らかになっていったのである。

ソマリアの例を見てみよう。同国では1990年代初頭，長期的な内戦が続き，干魃による大規模な飢餓が発生していた。1991年には反政府勢力が政権をとり，紛争当事者間の停戦合意のもとで，停戦監視など非強制的な役割を担う，第1世代の伝統的な PKO（UNOSOM）が展開された。しかし，この政府は機能せず，アイディード将軍率いる武装勢力の抵抗にあった。人道支援活動も滞った。1992年，国連安保理は国連憲章第7章を適用し「人道援助のための安全確保に武力行使も含むあらゆる必要な手段」をとることを承認，米軍中心の多国籍軍が組織され任に当たった。

1993年，再び国連（UNOSOM II）にこの任務が引き継がれたが，その際に，

停戦監視・難民支援だけでなく，武装集団に対する強制的な武装解除や，逮捕という強制力を伴う新しい任務が付与された。これは，中立性，非強制性を基本としてきた従来のPKOからの大きな変更であった。武装解除や逮捕という活動は，政府側勢力という一方の当事者への加担を意味した。アイディード将軍派は激しく抵抗し，PKO要員のパキスタン兵や，PKO活動を支援していた米軍部隊の要員は，戦闘に巻き込まれて死亡した。この事件は，大きくメディアで報道された。アメリカ国内では撤退論が強くなり，クリントン政権は以後国連PKOに消極的になった。こうして国連が行う平和強制の限界が明らかになっていった。

かわりに，(D)紛争後の平和構築という新しい政策領域においては，大きな発展が見られた。ここではPKOは紛争後社会の再建に必要とされるさまざまな機能を持ち，複合的な任務を担うようになった。1990年代半ばからの国連による平和活動の主流は，「新しい戦争」状況に対するこのような活動となり，「第2世代」PKOあるいは多機能型PKOと呼ばれた。日本人の明石康がトップ（事務総長特別代表）として関わった国連カンボジア暫定統治機構（UNTAC）では，選挙監視，統治機構の再建，人権の促進，難民帰還支援，戦後復興支援までを国連が担った。

現在では，多機能型PKOの活動は，国連のみでなく，NGOなど多様なアクターを取り込んで，より分野包括的な政策領域へと発展し，「平和構築」という概念で国際社会では呼ばれている。すでに見たように，「新しい戦争」の特徴として，社会集団間の対立，貧困など多様な社会的要因が複合的に紛争に発展しており，またジェノサイドなど大規模人権侵害につながる場合もある。またアクターたちが，経済的利益のために紛争を継続するという問題もある。当事者が国家でなく，そのことから国際法への遵法意識が低かったり，国連の権威を尊重しないという問題もある。そのため，単なる停戦維持だけでなく，紛争の根本的要因に働きかけて改善し，紛争当事者間の和解を促し，国家と社会の再建を助ける活動としての，平和構築が必要になったのである。

言い換えると，第1世代のPKOが，紛争当事者間の停戦状況の固定化と現状維持を目的とするのに対して，第2世代の多機能型PKOは紛争当事者間の関係性の変容を促進するものである。紛争当事者間の和解や協力を進めるために，積極的に情報を提供したりコミュニケーションを促進し，また紛争に逆行

しないような，当事者間の約束の履行を保証するような国内政治の制度作りを行うのである。

武力紛争の性質が変化し，そのため国連が試行錯誤を経て対応を行ってきた経緯を概観した。では現在の国連においては，どのような考え方が支持されているのだろうか。結論から言うと，強制的な拡大 PKO の失敗を受けて，国連の現有能力にみあった原則に復帰しつつも，国内紛争型の新しい安全保障上の要請に応えるための工夫もまたなされている。2008年に国連が発表した「キャプストン・ドクトリン」によれば，PKO は，(1) <u>主たる</u>当事者の同意，(2) 公平性，(3) 自衛と<u>任務防衛</u>以外での武力不行使という3つの原則に従う。この3つの原則は，伝統的な第1世代の PKO の原則を踏襲しているが，下線部の運用において異なる。

現在国連では，武力紛争における当事者を，集団のリーダー格（上位の当事者）と現地レベル（下位の当事者）に分けて考える。武装集団のトップ同士で停戦合意がなされても，現場レベルで和平を崩そうとするアクター（スポイラー）が出てくる可能性は否定できない。むしろ，国内紛争への対応においては，和平への妨害者（スポイラー）の抑止が重要である。国連が設定した活動目標を妨害するスポイラーに対して国連は公平である必要はなく，必要であれば軍事的手段も利用して抑止し，排除していく。これらの点は伝統的な PKO からの変更点である。

国内紛争への対応としての平和構築

国際社会による平和構築には，紛争直後の治安の安定化の段階，その後の国家建設など平和の定着の活動が行われる段階，そして長期的復興に向けた段階の，大きく分けて3段階がある。そして，これらの段階がぶつ切りになるのではなく，継ぎ目なく行われることが平和構築の成功の1つのカギであると言われる。

紛争直後の安定化段階において，治安の提供は，紛争直後には国連や地域機関による PKO，また場合によって多国籍軍によってなされる。これは現地の軍や警察は紛争当事者であることから，対立する当事者間で公平に治安を提供することができないためである。そのため，第三者としての国際部隊や警察が安定化の役割を一時的に担うことになる。

> ## コラム12　武力紛争とジェンダー
>
> 　武力紛争はジェンダーの格差を拡大する。性的な暴力は，女性と女児に対するものが圧倒的に多い。小さな子供を抱えた女性は難民や国内避難民の中で最も脆弱である。UN Women によれば，武力紛争中と紛争後は，妊産婦死亡率，女性の土地所有，女児の小学校就学，児童婚などにおいてネガティブな影響が出る。
> 　その一方で，平和構築において女性の果たす役割が近年注目されるようになった。統計データを用いた研究によれば，女性の政治参加の進んだ地域の方が，そうでない地域と比べて，武力紛争終結後の平和構築が成功しやすいという結果が出ている。国連安保理は，2000年に平和構築プロセスへの女性の参加を求めた決議（1325）を採択し，その後，平和構築に関する意思決定から実施まで，すべてのプロセスへの女性の参加が奨励されるようになった。和平交渉，PKO，復興プログラム，政府と議会の再建などの過程に，女性が参加することが求められるようになった。このようなジェンダーの視点の導入は，1つにはジェンダー平等という規範的な観点から，もう1つには平和構築が実際に成功する可能性を高めるという意味で実施されるようになったと言える。

　国内情勢が安定してくるとともに，治安のための機能を現地政府に移管していくことが望ましく，そのために国際社会は，現地の軍や警察の教育や訓練にも力を入れる。軍の武装解除・動員解除・社会への統合（Disarmament, Demobilization, Reintegration：DDR）もまた重要な役割である。たとえば，アフガニスタンでの平和構築では，旧アフガニスタン国軍の解体を日本政府が委託され，伊勢崎賢治がその任にあたった。これまで戦闘を行っていた兵士から武器を回収するだけでは十分ではない。武装解除されても仕事がなく，社会に受け入れられないのであれば，また兵士として働かざるをえなくなってしまう。そのため元兵士のための職業訓練など，社会に再統合するためのさまざまなプロジェクトが国際支援によってなされている。

　次の段階は，武力紛争によって疲弊した国の再建である。まずは国民の意見を正当に反映することができる政府を選ぶため，選挙支援，民主化支援がなされる。法の支配を確立するための，法整備支援も国際社会の関与によって行われる。それには，憲法の起草支援から法律の策定支援，弁護士や裁判官など法律家の養成などが含まれる。たとえばカンボジアでは，ポルポト支配時代

(1975〜79年)に知識階級に対する大規模な迫害が行われ,法律家が一掃されてしまった(第10章第3節参照)。国を再建するためには,法律家の育成を最初から始めなければならなかった。カンボジアやベトナムでは日本政府の派遣した専門家による法整備支援がなされた。

　国の再建を行うには,国の制度や,経済的なインフラストラクチャー(ハード面)が整うだけでは十分ではなく,社会における信頼関係の回復などソフト面での改善も必要である。そのため紛争中に非人道的な犯罪を犯した者を裁いたり,社会の和解を進める移行期正義が注目されてきた。武力紛争下では甚大な人権侵害がなされる場合がある。紛争後において,重大な人権侵害(人道に対する罪,ジェノサイド罪など)を行った政治指導者を裁くための国際法廷(旧ユーゴスラビア,ルワンダ)や,常設の国際刑事裁判所(International Criminal Court：ICC)が設置された。それに対して,被害者を精神的に救済し,同時に,比較的軽微な罪を犯した人々が罪を認めた場合に社会に再統合するための,各種の和解委員会も紛争後の社会で設置された。

　最後に,平和構築の成功のためには,長期的な経済復興の見込みが予測されること,将来の生活が保証されることが必要である。経済的な利益を求めて戦われる国内紛争の場合,背景には低開発の問題がある。そのため,平和構築の早い時期に各国政府や国際金融機関などによる支援約束が示されるかどうかも,安定した秩序回復の実現を左右する。

　過去20年の間に,平和構築はカンボジア,ルワンダ,ボスニア,コソボ,東ティモール,アフガニスタン,イラクなどさまざまな地域で実施されてきた。そのなかでいくつもの課題も明らかになってきた。第1に,紛争直後の選挙では,対立してきた民族集団を代表した民族政党が選挙戦を争い,そのプロセスで対立が激化することがある。また最初から民族集団ごとの有権者数を反映した得票が予測され,勝敗も明らかであるため,武力闘争の方を選択するアクターが出てくる危険性もある。

　第2に,安定と正義のディレンマである。平和構築では秩序の安定を優先することが多い。力の真空から不安定化することを避けるために,紛争に関わった諸勢力を国家建設において利用する場合もある。そのために犯罪に関わった紛争当事者を不処罰のままに,和解の手続きを経て政治プロセスに取り込んでいくこともある。これは安定を優先するために,正義が犠牲になるケースであ

第Ⅳ部 世界と関わり合う政治

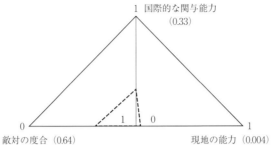

図 12-2　平和構築の三角形
出所：Doyle and Sambanis（2006）をもとに作成。
＊3つの次元は0〜1の値をとると仮定。括弧内の数字はルワンダ（1990〜93年）の例。

る。しかし，逆に正義を優先すれば早期の安定が損なわれるリスクもあり，いかにこの両者のバランスを図るのかについて明確な答えはまだない。

　第3に，国際社会による関与の継続と外部依存的発展という問題である。国連や先進諸国政府による大規模な支援が行われるものの，それが現地政府の無責任や外部支援への長期的な依存体質を生み出してしまうことがある。平和構築は，国際的な介入のみではうまくいかないことは当然であり，現地政府と社会の意思と能力にいかに委ねられるかにかかっている。この点を，もう少し図式的に考えてみたい。

国際的介入と現地アクターの役割

　国連を中心とした国際的な関与は一時的なものにすぎず，持続的な平和を維持していくためには現地のアクターの対応能力が必要である。言いかえると，国際社会による平和構築がうまくいくかどうかは，現地の対応能力と国際的な介入能力の双方によって左右されるのである。これを示したのが図12-2である。第1に，平和構築の成功や失敗には，紛争当事者間の敵対度が大きく影響する。しかしそれだけではなく，第2に，いかに現地政府が対応し，さらに国際社会がここに関わるかを見る必要がある。図12-2で見ると，この3つの次元が作り出す空間が大きいほど，平和構築が成功する可能性が高いと言えるだろう。図の中の点線による三角形は，武力紛争の当事者間での停戦合意ができた後，1994年のジェノサイド発生直前のルワンダの状況（1990〜93年）を図示

した例であるが，平和構築の空間がきわめて小さかったことが分かるだろう。

4　人間の安全保障——難民，国内避難民をめぐる状況

20世紀において安全保障と言えば，国家の安全の問題であると考えられてきた。しかし，第2節の新しい戦争を見ても，武力紛争は国の安全の問題でもあるが，一人ひとりの市民の安全の問題でもある。破綻国家の例では，国家が崩壊しており，国という枠組みでは人々の安全は確保できない状況である。最近では，安全保障を捉える単位を国のみでなく，個人や人々，社会，さらには人類全体へと拡大して論じられるようになった。ここでは，人間の安全保障を中心に概観していきたい。

人間の安全保障とは

人間の安全保障とは，一人ひとりの人間に焦点をあてて，その生存・生活・尊厳に対する多様な脅威から人々を守るという安全保障の概念である。現代世界では，これまで見てきた武力紛争だけでなく，貧困，経済危機，自然災害，環境破壊，テロ，大規模な人権侵害などさまざまな問題が，時には国境を越えて相互に交差しあう形で，私たちの生命と生活に甚大な影響を及ぼす。国家の安全保障のみでは，こうした問題に十分に対処することができなく，人間の安全保障という概念が意味を持つと言われる。人間の安全保障を高めるためには，国境を越えた協力，多様なアクターによる協力，そして分野の垣根を超えた協力が必要になってきている。

難民と国内避難民

人間の安全保障は，さまざまな問題を包括した概念であるが，ここでは，とくに難民・国内避難民の人間の安全保障に関する問題を扱っていく。2015年夏，シリアから海を渡って逃れようとしたクルディ君がわずか3歳の命を落とし，トルコの海岸に打ち上げられた。その写真は世界中に報道され，大きな衝撃を与えた。2016年のリオデジャネイロ・オリンピックには，史上初めて難民選手団が参加した。国際オリンピック委員会によって選ばれた難民10名の出身地は，シリア，コンゴ民主共和国，エチオピア，南スーダンであった。柔道のヨラン

デ・マビカ選手は，子供の時に，コンゴ民主共和国の武力紛争で家族と引き離され1人で走って逃げているところを救出され，避難民センターで暮らした。その後，難民申請をしてブラジルに渡ったという。難民の選手たちは母国の選手団に入ることができない。それは，迫害や武力紛争などの理由によって，母国に戻ることができないからである。

難民とは簡単に言えば，自国の居住地を追われて，国外に流出した人々である。難民条約（1951年「難民の地位に関する条約」，ならびに1967年「難民の地位に関する議定書」）によれば，「人種，宗教，国籍若しくは特定の社会的集団の構成員であること又は政治的意見を理由に迫害を受けるおそれがあるという十分に理由のある恐怖を有するために，国籍国の外にいる者」と定義される。条約によれば，難民をその生命や自由が脅威にさらさせるおそれのある国へ強制的に追放したり，帰還させてはならない（ノン・ルフルマン原則）。

冷戦期には，旧ソ連圏諸国における人権侵害を理由にこれらの諸国の市民から欧米諸国への難民申請がなされた。これに対して，欧米諸国は，共産圏諸国の政策を批判するという政治的な理由から積極的に難民受け入れを行った。一人ひとりの迫害についての案件審査に基づくものだけでなく，武力紛争などによって大量の難民が生じた際に，一時的な保護のための集団認定を行う場合もある。たとえば，ベトナム戦争が終わった1975年頃から多くのインドシナ難民が生まれたが，1980年代，日本政府は海路逃れてきた人々（ボート・ピープル）を一時保護した。

難民支援のための人道的な国際協力活動を行う機関が，国連難民高等弁務官（United Nations High Commissioner for Refugees：UNHCR）事務所である。1990年代には日本人女性の緒方貞子がUNHCRのトップを長年務めた。緒方は高等弁務官として，国内紛争・民族紛争に伴って発生した難民への支援に奔走した。同じ時期に問題化したのは，居住地を追われて国内で避難する人々，すなわち国内避難民をいかに支援するのかであった。難民であっても国内避難民であっても，居住地を追われて強制的に移動させられた人々であることには変わりはない。母国による保護を受けられず，最大の人間の安全保障上の脅威にさらされた人々であると言えるだろう。難民の場合には国際的な支援の対象となる一方で，国内避難民の場合には主権国家の国内管轄事項であるために国際的な支援がなされにくく，またそのためのルールや方法も整備されていなかった。そ

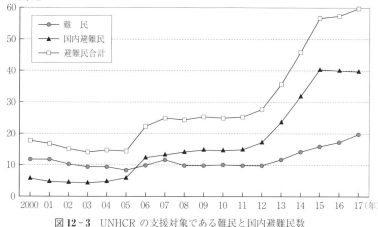

図 12-3 UNHCR の支援対象である難民と国内避難民数

注：パレスチナ難民は除く。
出所：UNHCR, *Mid-year Trends* 2015; UNHCR, Global Trends 2017 をもとに作成。

のため，1990年代後半には国連のもとに国内避難民保護を国際的に推進するためのガイドラインが策定された。

　難民と国内避難民の現状を次に見てみよう。図12-3は，2000年以降，UNHCRによる支援の対象となった難民数の推移ならびに国内避難民数の変化を表している。難民数は，1990年代前半にピークを迎えたが2000年代にはいったん減少した。しかし，2011年頃からシリアなど中東情勢の悪化を要因として急増し，最近では南スーダンでの国内対立がさらに加わった。2017年末で，世界の難民数は約2500万人（UNHCRの支援対象でないパレスチナ難民を含む）と，過去20年間で最大規模に達した。国内避難民は約4000万人であり，世界全体で6800万以上の人々が居住地を追われて，それぞれの人間の安全保障を脅かされている。難民・国内避難民含めて強制的な移動が発生している国の中で最大のものは，シリア，コロンビア，アフガニスタン，イラク，南スーダンである（パレスチナ難民は順位から除く）。シリアでは全人口の約3分の2にあたる1200万人がなんらかの形で避難民となっている。

難民の受け入れと社会の安全保障

　それでは，難民を受け入れているのはどのような国や地域であろうか。私た

ちがメディアで目にするのは，テロの発生を契機として，中東や北アフリカから流入した難民や移民に対する排斥を訴える政治勢力が，ヨーロッパやアメリカで支持を拡大した動きである。そのため，つい先進諸国での受け入れを想起しがちである。しかし，実際には，シリア難民の場合には，トルコ，レバノン，ヨルダンなどの周辺国に多くが避難している。世界の難民の84％（2016年末現在）は，貧しい途上国に避難しているのである。

シリアでの武力紛争の発生以来，難民・移民の受け入れは，アメリカやヨーロッパ諸国で，大きな政治的な議論を呼んだ。人道的な見地からより多くのシリア難民をヨーロッパ全体で分担して受け入れようと呼びかけたドイツと，これ以上の社会的な負担を拒否した一部のヨーロッパ諸国との間での厳しい対立が生じた。ここでの社会的な負担とは，治安の悪化や，難民・移民によって雇用が奪われるといった主張を指す。

ここでは社会の安全保障という考え方を紹介する。社会の安全保障はヨーロッパ諸国でも使われている言葉で，2つの捉え方がある。1つ目は，さまざまな脅威に対して社会がもともと持っている性質・秩序を維持する能力，社会の強靱性を指す。テロや自然災害，環境，経済の悪化といったリスクに対し，社会の強靱性をどうやって高めるか，あるいは脅威が現実となった時，どのように対応し，復興していくのかという政策的な考え方である。2つ目は学術的な用法である。社会における特定の現象（移民や難民の増加など）が社会としてのアイデンティティや一体性を脅かす安全保障上の深刻な脅威として論じられ，たとえば人権を一時的に制約しうるような政策決定さえ行われるプロセス（これを安全保障化と呼ぶ）を，批判的に分析する際に使われる。

社会におけるさまざまな脅威に対し，社会の一体性や強靱性を確保していくことは必要である。しかし，その際には難民の人々の人間の安全保障と社会の安全保障のバランスをいかにとっていくかが問題となり，どこに均衡点を見つけるかは政治的な判断にかかっている。日本において，今後社会の安全保障が問題化することがあるのだろうか，考えてみてほしい。

5　テロを引き起こす要因と対テロ対策

私たちの社会にとって，大きな安全保障上の課題の1つがテロリズムであり，

少なくともヨーロッパ社会にとっては最大の安全保障上の脅威となっている。日本では，1995年にオウム真理教の信徒らが，地下鉄サリン事件を引き起こしたことを改めて想起したい。21世紀になると，アメリカでは2001年に9.11同時多発テロが発生し，2005年にはイギリスのロンドンで地下鉄やバスを狙った同時爆破テロが発生した。2017年には，イギリスのマンチェスターのコンサート会場でもテロ事件が発生したことは記憶に新しい。2015年，フランスでは，政治週刊紙シャルリー・エブドの本社襲撃事件，また130名の死者を出したパリ同時多発テロ事件が発生した。21世紀になって欧米社会で発生したテロ事件の多くは，イスラム系のテロ組織による犯行であるとされている。

　テロリズムとは，特定の思想や信条など社会へのなんらかの主張・訴えを意図したもので，物理的被害よりも心理的衝撃を重視する暴力行為を指す。限定された一部の場所で実行される殺傷や破壊行為が，社会全体に生み出す恐怖を利用するもので，非対称的な暴力の行使である。

テロ組織の特徴

　私たちが最近メディアで名前を目にするテロ組織のうちほとんどが，イスラムなど宗教的な基盤を持つ組織であるが，歴史的にみると複数のタイプがある。共産主義系のテロ組織は，1960年代に多く結成され，日本赤軍などもその例である。共産主義を掲げる組織の多くは，冷戦終結とともに力を失った。第2のタイプは，分離主義やナショナリズムを掲げる組織である。北アイルランド（現在イギリスの一部）をアイルランドに統一することを掲げた，アイルランド共和軍（Irish Republican Army：IRA）は有名であるが，1998年ベルファスト合意以降は活動が収束した。第3に，2000年代になると，宗教的なテロ組織の活動が目立つようになった。アル・カーイダ，イスラム国（Islamic State in Iraq and the Levant：ISIL）などである。

　アフガニスタンのタリバン政権は，9.11同時多発テロを実行したアル・カーイダを支援しており，アフガニスタン戦争において打倒された。しかし政府は倒れても，アル・カーイダのネットワークは場所を変え，形を変え，持続していった。最近になってテロ組織は階層的な組織としての性質を弱め，ネットワーク化を強めていると言われる。個人や小グループが相互に連携したり離れたり離合集散を繰り返し，また新しい個人をリクルートすることでネット

ワークの活動が継続していく。グローバルに活動するものとしてアル・カーイダや ISIL のネットワークがある。さらに，アル・カーイダと連動しながら地域ネットワークとして活動するフィリピン南部のアブ・サヤフ，インドネシアのジャマ・イスラミアなど個別の組織がある。また，アル・カーイダとの直接のつながりはなくとも，その思想に触発された個人やグループが，欧米社会においてホームグロウン・テロ（その社会で生まれ育った実行犯によるテロ）を引き起こす。その結果，アル・カーイダがすべてのテロ事件を引き起こしているようにも見えてしまう。

テロの諸要因

　テロを引き起こす要因については，まだ国際的な研究が始まったところである。グローバル化と科学技術・通信技術の発達により，SNS などを通じて不特定多数への情報発信が可能になったこと，またインターネットなどを通じて比較的容易に兵器の製造方法を取得することが可能になったことも背景にある要因である。

　次に，どのような国家がテロリストを生み出しやすいのか，政治秩序，経済状況，教育から見てみよう。これまでの研究では，政治秩序が崩壊しているとテロリストを生み出す温床となりやすいと指摘されている。他方で，貧しい国家であるからといって，必ずしもテロを生み出しやすいわけではない。また，国家における教育の欠如自体がテロリズムと関連するのではなく，むしろ提供される教育の内容の方が関連していると言われる。

　次に，個々のテロリストのレベルからみて，テロ組織に加入したり，テロの実行犯となる動機は何であろうか。ここで重要なのは，皆が同じ動機でテロリストになるわけではないということである。たとえば，テロ組織のなかでも，実行犯になる下層のメンバーと組織の上層部とでは，そのバックグラウンドは異なる。テロ組織側のニーズから言えば，組織を動かしていくうえで，高度な教育を受けたメンバーのリクルートは欠かせないが，組織を拡大するうえでは手となり足となる層も必要である。心理学の研究によれば，テロリストのうち特に下層のメンバーは，政治的目標を追求するためにグループに参加するというよりも，同僚のテロリストとの緊密な人間関係を作ることを重視する傾向が強いという。つまり社会的に疎外された人々，たとえば独身者であったり，家

族から離れたり、自国から離れて社会に統合されていない人々が多い。組織のメンバーとの絆を求めることが先にあり、イスラムなどのイデオロギー的目標はその後についてくる理由にすぎないと指摘される。

テロ対策

それでは、テロに対して、政府や国際組織はどのような対策をとってきたのだろうか。9.11同時多発テロの時には、アル・カーイダを支援していたタリバン政権に対して、アメリカ率いる多国籍軍による軍事攻撃が行われ、「対テロ戦争」という言葉が用いられた。しかし、一般的なテロ対策には、国際条約の締結を進めて容疑者の訴追・引き渡しを各国が行うことを促進したり、テロリストの温床となっている諸国への統治能力強化支援（キャパシティ・ビルディング）が挙げられる。また広くは、根本的要因に働きかけるために、開発支援や人権保障の支援もテロ対策との関係において行われている。テロ組織が、離合集散するネットワークとなればなるほど軍事攻撃の効果を出しにくくなっており、また他国からの軍事攻撃への反発が逆にテロリストの目標を支援することにもなりかねないためである。

現在、国際テロ関連条約・議定書（13条約）が採択されており、テロの犯罪を国内法で規定すること、容疑者の引き渡しないしは訴追を行うことなどが定められている。2001年9月28日の国連安保理決議1373は、すべての加盟国にテロリズム対策を義務づけ、国内法整備を呼びかけた。テロ対策能力向上のためのキャパシティ・ビルディングとは、入国管理、資金規制、税関、犯罪捜査を行うための政府の能力を強化するために、国際機関や地域機関が支援を行うものである。

くわえて、国連は2000年代半ばから、開発や人権の観点からもテロ対策を行うことが重要であると主張している。対テログローバル戦略として暴力的過激主義の予防のためのアプローチの導入がなされ、2016年には国連総会が「暴力的過激主義予防のための行動計画」を採択した。これは、貧困対策や教育などを通じて、若者をテロ行為へといざなうような社会的要因に働きかけ、予防しようという動きである。ヨーロッパの都市では、ホームグロウン・テロを防ぐために、コミュニティ・レベルで、疎外されている移民の若者を社会に包摂していくためのプロジェクトが行われるようになった。さきほど見た個々のテロ

リストの動機についての研究結果が正しく，テロの実行犯レベルでは社会的なつながりを求めてテロ組織に加入するのであれば，末端の実行犯に働きかける政策として社会への統合を促していくことは重要であろう。

　国や地域，時代によって，社会は異なる安全保障上の課題に直面する。欧米社会においては，21世紀になって，テロへの対応が安全保障上の大きな課題となった。民主主義社会では市民活動の自由が大きく許容されるため，基本的にテロに対しては脆弱である。テロ対策を厳しくすることが，市民的権利の抑制に繋がることがあるため，対策の実施に慎重にならざるをえない場合が多い。特に先進国の社会では，掲げる目標としての民主主義や人権と，テロ対策のバランスに配慮することが政策立案において常に必要となる。また，難民受け入れに対する政策のあり方も，人道的な観点とテロ対策の観点の双方から問題となってきた。日本でも2017年に「組織的犯罪処罰法改正案」が国会を通過したが，そこに至る過程では，市民生活への国家の介入の問題などが議論を呼んだことは記憶に新しい。

　今日の安全保障の問題は多様である。本章では，新しい安全保障の課題として，国内紛争やテロについて，その要因や対応策を多面的に見てきた。ここでは，人間の安全保障や社会の安全保障という見方もまた適切になってきていることは間違いない。他方で，東アジアでは，国家間の安全保障の問題が今世紀になってクローズアップされている。伝統的な国家安全保障の原理についても，同時によく理解することが私たちには必要であろう。より安全な国際社会を生み出していくには，武力紛争，そしてさまざまな安全保障上の脅威を生み出す諸要因を客観的に理解し，それに対して国家を含めた諸アクターがどのように行動するべきかを考えていく必要がある。

参考文献

上杉勇司・藤重博美・吉崎知典編『平和構築における治安部門改革』国際書院，2012年。
カルドー，メアリー（山本武彦・渡部正樹訳）『新戦争論――グローバル時代の組織的暴力』岩波書店，2003年（原著1999年）。
高坂正堯『古典外交の成熟と崩壊』I・II，中央公論新社（中公クラシックス），2012年（原著1978年）。

国連 UNHCR 協会「2016年リオ五輪に出場する10人の難民選手団」〈https://www.japanforunhcr.org/archives/9293, 2017年6月1日アクセス〉

武内進一『現代アフリカの紛争と国家――ポストコロニアル家産制国家とルワンダ・ジェノサイド』明石書店, 2009年。

Abrahms, Max, "What Terrorists Really Want : Terrorist Motives and Counterterrorism Strategy," *International Security*, 32-4, 2008.

Coggins, Bridget, "Does State Failure Cause Terrorism? An Empirical Analysis (1999-2008)," *Journal of Peace Research*, 59-3, 2015.

Doyle, Michael, and Nicolas Sambanis, *Making War and Building Peace : United Nations Peace Operations*, Princeton University Press, 2006.

Fearon, James, and David Laitin, "Ethnicity, Insurgency, and Civil War," *The American Political Science Review*, 97-1, 2003.

Hegre, Håvard, Tanja Ellingsen, Scott Gates, and Nils Petter Gleditsch, "Toward a Democratic Civil Peace? Democracy, Political Change, and Civil War, 1816-1992," *The American Political Science Review*, 95-1, 2001.

Stewart, Frances, ed. *Horizontal Inequalities and Conflict : Understanding Group Violence in Multiethnic Societies*, Palgrave Macmillan, 2008.

さらに読み進めたい人のために

伊勢崎賢治『武装解除――紛争屋がみた世界』講談社（講談社現代新書), 2004年。
 ＊シェラレオネとアフガニスタンで，紛争後の兵員の武装解除，動員解除，社会復帰プログラムに，責任者として任にあたった著者が，紛争後の社会で経験した厳しい現実を，平易な文章で振り返る。

小笠原高雪他編『国際関係・安全保障用語辞典［第2版］』ミネルヴァ書房, 2017年。
 ＊国際関係論一般について広く扱いながら，とくに安全保障の問題についてたくさんの用語を扱った辞典である。1つ1つの項目について簡潔な説明がなされ，初学者向けに書かれている。

高木徹『ドキュメント戦争広告代理店――情報操作とボスニア紛争』講談社（講談社文庫), 2005年。
 ＊著者が取材したNHKのドキュメンタリー番組をもとにしたノンフィクションである。旧ユーゴのボスニア紛争ではメディアを通じた情報戦が繰り広げられ，紛争の結果に影響を及ぼした。

ナイ・ジュニア，ジョセフ・S／デイヴィッド・A・ウェルチ（田中明彦・村田晃嗣訳）『国際紛争――理論と歴史［原書第10版］』有斐閣, 2017年。

第Ⅳ部　世界と関わり合う政治

＊第 1 次世界大戦に始まり，冷戦，エスニック紛争，テロまでを扱い，歴史的な観点を重視しながら幅広く説明する。初学者にも分かりやすい安全保障の入門書であり，国際政治学の教科書でもある。

（栗栖薫子）

人名索引

あ 行

アイディード,M.F. 337,338
明石康 338
アサド,B. 329
浅野正彦 69
安倍晋三 97,105,106,139,140
アリストテレス 6,159,164,175,270
イーストン,D. 293
石川真澄 38,71
伊勢崎賢治 340
稲増一憲 30
今田高俊 51
岩井奉信 112
岩崎正洋 287
ウィルヘルム2世 327,328
ウェーバー,M. 7
エスピン-アンデルセン,G. 236,241,246,247
オードシュク,P.C. 39,57
大野伴睦 66
緒方貞子 344
オルセン,J. 122
オルソン,M. 189

か 行

カー,E.H. 306
海江田万里 106
柏谷祐子 274
蒲島郁夫 39,83
上村泰裕 241
川人貞史 77,113
ガンディー,M. 317
久米宏 25
クラウス,E. 19

クリントン,B. 249,338
クリントン,H.R. 31
ケインズ,J.M. 236
ケネディ,J.F. 14
小泉純一郎 23,24,64,72,78,84,139,248
コーエン,M. 122
小玉徹 253,255
コックス,G. 96,97
ゴルバチョフ,M. 313

さ 行

サイモン,H.A. 122
笹川博義 94
サッチャー,M. 285
サラザール,A. de O. 273
サラモン,L.M. 195-197
習近平 283
シュンペーター,J.A. 155,277
スカルノ 288
スターリン,J. 273
スティール若希 158

た 行

ダール,R.A. 148,149,274,276
ダウンズ,A. 39,55-58,124,125
高安健将 134
武内進一 335
竹中治堅 78,111
竹中佳彦 83
タックシン・チナワット 265-267
田中義一 112
田中辰雄 31
谷口将紀 23,25
椿貞良 17
ディカプリオ,L. 336

353

デュヴェルジェ, M.　85
ド・ゴール, C.　132
トゥキディデス　327
トクヴィル, A. de　6
トランプ, D.　31, 322

　　　　な　行

中曽根康弘　285
中村正志　277
ニクソン, R.　14, 50, 311

　　　　は　行

ハーバーマス, J.　175
橋本龍太郎　138, 139
パットナム, R. D.　38, 185
濱口桂一郎　240
ピアソン, P.　245
ビスマルク, O. von　327, 328
ヒトラー, A.　165, 273
広瀬道貞　71
ファーガソン, A.　175
福島瑞穂　92
福田康夫　112
福元健太郎　111-113
フクヤマ, F.　313
フセイン, S.　329
ブッシュ, G.　313
ブトロス=ガーリ, B.　337
プラトン　6, 164, 166
フランコ, F.　273
ブレア, T.　252
ベヴァリッジ, W.　238
ヘーゲル, G. W. F.　175
ペッカネン, R. J.　198
細川護熙　17
ボダン, J.　164
ホッブズ, T.　6

ポルポト　282, 340

　　　　ま　行

マーチ, J.　122
マキャベリ, N.　6, 306
マクガビンズ, M.　97
増山幹高　113
マビカ, Y.　343
マルクス, K. H.　175
マルコス, F.　288
三浦麻子　30
三宅一郎　38, 54, 55
宮本太郎　247, 256, 257
ミル, J. S.　6, 272
三輪洋文　18
モチヅキ, M.　112
モンテスキュー, C.　6

　　　　や　行

安野智子　20
山口真一　31
山口定　165
山本太郎　92
山本啓　285

　　　　ら　行

ラーマ9世（プーミポン国王）　267
ラーマ10世（ワチラロンコーン）　268
ライカー, W. H.　39, 57
リンドブロム, C. E.　122
ルークス, S.　149
ルソー, J.-J.　156
ルノアール, R.　251
レイプハルト, A.　274
レーガン, R.　285
ロウィ, T. J.　148

事項索引

あ行

相乗り　211
アイルランド共和軍（IRA）　347
アジアインフラ投資銀行　283
アジア開発銀行（ADB）　316
アジア通貨危機　265, 266, 283, 289, 315
新しい公共　180
新しい社会的リスク　242
新しい市民社会論　175
新しい戦争　330, 337, 338, 343
圧力行使　147
圧力団体　119-121
アドボカシー　182-186, 199, 202
　──団体　274, 278
アブ・サヤフ　348
アフガニスタン戦争　347
アフリカ連合（AU）　329, 330
天下り　124
『アメリカにおける民主主義』（トクヴィル）　6
アル・カーイダ　347-349
イギリスのEU離脱（ブレグジット）　322
違憲立法審査権　133
移行期正義　341
維新の党　82, 84
イスラム国（ISIL）　347, 348
1 1/2 政党制　80
一帯一路構想　283
一党優位制　80, 113, 133, 135-137
1票の格差　46
イデオロギー　18, 59, 60, 83, 119, 120, 142, 239, 282
亥年現象　38
委任　128, 129

イラク戦争　284
インクリメンタリズム（漸変主義，増分主義）　121, 122
インターネット　14-16, 26-32, 152, 270, 293, 295, 308, 311, 325, 348
インドシナ難民　344
ウォーターゲート事件　50
ウルグアイ・ラウンド　295, 304
エージェンシー・スラック（エージェンシー・ロス）　128
エリー調査　22
「炎上」　31
欧州共同体（EC）　308, 311, 312
欧州経済共同体（EEC）　308
欧州原子力共同体（EURATOM）　308
欧州石炭鉄鋼共同体（ECSC）　308
欧州復興援助計画（マーシャル・プラン）　310
欧州連合（EU）　278, 283, 308, 316, 321, 322
オウム真理教　347
大きな政府　84, 120
大阪都構想　224, 227
オピニオンリーダー　22
オンブズマン制度　219

か行

改革開放　259, 293, 295, 307
会期不継続の原則　103
外国人労働者　257, 258, 294, 295, 297, 303, 319
会派　64, 92, 95-98, 102, 104, 105, 114
開発主義国家　241
改変効果　22
格差問題　297
価値観　59, 60, 119, 227, 241

355

ガバナンス　152, 283-289, 315, 316, 333
　——の失敗　287
カリスマ的リーダー　165, 166
関税と貿易に関する一般協定（GATT）
　294, 295, 310, 313, 314
関税賦課　304, 314
間接集票　52
環太平洋パートナーシップ協定（TPP）
　320, 321
官邸主導　138-140
カンボジア紛争　282
官僚（制）　67, 69, 121, 123-128, 135, 136,
　139, 140, 147, 202, 278
官僚優位論　136
議院運営委員会　95, 103
議院内閣制　92, 105, 112, 129-135, 206-208,
　210, 266, 271
議会基本条例　215
機関委任事務制度　207
機関対立主義　213
企業内福祉　239
議事進行係　94, 95
期日前投票　42, 43
規制緩和　180, 200, 246, 294, 312, 333
議題設定　120, 139
　——（アジェンダ・セッティング）効果
　22
北朝鮮の核・ミサイル開発　325, 328, 329
機能主義　308
希望の党　82, 84
客観報道　16, 18
キャプストン・ドクトリン　339
キャリア組　123
9.11 同時多発テロ事件　112, 347, 349
「牛歩」　92
旧ユーゴスラビア紛争　331
教育委員会制度　209
強行採決　8, 93, 99, 100, 104
共産党　→日本共産党
行政委員会　209

行政改革　125, 138, 139, 220
行政手続条例　219
行政評価　121
業績投票（経済投票）　58
共通農業政策　308, 311
強力効果仮説　21, 24
共和党（アメリカ）　57
居住の福祉　252, 254, 255
拒否権　211
　（アメリカ大統領）　131
　（国連安保理常任理事国）　329
ギリシャ危機　316
ギリシャ都市国家　270, 271
「金帰月来」「金帰火来」　73
近接性モデル　58
近代国家　297
空間理論　56
クオータ（割り当て制）　158
グローバリズム　297
グローバル・ケア・チェーン　258
グローバル化（グローバリゼーション）
　151, 234, 242-247, 249, 257-259, 269, 287,
　293-299, 315, 316, 321, 322, 331, 333, 348
グローバル市民社会インデックス　197
グローバル社会　4, 5
軍事クーデタ　264-268, 280
『君主論』（マキャベリ）　6, 306
経営者団体　151, 152
経済協力開発機構（OECD）　4, 179, 273
経済財政諮問会議　139
経済連携協定（EPA）　258, 319-321
劇場型政治　24
ゲリマンダー　44
権威主義体制　241, 273, 277, 278, 280-284,
　288, 289, 316
限定効果仮説　22, 24
憲法改正　17, 18
権力エリート論　135, 136
権力分立　130, 210
コアビタシオン（保革共存政権）　133

事項索引

小泉劇場　55
公営住宅　253, 255
公益法人制度改革関連3法　200
（個人）後援会　52, 71, 128, 137
公共財　305
公共事業　121, 240, 248
公共政策　118
交差投票　132
公認　68-70, 78
後発福祉国家　241
公募（方式）　70
公民権運動　50
公明党　65, 69, 70, 74, 80-86, 111
合理的選択仮説（理論）　39, 40, 55, 117
コーポラティズム論　150-153, 155
国益　284, 306, 307
国際化　295, 296, 333
国際関係論　7, 264, 284, 285, 306, 327
国際経済体制　310
国際経済秩序　307, 309-311
国際刑事裁判所（ICC）　341
国際社会論　307
国際人道法　331
国際政治学　264, 289, 293, 306, 321, 325
国際政治経済学　293, 306, 321
国際通貨基金（IMF）　266, 283, 289, 305, 306, 310, 313, 316, 333
国際的相互依存論　308
国際テロ関連条約・議定書　349
国際法廷　341
国際連合（国連）（UN）　283, 298, 305, 312, 328-330, 336-339, 345, 349
国際連盟　328
国内避難民（IDPs）　331, 340, 343-345
国内紛争　330-333, 336, 339, 344, 350
国民民主党　82
国連安全保障理事会　328, 313
　──常任理事国　328, 329
国連カンボジア暫定統治機構（UNTAC）　338

国連憲章　328, 336
国連難民高等弁務官（UNHCR）　344, 345
国連平和維持活動（PKO）　329, 332, 336-340
国連貿易開発会議（UNCTAD）　312
55年体制（1955年体制）　17, 52, 80-84
互酬性の規範　185
護送船団方式　240
『国家』（プラトン）　6
国家安全保障　326, 350
国会　92-114
　──会議録　93-95
　──審議映像　93, 94
　──審議活性化法　136
　──中心主義　113
固定相場制　310, 311
子供の権利条約　332
子供兵　331, 332
ゴミ箱モデル　121, 122
雇用国家　237
雇用による福祉　241, 247, 248
娯楽番組の政治化　25
コンゴ内戦　332, 336
コンディショナリティ　333
コンドルセのパラドクス　44

さ　行

在外投票　42
最低参入所得（RMI）　251
産業革命　235, 317
産業政策　310
サンラグ式　44, 45
ジェノサイド（集団殺害）　331, 335, 338, 341, 342
シエラレオネ紛争　332, 336
ジェンダー　4, 148, 158, 237, 239, 251, 340
資格任用制　126, 127
自殺対策基本法　184
市場の失敗　286
自治基本条例　222

357

視聴率　19
執行機関多元主義　209
執政制度　117, 127-134
質問通告　97-99
『支配の社会学』（ウェーバー）　7
死票　44
市民参加　218-222, 231
市民社会　174-202, 236, 273, 281, 287, 289
　　――のアドボカシー機能　180, 182-186
　　――の逆機能　186
　　――のサービス供給機能　180-182
　　――の失敗　186
　　――の市民育成機能　180, 184
　　二重構造の――　199, 200
市民社会組織　175, 176, 180-202, 284, 288
市民的公共圏　175
市民的自由　274, 275
自民党　→自由民主党
事務次官会議　140
社会化　50, 53
社会関係資本　→ソーシャル・キャピタル
『社会契約論』（ルソー）　156
社会住宅　253, 254
社会集団　48, 49, 51
社会的移動　48
社会的亀裂　48, 51
社会的排除　250-252
社会的包摂　250-252, 349
社会党　→日本社会党
社会動員仮説　38, 39
社会の安全保障　346, 350
社会民主主義レジーム　236-238, 246, 250
ジャマ・イスラミア　348
社民党　92, 93
シャルリー・エブド襲撃事件　347
衆愚政治　155
集合行為（問題）　6, 117, 189, 190
自由主義レジーム　237-239, 246, 249
住宅手当　253, 255
集団安全保障　325, 327-329, 336

集団極化　31
集団理論（多元主義）　136, 147-149, 155
自由党（1950〜55年）　135
自由党（2016年〜）　92, 93
18歳選挙権　2, 215
自由貿易協定（FTA）　319-321
住民自治　205, 231
自由民主主義（体制）　273, 274, 278, 283, 288
自由民主党（自民党）　17, 19, 52, 60, 63-65, 68-70, 72-74, 76, 77-86, 92, 93, 105, 107-111, 113, 120, 121, 133-138, 239
住民投票　218, 224-231, 283
　　――実施条例　218
『自由論』（ミル）　7
熟議民主主義　160-162
（国家）主権　164, 297, 298, 316, 318
主権国家　307, 309, 326, 334
首相公選制　134
首相支配　138
首長　67, 205-214, 218, 220, 226, 229-231
ジュネーブ条約追加議定書　332
常会（通常国会）　101, 102
少子高齢化　4, 242, 294, 319
少数者の支配　270
小選挙区制　43, 57, 73, 78, 85, 107, 108, 111, 113, 139
　　――比例代表並立制　40, 43, 45, 71, 78, 84-86
情報化　48, 56, 245, 314
情報公開　206, 213, 215, 216
　　――条例　218
情報の二段階の流れモデル　22
情報の非対称性　127, 128, 182
場裡議会　131
『職業としての政治』（ウェーバー）　7
シリア内戦　329, 345, 346
陣笠議員　76, 77, 86
新機能主義　308
人権侵害　331, 338

事項索引

新国際経済秩序（NIEO）宣言　312
新自由主義　179, 180, 252, 285, 286
新制度論　6, 141
新聞　17-19, 27, 30, 191
信頼　185, 343
心理的動機仮説　39
水平的不平等（説）　334, 335
ステークホルダー共同体　152
ステークホルダー・デモクラシー論　151-153
ストレートニュース　25
スポイラー　336, 339
政界再編　40, 81
政官関係　117, 134, 137, 138
政・官・業の癒着　137
政権選択選挙（2009年）　72
政策　47, 50, 51, 65-68, 71, 74, 105, 117-119, 125, 129, 140, 141, 176, 178, 179, 184, 205, 206, 208, 213, 218, 219, 227, 229, 253, 264, 271, 272, 278
政策過程　117-120, 123, 183, 186, 199, 285
政策協調　312, 313
政策形成　120, 121, 123, 147, 151, 285
政策決定　79, 120-123, 136, 137, 140
政策執行（政策実施）　120, 121, 123, 125, 128
政策評価　120, 121, 222
『政治学』（アリストテレス）　6
政治関与　39, 54
政治参加　35, 117, 185, 205, 215, 334, 340
政治体制　269, 271-274, 277-281, 283, 288, 289, 334
政治の起業家　192, 193, 202
政治の権利　274, 275
政治の平等　145, 149, 154, 155, 159, 186
政治不信　53, 54
税制調査会（自民党）　136
政党　47, 49, 52-54, 56, 63, 68, 69, 72-74, 86, 107, 124, 125, 129, 138, 156, 157, 183, 202, 273, 277, 281, 284, 289, 333

――帰属意識　50, 52, 54, 56, 57
――支持　52, 53
――システム　79-82, 84-86, 273
――助成制度　86
極右――　157
正統性　145, 150, 151, 154, 161, 268, 286, 335
政府委員制度　136
政府の失敗　285, 286
政務三役　123, 140
政務調査会（自民党）　64, 136, 137
政務調査費（政務活動費）　213, 216
勢力均衡（バランス・オブ・パワー）　327, 328
セーフガード　304
世界銀行　252, 283, 286, 289, 306, 316, 333
世界金融危機　316
世界貿易機関（WTO）　295, 304, 305, 307, 314, 319, 320, 321
石油危機（オイルショック）　7, 151, 242, 285, 300, 312
セキュリティ・ディレンマ　326, 327
セクショナリズム　126
世襲議員　67, 68
積極的労働市場政策　237
絶対王政　164, 166, 303
説明責任　129, 135, 138, 286, 289
尖閣諸島問題　325
『戦記』（トゥキディデス）　327
選挙　35-60, 64, 66-73, 128, 141, 144, 146, 154, 158-160, 164, 166, 167, 183, 187, 202, 207, 210, 213, 214, 225, 277, 278
――制度　43-46, 84-86, 138, 210, 215
先進7カ国財務相・中央銀行総裁会議（G7）　312, 313
全体主義体制　272, 273
選択的接触　22, 31
選択的誘因　190-193
戦略投票　57, 85
総括質疑　102
相互扶助（ゴトン・ヨロン）原理　288

造反　74, 78
総務会（自民党）　137
ソーシャル・キャピタル（社会関係資本）　38, 185, 331
族議員　136-139
組織的犯罪処罰法　350
即効理論　21
ソフトニュース　25, 26
ソマリア内戦（紛争）　332, 337

た 行

対外直接投資（FDI）　314, 315
大学紛争　50
『代議政体論』（ミル）　7
第三者効果　20, 21
第三の道　252
対人地雷　331
体制移行論　277
大選挙区制　43
対テロ戦争　349
大統領制　129, 131-133, 266, 271
大都市地域特別区設置法　224
代表質問　101
代表制　154-159
代表民主制　225, 227, 228-230
第四の権力　16
多元主義論　→集団理論
多国籍企業　254, 264, 298, 308, 312, 314-317
多数者の専制（支配）　155, 227, 270
多数代表制　43
多選　205, 211, 214
ただ乗り　→フリーライダー
脱近代的価値観　60
縦割り行政　126, 209, 252, 256, 259
多党制　80, 85, 134
団体自治　205
地域研究　264, 269, 281, 289
地域包括ケアシステム　255, 256
小さな政府　82, 84, 120, 180, 246, 285
地下鉄サリン事件　347

地方議会　46, 210-213, 251-217, 230
地方財政改革（三位一体改革）　207
地方自治　205, 206, 209, 210, 218, 220, 221, 224, 228-231
地方分権（改革）　207, 255, 283
　——一括法　207
中間的政治体制（アノクラシー）　334, 335
中間報告　104
中効果仮説　24
中国アフリカ協力フォーラム　283
中選挙区制　43, 46, 51, 70-73, 77, 78, 84, 107, 113
中道政党　80
長期総合計画（自治体）　219
長期的雇用慣行　240
重複立候補　113
直接集票　52
直接民主主義　270
チンタナーカーン・マイ（新思考）　295
沈黙の螺旋理論　24
椿事件　17
低投票率　46, 211
底辺への競争　244
敵対的メディア認知　20, 21
哲人王　164, 166
鉄の三角形　137
デモクラシー　→民主主義
デュヴェルジェの法則　85
テレビ　16-19, 22, 25, 27-30, 191, 228, 267, 268, 278
　——の政治的中立性　16, 17
テロリズム　333, 346-350, 349
ドイモイ（刷新）　295
統一地方選挙　211, 212
党議決定　137
党議拘束　74, 76, 137
凍結構造　49
同士討ち　70
党首討論　93, 98
統治能力強化支援（キャパシティ・ビルディ

事項索引

ング）　349
東南アジア諸国　257, 258, 264, 278-284, 286, 294, 320
　──連合（ASEAN）　320
投票行動　47-58
投票参加　35-60
投票動機仮説　38
同盟　326, 327
ドーハ・ラウンド　314, 319
特別会（特別国会）　101, 105
都市化　52
ドント式　44, 45

な 行

内閣改造　135
内閣府　139
内閣不信任決議　130, 131
内政不干渉原則　298
内戦　330
ナショナル・ミニマム　238
ナチス（国民社会主義ドイツ労働者党）　165
難民　4, 285, 317, 321, 331, 338, 343-346
　──条約　344
　──選手団　343
二院制（両院制）　92, 106, 112, 130
二元代表（制）　206, 207, 210, 213, 216, 218, 222, 226, 229, 231
二大政党制　56, 57, 80, 82, 108, 109, 113, 134
日本維新の会　70, 82, 108
日本共産党　69, 70, 80, 82-84, 93, 120
日本社会党　52, 59, 60, 80, 81, 83, 108, 109, 120, 135
日本赤軍　347
日本放送協会（NHK）　19, 93, 100
日本民主党（1954～55年）　135
ニュー・パブリック・マネジメント（NPM）　285, 287
「ニュースステーション」　25
ニュースバリュー　16
人間の安全保障　325, 343-346, 350

認知的政党支持の四類型　54
認知的不協和　22
ねじれ国会　109-112, 139
ノン・ルフルマン原則　344
ノンキャリア組　123

は 行

ハードニュース　25
覇権安定論　307
覇権国　307, 309-311, 327
破綻国家　334, 343
パトロン－クライアント関係（構造）　333, 335
派閥　76-78, 86, 107, 135, 138
派閥均衡人事　77
パブリック・コメント（自治体）　220
バランガイ　288
パリ同時多発テロ事件　347
半大統領制　132, 133
非営利組織（NPO）　118, 121, 176, 183, 184, 188, 191, 193, 201, 219, 285, 287, 298, 308
比較政治学　264, 269, 274, 277, 281, 291
比較の方法　272
東アジア地域包括的経済連携（RCEP）　321
東ティモール問題　282, 283
非正規雇用　247, 253
非政府組織（NGO）　118, 121, 264, 287, 298, 308, 333, 338
被選挙権年齢　68
非同盟諸国会議（アジア・アフリカ会議）　312
人（ヒト）の国際移動　294, 316, 317
非武装中立　59
比例代表制　43-46, 57, 85, 86, 107, 108, 111, 335
貧困ビジネス　253
ファクト・チェック　32
ファシズム　164-166

361

ファンドレイジング　192
フィリバスター　105
フェイク（嘘）ニュース　31, 32
福祉国家　234-259, 285
　——解体論　243, 245
　——持続論　245
　——優位論　244, 245
福祉レジームの三類型　236, 247, 249
副大臣・大臣政務官制度　136
不在者投票　42
武装解除・動員解除・社会への統合（DDR）　340
プライミング効果　23
プラザ合意　313, 315
フリーダム・ハウス　274-276
フリーライダー（ただ乗り）　188-190, 306
武力紛争　330-332, 334-337, 339, 340, 342-344, 350
フレーミング効果　23
ブレトン・ウッズ体制　310, 311, 315
分割政府　132
ヘアー式　44
平成の大合併　224
並立制　→小選挙区比例代表並立制
平和強制　337, 338
平和構築　337-343
平和創造　337
『ベヴァリッジ報告書』　238
北京コンセンサス　283
ベトナム戦争反対運動　50
変換議会　131
変動（為替）相場制　311, 313, 315
貿易自由化　301, 307, 310, 314, 315, 319-321
貿易数量制限　304
方向性モデル　58
法整備支援　340, 341
報道番組のソフト化　25, 26
『法の精神』（モンテスキュー）　6
方法論的個人主義　5, 6
ボーダーレス（無国境）化　296

ボート・ピープル　344
ホームグロウン・テロ　348, 349
補完性原理（サブシディアリティ）　239
補強効果　22
北米自由貿易協定（NAFTA）　320
保守回帰　81
保守－革新の対立（保革対立）　59, 83, 120
保守合同　135
保守主義レジーム　238, 239, 246, 247, 250
保守党（イギリス）　56
ポスト・トゥルース（真実）　32
ポスト冷戦　313, 314
ボスニア紛争　333, 337
ポピュリズム　165, 166, 229, 230, 265
ポリアーキー　274
ホロコースト　282
本人―代理人モデル（関係）　127, 136

ま　行

マスコミ　49, 50, 53, 67, 69
マスメディア　14-32, 120, 121, 124, 183, 208, 227, 278
まちづくり基本条例　222, 223
マニフェスト（政権公約）　64, 213, 214, 265
マンチェスター同時爆破テロ事件　347
南スーダン内戦　345
ミニ・パブリックス　159
ミニマックス・リグレット・モデル　58
民営化　220, 246, 283, 287, 333
民間軍事会社　333
民社党　80, 81
民主化　266-268, 276, 277, 283, 286, 287, 334, 335
民主主義（デモクラシー）　8, 51, 55, 144-168, 184, 186, 218, 221, 265-270, 272, 282, 283, 334, 335, 350
　——指標　274-277
　——定着論　277
　——の学校　205, 218
　——のコスト　217

──のデフレ　217
──ランキング　276
代議制──　63, 87, 270
対決型──　274
タイ式──　268, 269
多党連立型──　274
『民主主義の経済理論』（ダウンズ）　55
民主党（アメリカ）　57, 249
民主党（日本）　64, 69, 70, 72, 79, 81-86, 106, 108-111, 113, 140
民進党　82, 84, 86, 93
民族浄化　331
民兵（ミリシア）　333, 335
無政府状態　298
無党派層　53-55, 60
無投票当選　46, 211, 212
迷惑施設（NIMBY施設）　222, 226
メディア　14-24, 26, 28-30, 32（→マスメディアも参照）
──接触　27-32
問責決議　106, 112

や　行

役職配分　77
野党の多党化　80
山猫ストライキ　153
郵政民営化　23, 64, 78, 112
郵政解散（郵政選挙）（2005年）　23, 55, 64, 72, 78
ユダヤ人虐殺　331
ユニバーサル就労　257
予算委員会　93, 101
与党審査　136
与野党伯仲　80
弱い国家　334, 335

ら　行

ライフサイクル効果　40
リアリズム（現実主義）　306-309
リーダーシップ　116, 133, 134, 139, 140

リーマン・ショック　300, 316
『リヴァアサン』（ホッブズ）　6
利益集団　107, 273
　潜在的──　147
利益団体　147, 148
立憲民主党　82, 84, 108, 111
リベラリズム（自由主義）　308, 309
両院協議会　106, 107
猟官制　126
領袖　76-78, 135, 138
稟議制　126
臨時会（臨時国会）　101, 102
ルワンダ内戦　331, 342
（東西）冷戦　83, 273, 278, 282, 307, 310, 312, 329, 333, 344
冷戦終結　83, 286, 295, 313, 333, 337
「歴史の終わり」（フクヤマ）　313
レント・シーキング　186
連立政権　17, 79, 81, 82, 134
労働組合　151
労働者宮殿　254
労働党（イギリス）　56, 252
労働力移動　318
ロビイング　147, 183, 186
ロンドン同時爆破テロ事件　347

わ　行

ワーク・ライフ・バランス促進モデル　250
ワークフェア　249, 250
　人的資本開発モデルの──　250
　労働市場拘束モデルの──　249, 250
ワシントン・コンセンサス　283
湾岸戦争　313, 329, 337
ワンフレーズ・ポリティクス　24

欧　文

ADB　→アジア開発銀行
ASEAN　→東南アジア諸国連合
AU　→アフリカ連合
BBC（英国放送協会）　19

DD 指標	276, 277	NGO	→非政府組織
EC	→欧州共同体	NHK	→日本放送協会
ECSC	→欧州石炭鉄鋼共同体	NPM	→ニュー・パブリック・マネジメント
EEC	→欧州経済共同体	NPO	→非営利組織
EPA	→経済連携協定	OECD	→経済協力開発機構
EU	→欧州連合	PKO	→国連平和維持活動
EURATOM	→欧州原子力共同体	Polity 指標	276
Facebook	26, 31	RCEP	→東アジア地域包括的経済連携
FTA	→自由貿易協定	RMI	→最低参入所得
GATT	→関税と貿易に関する一般協定	SNS（ソーシャル・ネットワーキング・サービス）	26, 29, 31, 32, 348
ICC	→国際刑事裁判所	TPP	→環太平洋パートナーシップ協定
IDPs	→国内避難民	Twitter	18, 26, 30-32
IMF	→国際通貨基金	UNHCR	→国連難民高等弁務官
ISIL	→イスラム国	UNTAC	→国連カンボジア暫定統治機構
LINE	26	WTO	→世界貿易機関
NAFTA	→北米自由貿易協定		

執筆者紹介（＊は編者）

遠藤晶久（えんどう・まさひさ）　第1章

- 1978年　東京都生まれ。
- 2013年　早稲田大学政治学研究科博士後期課程単位取得退学。博士（政治学）。
- 現　在　早稲田大学社会科学総合学術院准教授。
- 著　作　Generational Gap in Japanese Politics: A Longitudinal Study of Political Attitudes and Behaviour（共著），Palgrave Macmillan, 2016.
『熟議の効用，熟慮の効果——政治哲学を実証する』共著，勁草書房，2018年。
『イデオロギーと日本政治——世代で異なる『保守』と『革新』』共著，新泉社，2019年。

＊品田　裕（しなだ・ゆたか）　序章，第2章

- 1963年　京都府生まれ。
- 1987年　京都大学法学部卒業。法学士。
- 現　在　神戸大学大学院法学研究科教授。
- 著　作　『国会議員データベース　自由民主党・衆議院議員　1960-1993』共著，丸善，2007年。
『選挙管理の政治学——日本の選挙管理と「韓国モデル」の比較研究』共著，有斐閣，2013年。
『選挙ガバナンスの実態　日本編』共著，ミネルヴァ書房，2018年。

堤　英敬（つつみ・ひでのり）　第3章

- 1972年　大阪府生まれ。
- 1999年　慶應義塾大学大学院法学研究科政治学専攻後期博士課程退学。修士（法学）。
- 現　在　香川大学法学部教授。
- 著　作　『民主党の組織と政策——結党から政権交代まで』共編著，東洋経済新報社，2011年。
『統治の条件——民主党に見る政権運営と党内統治』共編著，千倉書房，2015年。
『2013年参院選アベノミクス選挙——「衆参ねじれ」はいかに解消されたか』共著，ミネルヴァ書房，2016年。

増山幹高（ますやま・みきたか）　第4章

- 1964年　京都府生まれ。
- 2001年　ミシガン大学 Ph.D.（政治学）。
- 現　在　政策研究大学院大学教授。
- 著　作　『議会制度と日本政治——議事運営の計量政治学』木鐸社，2003年。
『計量政治分析入門』共著，東京大学出版会，2004年。
『立法と権力分立（シリーズ日本の政治7）』東京大学出版会，2015年。

竹中佳彦（たけなか・よしひこ）　第5章
- 1964年　東京都生まれ。
- 1991年　筑波大学大学院博士課程社会科学研究科修了。法学博士。
- 現　在　筑波大学人文社会系教授。
- 著　作　『日本政治史の中の知識人――自由主義と社会主義の交錯』上・下，木鐸社，1995年。
『冷戦史――その起源・展開・終焉と日本』共編著，同文舘，2003年。
『イデオロギー（現代政治学叢書8）』共著，東京大学出版会，2012年。

田村哲樹（たむら・てつき）　第6章
- 1970年　高知県生まれ，広島県育ち。
- 1999年　名古屋大学大学院法学研究科博士後期課程修了。博士（法学）。
- 現　在　名古屋大学大学院法学研究科教授。
- 著　作　『政治理論とフェミニズムの間――国家・社会・家族』昭和堂，2009年。
『熟議民主主義の困難――その乗り越え方の政治理論的考察』ナカニシヤ出版，2017年。
The Oxford Handbook of Deliberative Democracy（André Bächtiger, John S. Dryzek, Jane Mansbridge, and Mark E. Warren eds., 共著）Oxford University Press, 2018.

坂本治也（さかもと・はるや）　第7章
- 1977年　兵庫県生まれ。
- 2005年　大阪大学大学院法学研究科博士後期課程単位修得退学。博士（法学）。
- 現　在　関西大学法学部教授。
- 著　作　『ソーシャル・キャピタルと活動する市民――新時代日本の市民政治』有斐閣，2010年。
『市民社会論――理論と実証の最前線』編著，法律文化社，2017年。
『現代日本の市民社会――サードセクター調査による実証分析』共編著，法律文化社，2019年。

山崎幹根（やまざき・みきね）　第8章
- 1967年　三重県生まれ。
- 1995年　北海道大学大学院法学研究科博士課程単位取得退学。博士（法学）。
- 現　在　北海道大学公共政策大学院教授。
- 著　作　『国土開発の時代――戦後北海道をめぐる自治と統治』東京大学出版会，2006年。
『「領域」をめぐる分権と統合――スコットランドから考える』岩波書店，2011年。
『地方創生を超えて――これからの地域政策』共編著，岩波書店，2018年。

＊水島治郎（みずしま・じろう）　序章，第 9 章
　　1967年　東京都生まれ。
　　1999年　東京大学大学院法学政治学研究科博士課程修了。博士（法学）。
　　現　在　千葉大学大学院社会科学研究院教授。
　　著　作　『反転する福祉国家――オランダモデルの光と影』岩波書店，2012年（第15回損保ジャパン記念財団賞）。
　　　　　　『ポピュリズムとは何か――民主主義の敵か，改革の希望か』中央公論新社（中公新書），2016年（第38回石橋湛山賞）。
　　　　　　『現代世界の陛下たち――デモクラシーと王室・皇室』共編著，ミネルヴァ書房，2018年。

＊永井史男（ながい・ふみお）　序章，第10章
　　1965年　大阪府生まれ。
　　1995年　京都大学大学院法学研究科博士後期課程単位取得退学。修士（法学）。
　　現　在　大阪市立大学大学院法学研究科教授。
　　著　作　『自治体間連携の国際比較――平成の大合併を超えて』共編著，ミネルヴァ書房，2010年。
　　　　　　『変わりゆく東南アジアの地方自治（アジ研選書28）』共編著，日本貿易振興機構アジア経済研究所，2012年。
　　　　　　『東南アジア地域研究入門 3　政治』共著，慶應義塾大学出版会，2017年。

岡本次郎（おかもと・じろう）　第11章
　　1963年　東京都生まれ。
　　2007年　オーストラリア国立大学 Ph.D.（政治学・国際関係論）。
　　現　在　下関市立大学経済学部教授。
　　著　作　*Trade Liberalization and APEC*（編著），Routledge, 2004.
　　　　　　『オーストラリアの対外経済政策と ASEAN』日本貿易振興機構アジア経済研究所，2008年。
　　　　　　Engaging East Asian Integration : States, Markets and the Movement of People（共編著），Institute of Southeast Asian Studies, 2012.

栗栖薫子（くるす・かおる）　第12章
　　1997年　東京大学大学院総合文化研究科博士課程単位取得退学。博士（大阪大学）。
　　現　在　神戸大学大学院法学研究科教授。
　　著　作　『国際政治学をつかむ［新版］』共著，有斐閣，2015年。
　　　　　　The Handbook of Japanese Foreign Policy（Mary McCarthy, ed., 共著）Routledge, 2018.
　　　　　　Human Security Norms in East Asia（Yoichi Mine, Oscar Gomez and Ako Muto, eds., 共著），Palgrave Macmillan, 2019.

学問へのファーストステップ①
政治学入門

2019年5月30日　初版第1刷発行　　　　　〈検印省略〉

定価はカバーに
表示しています

編著者	永井史男
	水島治郎
	品田　裕
発行者	杉田啓三
印刷者	坂本喜杏

発行所　株式会社　ミネルヴァ書房
607-8494　京都市山科区日ノ岡堤谷町1
電話代表　(075)581-5191番
振替口座　01020-0-8076番

© 永井・水島・品田ほか, 2019　　冨山房インターナショナル・新生製本

ISBN 978-4-623-08568-2
Printed in Japan

岡田浩・松田憲忠 編著　　　　　　　　　Ａ５判・304頁
現代日本の政治　　　　　　　　　　　　本　体　2800円

猪口　孝 著　　　　　　　　　　　　　Ａ５判・304頁
政治理論（MINERVA政治学叢書１）　　　本　体　3200円

オフェル・フェルドマン 著　　　　　　Ａ５判・352頁
政治心理学（MINERVA政治学叢書９）　　本　体　3200円

スティーブン・R・リード 著　　　　　Ａ５判・306頁
比較政治学（MINERVA政治学叢書４）　　本　体　3200円

粕谷祐子 著　　　　　　　　　　　　　Ａ５判・280頁
比較政治学　　　　　　　　　　　　　　本　体　2800円

梅津實・森脇俊雅・坪郷實・後房雄・大西裕・山田真裕 著　Ａ５判・280頁
新版 比較・選挙政治　　　　　　　　　本　体　2800円

小笠原高雪・栗栖薫子・広瀬佳一・宮坂直史・森川幸一 編集委員　四六判・418頁
国際関係・安全保障用語辞典 ［第２版］　本　体　3000円

清水一史・田村慶子・横山豪志 編著　　Ａ５判・330頁
東南アジア現代政治入門 ［改訂版］　　　本　体　3000円

真山達志 編著　　　　　　　　　　　　Ａ５判・282頁
ローカル・ガバメント論　　　　　　　　本　体　3000円

加茂利男・稲継裕昭・永井史男 編著　　Ａ５判・248頁
自治体間連携の国際比較　　　　　　　　本　体　5500円

水島治郎・君塚直隆 編著　　　　　　　四六判・312頁
現代世界の陛下たち　　　　　　　　　　本　体　2800円

───── ミネルヴァ書房 ─────
http://www.minervashobo.co.jp/